De mooiste
VERHALEN EN LEGENDEN VAN
HINDOEÏSME & BOEDDHISME

Bij uitgeverij Verba verscheen eveneens:

De mooiste Griekse mythen en sagen

De mooiste
VERHALEN EN LEGENDEN VAN
HINDOEÏSME & BOEDDHISME

Uitgeverij Verba

Bewerking: Merit Roodbeen
© Copyright voor deze uitgave: Verba b.v., Hoevelaken, 1998
NUGI 633
ISBN 90 5513 333 7

Inhoud

7

Abanindro Nāth Tagore

De overwinning van de Boeddha.

Inleiding

Wie zich in de verhalen van de hindoes verdiept, komt in een geheel andere atmosfeer terecht dan hij of zij in het Westen gewend is, zowel op materieel als op geestelijk vlak.

De geïnteresseerde komt namelijk terecht in een land met een buitengewoon weelderige plantengroei, een land dat voor ons onbekende soorten bomen, bloemen en vruchten kent en dat een zeer heet klimaat heeft. De droge zomer met zijn brandende zon en zijn stofregens brengt niets aangenaams, maar de regentijd is voor de mensen een heerlijk seizoen, waarin men verkoeling en nieuwe krachten vindt. De nacht wordt verkozen boven de dag en de maan boven de zon, en het zal dan ook niemand verbazen dat Indra, de dondergod, een van de zegenrijkste en meest geliefde goden is.

Op het geestelijk vlak zullen de verschillen met het Westen echter nog groter zijn dan op het materiële vlak.

Een opvallende eigenschap van de hindoese geest is de neiging tot het buitensporige, iets wat waarschijnlijk verband houdt met de weelderigheid en de overdaad van de natuur. Hindoes weiden graag uit, zowel in woorden als in gedachten, en het gevolg daarvan is dat hun boeken vaak een buitengewoon grote omvang hebben. Ook met getallen nemen ze het niet zo nauw. Zo heeft Sagara zestigduizend zonen, leeft Indra elfduizend jaar en spreidt Boeddha vanaf Indra's troon zijn mantel in beide richtingen duizend mijlen ver uit. Waar het goed en kwaad betreft, gebruiken ze zeer eenzijdige voorbeelden. De deugdzame helden worden afgeschilderd als mensgeworden goden, de slechte helden daarentegen kan men zien als mensgeworden boze geesten. Door dergelijke generaliseringen krijgen de verhalen direct een hogere, meer religieuze betekenis.

Dat alle verhalen in dit boek religieus getint zijn, is dan ook niet toevallig en heeft niets te maken met een bepaalde voorkeur van de verzamelaars. De belangstelling van het Indische volk was voor alles gericht op het filosofisch-religieuze en het ethische, maar de visie van de Indiërs verschilde daarbij soms sterk van de onze.

Ethische begrippen

Het opvallendste aspect van de Voor-Indische verhalen is de bereidheid om, wat de consequenties ook mogen zijn, het geestelijke boven het materiële te stellen, de plicht boven het geluk, het algemene boven het persoonlijke belang. Deze karaktereigenschap is in haar zuiverste vorm terug te vinden in het *Ramayana*. Rama geeft liever een koninkrijk en zijn eigen geluk op, alsmede dat van zijn vrouw, dan dat zijn vader een belofte zou moeten breken die hij eens, omwille van Rama, had gedaan aan een domme en manipulatieve vrouw. Hij verstoot liever zijn onschuldige echtgenote Sita, waarmee hij haar en zichzelf ongelukkig maakt, dan dat hij zijn volk tot slecht voorbeeld zou dienen.

Andere deugden die de Voor-Indiërs hoog in het vaandel hadden, waren waarheidsliefde, trouw en ridderlijkheid.

Yudhisthira bijvoorbeeld is de held die de zuivere waarheid belichaamt. Zijn wagenwielen raken de aarde niet, omdat hij nog nooit een leugen heeft verteld. Als hij op een keer door zijn broers en zijn vrienden gedwongen wordt te liegen omdat anders de overwinning op hun vijand Drona in gevaar komt, krijgt hij het niet voor elkaar een volledige leugen te vertellen. Hij voegt fluisterend nog een paar woorden aan zijn leugen toe, waardoor hij wel weer de waarheid spreekt, maar Drona kan die woorden niet verstaan. Yudhisthira's slimme poging blijkt dan ook voor niets te zijn: om iedereen te laten zien dat hij tot de leugen is vervallen, raken zijn wagenwielen vanaf dat moment de grond, net als bij iedere andere sterveling.

Trouw, en dan hebben we het over trouw in liefde en aanhankelijkheid, is vooral terug te vinden in de vele vrouwenfiguren: Sakuntala, Damayanti, Sita, Sati, om er een paar te noemen, en vooral in de dappere Savitri, die met de diepe liefde voor haar echtgenoot zelfs de doodsgod Yama zodanig weet te ontroeren dat hij de dode aan haar teruggeeft. Een andere vorm van trouw, namelijk trouw in de zin van 'je altijd aan je woord houden', is heel sterk vertegenwoordigd bij Nala, bij Karna, bij koning Usinara en bij Rama.

Het belang van de ridderlijkheid voor de Voor-Indiërs is het sterkst en het zuiverst terug te vinden in de overeenkomst die gesloten wordt tussen de Pandava's en de Kaurava's voor de strijd, een overeenkomst waar de tegenwoordige westerlingen nog wat van zouden kunnen leren.

Van naastenliefde in de vorm waarin de christenen haar graag zien, is logischerwijze nauwelijks sprake bij de oude hindoes.

Ook met betrekking tot de zedelijkheid in engere zin was hun visie nogal afwijkend van die van de westerlingen. De Voor-Indiërs geven blijk van een grote belangstelling voor het seksuele, iets wat in de oudere verhalen op openhartige, ruwe en vaak grove wijze tot uiting komt, maar in de nieuwere verhalen wat meer gesluierd en verfijnd is. Een opvallend aspect daarbij is de vermenging van het zinnelijke met het heilige. De verhalen in dit boek zijn weliswaar enigszins gekuist, maar geven een duidelijk beeld van het oorspronkelijke hindoese werk.

Die grote belangstelling voor het seksuele heeft waarschijnlijk alles te maken met de hoge mate waarin de Voor-Indiërs de voortbrengende kracht in mens, dier en plant vereerden. Een andere reden is het belang dat het bezit van kinderen, met name van zonen, voor de gelovige hindoe heeft. Uitsluitend een zoon is in staat de dodenoffers te brengen voor zijn overleden hindoe-vader en zonder dodenoffers komt men niet in de hemel.

Als een man zonder zonen sterft of om wat voor reden dan ook geen kinderen kan verwekken, is het gebruikelijk dat een ander, liefst zijn broer, probeert bij zijn vrouw een kind voor hem te verwekken, dat dan volledig als zijn eigen zoon wordt gezien. Vyasa bijvoorbeeld verwekte na de dood van zijn halfbroer Vicitravirya twee kinderen bij zijn weduwen. Deze kinderen, Dhrtarastra en Pandu, hebben de volledige rechten van zonen en erfgenamen van Vicitravirya. Als later Pandu vanwege een vloek niet de moed heeft met zijn vrouwen te slapen, nemen de goden zijn plaats bij zijn vrouwen in. De zonen die uit die ont-moeting geboren worden, worden ook in dit geval beschouwd als zijn eigen zonen en krijgen de naam van 'Pandava's', de zonen van Pandu.

Bij de hindoes wordt de vrouw gezien als volledig afhankelijk van de man, en hoewel ze in de hindoese literatuur vaak als edel en verfijnd voorkomt, krijgt de vrouw over het algemeen weinig waardering. In het huwelijk zijn de lichamelijke kwaliteiten van de vrouw het belangrijkst. Een vader is verplicht erop toe te zien dat zijn dochter uitgehuwelijkt wordt voor ze volwassen is, zodat elke mogelijkheid op het krijgen van de zo noodzakelijke nakomelingen benut wordt. In adellijke families was het gebruikelijk dat het meisje zelf een man uitkoos, soms door middel van wedstrijden waarin om haar gestreden werd. Dit gebruik van zelfkeuze (svayamvara) lokte meestal een grote schare kandidaten. Een hindoe heeft immers vaak meerdere vrouwen. De vrouw daarentegen blijft altijd volledig aan één man gewijd, ook na zijn dood. Een weduwe heeft de keuze om zich met het lijk van haar overleden man te laten verbranden of de rest van haar leven in afzondering en ontzegging door te brengen. Het gebruik dat een vrouw zich met de broer van haar man verenigt, is daarmee ook in overeenstemming, aangezien die tijdelijke verbintenis slechts dient ten gunste van de gestorven man.

Hoe hoog de afkomst van een vrouw ook is, ze heeft nooit het recht de heilige boeken te lezen. Wat dat betreft staat ze op gelijk niveau met de mensen van de laagste kasten. Als individu wordt ze buitengesloten van de offers. Alleen wanneer ze samen met haar man een offer moet opdragen, mag ze eraan deelnemen.

Religieuze begrippen

Uitgebreide rituelen spelen een grote rol in het leven van een hindoe, al voor zijn geboorte. Dan begint men namelijk met het uitspreken van heilige spreuken en het verrichten van gewijde handelingen om hem tegen kwade invloeden te beschermen. Elke gebeurtenis of handeling heeft haar eigen betekenis en vereist haar eigen spreuk, hoe onbeduidend die gebeurtenis of handeling ook is, zoals het spoelen van de mond of niezen.

De man die aan het hoofd staat van het gezin, is naast huisvader tevens de priester in zijn eigen huis. Hij is verplicht het heilige huisvuur brandend te houden en op vaste tijden moet hij offers brengen. Mensen die hoog op de sociale ladder staan, maken daartoe overigens vaak gebruik van een speciaal aangetrokken huispriester, die aan de familie verbonden blijft. De religieuze begrippen van de hindoes zijn vaak overgenomen uit verschillende gedachtewerelden, die soms zelfs met elkaar in strijd zijn, en ze zijn zeer veranderlijk met de tijd. Daar, zelfs bij benadering, een volledig overzicht van te geven is binnen het bestek van dit boek niet mogelijk.

De denkbeelden over de goden en het goddelijke veranderen niet alleen met de tijd waarin de hindoe leeft, maar zijn ook afhankelijk van zijn stand. De brahmaan en de ksatriya (adellijke krijgsman) weten bijvoorbeeld veel meer over religie dan de vrouwen en de leden van de lagere kasten.

De meest voorkomende goden in het hindoeïsme zijn: Indra (de dondergod), Varuna (de god van het water en het uitspansel), Vayu (de windgod), Agni (de vuurgod), Surya (de zonnegod), Yama (de doodsgod) en de Asvins (de godenartsen). Bijna alle goden zijn dus personificaties van natuurkrachten.

In de goddelijke hiërarchie worden deze goden overtroffen door de zogenaamde hindoese drie-eenheid: Brahma de schepper, Vishnu de onderhouder en Shiva de vernietiger.

Boven de drie-eenheid staat dan weer het Brahman, het goddelijke beginsel, ook wel genoemd de Atman, het Zelf of de Alziel. Alles wat bestaat, of het nu een mens is of een rotsblok, is een verschijningsvorm van hem, en daarom is alles te herleiden tot één beginsel, namelijk het Zelf.

De godinnen die vereerd worden, zijn meestal de echtgenotes van de goden. Ze worden aanbeden als de bron van energie voor die goden, hoewel ze in afbeeldingen en in denkbeelden vaak wel een eigen wil en een eigen persoonlijkheid hebben.

Brahma schept elke 4.320.000.000 jaar de wereld helemaal opnieuw. In de periode van haar bestaan wordt de wereld in stand gehouden door Vishnu, waarna de vernietiging door Shiva volgt. Na zo'n periode van wereldbestaan volgt een even lange periode waarin niets bestaat. Deze afwisseling van een wereldbestaan en het niets wordt gezien als de dag en de nacht van Brahma. Deze cyclus herhaalt zich voortdurend.

De goden en de mensen zijn in het hindoese gedachtegoed afhankelijk van elkaar. De goden ontlenen hun kracht aan de offers en de gebeden van de mensen, en de mensen krijgen in ruil daarvoor bescherming van de goden. Bovendien beschikken de hindoese goden, net als de Griekse goden, over menselijke deugden en ondeugden.

Het komt ook vaak voor dat de goden zich in een mensenlichaam geboren laten worden, zodat ze als mensgeworden goden te midden van het sterfelijke volk kunnen leven. Het is meestal slechts een gedeelte van de god dat mens wordt; het overgebleven deel van de god houdt dan een oogje in het zeil bij zijn mensgeworden deel, zodat hij het waar nodig met raad en daad kan bijstaan. Die (gedeeltelijke) incarnaties zijn in bijna alle gevallen bedoeld om de mensen te beschermen tegen de kwade machten, die vertegenwoordigd worden door de raksasa's.

In het hindoeïsme kan een mens een enorme kracht oproepen door zichzelf allerlei soorten kwellingen op te leggen, bijvoorbeeld urenlang onbeweeglijk in één houding blijven staan, slechts één keer in de maand een dor blad eten en verder niets, maanden achtereen in het water staan, onbeschermd de hitte van de zon verduren, enzovoort. Met die enorme kracht kan hij de materiële en de geestelijke wereld, inclusief de goden, in zijn macht krijgen. Het doel van de ascese is bij de hindoes dus niet het boeten voor je zonden of het reinigen van je ziel, zoals dat bij de christenen het geval is, maar het verkrijgen van controle en macht.

Het bestaan van een ikheid is in het hindoeïsme niet gebonden aan de duur van een lichamelijk leven. Een ikheid komt vele malen terug op aarde, en in verschillende vormen. De dingen die een ikheid gedurende een bestaan op aarde doet, bepalen de omstandigheden van zijn volgende leven. Vanuit dat gezichtspunt kan gezegd worden dat iedereen de omstandigheden in zijn leven zelf heeft bepaald en dat het goede of het kwade dat hem overkomt niet onverdiend kan zijn. De som van de daden in een bepaald leven wordt het *karma* genoemd. In de periode waarin een ikheid zich tussen twee levens bevindt, krijgt hij als loon voor goede daden een verblijf in een soort hemel en wordt hij voor slechte daden veroordeeld tot een soort hel. Die eeuwige keten van geboorte, dood en wedergeboorte heet de *samsara*. Geboorte en dood verliezen hun betekenis voor wie inziet dat alles te herleiden is tot de Alziel, dat alles het Zelf is (zie Naciketas en Yama, p. 252).

De hindoes gaan er dus vanuit dat iemand een bepaald inzicht moet verkrijgen, een inzicht dat overigens alleen bereikbaar is voor mannen van de hoogste kasten, omdat alleen zij toegang hebben tot de hogere religieuze wijsheid. De aanhangers van de Vishnu-Krishna daarentegen nemen aan dat iemand die volledig van Krishna vervuld is, of dat nu in liefde is of in haat, bij zijn dood in Krishna versmelt.

Een ander geloof is het boeddhisme. De boeddhistische leer verschilt van de voorgaande religies in haar streven naar een algehele verlossing uit de samsara. Het boeddhisme zoekt naar de uitweg uit de vermoeiende cycli waartoe een ikheid door het karma gedwongen wordt. Het boeddhisme heeft tot doel de uiteindelijke rust te vinden in de absolute negatie van alle bestaan.

Met deze korte uitleg zijn de verhalen die in dit boek zullen volgen misschien wat beter te begrijpen.
Die verhalen zijn de uiting van een gedachtegang en een gevoelsleven die ons wellicht in verschillende opzichten vreemd voorkomen, maar die tevens een weerklank bij ons vinden en ons diep kunnen treffen. Niet alleen zijn die oude verhalen rijk aan menselijke goedheid en pure waarheid, maar regelmatig zijn er ook raakpunten met het ons wat meer vertrouwde christendom te vinden.

Het Mahabharata

Inleiding

Het *Mahabharata* is een enorm groot, complex verhaal van strijd, families en liefdes, van religieuze en filosofische uiteenzettingen, van lessen in normen en waarden en van voorschriften met betrekking tot de godsdienst, de maatschappij en de politiek. Het verhaal is in versvorm geschreven, op een paar kleine gedeelten na. Het omvat ongeveer honderdduizend tweeregelige strofen (*sloka's*) en is acht keer zo groot als de *Ilias* en de *Odyssee* bij elkaar.

Zo'n omvangrijk en complex epos kan natuurlijk onmogelijk het werk zijn van één en dezelfde persoon, al wordt in het *Mahabharata* de naam van een auteur genoemd: Vyasa, de gemeenschappelijke grootvader van de Pandava's en de Kaurava's. Maar zelfs voor één geslacht zou het werk te veelomvattend zijn. Het moet tientallen jaren, of zelfs eeuwen, geduurd hebben voordat het gehele epos, zoals wij dat nu kennen, tot stand was gekomen.

De 5e eeuw voor Christus wordt gezien als de periode waarin het werk zich begon te ontwikkelen, en het moet zijn volledige omvang ergens in het midden van de 4e eeuw na Christus hebben bereikt. Omdat de verhalen van het *Mahabharata* nog kunnen dateren van voor de 5e eeuw voor Christus, weerspiegelen ze een tijdvak van vele eeuwen, met alle maatschappelijke veranderingen en ontwikkelingen in religieuze opvattingen en idealen die in die periode plaatsvonden. De verhalen verschillen niet alleen sterk van onderwerp, maar vooral ook wat betreft de gedachte- en gevoelswereld waarin ze zijn ontstaan. Bhima bijvoorbeeld werpt zijn vijand Purocana in de vlammen en gaat er met zijn moeder en zijn vier heldhaftige broers onder zijn arm vandoor (zie blz. 49), en in een ander verhaal zien we een koning die een duif redt uit de greep van een valk, en vervolgens, om deze daad tegenover de valk te rechtvaardigen, de valk zijn eigen vlees te eten geeft (zie blz. 150). De idealen die uit deze twee voorbeelden blijken, verschillen van elkaar als dag en nacht.

Het zal niemand verbazen dat dit epos, waarin zo'n lange periode van het leven van het hindoevolk is vastgelegd, niet alleen groot aanzien geniet, maar zelfs als heilig wordt beschouwd. Al eeuwenlang worden er in de hindoetempels gedeelten uit het epos voorgelezen, want 'het lezen van het *Mahabharata* is een heilige bezigheid: wie er ook maar een gedeelte van leest, zal merken dat zijn zonden hem zijn vergeven'.

Dat is ook de reden dat de verhalen zo doorspekt zijn van zedelijke, maatschappelijke en religieuze voorschriften. Zelfs lang voordat het epos zijn tegenwoordige omvang had bereikt, werd het al door de brahmanen gebruikt om het volk op zijn plichten te wijzen, maar dan op een aangename en boeiende manier. En zo kreeg het in de loop van de tijd voor de hindoe de betekenis die het nu heeft: het boek waarin alles staat. 'Er is geen verhaal in de wereld dat niet aan deze geschiedenis ontleend is, zoals het lichaam door niets anders dan voedsel in leven kan blijven' (Mah. XVIII 5, 46). Dit kan worden uitgelegd als: wat er in het boek te vinden is, komt ook elders voor, maar wat er niet in te vinden is, komt nergens voor.

Het *Mahabharata* is een typisch voorbeeld van een zogenaamde raamvertelling, een verhaal waarin één gebeurtenis het raam, het kader vormt, en in dat raam komen andere verhalen, fabels, legenden, religieuze lessen enzovoort aan de orde. Die andere verhalen hebben meestal wat onderwerp betreft niets met het hoofdverhaal te maken.

De titel *Mahabharata* betekent: de grote geschiedenis van het geslacht Bharata. De geschiedenis van de strijd tussen Bharata's nakomelingen, de zonen van Pandu en die van Dhrtarastra, om de oppermacht over Indië vormt de kern, het kaderverhaal, van dit epos.

In dit boek hebben we geprobeerd deze kern in hoofdlijnen weer te geven, waartussen een aantal andere verhalen zijn opgenomen, die zo bijzonder of mooi zijn dat ze niet weggelaten konden worden.

In de inleiding van het *Mahabharata* wordt vermeld waar en door wie het epos is voorgedragen en wie het geschapen heeft. Vervolgens wordt een korte inhoudsopgave gegeven van de achttien boeken van het werk. Ook wordt melding gemaakt van het wereldei, het ei waaruit Brahma zelf, de schepper, is voortgekomen. Dan volgt een zeer uitgebreide stamboom van de goden en mensen, waarna het eigenaardige verhaal wordt verteld over hoe de goden de onsterfelijkheid hebben verkregen.

De bereiding van het amrta[1] (Mah. I 17-18)

Er bestaat een schitterende berg, genaamd Meru, die zo hoog is dat hij door een zondig schepsel nooit bestegen kan worden. In de holen van die berg vinden veel wilde dieren beschutting en de hellingen zijn een uitstekende voedingsbodem voor allerlei soorten geneeskrachtige kruiden. Zijn toppen zijn zo hoog dat het lijkt of ze de hemel kussen, en in de bomen op de berg zijn de lieflijke liederen van vele vogels te horen.

Op een keer hielden de goden er een vergadering. Door middel van ascese en het voldoen aan al hun plichten waren ze heilig geworden en nu wilden ze het amrta bemachtigen. De heilige Narayana zei tegen Brahma: 'Als goden en demonen de zee karnen, ontstaat het amrta. Dus goden, karn de zee, dan zullen jullie het amrta verkrijgen.'

In de buurt was nog een berg, Mandara geheten, die ook erg hoog was en rijk begroeid, en vol zat met zingende vogels en wilde dieren. Op die berg verbleven vaak goden en andere hoge wezens. Zijn toppen reikten tot elfduizend mijl boven de aarde en onder de grond kwam hij even diep. Met behulp van de slangenvorst[2] Ananta tilden de goden de berg in zijn geheel op en droegen hem vervolgens naar het strand. Toen spraken ze tegen de zee: 'Luister, zee, we zijn gekomen om je te karnen, want we willen het amrta bemachtigen.'

'Dat is goed,' antwoordde de zee, 'want ik krijg ook een deel van het amrta. Ik kan die opschudding in mijn wateren toch wel verdragen.'

---

[1] Amrta: de drank, nectar, voor de onsterfelijkheid.
[2] Slangenvorst: er zijn verschillende slangenvorsten. Het zijn goddelijke slangen die een menselijk gezicht hebben op hun slangenlijf.

Toen gingen de goden naar de koning van de schildpadden en ze vroegen hem de berg op zijn rug de zee in te dragen. Hij stemde toe en Indra plaatste de loodzware berg op zijn rug. Op die manier gebruikten de goden en de demonen Mandara als karnstok. De slangenvorst Vasuki gebruikten ze als karntouw[3]. Vasuki werd bij zijn kop vastgehouden door de demonen en bij zijn staart door de goden. De enorme wrijving die ontstond, zorgde ervoor dat er zwarte rookwolken en vlammen uit de bek van Vasuki kwamen, die veranderden in bliksemende wolken. De regenbuien die daaruit neervielen verfristen de goden. Bovendien begon er een regen van bloesems te vallen uit de bomen van de ronddraaiende Mandara, die de goden ook verfriste.

Toen steeg er uit de diepte van de zee zo'n donderend geluid op dat het leek of het heelal verging. Talloze zeedieren werden verpletterd tegen de berg en enorme bomen werden ontworteld door de rondtollende Mandara. De bomen schoten door de lucht en vielen in het water, waar ze tegen elkaar botsten, en door de wrijving vlogen ze rondom de berg in brand. Leeuwen, olifanten en andere dieren werden door de vlammen verbrand en hun vele geraamten kwamen in zee terecht.

Uiteindelijk bluste Indra het vuur met zijn regen en toen begonnen de sappen van de verbrande bomen en kruiden zich met het zeewater te vermengen. Aanvankelijk kreeg het water een melkachtige kleur en even later zag het eruit als heldere, gesmolten boter, maar het was nog geen amrta. Dodelijk vermoeid richtten de goden zich tot Brahma en ze jammerden: 'Heer, we zijn doodop, we hebben de kracht niet meer om verder te karnen. Maar we hebben nog steeds geen amrta. Laat Narayana[4] ons helpen, hij is onze laatste hoop.'

Brahma bezag de goden en zei toen tegen Narayana: 'Narayana, geef de goden hernieuwde kracht om het karnen van de zee af te maken.'

Narayana zag hoe de goden eraan toe waren en zei: 'Ik zal jullie de kracht geven die jullie nodig hebben. Ga terug en karn de wateren van de oceaan, net zolang tot jullie het amrta hebben verkregen.'

[3] Om te karnen gebruikte men in Voor-Indië vroeger een stok die in het karnvat stond, waaromheen een karntouw was gewonden. Door afwisselend aan beide uiteinden van het karntouw te trekken rolde men de karnstok heen en weer.
[4] Narayana: verschijningsvorm van Vishnu.

Met frisse moed en kracht begonnen de goden opnieuw te karnen en even later kwam als eerste de zachte maan met haar duizend stralen uit de zee te voorschijn. Toen verscheen de in het wit geklede Laksmi[5], gevolgd door de sura[6] en het witte paard, en toen de hemelse edelsteen die Narayana op zijn borst draagt. Al deze dingen waren bedoeld voor de goden. Tenslotte steeg de goddelijke Dhanvantari[7] zelf uit de zee op, met in zijn hand de witte schaal met amrta. De demonen riepen naar de goden: 'Dat is van ons!' en ze gristen de schaal weg.

Ondertussen waren de goden nog steeds aan het karnen. Ze gingen door totdat uiteindelijk het gif verscheen. Dat gif begon de hele aarde te bedekken en de stank die ervan afsloeg, deed alles en iedereen verstijven. De schepping liep groot gevaar, maar Shiva bracht redding. Hij slikte het wereldgif in en verborg het in zijn keel. Door die daad kreeg hij zijn bijnaam Nilakantha (Blauwhals).

Maar het amrta was nog steeds in handen van de demonen. Toen nam Narayana de gedaante aan van een verleidelijk mooie vrouw en zo wist hij de demonen naar zijn hand te zetten. Ze waren zo betoverd door de lieflijkheid van de vrouw, dat ze zelfs bereid waren haar het amrta in handen te geven. En zo kwamen de goden alsnog in het bezit van het amrta en konden ze zichzelf de onsterfelijkheid ingieten.

De strijd en de heldendaden van het koninklijke geslacht vormen de kern van dit epos. In de voorgeschiedenis van dat geslacht vinden we het prachtige verhaal van Bharata's moeder Sakuntala. Dit verhaal is later veelvuldig bewerkt, maar heeft met name bekendheid gekregen door de bewerking in Kalidasa's drama.

Sakuntala (Mah. I 68-74)

Op een dag ging de machtige vorst Dusyanta met een groot gevolg op jacht. Hij had ruiters en voetvolk bij zich en ook strijdwagens en olifanten. De jacht was succesvol. In een wild en onherbergzaam woud doodde hij vele dieren en samen met

---

5 Laksmi: godin van schoonheid en geluk.
6 Sura: bedwelmende drank, een soort arak.
7 Dhanvantari: heelmeester van de goden.

zijn gevolg deed hij zich te goed aan het malse vlees. Ze trokken door een barre, eenzame streek en kwamen toen aan bij een prachtig woud, waarin vele vogels hun lied lieten klinken en het heerlijk naar bloemen geurde. Hij gaf zijn gevolg een teken dat hij op die plek wilde stoppen en zei: 'Ik ga de machtige asceet Kanva bezoeken. Blijf hier tot ik terugkom.'

De koning legde zijn waardigheidstekenen af en ging naar het heilige oord. Alleen zijn minister en zijn huispriester gingen met hem mee. Bijen zoemden en allerlei vogels floten hun prachtige deuntjes. Tussen die natuurgeluiden klonk het gezang en gebed van wijze brahmanen. Hoe dichterbij de koning kwam, des te groter werd zijn verlangen het heiligdom binnen te gaan en met de eerbiedwaardige Kanva te spreken. Hij gaf zijn twee metgezellen bevel te blijven waar ze waren en trad alleen het verblijf van de heilige binnen. 'Is hier iemand?' riep hij. Luid weerklonk zijn stem.

Even later verscheen er een meisje. Met haar zwarte ogen was ze mooi als een godin, maar ze droeg de sobere kleding die een dochter van een asceet behoort te dragen. Zodra ze koning Dusyanta zag, verwelkomde ze hem eerbiedig. Ze bood hem aan te gaan zitten en gaf hem eten en drinken en water om zijn voeten mee te wassen. Toen vroeg ze hoe het met hem ging en wat hij wilde.

'Ik ben gekomen om de heilige Kanva mijn eerbied te betuigen,' antwoordde de koning. 'Kunt u me misschien vertellen waar hij is?'

'Hij is even weg om vruchten te zoeken. Hebt u een ogenblik geduld? Hij zal zo wel terugkomen.'

Toen de koning het meisje nog eens bekeek, zag hij hoe mooi ze was, hoe lieflijk haar glimlach was en hoe jong haar gestalte. 'Wie bent u, als ik vragen mag, en wie is uw vader? Hoe bent u hier in dit woud terechtgekomen en waar komt u vandaan? Mijn hart wordt week als ik naar u kijk. Vertel me alstublieft alles wat er over u te vertellen is!'

Glimlachend en met een zachte stem gaf het meisje antwoord: 'Ik ben de dochter van Kanva, de wijze en eerbiedwaardige asceet.'

'Dat kan toch niet?' reageerde Dusyanta verbaasd, 'Kanva is een groot heilige. Ik kan me niet voorstellen dat hij ontrouw is geweest aan zijn gelofte van kuisheid. Hoe kunt u dan zijn dochter zijn?'

'Dat zal ik u uitleggen. Bij toeval heb ik een keer het verhaal van mijn geboorte gehoord, toen mijn vader het aan een andere heilige vertelde. Ik zal zijn eigen woorden gebruiken. "Op een keer onderwierp Visvamitra zichzelf aan zo'n zware ascese dat zelfs Indra in de hemel ongerust werd. Indra besloot de nimf Menaka om hulp te vragen.

'Visvamitra gaat te ver. Je moet hem in verzoeking zien te brengen, waardoor zijn zelfkastijding tevergeefs zal zijn. Hij moet stoppen met zijn boetedoening. Probeer hem te verleiden met je jeugd en je schoonheid, met je lach en met je stem.'

Menaka vond het weliswaar beangstigend om naar de woeste en fanatieke asceet te gaan, maar ze besloot het bevel van Indra toch op te volgen. Ze vroeg hem alleen of ze de Windgod en de Liefdegod als helpers mee kon krijgen, en daar stemde Indra mee in.

Menaka deed of ze aan het spelen was en naderde zo de asceet. Toen ze dichtbij genoeg was, roofde de Windgod plotseling haar kleed. Zogenaamd beschaamd en verdrietig liep Menaka achter haar kleed aan, pal voor de ogen van Visvamitra. Begeerte welde in hem op en hij kon zichzelf niet meer tegenhouden.

Lange tijd waren Menaka en Visvamitra in elkaar verdiept en Menaka raakte zwanger. Ze vertrok naar de oevers van de Malim en in een vallei van de prachtige Himalaya werd haar dochter geboren, Sakuntala. Menaka legde het pasgeboren kindje op de oever van de rivier en ging weg. In dat woud, waar nooit een menselijk wezen kwam en waar vele leeuwen en tijgers huisden, werd het kindje opgemerkt door een paar gieren. Ze gingen bij het kindje op de grond zitten om het tegen alle gevaar te beschermen. Nu wil het geval dat ik juist op die plaats altijd mijn heilige wassingen verricht, en zodoende vond ik het kind, eenzaam, maar omringd door gieren. Ik heb het kleine meisje toen meegenomen naar het heiligdom en sindsdien beschouw ik haar als mijn dochter. Omdat ze, toen ik haar vond, door vogels (sakunta's) werd bewaakt, heb ik haar Sakuntala genoemd. Ik zie haar als mijn eigen vlees en bloed, en zo ziet zij mij ook."

Dit is wat mijn vader aan de heilige man vertelde. Mijn natuurlijke vader Visvamitra ken ik niet, maar ik beschouw Kanva volledig als mijn vader. Nu bent u op de hoogte van alles wat er over mij te vertellen valt, koning.'

Gedreven door een groot verlangen vroeg koning Dusyanta haar plotseling: 'Wilt u mijn vrouw worden? Ik heb er echt alles voor over. Bloemen en kleren, gouden oorringen en parels, noem het en ik zal het u vandaag nog geven. Sterker nog, mijn hele koninkrijk hebt u in handen. Lieve, mooie, jonge vrouw, sluit alstublieft een Gandharva-huwelijk[8] met mij!'

'Vorst,' zei Sakuntala, 'zoals u weet is mijn vader even weg om vruchten te zoeken. Als u een ogenblik geduld hebt, zal hij mij persoonlijk aan u geven.'

Maar Dusyanta had geen geduld en antwoordde: 'Ik kan geen moment langer wachten om u mijn vrouw te noemen. Ik leef alleen nog maar voor u, ik heb mijn hart voorgoed en volledig aan u verloren. Ik smeek u, ga met mij een Gandharva-huwelijk aan. Het is een goed huwelijk, voor een man uit de krijgsmanskaste zelfs het beste wat hij kan wensen. Aarzel niet, ik verlang zo ontzettend naar u.'

'Als dit inderdaad een huwelijksvorm is die door de godsdienst wordt aanvaard,' antwoordde Sakuntala, 'en als ik werkelijk over mijzelf mag beschikken, heb ik één voorwaarde. U moet beloven dat u zich daaraan zult houden, ook al heb ik hier geen getuigen. Luister goed: de zoon die ik van u zal ontvangen, moet uw troonopvolger zijn. Dat is mijn onveranderlijke voorwaarde. Als u daarmee akkoord gaat, Dusyanta, stem ik in met onze verbintenis.'

De koning bedacht zich geen seconde en gaf meteen zijn woord. 'Ik zal u zelfs meenemen naar mijn hoofdstad, prachtige vrouw, dat zweer ik u. U bent dat alles meer dan waard.'

Met deze woorden huwde de edele koning de mooie Sakuntala. Toen hij weer vertrok, herhaalde hij telkens tegen haar dat hij mensen zou sturen om haar te komen halen en naar zijn hoofdstad te begeleiden.

Vlak nadat de koning was vertrokken, keerde Kanva terug van zijn zoektocht naar vruchten. Sakuntala liep haar vader echter niet, zoals gewoonlijk, tegemoet, want ze schaamde zich tegenover hem. Maar de heilige asceet wist allang wat er gebeurd was, want hij had het met zijn geestesoog gezien. Vriendelijk zei hij tegen haar: 'Lief kind, wat je vandaag zo stiekem hebt

---

[8] Gandharva-huwelijk: een huwelijk dat uitsluitend op de wederzijdse liefde en toestemming van man en vrouw berust en zonder enige formaliteit wordt gesloten.

gedaan, zonder zelfs mijn thuiskomst af te wachten, doet geen enkele afbreuk aan je deugd. De zoon die je zult baren, zal machtig zijn en veel aanzien hebben. Hij zal heersen over de hele aarde, tot aan de randen van de zee toe. Zijn legermachten zullen onverslaanbaar zijn als ze oprukken tegen zijn vijanden.'

Nadat Sakuntala de voeten van haar vermoeide vader had gewassen, pakte ze de vruchten van zijn schouders en maakte ze schoon.

Negen maanden later schonk Sakuntala het leven aan een gezonde jongen. Na drie jaar was het kindje uitgegroeid tot een krachtig ventje met parelwitte tanden en glanzende haarlokken. Op zijn voorhoofd en zijn handen waren de kentekens van toekomstige voorspoed en geluk te lezen. Toen hij zes jaar oud was, was hij al zo sterk dat hij alle dieren kon bedwingen. Hij ving leeuwen en tijgers, buffels en olifanten, en bond ze vast aan bomen. Hij werd dan ook Sarvadamana genoemd, wat 'Allesbedwinger' betekent.

Kanva vond toen dat de tijd rijp was om de jongen te laten erkennen als troonopvolger. Begeleid door Kanva's leerlingen vertrokken Sakuntala en haar zoon naar de hoofdstad Hastinapura. Ze verlieten de wouden waar koning Dusyanta Sakuntala eens had bemind. Aangekomen bij het hof werden ze bij de koning ontboden.

Sakuntala knielde eerbiedig neer voor de vorst, stond weer op en zei: 'Deze jongen hier is uw zoon, koning Dusyanta. Dit goddelijk mooie kind heb ik voor u gebaard. Herinnert u zich de overeenkomst waarmee u akkoord bent gegaan, die dag dat u mij tot uw vrouw maakte in Kanva's hut? De tijd is nu gekomen dat u uw belofte vervult en uw zoon erkent als troonopvolger.'

De koning wist heel goed waar ze het over had, maar hij ontkende: 'Ik herinner me niets van dat alles, vrouw. Wie bent u eigenlijk, zo armoedig in een ascetenkleed? Ik heb niets met u te maken.'

Een seconde lang wist de mooie, onschuldige Sakuntala niet wat ze moest zeggen, zo verdoofd en verlamd was ze van schaamte en verdriet. Maar toen begonnen haar ogen te fonkelen en haar lippen te trillen. Woedend sprak ze tegen de koning: 'Wat verlaagt u zichzelf door zulke leugens te vertellen! U beseft niet eens dat u niet de enige bent die uw daden kent. De Alwetende woont immers in uw hart. Hij weet welke zonden u hebt begaan, want die hebt u begaan in zijn tegenwoordigheid. Al uw daden worden gadegeslagen door de goden, de zon en de maan, door lucht en vuur, door aarde en hemel en water, dag in dag uit. Een mens die zich anders voordoet dan hij is, vernedert zichzelf en verliest de zegen van de goden. Ik ben mijn man trouw gebleven. Ik ben weliswaar op eigen houtje naar u toe gekomen, maar dat is niet zo vreselijk dat ik daarmee uw verachting zou verdienen. Waarom sluit u zich af voor wat ik u te zeggen heb? Een goede vrouw is zoveel waard. In tijden van voorspoed is ze het aangenaamste gezelschap dat u kunt bedenken, en in tijden van tegenspoed is ze een steun en toeverlaat. Als de man overlijdt, volgt een trouwe echtgenote hem zelfs naar het rijk van de dood en mocht zij eerder overlijden, dan wacht ze daar op hem. Zowel in deze als in de andere wereld staat ze aan zijn zijde.

En dan onze zoon hier. Bestaat er een groter geluk dan dat van een vader die de armen van zijn zoon om zich heen voelt? Zo'n aanraking is voor een man met niets te vergelijken. U hebt vast wel eens vreemde kinderen op schoot genomen en hun hoofdje gekust. Dat zal u ongetwijfeld een gelukkig gevoel hebben gegeven, maar het benadert niet eens het gevoel van een omhelzing van uw eigen zoon. Dit kind is uit u voortgekomen, het is uw tweede zelf. Als u naar dit kind kijkt, is het alsof u uw spiegelbeeld ziet in een helder meer.

Weet u dan werkelijk niet meer dat u na een succesvolle jacht bij mijn vader en mij thuis op bezoek kwam? Ik was toen nog maar een jong meisje. Waar heb ik het toch aan te danken dat mijn echte ouders mij vroeger hebben verstoten en dat u mij nu ook verstoot? Als u dat zo wilt, zal ik teruggaan naar mijn vader. Maar u hebt het recht niet om het bestaan van uw eigen zoon te ontkennen.'

'Hoe kan ik er zeker van zijn dat deze jongen mijn eigen vlees en bloed is? Vrouwen vertellen zoveel leugens. Niemand zal geloof hechten aan uw woorden. De jongen is bovendien veel te groot en te fors om mijn zoon te kunnen zijn. Ik heb niets met u te maken. Ga alstublieft weg.'

'Dat kunt u niet menen, u mag uw eigen zoon niet op deze manier verloochenen. Geen deugd is zo groot als de deugd van de waarheid, koning. De god zelf is waarheid. Als u mijn woorden niet wilt aannemen, goed, dat zal ik gaan. In uw gezelschap kan ik immers weinig goeds verwachten. Maar Dusyanta, dit kan ik u verzekeren: na uw dood zal mijn zoon de gehele aarde beheersen, tot aan de oevers van de vier zeeën.'

Toen ze dat gezegd had, ging Sakuntala met opgeheven hoofd weg. Maar ze was nog niet vertrokken of er klonk een stem die vanuit de hemel tegen Dusyanta sprak. Zijn huispriester en zijn leraren en ministers waren getuige van wat de god zei: 'Erken uw zoon, Dusyanta, en beledig Sakuntala niet langer. U bent inderdaad de vader van de jongen, Sakuntala heeft niet gelogen. U zult hem op ons bevel tot u nemen en daarom zal hij Bharata⁹ heten.'

Enthousiast zei de koning tegen de mannen die bij hem waren: 'Hebben jullie die stem uit de hemel gehoord? Ik wist zelf ook wel dat het kind mijn zoon was, maar ik kon niet alleen op de woorden van Sakuntala vertrouwen. Dat zou mijn volk achterdochtig hebben gemaakt en mijn zoon zou niet voor vol worden aangezien.'

Toen riep hij zijn zoon bij zich en vervulde de heilige plichten die hij als vader had. Hij kuste de jongen op zijn hoofd en omarmde hem. Op dat moment voelde de koning dat de aanraking van een eigen zoon inderdaad met niets te vergelijken is. Aan Sakuntala legde hij uit waarom hij zo hard was geweest, en hij behandelde haar vanaf toen met liefde en eerbied.

Het kind kreeg de naam Bharata, zoals de goden bevolen hadden, en werd als troonopvolger erkend. Hij werd de stamvader van het grote geslacht waarover deze geschiedenis in feite gaat.

Hieronder volgt de hoofdgeschiedenis van het *Mahabharata* in een doorlopend verhaal, met hier en daar een wat minder belangrijke geschiedenis erin verweven.

De familie van de prinsen: hun geboorte (Mah. I 100-126)

Er was eens een koning die Santanu heette. Hij was getrouwd met Ganga en ze hadden een zoon, Bhisma. Toen Bhisma nog maar een jongen was, viel de koning voor de charmes van Satyavati, de pleegdochter van de visser Dasa. De koning wilde dol-

---

9 Bharata: een woordspeling met het woord *bharasva*, dat 'neem tot u', 'erken' betekent.

graag met haar trouwen, maar Dasa gaf daar geen toestemming voor, tenzij de zoon die Satyavati de koning zou baren troonopvolger zou zijn. De koning was zeer terneergeslagen, want die belofte zou hij nooit mogen doen. Het zou niet alleen onrechtvaardig zijn tegenover Bhisma, maar ook tegenover de nakomelingen die Bhisma zou krijgen. Bhisma zelf kreeg echter medelijden met zijn vader toen hij hoorde wat er aan de hand was. Hij deed vrijwillig afstand van de troon en beloofde bovendien dat hij nooit zou trouwen, zodat er ook geen nakomelingen zouden komen die hij tekort zou doen.

Satyavati werd dus Santanu's echtgenote en uit hun huwelijk werden twee zonen geboren. Santanu stierf echter op vrij jonge leeftijd en totdat de oudste zoon van Satyavati volwassen was, moest Bhisma de regering van het rijk op zich nemen. Maar de oudste van de beide zonen stierf eveneens jong en dus plaatste Bhisma de tweede zoon op de troon van zijn vader.

De tijd was rijp voor de jonge koning om te trouwen en Bhisma ging op zoek naar een geschikte vrouw voor hem. Het toeval wilde dat juist de svayamvara[10] werd gehouden van de drie koningsdochters Amba, Ambika en Ambalika. Bhisma was zo sterk en dapper dat hij alledrie de meisjes veroverde, en hij nam hen mee naar Hastinapura, de hoofdstad van het rijk. Amba bekende dat ze al enige tijd stiekem verloofd was met koning Salva, en Bhisma gaf haar toestemming te vertrekken[11]. De twee overgebleven meisjes trouwden met Vicitravirya.

Maar de jonge vorst stierf kinderloos.

Bhisma was gebonden aan zijn gelofte nooit kinderen te zullen krijgen. Dus was hij niet in staat bij Vicitravirya's vrouwen voor de zo noodzakelijke nakomelingen te zorgen[12]. Gelukkig had Satyavati ook nog een zoon gekregen voordat ze Santanu's vrouw werd. Deze jongen, Vyasa[13], was het resultaat van haar liefde voor de heilige Parasara, die ze eens met het veerbootje van haar vader de Yamuna had overgezet. Vyasa bleek wel bereid bij de weduwen van haar zoon Vicitravirya nakomelingen voor hem te verwekken.

---

[10] Svayamvara: plechtigheid waarbij meisjes van adel uit een groep edelen en vorsten hun eigen echtgenoot kiezen.
[11] Zie voor deze geschiedenis blz. 115 e.v.
[12] Zie blz. 13
[13] De samensteller van het *Mahabharata* en de Veda's.

Maar Vyasa was lelijk en verspreidde een afschuwelijke stank. Aangezien zijn moeder, Satyavati, de dochter was van een koning en een in een vis veranderde nimf, rook ze nog sterk naar vis toen ze zwanger van hem raakte. Zelf had ze na die vereniging met Parasara door zijn toedoen een zoete, verfijnde geur gekregen in plaats van de vislucht, maar haar zoon Vyasa bleef zeer onaangenaam ruiken. Toen Vyasa het bed deelde met Ambika, deed ze uit afschuw haar ogen dicht en de zoon die ze van hem kreeg, Dhrtarastra, bleek blind te zijn. Bij Ambalika trok alle kleur uit haar gezicht weg toen Vyasa haar aanraakte, en de zoon die geboren werd, Pandu, had dan ook een zeer bleke huidskleur. Bij een dienstmaagd verwekte hij nog een derde zoon, Vidura.

Een tijd lang nam Bhisma de regering van het land weer op zich, totdat de drie jonge prinsen volwassen zouden zijn. De blinde Dhrtarastra trouwde, toen de tijd rijp was, met Gandhari, de zus van koning Sakuni. Gandhari leefde zo mee met haar blinde man dat ze sinds haar huwelijk met hem altijd een blinddoek droeg.

Pandu deed mee aan de svayamvara voor Kunti en hij werd gekozen. Kunti had ooit een zoon gekregen bij de zonnegod Surya. Het kindje, Karna, was niet naakt geboren, maar droeg een pantser en gouden oorringen. Kunti had het in een mandje gelegd en het door de stroom van de rivier laten meenemen, en uiteindelijk had de wagenmenner Adhiratha het gevonden. Kunti was Pandu's eerste vrouw en Bisma wist nog een meisje voor hem te veroveren. Dat was Madri, de zuster van koning Salya.

Twee jaar na hun huwelijk bracht Dhrtarastra's vrouw Gandhari een grote vleesklomp ter wereld. Toen ze water over het gedrocht heen goot, viel het uiteen in honderd en één stukjes. Nog eens twee jaar later ontstonden uit die stukjes op wonderbaarlijke wijze honderd zonen en één dochter.

Pandu ging op een dag op jacht en schoot een gazellenpaartje dood, maar wat hij niet wist was dat de mannetjesgazel eigenlijk een heilige in dierengedaante was. De heilige vervloekte Pandu dat ook hij zou sterven als hij een vrouw omarmde. Pandu was radeloos van verdriet en ging met zijn beide vrouwen naar het gebergte, waar hij zich schuilhield.

Maar Kunti, Pandu's eerste vrouw, was slim en ze bedacht een oplossing voor het probleem: de goden konden bij Pandu's vrouwen kinderen verwekken. En zo geschiedde. Kunti werd zwanger van Dharma[14] en baarde Yudhisthira, van Vayu[15] kreeg ze Bhima en van Indra[16] kreeg ze Arjuna. Madri raakte zwanger van de beide Asvins[17] en werd moeder van de tweeling Nakula en Sahadeva.

Pandu hoefde niet langer bang te zijn dat hij geen nakomelingen zou hebben, en hij omarmde Madri. Hij stierf ter plekke. Madri volgde hem op de brandstapel naar het rijk van de dood. Kunti nam Pandu's vijf zonen, de Pandava's, uit het gebergte mee terug naar Hastinapura.

De jeugd van de prinsen. Hun leermeester Drona (Mah. I 128-132)

De Pandava's en de zonen van Dhrtarastra, de Kaurava's[18], groeiden samen op aan het koninklijk hof onder toeziend oog van hun oudoom Bhisma. In vredige harmonie ging dat echter niet. Er was vooral veel strijd tussen Bhima en de Kaurava Duryodhana.

Op een morgen speelden de prinsen een balspel ergens in de bossen rond Hastinapura. Plotseling glipte de bal weg en rolde in een put. Ze probeerden van alles, maar kregen de bal er met geen mogelijkheid meer uit. Juist toen ze teleurgesteld naar de stad wilden terugkeren, zagen ze een brahmaan zitten. Hij was mager en donker van tint en had net zijn dagelijkse religieuze handelingen verricht. De prinsen gingen naar hem toe en vroegen hem om hulp.

De brahmaan zag dat ze wat verlegen waren. Glimlachend zei hij tegen hen: 'Schamen jullie je niet een beetje? Jullie zijn prinsen uit het geslacht van Bharata en jullie kunnen niet eens die bal uit de put halen! Luister, als jullie ervoor zorgen dat ik vandaag een goede maaltijd krijg, zal ik jullie bal eruit halen. En let op, ik zal ook deze ring in de put laten vallen en de ring en de bal er met geen ander hulpmiddel uithalen dan wat gras-

---

14 Dharma: god van de gerechtigheid.
15 Vayu: god van de wind.
16 Indra: god van de donder.
17 De Asvins: tweelingbroers, de artsen van de godenhemel.
18 De Kaurava's: de naam is afgeleid van een voorvader van hen, Kuru.

sprietjes.' Toen schoof hij de ring van zijn vinger en gooide hem in de put.

Ongelovig riep Yudhisthira uit: 'Als u werkelijk kunt wat u zojuist zei, brahmaan, zullen we u voor de rest van uw leven rijk maken!'

De brahmaan plukte glimlachend een handvol lang gras en zei: 'Kijk goed. Ik heb de macht om dit gras zo'n kracht te geven dat het beter wordt dan wapens.' Toen pakte hij een sprietje beet en wierp het met dodelijke precisie in de richting van de bal die in de put lag. Het sprietje doorboorde de bal moeiteloos. Het volgende sprietje dat de brahmaan wierp, doorboorde het eerste, het derde sprietje doorkliefde het tweede en zo ontstond er een keten van gras waaraan de bal heel eenvoudig omhoog te halen was.

De prinsen stonden met open mond van verbazing toe te kijken en geestdriftig riepen ze: 'Nu de ring, brahmaan! We willen wel eens zien hoe u dat met de ring doet.'

Drona, zo heette de brahmaan, pakte zijn boog en koos een pijl uit zijn koker. Hij schoot de pijl af in de put, maar op wonderbaarlijke wijze keerde de pijl terug in zijn hand. De ring zat om de punt. Hij pakte het sieraad eraf en gaf het aan de prinsen om te laten zien dat het echt dezelfde ring was.

De jongens waren stomverbaasd en bewonderend vroegen ze: 'Wie bent u en wat kunnen we voor u doen?'

'Ga naar Bhisma,' antwoordde de brahmaan, 'vertel hem hoe ik eruit zie en zeg hem wat hier is gebeurd, dan weet hij wel wie ik ben.'

Zo snel ze konden renden de prinsen naar Bhisma om hem te vertellen over het avontuur van die ochtend. Bhisma begreep onmiddellijk dat de brahmaan uit het verhaal niemand anders kon zijn dan Drona. Hij was blij verrast, want hij was juist op zoek naar een leermeester voor de jongens en hij stuurde direct een gezant om Drona te vragen naar het paleis te komen.

Toen Drona gearriveerd was, vroeg Bhisma hem waarom hij naar Hastinapura was gekomen. Drona gaf hem openhartig antwoord.

'Toen ik nog jong was,' begon hij, 'had ik een goede vriend, Drupada. We leefden jarenlang bij elkaar, want we hadden dezelfde leermeester. Ik hield veel van Drupada en hij ook van mij. Hij zei vaak tegen mij: "Als ik eenmaal mijn vader heb opgevolgd als koning van de Pancala's, zal mijn koninkrijk ook het uwe zijn, dat beloof ik u. Ik wil alles wat ik heb of krijg, met u delen: macht, rijkdom en geluk."

Op een gegeven moment scheidden onze wegen, want hij keerde terug naar zijn vaderland. Zijn woorden van vriendschap bewaarde ik in mijn hart.

Ik trouwde en kreeg een zoon, Asvatthaman. Ik had weinig geld en al snel bleek dat ik het kind niet kon geven wat het nodig had. Dat vond ik natuurlijk vreselijk en ik besloot mijn oude vriend op te gaan zoeken, samen met mijn vrouw en kind. Tot mijn vreugde hoorde ik dat hij inmiddels de troon had bestegen en koning van de Pancala's was. Vol vertrouwen ging ik naar hem toe en ik noemde hem mijn vriend. Maar Drupada duwde me minachtend van zich af, volgens hem was onze vriendschap reeds lang voorbij. Hij vond dat een koning nooit een vriendschapsband kon hebben met een bedelaar. Zijn mooie beloften was hij vergeten. Hij gaf me alleen een beetje eten en onderdak voor een nacht. Zo snel ik kon verliet ik zijn koninkrijk.

Zoals u begrijpt heeft Drupada me met zijn handelwijze erg diep beledigd. Ik wil niets liever dan wraak. En nu ben ik naar uw hoofdstad gekomen om intelligente en volgzame leerlingen te zoeken. Kunt u me daarbij helpen?'

Bhisma hoefde niet lang na te denken. 'Ik ben erg blij dat u gekomen bent, brahmaan, want u komt als geroepen. Ik zou graag willen dat u de prinsen van mijn stam onderwijst in de wapenkunst. Alles wat we bezitten staat daarbij tot uw beschikking.'

Niet lang daarna riep Drona de prinsen bij zich. Hij vroeg hun te beloven dat ze hem zouden helpen bij het uitvoeren van een plan, zodra ze het gebruik van alle soorten wapens onder de knie hadden gekregen. Geen van de jongens antwoordde. Alleen Arjuna, de derde van de Pandava's, zwoer plechtig dat hij de taak die Drona hem zou opleggen, zou volbrengen, wat die ook mocht inhouden. Drona was diep geroerd door die belofte van trouw en hij trok Arjuna naar zich toe en kuste hem.

Ook van koninkrijken uit de buurt kwamen prinsen die door Drona onderwezen wilden worden. Onder hen was ook Karna, de pleegzoon van de wagenmenner. Hij was erg jaloers op Arjuna en probeerde hem steeds te overtreffen, met name in het boogschieten. Hij trok veel op met de Kaurava Duryodhana en zijn broers, en liet de Pandava's veelal links liggen.

Nanda Lāl Bose

Ekalavya

Intussen liet Arjuna geen kans onbenut om zich verder te bekwamen in de wapenkunst en al snel was hij vaardiger en trefzekerder dan zijn kameraden. Op een dag blies de wind zijn lamp uit terwijl hij aan zijn avondeten zat. Hij ontdekte dat hij ook in het donker het voedsel feilloos naar zijn mond kon brengen. Vanaf dat moment begon hij te oefenen om ook bij nacht te kunnen schieten. Toen Drona een keer 's nachts het trillen van de boogpees hoorde, rende hij enthousiast naar buiten. Hij sloeg zijn arm om Arjuna heen en zei: 'Ik zal ervoor zorgen dat u de vaardigste boogschutter ter wereld wordt.' Vanaf die tijd besteedde Drona nog meer aandacht aan de opleiding van Arjuna.

Ekalavya (Mah. I 132)

Een andere jongeman die op de lessen van Drona afkwam, was Ekalavya, een prins van lage afkomst. Drona was echter bang dat de jongen beter zou worden dan de hogere prinsen, en accepteerde hem niet.

Teleurgesteld ging Ekalavya weg. In het woud vond hij een plek waar hij zich kon terugtrekken, en daar boetseerde hij van klei een beeld van Drona. Hij knielde voor het beeld neer en beschouwde het als zijn leermeester. Zijn toewijding aan het doel dat hij zichzelf had gesteld was zo groot, dat het niet lang duurde voor hij tot de beste boogschutters van het land behoorde.

Op een dag waren de prinsen in het woud op jacht. Eén van hun honden dwaalde af en kwam tegenover een donkere man te staan, die in het zwart gekleed ging en zichzelf met slijk had ingesmeerd. Zijn haar had hij gevlochten. De hond rook onraad en begon luid te blaffen, maar voor hij zijn bek weer had kunnen sluiten, had Ekalavya, want die was het, er al zeven pijlen ingeschoten. Hij had de hond niet eens gezien, maar had slechts op het geluid van het geblaf gemikt. De hond wist met zijn doorboorde bek nog naar de prinsen terug te lopen, maar in plaats van medelijden met de hond hadden ze bewondering voor de schutter. Ze wilden wel eens weten wie hij was en begonnen hem te zoeken. Niet veel later vonden ze hem en ze zagen hem pijlen wegschieten met zijn boog. Nieuwsgierig vroegen ze wie hij was, en hij antwoordde: 'Ik ben Ekalavya, de zoon van de koning van de Nisadha's. Net als jullie ben ik een leerling van de brahmaan Drona. Ik wil niets liever dan alles leren wat er over de wapenkunst te leren valt.'

Eenmaal thuisgekomen vertelden de prinsen alles aan Drona. Arjuna voegde daaraan toe: 'U hebt eens uw armen om me heen geslagen en me beloofd dat ik beter zou worden dan al uw andere leerlingen, maar hoe zit het dan met Ekalavya?' Drona antwoordde niet, maar ging samen met Arjuna naar het woud om de verrassende boogschutter te zoeken. Toen Ekalavya Drona zag aankomen, knielde hij voor hem neer en raakte de voeten van zijn meester aan. Nadat hij weer was gaan staan, vouwde hij eerbiedig zijn handen en zo wachtte hij de bevelen van Drona af.

'Als u werkelijk een leerling van mij bent,' begon Drona, 'geef me dan het loon waar ik als leermeester recht op heb.'

'Meester,' zei Ekalavya blij, 'ik zal u alles geven waar u om vraagt. Er is niets wat ik u niet met vreugde zou overhandigen.'

'Als u dat echt meent, Ekalavya,' antwoordde Drona, 'wil ik de duim van uw rechterhand hebben.'

Zonder een spoor van twijfel of verbittering sneed de trouwe Ekalavya zijn rechterduim af en gaf hem aan Drona. Toen pakte hij zijn boog weer op en ontdekte met een schok dat hij zijn behendigheid voor altijd kwijt was. Arjuna lachte tevreden, hij was niet langer jaloers.

Het vogelschieten (Mah. I 132-133)

Bhima, de tweede van de Pandava's, en zijn neef Duryodhana waren vooral bedreven in het vechten met de knots. Asvatthaman, de zoon van Drona, wist het meest van de geheimen van de wapenkunde en de Pandava-tweelingen Nakula en Sahadeva staken iedereen de loef af in het zwaardvechten. Yudhisthira muntte met name uit in het wagenmennen, maar het was Arjuna die iedereen overtrof, op elk gebied. Hij overtrof hen zowel in verstand als in kracht, zowel in uithoudingsvermogen als in behendigheid. In de strijd was hij de beste van allemaal en hij was het meest toegewijd aan hun leermeester Drona. Vanaf zijn strijdwagen wist hij in zijn eentje zestigduizend vijanden te verslaan. Dat wekte natuurlijk wel de jaloezie van zijn neven.

Toen de opvoeding van de prinsen was afgerond, riep Drona al zijn leerlingen bij elkaar om hun krachten onderling te meten. Hij had een nepvogel gemaakt en zette die vast op de top van een boom. 'Jongens, pak jullie bogen en richt jullie pijlen op die vogel,' zei hij, 'ik zal een teken geven en dan moeten jullie de kop van de vogel eraf zien te schieten. Iedereen komt aan de beurt.'

Als eerste gaf hij Yudhisthira een teken. Yudhisthira nam zijn boog en mikte op de vogel. Maar Drona onderbrak hem en zei: 'U moet naar de vogel boven in de boom kijken.'

'Dat doe ik ook,' zei de prins.

'Wat ziet u dan?' vroeg Drona. 'De boom, mij of uw broers?'

'Ik zie de boom, u, mijn broers èn de vogel,' antwoordde Yudhisthira. Drona vroeg het nog een keer, maar de jongen gaf hetzelfde antwoord. Geïrriteerd zei Drona: 'Hou maar op. U zult de vogel toch niet raken.'

Vervolgens vroeg Drona aan Duryodhana een poging te wagen en daarna aan zijn broers, aan de overige Pandava's en aan de vreemde prinsen. Hij stelde hun allemaal dezelfde vraag, maar geen van hen gaf het goede antwoord en dus kregen ze niet eens de kans om te schieten.

Als laatste riep hij Arjuna bij zich en hij zei: 'Nu moet u het doel zien te treffen. Ga uw gang.' Toen stelde hij ook Arjuna de vraag: 'Ziet u zowel de boom en de vogel als mij en uw makkers?'

En de jongen antwoordde: 'Ik zie alleen de vogel, verder niets.'

'Goed, beschrijf hem dan maar eens,' zei Drona verheugd.

'Dat kan ik niet, ik zie alleen zijn kop,' antwoordde Arjuna.

Drona begon te trillen van enthousiasme. 'Schiet!' riep hij. De pijl schoot weg en raakte precies de kop van de vogel. Toen omhelsde Drona zijn pupil. Hij had het gevoel alsof Drupada en zijn krijgers al verslagen waren.

De grote wedstrijd (Mah. I 134)

Drona was zo trots op zijn leerlingen dat hij iedereen wilde laten zien wat hij hun allemaal had bijgebracht. Daarom vroeg hij Dhrtarastra of hij een wedstrijd mocht organiseren. Dhrtarastra stemde toe met de woorden: 'U hebt zeer goed werk verricht met de jongens, dus noem maar een tijd en een plaats, en zeg wat precies de bedoeling is van de wedstrijd. Ik ben een ongelukkige blinde, maar ik wou dat ik zelf kon zien hoe goed mijn kinderen in de wapenkunst bedreven zijn geraakt.'

Drona zocht een geschikt stuk land uit. Op een dag met gunstige voortekenen riep hij het volk bijeen en droeg een offer op aan de goden. Vervolgens zette hij een strijdperk uit, zoals dat in de heilige voorschriften beschreven stond, en dat voorzag hij van allerlei wapens. Er werd een speciale zaal gebouwd van waaruit de vrouwen van adel de wedstrijd konden volgen, en om de rest van het strijdperk kwamen gewone tribunes en tenten.

Op de dag van de wedstrijd kwam de koning samen met Bhisma en zijn ministers de prachtige zaal binnen. Gandhari en Kunti en de overige vrouwen van het koninklijk huis volgden hen in schitterende feestkledij. Uit de stad stroomden mensen van allerlei rangen en standen toe om de wedstrijd van de prinsen te bekijken. Trompetten en trommels klonken en het gonsde van de stemmen.

Als laatste verscheen Drona in het strijdperk, samen met zijn zoon. Hij had witte haren en baard en droeg witte kleren, een witte schouderband[19] en witte bloemen. Bovendien was hij ingesmeerd met witte sandelpasta[20]. Het leek wel of de maan in eigen persoon verscheen, samen met de planeet Mars.

Na de plechtige openingsceremonie betraden de prinsen van Bharata's geslacht het strijdperk. Yudhisthira liep voorop, de anderen kwamen op volgorde van hun leeftijd achter hem aan. Toen ze allemaal binnen waren, lieten ze het publiek zien hoe kundig ze waren met de wapens. Sommige toeschouwers doken angstig in elkaar toen de pijlen werden afgeschoten, maar vele bleven met bewonderende blikken de pijlen volgen. Toen gaven de prinsen een demonstratie boogschieten te paard. Ze moesten vanaf de beweeglijke dieren een bepaald doel zien te raken. Het publiek juichte hen enthousiast toe. Vervolgens pakten ze hun zwaard en schild en was het tijd voor een zwaardgevecht. De toeschouwers verbaasden zich over hun behendigheid en over

---

[19] Zo'n schouderband werd dwars over de borst gedragen, van de linkerschouder onder de rechterarm door. De band was voorbehouden aan mannen van de hogere kasten, die hem vanaf het begin van hun studietijd droegen.

[20] Sandelpasta: pasta die verkregen wordt uit sandelhout.

de zekerheid van hun greep. Ook spraken ze vol bewondering over hun welgevormde lichamen, hun charme en hun kalmte.

Op een gegeven moment traden Bhima en Duryodhana het strijdperk binnen met knotsen in de hand. Hun gebrul klonk als dat van olifanten. Trillend van vechtlust draaiden ze om elkaar heen. De toeschouwers gingen volledig op in het tafereel en splitsten zich in twee partijen. Schreeuwend moedigden ze hun favoriet aan. Toen het gevecht te serieus dreigde te worden, haalde Asvatthaman op bevel van Drona de beide prinsen uit elkaar. Het was tenslotte een demonstratie en geen echte strijd.

Toen liep Drona naar het midden van het strijdperk. Met een teken van zijn hand legde hij de muziek het zwijgen op en met donderende stem kondigde hij aan: 'En dan ziet u nu Arjuna, de zoon van Indra. Hij is in alle takken van de gevechtskunst de beste van allemaal!'

Triomfantelijk verscheen Arjuna voor het publiek. Hij had zijn boog en pijlkoker bij zich en ging gekleed in een stralende, gouden wapenrusting. Een luid gejuich klonk op bij zijn verschijning en de muzikanten zetten hun beste beentje voor. Kunti was zo ontroerd dat haar zoon zoveel enthousiasme losmaakte, dat ze tranen in haar ogen kreeg. De blinde Dhrtarastra kreeg gedetailleerd te horen wat er in het strijdperk gebeurde, en hij voelde zich trots en gelukkig.

Toen het opgewonden publiek een beetje gekalmeerd was, begon Arjuna zijn kunsten te vertonen. Wat hij liet zien, leek in de ogen van de mensen haast tovenarij. Met verschillende wapens creëerde hij vuur en water, lucht en land, zelfs wolken en bergen. Dit alles liet hij even later met andere wapens weer verdwijnen. Het ene moment leek hij lang, dan zag hij er weer klein uit, nu eens hing hij boven de paardenruggen, dan zat hij weer op de wagen zelf en het volgende moment stond hij alweer op de grond. Met zijn pijlen trof hij elk doel waar hij op richtte. Hij schoot vijf pijlen tegelijk in de bek van een voortgetrokken nepvarken en hij wist eenentwintig pijlen in de holte van een koehoorn te schieten die aan een touw bungelde. Zo overtuigde hij op indrukwekkende wijze het publiek van zijn vaardigheid met het zwaard, de pijl en boog en de knots.

Karna (Mah. I 136-137)

Toen de demonstratie bijna ten einde was en de toeschouwers van vermoeidheid wat rustiger waren geworden, was buiten de poort het gekletter van wapens te horen. Iedereen wendde zijn blik naar de ingang. Drona stond te midden van de vijf Pandava's. Duryodhana en zijn honderd broers haastten zich met getrokken wapens naar hen toe.

Het was Karna die het terrein opkwam, Kunti's zoon met de grote ogen, de zoon van de stralende zonnegod. Met zijn glanzende wapenrusting en oorringen was hij even schitterend als de zon en het vuur. Hij was groot en in de kracht van zijn jeugd. Rustig en eerbiedig boog hij voor Drona. Allen staarden hem zwijgend aan, want niemand kende hem. Tegen Arjuna, de broer die hij niet kende, zei hij: 'Arjuna, ten overstaan van het volk dat hier verzameld is, zal ik laten zien dat mijn kunsten de uwe nog overtreffen. U zult verbaasd zijn.'

Duryodhana kon zijn blijdschap over die woorden niet verhullen, maar Arjuna was boos en schaamde zich tegelijkertijd. Met toestemming van Drona evenaarde de machtige Karna toen de daden van Arjuna. Duryodhana en zijn broers omhelsden de nieuwkomer en heetten hem hartelijk welkom. Ze waren zelfs zo onder de indruk dat ze zichzelf en hun rijk tot zijn beschikking stelden. Maar Karna zei: 'Bedankt, mannen, maar uw vriendschap is voldoende. Ik heb slechts één wens: ik wil een duel met Arjuna.'

Arjuna voelde zich zo vernederd dat hij zichzelf moeilijk kon beheersen. Woedend riep hij: 'Wacht maar, Karna, op een dag zal ik u doden!'

'Grote woorden zeggen me niets, Arjuna,' antwoordde Karna, 'pijlen spreken klaardere taal. Daarom zal ik, voor de ogen van Drona, met een pijl uw hoofd eraf schieten!'

Arjuna stapte naar voren om de strijd aan te gaan. Tegenover hem stond Karna, klaar voor de aanval, met pijl en boog. Donkere wolken bedekten de hemel en bliksemstralen doorkliefden de lucht, terwijl de kleurrijke boog van Indra verscheen. Witte rijen wilde ganzen leken een glimlach te vormen op de grijze wolken. Indra was duidelijk aanwezig om in het strijdperk zijn zoon Arjuna bij te staan. Toen kon Karna's vader, de zon, natuurlijk niet achterblijven en heldere stralen braken door de wolken. Het was een angstaanjagend tafereel: Arjuna werd overschaduwd door donkere wolken en Karna werd onnatuurlijk verlicht door felle zonnestralen. Dhrtarastra's zonen kozen de zijde van Karna, en Drona en Bhisma steunden Arjuna. Ook de toeschouwers, inclusief de vrouwen, verdeelden zich in twee kampen. Kunti, Pandu's weduwe, kon echter niet kiezen tussen haar beide zonen. Ze kon het niet aanzien dat ze tegen elkaar gingen vechten, en verloor het bewustzijn.

Toen zei iemand uit het gevolg van de koning tegen Karna, terwijl hij naar Arjuna wees: 'Iedereen weet wie deze Pandava is. Hij is Kunti's jongste zoon, uit het geslacht van Kuru. Maar wie bent u eigenlijk? U moet ons de namen van uw ouders en uw afkomst noemen, want alleen dan kan Arjuna beoordelen of hij de strijd met u kan aangaan. Koningszonen strijden nu eenmaal niet met mannen van lagere stand.'

Karna verbleekte toen hij deze woorden hoorde, maar Duryodhana kwam hem te hulp. 'Als Arjuna alleen met een vorst wil vechten,' riep hij, 'dan maak ik Karna bij deze koning van Anga!'

Karna kon direct op een gouden zetel plaatsnemen. Brahmanen wijdden hem tot koning met heilige spreuken en offers van rijst, bloemen, water en goud. Hij kreeg een zonnescherm van goud[21] boven zijn hoofd en om hem verkoeling te geven wuifden dienaren met waaiers die gemaakt waren van de staartpluimen van een witte jak. Karna en Duryodhana omhelsden elkaar en werden vrienden voor het leven. Het publiek keek juichend toe.

Op dat moment arriveerde de wagenmenner Adhiratha, de pleegvader van Karna. Hij was erg bezweet en beefde zo dat hij op zijn staf moest leunen. Karna liep naar hem toe en boog voor hem met de eerbied die een kind voor zijn vader heeft. De wagenmenner pakte Karna vast in een innige omhelzing, terwijl hij hem zijn zoon noemde. Tranen van liefde en blijdschap rolden over zijn wangen op het hoofd van zijn pleegzoon, dat nog vochtig was van het wateroffer dat hij zojuist ontvangen had voor zijn wijding tot koning van Anga. Toen Bhima dit tafereel aanschouwde, kon hij niet anders concluderen dan dat Karna slechts de zoon van een wagenmenner was. Spottend riep hij: 'U bent het niet waard dat u de dood van een strijder sterft door de handen van Arjuna, net zomin als u het waard bent een koninkrijk als Anga te regeren. U kunt zich beter tot het

---

[21] Een gouden zonnescherm was een teken van koninklijke waardigheid.

gebruik van de zweep beperken, daar bent u immers voor geboren!'

Karna's lippen begonnen te trillen van woede bij het horen van deze woorden. Hij ademde diep in en keek naar de hemel, naar de god van het licht. Toen kon hij zich weer beheersen. Maar Duryodhana sprong woedend overeind en zei: 'Zowel de afkomst van een held als de oorsprong van een machtige rivier is vaak onbekend, maar dat hoeft niet van belang te zijn. Een hinde kan immers nooit een tijger voortbrengen. Door wie hij is, laat deze prins zien dat hij het wel degelijk waard is om over een koninkrijk te heersen. Hij is zelfs zo krachtig en indrukwekkend dat hij mijns inziens niet alleen Anga zou moeten regeren, maar de hele wereld! Mocht er iemand zijn die het niet eens is met mijn beslissing Karna een koninkrijk te geven, dan moet hij maar eens proberen Karna's boog te spannen!'

De toeschouwers begonnen te mompelen en knikten goedkeurend naar elkaar. Inmiddels was de zon ondergegaan. Duryodhana nam Karna mee het strijdperk uit, dat nu door talloze lampen werd verlicht. Toen vertrokken ook de Pandava's, samen met Drona en Bhisma. Als laatsten gingen de toeschouwers naar huis, nog vol van wat ze die dag allemaal hadden gezien en meegemaakt. Kunti voelde zich gelukkig, want ze had haar zoon Karna, die ze vanaf zijn geboorte niet meer had gezien, herkend, en nu was hij ook nog tot koning van Anga gewijd. Duryodhana was niet langer bang voor de perfectie van Arjuna, omdat hij sinds die dag Karna als vriend had.

De overwinning op Drupada (Mah. I 138)

Drona achtte de tijd rijp dat zijn leerlingen hem het loon gaven dat ze hem schuldig waren. Hij riep hen bij elkaar en zei tegen hen: 'Ik wil dat jullie de oorlog aangaan met Drupada, de koning van de Pancala's, en dat jullie hem als gevangene naar mij brengen. Dit is de enige vergoeding die ik van jullie vraag voor al de lessen die ik jullie heb gegeven.'

De prinsen aarzelden geen moment en sprongen op hun strijdwagens. Samen met Drona reden ze naar de hoofdstad van Drupada. Onderweg kregen ze al te maken met een paar strijdlustige Pancala's, maar die wisten ze met aanzienlijk gemak van zich af te slaan. Voor de stad hielden ze halt en sloegen een kamp op. Even later reden ze de vijandelijke hoofdstad binnen. Opgeschrikt door het rumoer van het machtige leger kwam de koning van de Pancala's het paleis uit, samen met zijn broers, die evenals hijzelf tot de tanden toe gewapend waren. De Kaurava's stootten hun strijdkreet uit en bestookten hem met een regen van pijlen. Maar Drupada was niet bang uitgevallen en vanaf zijn witte strijdwagen schoot hij zijn scherpe pijlen in het rond.

De Pandava's hielden zich nog afzijdig van de strijd. 'Laat hen eerst maar vechten,' zei Arjuna tegen Drona. 'Het zal toch niemand van hen lukken de koning van de Pancala's gevangen te nemen.'

De manschappen van de Kaurava's werden ondertussen flink uitgedund door de krachtige aanvallen van Drupada. Ze raakten zo in paniek dat ze niet eens meer beseften dat Drupada op zijn witte wagen slechts in zijn eentje was.

Inmiddels hadden de Pancala's met hun hoorns en trompetten alarm geslagen in de stad. Ze brulden als leeuwen en het knallen van hun boogpezen was onafgebroken te horen. De Kaurava's werden hierdoor aangemoedigd nog harder te vechten, maar Drupada was zo onverzadigbaar dat hij vele krijgers, onder wie Duryodhana en zelfs Karna, wist te verwonden met zijn scherpe pijlen.

De genadeklap kwam voor de Kaurava's toen ook alle stadsbewoners zich in het gevecht gingen mengen. De Kaurava's werden bedolven onder de overmacht en moesten vluchten. Jammerend haastten ze zich terug naar de Pandava's.

Bij het horen van de jammerklachten van de verslagen en vernederde Kaurava's sprongen de Pandava's op hun strijdwagens en brachten Drona een afscheidsgroet. Arjuna beval zijn oudste broer zich buiten het gevecht te houden, maar zijn jongste broers, de tweeling, gaf hij de opdracht zijn flanken te beschermen. Zo reed hij de strijdkreten van de vijand tegemoet. Bhima liep zoals gewoonlijk in de voorhoede, zwaaiend met zijn knots en bulderend als de donder.

Vooraan in de gelederen van de vijand vochten mannen op olifanten. Bhima richtte zich het eerst op hen. Met een zwaai van zijn knots verbrijzelde hij de koppen van de olifanten en de enorme dieren vielen reddeloos neer. Ook paarden en mannen kregen met zijn knots te maken en het duurde niet lang of alles en iedereen sloeg voor hem op de vlucht.

Intussen richtte Arjuna al zijn aandacht op de koning zelf, want dat was wat zijn leermeester wilde. Hij vuurde een regen van pijlen op hem af. Dat was natuurlijk tegen het zere been van de Pancala's en ze keerden zich met z'n allen tegen hem. Het feit dat ze daarbij allerlei soorten wapens gebruikten, imponeerde Arjuna niet, maar wakkerde zijn strijdlust juist aan. Onafgebroken snorden er pijlen uit zijn boog. Vanuit een ooghoek zag Arjuna Drupada zelf op hem afkomen, samen met zijn opperbevelhebber. Arjuna draaide zich om naar de koning, maar vond eerst de opperbevelhebber op zijn pad. Het werd een lang en zwaar gevecht, maar uiteindelijk wist Arjuna hem te verslaan. Toen stond de vorst in eigen persoon tegenover hem. Arjuna begon als een razende pijlen af te schieten. Drupada's boog brak in tweeën, evenals zijn vaandels, en zijn paarden en zijn wagenmenner vielen dodelijk getroffen neer. Toen wierp Arjuna zijn boog weg en trok zijn zwaard. Luid schreeuwend sprong hij op de wagen van zijn vijand en zonder aarzelen stortte hij zich op Drupada. Bij het zien van zoveel moed sloegen de manschappen van de Pancala's op de vlucht.

Met triomfantelijke kreten nam Arjuna zijn gevangene mee naar het kamp van zijn kameraden. De anderen sprongen direct enthousiast op om de stad te gaan verwoesten, maar Arjuna riep hen terug. 'Koning Drupada is ondanks alles aan ons geslacht verwant. Daarom, Bhima, wil ik niet dat jullie zijn onderdanen doden. Laten we in plaats daarvan onze leermeester de beloning geven waar hij om gevraagd heeft!'

Iedereen knikte instemmend en dus brachten ze Drupada en de overige gevangenen naar Drona. Toen Drona Drupada zo voor zich zag staan, ontredderd en vernederd, zei hij tegen hem: 'Ik heb uw koninkrijk en uw hoofdstad veroverd. Uw lot ligt in mijn handen, maar ik kan u geruststellen: u hoeft niet bang te zijn voor uw leven. Zou u niet liever de vriendschapsband die u met mij had hernieuwen?' Met een glimlach voegde hij daaraan toe: 'Wij brahmanen zijn vergevensgezind. En hoe zou ik u niet kunnen vergeven? Mijn genegenheid en mijn liefde voor u zijn een deel van mij. Ze zijn in mij gegroeid vanaf de tijd dat we kinderen waren en nog samen speelden. Daarom vraag ik u bij deze nogmaals of u mijn vriend wilt zijn. Ik zal de helft van uw koninkrijk aan u teruggeven, maar de andere helft houd ik zelf. U hebt immers ooit gezegd dat een koning slechts bevriend kan zijn met een koning.'

'Ik ben niet verbaasd dat u mij dit voorstel doet,' antwoordde Drupada. 'Ik heb altijd wel geweten dat u edel was en een groot hart had. Ik ben u erg dankbaar en eigenlijk zou ik degene moeten zijn die u om uw vriendschap vraagt.'

Toen bevrijdde Drona de koning van de Pancala's van zijn ketenen en hij gaf hem de heerschappij over het gebied dat ten zuiden van de Ganges lag. Drupada was Drona echter helemaal niet dankbaar, zoals hij gezegd had. Hij kon het niet verkroppen dat de brahmaan zo'n grote macht had verworven, en begon overal te zoeken naar een vrouw die geschikt zou zijn om hem een zoon te schenken die zijn vijand kon overwinnen.

Het huis van lak (Mah. I 139-148)

Een jaar later werd Yudhisthira, de zoon van Pandu, door Dhrtarastra als zijn troonopvolger aangewezen. Dhrtarastra zag in hem een goede koning, omdat hij sterk was, maar ook geduldig, trouw, grootmoedig en openhartig.

En inderdaad groeide Yudhisthira uit tot zo'n geweldige man, dat het niet lang duurde voor hij zelfs de daden van zijn vader overtrof. De andere Pandava's bleven in lichamelijk en geestelijk opzicht niet bij hem achter en ze wisten in het oosten en het zuiden verschillende rijken te veroveren. De macht en de invloed van de Pandava's bereikten op een gegeven moment zo'n omvang dat hun oom Dhrtarastra er bang van werd. Het feit dat hij niet langer positief tegenover de Pandava's stond, maakte hem zo onrustig dat hij niet meer kon slapen.

Wanhopig vroeg hij zijn minister om raad. 'De Pandava's overtreffen alles en iedereen in de hele wereld en ik moet bekennen dat ik zeer jaloers op hen ben. Wat moet ik doen? Moet ik de lieve vrede bewaren of niet?'

De minister antwoordde dat een koning, het koste wat het kost, eerst zijn vijanden moest uitroeien, en dus moest Dhrtarastra ook Pandu's zonen uit de weg zien te ruimen. 'Neem de noodzakelijke maatregelen,' vervolgde de minister, 'anders zult u er in de toekomst spijt van krijgen.'

De koning was nog in gedachten verzonken over wat hij zojuist gehoord had, toen zijn oudste zoon Duryodhana bij hem kwam. Duryodhana kwam zijn beklag doen over de niet aflatende stroom van lovende woorden die het volk aan Yudhisthira wijdde. Hij waarschuwde zijn vader: 'Vader, het volk ziet liever de zoon van Pandu als koning dan u of Bhisma. Bhisma vindt dat misschien niet zo erg, hij heeft toch nooit koning willen worden. Maar voor ons ligt dat anders. U hebt vroeger de officiële regering over het rijk niet gekregen vanwege uw blindheid, maar als Yudhisthira nu de regering in handen krijgt, blijft ze voorgoed in de Pandu-tak van de familie en zullen wij en onze nakomelingen buitengesloten en geminacht worden. Als u officieel koning was geweest, zou het koningschap automatisch in onze handen komen, wat het volk daar ook van zou vinden.' Met deze woorden vertrok hij weer.

Zijn vader bleef in diep en somber gepeins achter. Duryodhana en zijn vrienden overlegden korte tijd, waarna Duryodhana terugging naar zijn vader. 'Vader, we hebben er met elkaar even over van gedachten gewisseld, en wij denken dat het 't beste zou zijn als u de Pandava's wegstuurt naar Varanavata. Dan hoeven we ons over hen niet langer ongerust te maken.' Dhrtarastra ging niet meteen akkoord. Pandu was immers altijd een goede man geweest, niet alleen voor hem, maar voor het hele volk. Bovendien was Pandu's zoon zeer geliefd bij het volk, het was niet onwaarschijnlijk dat de burgers in opstand zouden komen als Yudhisthira aan de kant werd geschoven.

Maar uiteindelijk wist Duryodhana zijn vader te overtuigen. 'Als de Pandava's eenmaal weg zijn, lukt het heus wel om de gunst van het volk te winnen. Met geld en andere eerbewijzen zijn de mensen al gauw tevreden. En zodra ik mij als koning stevig heb gevestigd, kan Kunti gewoon terugkomen met haar zonen, de Pandava's.'

Tenslotte gaf Dhrtarastra toe. Een aantal leden van het hof die bij het complot betrokken waren, begon prachtige verhalen over de stad Varanavata te vertellen. Volgens hun zeggen zouden daar binnenkort de jaarlijkse feesten ter ere van Shiva worden gehouden. De Pandava's luisterden geïnteresseerd en toen Dhrtarastra dat zag, zei hij: 'Als jullie zo graag naar die feesten willen gaan, ga er dan gerust heen. Jullie mogen zoveel kostbaarheden meenemen als jullie willen om daar uit te delen. En als jullie genoeg plezier hebben gehad, komen jullie gewoon naar Hastinapura terug!'

Maar Yudhisthira was slim en hij doorzag de gemene bedoelingen van zijn oom. Hij liet echter niets blijken. Hij vroeg de aanwezigen om voor hem, zijn moeder en zijn broers zegenwensen voor de reis uit te spreken, en ging zich toen klaarmaken voor vertrek.

Duryodhana was blij dat zijn plan zo goed leek te gaan slagen. Hij gaf zijn raadsman Purocana de opdracht zo snel mogelijk naar Varanavata te gaan en daar, voordat de Pandava's zouden arriveren, een huis voor hen te bouwen. Hij moest daarvoor touwwerk en hars gebruiken en de muren moest hij bestrijken met een mengsel van aarde, boter, olie en een grote hoeveelheid lak, zodat het licht ontvlambaar zou worden. Het was natuurlijk van het allergrootste belang dat noch de Pandava's noch de inwoners van Varanavata aan het huis konden zien dat het zo brandbaar was. De inrichting van het huis moest degelijk en mooi zijn. Na een eervolle ontvangst en een hartelijke begroeting moest hij de Pandava's dan samen met Kunti en het hele gevolg het huis binnen leiden. 's Nachts, wanneer iedereen nietsvermoedend zou liggen slapen, moest hij het huis in brand steken. De brand zou als een vreselijk ongeluk worden beschouwd en niemand zou in de gaten hebben dat de brand aangestoken was.

Hij had echter buiten Vidura gerekend, de grote vriend van de Pandava's. Vidura kreeg lucht van de arglistige plannen en toen de Pandava's naar Varanavata vertrokken, bleef hij lang naast Yudhisthira lopen om hem in bedekte termen te waarschuwen voor het dreigende gevaar. 'Let goed op,' zei hij. 'Als iemand door zijn vijanden een ontvlambare woning krijgt toegewezen, kan hij zich uit de brand redden door zich te gedragen als een stekelvarken[22]. Als hij zijn ogen goed openhoudt, kan hij vele wegen leren kennen en aan de hand van de sterren kan hij zijn richting bepalen. Denk erom: iemand die zijn verstand erbij houdt, kan niet ten onder gaan door toedoen van zijn vijand.'

'Ik snap wat u bedoelt,' antwoordde Yudhisthira. Toen liet Vidura het gezelschap alleen.

De Pandava's werden met een groot feest in Varanavata welkom geheten. Het hele volk van de stad was speciaal voor hen uitgelopen. De als helden geëerde mannen zochten de mensen op in hun woningen. Ze gingen op bezoek bij zowel brahmanen als leden van de laagste kaste. Nadat ze door het volk gehuldigd waren, gingen ze onder begeleiding van Purocana naar een paleis dat hun ter beschikking stond.

---

[22] Een stekelvarken trekt zich in zichzelf terug bij naderend gevaar.

Toen ze daar tien dagen hadden doorgebracht, vertelde Puroca-na dat hij een huis voor hen had gebouwd. Hij noemde het 'het gezegende huis', maar hij had beter 'het vervloekte huis' kunnen zeggen. Op zijn verzoek namen de Pandava's er hun intrek. Eenmaal binnen rook Yudhisthira de lucht van vet en lak, en hij zei tegen zijn broer Bhima dat het huis hem zeer brandgevaarlijk leek.

'Zouden we dan niet beter naar dat paleis kunnen terugkeren?' stelde Bhima voor.

'Nee,' antwoordde Yudhisthira, 'ik denk dat het verstandiger is hier te blijven. We doen alsof we niets in de gaten hebben, en in werkelijkheid houden we onze ogen en oren goed open en blijven we uiterst alert. Als we namelijk zouden laten merken dat we iets vermoeden, zou Purocana onmiddellijk tot actie overgaan en ons hier levend laten verbranden. Als hij door Duryodhana tegen ons is opgezet, deinst hij voor geen enkele misdaad terug, daar ben ik van overtuigd. Daarom denk ik dat het beter is als we hem om de tuin leiden en in stilte onze maatregelen treffen om in geval van gevaar te kunnen ontkomen.'

Niet lang daarna arriveerde er een man bij de Pandava's, die vertelde dat hij een ervaren mijngraver was en dat hij door Vidura was gestuurd. 'In een nacht zonder maan,' zei hij, 'zal uw huis in vlammen opgaan. Maar wees niet bang: voor die tijd zal ik voor u een uitgang hebben gegraven.'

Opgelucht en blij heette Yudhisthira hem welkom. De man begon onmiddellijk een brede gang te graven. De ingang van de onderaardse tunnel bevond zich midden in het huis in de vloer en werd met planken afgedekt. 's Nachts hadden de Pandava's hun wapens bij zich als ze gingen slapen, en overdag gingen ze in de nabijgelegen wouden op jacht om de wegen te verkennen. Ze waren daarbij wel zo voorzichtig dat noch Purocana noch de stadsbewoners iets in de gaten kregen van hun wantrouwen en achterdocht.

Een heel jaar ging voorbij en Purocana hield de schijnbaar nietsvermoedende Pandava's niet meer zo nauwlettend in het oog. Toen zei Yudhisthira tegen zijn moeder en zijn broers dat de tijd gekomen was om te ontsnappen.

Op een avond nodigde Kunti verschillende brahmanen en vrouwen van adel uit voor een groot feestmaal. De gasten hadden het erg naar hun zin en gingen pas laat naar huis terug. Toen iedereen weg was, kwam er een arme vrouw langs met haar vijf zonen. Ze vroeg of zij en haar kinderen mochten binnenkomen en ze deden zich te goed aan het eten en drinken dat was overgebleven. Uiteindelijk waren ze zo verdoofd door de drank en het vele eten dat ze de nacht in het huisje moesten doorbrengen. Toen iedereen in de stad in diepe slaap was, stak er een harde wind op. Dat was het moment waarop de Pandava's hadden gewacht. Bhima ging naar buiten met een fakkel en stak het huis van Purocana in brand. Vervolgens hield hij de vlam bij hun eigen huis van lak, en het duurde niet lang of het stond volledig in brand. Haastig gingen de Pandava's en hun moeder er via de onderaardse gang vandoor.

Het geloei en geknetter van de vlammen maakten de stadsbewoners wakker. Toen ze op de plaats van het onheil waren aangekomen, was het al te laat om nog iets te doen. De rest van de nacht bleven ze bij het huis van de Pandava's staan jammeren en ze waren woedend op de boze Purocana, die ze ervan verdachten het vuur te hebben aangestoken.

Toen het weer licht werd, begonnen de burgers het vuur te blussen. Stukje bij beetje ontdekten ze uit welk materiaal het huis was opgebouwd, en toen snapten ze ook hoe de vork in de steel zat. Purocana zelf troffen ze dood aan, en in het huis van de Pandava's vonden ze de lijken van een vrouw en vijf mannen. De stadsbewoners wisten echter niet dat het de lichamen waren van de arme vrouw en haar zonen, en niet die van Kunti en de vijf Pandava's. De mijngraver die de onderaardse gang had gegraven, hielp mee met het opruimen van de as en zorgde er vakkundig voor dat de ingang van de tunnel door het puin werd bedekt.

De burgers van Varanavata stuurden een bode naar Dhrtarastra om hem te vertellen dat de Pandava's waren omgekomen. Dhrtarastra liet dodenoffers opdragen voor zijn neven en samen met het hele volk huilde hij om hen. Alleen Vidura huilde niet, want hij wist wat er werkelijk met de Pandava's was gebeurd.

De vlucht van de Pandava's (Mah. I 148-185)

Toen de Pandava's door de onderaardse gang waren gekropen, vluchtten ze snel het woud in. Hun snelheid was echter niet hoog genoeg, daar waren ze te moe en te angstig voor, maar gelukkig had Bhima ongekende krachten. Hij zette zijn moeder op zijn linkerschouder en de tweeling op zijn heupen, en Yudhisthira en Arjuna kregen een plaatsje op zijn armen. Zo liep hij met zijn moeder en broers door de donkere nacht. Boomtakken versperden hem soms de weg, maar hij brak ze gewoon af met zijn borst. Zijn voetstappen lieten diepe afdrukken achter in de bodem.

Op een gegeven moment bereikten ze de rivier de Ganges. Daar stond een tweede bode van Vidura op hen te wachten om hen de rivier over te zetten. Met behulp van de stroom, de gunstige wind en de sterke armen van de roeiers waren ze al snel aan de overkant. Daarvandaan haastten ze zich naar het zuiden, zich oriënterend aan de hand van de sterren. Bhima liep voorop om in de dichte wildernis een pad voor de rest vrij te maken en als de vermoeidheid toesloeg, droeg hij de anderen weer verder. Ze hadden voortdurend honger en dorst en moesten vaak op de grond slapen. Ze passeerden vele wouden en vele steden en zagen eruit als asceten.

Uiteindelijk bereikten ze de stad Ekacakra. Daar vonden ze onderdak bij een brahmaan. Lange tijd leefden ze in zijn huis als kluizenaars. Overdag bedelden ze om aalmoezen en als ze 's avonds terugkwamen, gaven ze alles wat ze die dag gekregen hadden aan hun moeder. Zij verdeelde het voedsel dan naar behoefte. Bhima kreeg de helft van de totale opbrengst, de andere helft was bestemd voor Kunti en de overige vier Pandava's. Samen met de priester verdiepten ze zich in Vedastudie.

Op een dag kreeg de priester bezoek van een zeer heilige brahmaan. Kunti en haar zonen luisterden met gespitste oren naar de verhalen van de nieuwe gast, die veel gereisd had. Hij vertelde hun dat er binnenkort een schitterende svayamvara gehouden zou worden door Draupadi, de dochter van de koning van de Pancala's. De gast beschreef haar in geuren en kleuren. Ze was erg mooi, had grote zwarte ogen, een donkere huid en blauwzwart, krullend lang haar. De prinsen luisterden ademloos naar zijn verhaal. Vanaf dat moment was het gedaan met de rust.

Toen Kunti in de gaten kreeg dat haar zonen op hete kolen zaten, zei ze tegen Yudhisthira: 'We hebben al te lang bij de brahmaan gewoond en al te lang geprofiteerd van de vrijgevigheid van de stadsbewoners. De schoonheid van deze omgeving is ons al zo vertrouwd geworden dat ze geen indruk meer op ons maakt. Bovendien zijn de burgers zo langzamerhand min-

der gul met aalmoezen. Het lijkt me beter dat we naar een nieuw land gaan, naar het rijk van de Pancala's bijvoorbeeld. Het is niet goed om zo lang op dezelfde plaats te blijven.'
En dus namen de Pandava's afscheid van de gastvrije brahmaan en vertrokken ze naar de hoofdstad van Drupada. Onderweg kwamen ze een groep brahmanen tegen die in dezelfde richting reisde. De brahmanen gaven hun het advies ook naar Draupadi's svayamvara te gaan. 'Er komen koningen en prinsen uit veel verschillende landen. In hun poging indruk te maken op de prinses zullen ze aan brahmanen royale giften schenken. Daar komen wij dus voor, maar natuurlijk ook om de svayamvara te zien en de festiviteiten bij te wonen. Er komen toneelspelers en zangers, dansers, barden, redenaars en krachtige atleten. Waarom gaan jullie niet met ons mee? Wie weet verovert één van jullie de mooie Draupadi!'
De Pandava's accepteerden het aanbod en samen trokken ze naar Drupada's hoofdstad. Daar aangekomen namen ze hun intrek bij een pottenbakker en weer waren ze aangewezen op de aalmoezen die de bevolking hun gaf.

Draupadi's svayamvara (Mah. I 185-190)

Koning Drupada liep al jarenlang met de heimelijke wens rond dat zijn dochter op een goede dag met Arjuna zou trouwen. Om het toeval een handje te helpen liet hij een bijzonder taaie boog maken, zodat niemand anders dan Arjuna in staat zou zijn die te spannen. Met die boog moest dan geschoten worden op een doelwit hoog in de lucht. 'De man die deze opdracht kan volbrengen, zal mijn dochter mogen huwen,' kondigde Drupada aan.
Van alle kanten stroomden de kandidaten toe. Er waren koningen bij en zieners. Ook Duryodhana en zijn broers waren op de svayamvara afgekomen, samen met Karna. Alle kandidaten werden eerbiedig en met respect ontvangen door koning Drupada.
Het terrein van de plechtigheden lag ten noordoosten van de stad. Het was omgeven door hoge muren. Een kleurrijk gewelf zorgde voor schaduw. De rondom aangebrachte zitplaatsen stroomden langzaam maar zeker vol met burgers die de svayamvara wilden zien. Ook de Pandava's namen plaats op de

tribune. De vorsten die een poging gingen wagen Drupada's dochter te veroveren, waren ondergebracht in witte, met bloemen versierde gebouwen die om de feestzaal stonden. In die gebouwen werden verschillende voorstellingen gegeven. De feestvreugde steeg langzaam maar zeker naar een hoogtepunt. Op de zestiende dag kwam Draupadi zelf de feestzaal binnen. Ze had kostbare kleren aan en droeg een fraai bewerkte gouden krans op haar mooie hoofd. De huispriester bracht de offers die vereist waren, en de muziek werd tot stilte gemaand.

Toen het in de feestzaal helemaal stil was geworden, pakte prins Dhrstadyumna[23], de tweelingbroer van Draupadi, de hand van zijn zuster en met luide, donderende stem zei hij: 'Iedereen die hier aanwezig is, luister goed! Ik heb hier een boog met pijlen en een doelwit. Het is de bedoeling dat het doelwit met alle vijf de pijlen wordt geraakt. De man die deze opdracht volbrengt en bovendien zelf van adel is, zal zich vanaf vandaag de man van mijn zus Draupadi mogen noemen!'

Toen richtte hij zich tot zijn zuster en vertelde haar wie er die dag om haar zouden strijden, van welke familie ze kwamen en wat ze tot dan toe gedaan hadden.

De jongemannen traden naar voren. Ze waren allemaal mooi, trots en rijk, en ze bekeken elkaar afgunstig. Toen hun ogen op Draupadi vielen, werd hun hart getroffen door de bloemenboog van de liefdegod. Boezemvrienden zagen elkaar plotseling als vijanden en verbeten kauwden ze op hun lippen. De mannen waren zo in de ban van Draupadi dat niemand op de Pandava's lette, die ook in de val van de liefde waren gelopen. Zelfs de goden waren naar het feest gekomen, maar hun wagens konden zich nauwelijks een weg banen door de menigte. De lucht was vol van geesten, geuren, stemmen en muziek. De trommels roffelden.

Het grote moment was aangebroken. De prinsen waren vol goede moed en probeerden één voor één de boog te spannen. Ze gooiden al hun krachten in de strijd, maar hoe vastberaden ze ook waren, de boog was te taai en ze kregen het niet voor elkaar. Uitgeput, vernederd en met gedoofde geestdrift zakten ze op de grond. Wat zagen ze er terneergeslagen uit nu ze wisten dat Draupadi nooit hun vrouw zou worden! Toen liep Kar-

---

[23] Dhrstadyumna: de zoon van Drupada die Drona zal doden om wraak te nemen voor zijn vader.

na naar de boog. Tot ieders verbazing wist hij hem te spannen en de pijlen op de boogpees te leggen. Maar ook Karna zou Draupadi niet tot vrouw krijgen, want toen ze zag dat hij de winnaar dreigde te worden, riep ze: 'Ik zal niet trouwen met een man van lage afkomst!' Karna lachte zuur, keek wanhopig omhoog en gooide de boog toen met een verliezend gebaar opzij.

Na Karna waagden nog drie vorsten een poging, maar geen van hen had succes. De boog sprong terug en ze werden door de kracht ervan op de grond geworpen.

Toen alle vorsten gefaald hadden en voor de ogen van het volk vernederd waren, stond Arjuna op uit het gezelschap van de brahmanen. Het publiek werd rumoerig. Men begreep niet hoe een jeugdige brahmaan, die niet gewend was wapens te dragen, de boog zou kunnen spannen als zoveel sterke mannen voor hem dat al niet gelukt was.

'Houd hem tegen,' riepen de brahmanen, 'anders maakt hij met zijn overmoed onze hele kaste nog belachelijk!'

Maar anderen vonden dat onzin. 'Laat hem toch,' zeiden ze. 'Hij is mooi en ziet er sterk uit, wie weet lukt het hem wel.'

Arjuna liep kalm en beheerst naar de boog en bleef toen staan. Eerbiedig boog hij zijn hoofd voor de hoogste Heer[24], waarna hij de boog oppakte. En wat niemand van de vorsten voor elkaar had gekregen, deed hij zonder enige moeite. Hij spande de boog, legde aan en schoot met de vijf pijlen het doelwit naar beneden.

Uit de menigte ging een bulderend gejuich op en ook in de feestzaal beneden weerklonken jubelende kreten. Uit de hand van de goden daalde een regen van bloemen neer op Arjuna's hoofd en alle brahmanen zwaaiden hem enthousiast toe. De verslagen vorsten bleven echter stil, zo teleurgesteld waren ze dat ze gefaald hadden. Zangers en herauten begonnen het lied van de overwinnaar te zingen en de muziek viel hen luid bij.

Toen koning Drupada zag dat het Arjuna was die de svayamvara had gewonnen, straalde hij van blijdschap. Ook Draupadi was gelukkig met de overwinnaar. Met een wit gewaad en een krans in haar handen liep ze naar hem toe.

Het lawaai van het dolenthousiaste publiek zwol nog meer aan en Yudhisthira en de tweeling besloten dat dat een geschikt

---

24 De hoogste Heer: Shiva, de vernietiger.

moment was om de feestzaal te verlaten. Arjuna maakte zich gereed om hen achterna te gaan, samen met Draupadi.

Maar dat accepteerden de teleurgestelde koningen en prinsen niet. Ze waren woedend dat Drupada zijn dochter zomaar liet trouwen met een brahmaan, terwijl hij hen als minderwaardig beschouwde. 'Wat voor een vader laat zijn dochter met zo iemand trouwen?' schreeuwden ze. 'Dood hem!' Ze grepen hun wapens en stormden op Drupada af, die angstig zijn toevlucht zocht bij de brahmanen.

Op dat moment sprongen Arjuna en Bhima te hulp. Bhima trok moeiteloos een boom uit de grond en stroopte de bladeren eraf. Hij zag er angstaanjagend uit met die vreselijke knots in zijn handen. Als de doodsgod Yama in eigen persoon stond hij naast zijn broer, die zijn boog dreigend vooruithield naar de aanstormende vijand.

Onder de toeschouwers waren ook twee zonen van de broer van Kunti. Eén van deze neven van de Pandava's was Krishna[25] en toen hij Arjuna en Bhima eens goed bekeek, zag hij wie ze waren. 'Kijk eens,' zei hij tegen zijn broer, 'de man met die enorme boog is Arjuna en de krachtpatser die de boom uit de grond heeft getrokken, is Bhima. Ik ken geen andere man op de wereld die hem dat na zou kunnen doen.' Verder denkend begreep hij dat hij ook Yudhisthira en de tweeling van de Asvins op het feest had gezien. 'Ik had al eens een gerucht opgevangen dat ze allemaal aan de brand ontsnapt waren,' zei hij blij.

Ondertussen wilden de brahmanen Arjuna en Bhima te hulp komen, maar de vredige mannen hadden geen enkel nuttig wapen tot hun beschikking. Glimlachend wees Arjuna hen terug: 'Kijken jullie maar op een veilige afstand toe. Mijn broer en ik redden het wel alleen.'

Het werd een geweldige strijd. Arjuna en Karna schoten zoveel pijlen op elkaar af dat zijzelf niet meer te zien waren. Met onvermoeibare geestdrift vielen ze elkaar aan, maar uiteindelijk moest Karna het onderspit delven tegen de onoverwinnelijke Arjuna.

Ondertussen was één van de vijanden een vuistgevecht aangegaan met Bhima. De mokerslagen die ze elkaar toedienden

---

[25] Krishna: een goddelijk wezen, een incarnatie van Vishnu. Zie ook het verhaal *Krishna* verderop in dit boek.

logen er niet om, maar ook hier hield de kant van Pandava de overhand. Bhima pakte zijn tegenstander op en gooide hem krachtig en behendig van zich af. De ongelukkige man kwam meters verderop neer, maar zonder iets gebroken of gekneusd te hebben.

Met groeiende verbazing en bewondering volgden de overige vorsten de gevechtshandelingen. Toen Krishna hen dan ook vroeg de strijd verder te staken, stemden ze toe. Vol verhalen over het vreemde verloop van de svayamvara keerde iedereen naar zijn land terug.

Het huwelijk van de Pandava's (Mah. I 191-199)

Arjuna, Bhima en Draupadi wisten met moeite uit de menigte weg te komen, maar uiteindelijk konden ze vertrekken naar het huis van de pottenbakker, waar Kunti ongerust op de terugkeer van haar kinderen wachtte. Ze waren al zolang weggebleven dat ze zich allerlei vreselijke beelden voor de geest had gehaald.

Pas in de late namiddag bereikten de Pandava's het kleine huisje. Terwijl ze Draupadi naar voren duwden, riepen ze naar Kunti: 'Kijk eens, moeder, welk geschenk we vandaag gekregen hebben!'

Kunti was nog binnen en riep: 'Geniet er maar van met z'n allen!' Toen pas kwam ze naar buiten en zag ze dat het geschenk een jonge vrouw was. 'O nee toch, wat heb ik gezegd!' riep ze geschrokken.

Zenuwachtig pakte ze de hand van Draupadi beet, waarna ze zich tot Yudhisthira richtte. 'Ik wist niet welk geschenk jij en je broers hadden meegebracht, en daarom heb ik gezegd dat jullie er maar met z'n allen van moesten genieten. Hoe kunnen we ons hieruit redden?'

Yudhisthira dacht even na en zei toen tegen Arjuna: 'Jij hebt haar eerlijk gewonnen, dus jij moet ook met haar trouwen.'

Arjuna was het daar echter niet mee eens. 'Hoe kun je dat nu zeggen? Ik kan toch niet trouwen voordat jij en Bhima getrouwd zijn[26]?'

De broers fronsten hun wenkbrauwen en keken elkaar peinzend

---

[26] Een hindoe mag pas in het huwelijk treden als al zijn oudere broers getrouwd zijn.

aan. Hun blikken dwaalden af naar de bloedmooie Draupadi en allen beseften dat ze haar eigenlijk wel tot vrouw wilden. Yudhisthira zag wat er gebeurde, en hij werd bang dat het meisje voor verdeeldheid in de familie zou zorgen. Daarom bedacht hij een oplossing. 'Ik stel voor dat Draupadi de vrouw van ons allemaal wordt,' zei hij.

Juist op dat moment kwamen Krishna en zijn broer Baladeva het huisje binnen. Nadat ze de Pandava's begroet hadden, vertelden ze dat ze neven van hen waren. Yudhisthira was erg verbaasd dat ze hen herkend hadden, ook al waren ze vermomd geweest. Glimlachend antwoordde Krishna: 'Vuur verraadt zich altijd, ook al houdt het zich verborgen. Niemand anders dan de Pandava's konden doen wat jullie vandaag hebben gedaan. We zijn ontzettend blij dat jullie aan het vuur zijn ontkomen.'

Toen vertrokken ze alweer, want ze wilden hun neven niet verraden. 'Het ga jullie goed!' riepen ze nog ten afscheid.

Die avond maakte Draupadi een maaltijd klaar van het eten dat de Pandava's hadden verzameld. Kunti gaf haar daarbij wat aanwijzingen. Na het eten legden de jongemannen gras op de grond, dat ze met geitenvellen afdekten, en daarop gingen ze liggen voor de nacht. Kunti ging aan het hoofdeinde liggen en Draupadi kreeg een plaatsje aan het voeteneinde. De broers bleven nog lange tijd praten over strijdwagens, olifanten, pijlen en andere wapens.

In het aangrenzende vertrek had Dhrstadyumna, Draupadi's broer, zich verborgen en hij luisterde de gesprekken van de Pandava's af. Toen het ochtend werd, haastte hij zich naar zijn vader om hem te vertellen wat hij had gehoord. Drupada was razend nieuwsgierig wie zijn dochter had gewonnen. 'Het was toch geen man van lage afkomst, zoals iedereen zei? Ik had gehoopt dat het Arjuna was. Zeg me, was hij inderdaad degene die het doelwit raakte?'

'Hij was in ieder geval geen laaggeborene,' antwoordde Dhrstadyumna, 'en brahmaan was hij ook niet. Wat ik uit de gesprekken kon opmaken, was dat hij een vorst, een krijgsman is. Er wordt zelfs gezegd dat hij en de mannen bij wie hij was, de Pandava's zijn.'

Pas tijdens de huwelijksplechtigheid aan het koninklijk hof van de Pancala's maakten de broers zich bekend. De koning was zeer verheugd, al had hij er wel wat moeite mee dat zijn dochter de vrouw van alle vijf de mannen zou worden. Maar Yudhisthira schoof zijn bezwaren aan de kant. 'We hebben altijd alles met elkaar gedeeld en daarom zal ook Draupadi van ons allen zijn.'

De stichting van Indraprastha (Mah. I 200-207, 222; II 13-32)

Het gerucht dat de Pandava's aan de brand in Varanavata waren ontkomen en dat ze alle vijf met Draupadi waren getrouwd, verspreidde zich als een lopend vuurtje door de omliggende landen. De boodschap bereikte uiteindelijk ook de Kaurava's. Vervuld van schaamte en teleurstelling keerden ze terug naar het hof van hun vader.

Als eerste kwamen ze daar Vidura tegen, de vriend van de Pandava's. Vidura vroeg hun waarom ze zo triest waren, en toen hij hoorde dat het door de overwinning van de Pandava's op de svayamvara kwam, ging hij haastig naar Dhrtarastra om hem het nieuws te brengen. Toen Dhrtarastra hoorde dat de Pandava's nog in leven waren en zelfs in een machtige familie getrouwd waren, reageerde hij zeer verheugd.

Maar Vidura had zich nog niet omgekeerd of de lach verdween van Dhrtarastra's gezicht. Samen met zijn zonen overlegde hij met welke middelen ze de macht van de Pandava's konden breken. Duryodhana stelde een aantal listige plannen voor om de Pandava's onderling tegen elkaar op te zetten, om hun vriendschap met Drupada te verzieken of om hun kracht af te pakken door Bhima, de sterkste van de vijf, te doden.

Maar Karna keurde al deze plannen af. De Pandava's zouden zich niet zo gemakkelijk laten verdelen, daarvoor hadden ze al te veel samen meegemaakt en waren ze te veel van elkaar afhankelijk. Bovendien zou Drupada zijn kersverse bondgenoot niet zomaar laten glippen. En dus leek Karna een openlijke strijd het beste, en het liefst zo snel mogelijk, want dan was de vijand nog onvoldoende voorbereid.

Met genoegen luisterde Dhrtarastra naar de woorden van Karna en toen besloot hij zijn raad bijeen te roepen. De oude, wijze mannen die deel uitmaakten van de raad, Bhisma, Drona en Vidura, praatten echter op de blinde koning in dat de Pandava's net zoveel recht hadden op het rijk en de heerschappij als zijn eigen kinderen. Ze vonden dan ook dat hij de Pandava's bij zich moest roepen en hun de helft van het rijk in handen moest geven. Het zou toch waanzin zijn als je met een oorlog iets probeerde te bereiken wat je ook op een vreedzame manier kon bewerkstelligen?

De wijze woorden wisten de koning te overtuigen. Hij stuurde prachtige geschenken naar het hof van Drupada en nodigde de Pandava's uit om samen met hun moeder en hun vrouw naar Hastinapura terug te keren.

Zowel Drupada als hun neven Krishna en Baladeva raadden de Pandava's aan de uitnodiging te accepteren. Korte tijd later trokken de vijf broers met een groot gezelschap naar de hoofdstad van hun vaderland. Kunti en Draupadi waren ook meegekomen.

Dhrtarastra stuurde hun een aantal Kaurava's tegemoet om hen te verwelkomen en zo trokken de Pandava's de stad binnen. De verheugde bevolking juichte hen enthousiast toe.

Toen ze waren uitgerust van de reis werden ze door Dhrtarastra ontboden. De blinde koning zei tegen hen: 'Het lijkt me het beste dat jullie naar Khandavaprastha vertrekken, zodat er geen conflicten meer kunnen ontstaan tussen jullie en jullie neven. Daar kunnen jullie over de helft van het koninkrijk regeren!'

De prinsen waren graag bereid aan Dhrtarastra's wens te gehoorzamen. Begeleid door Krishna en Baladeva gingen ze opgewekt naar Khandavaprastha. Toen ze op de plaats van bestemming kwamen, bleek het gebied dat hun was toegewezen echter een barre en verlaten landstreek te zijn, waar voor anderen niets te halen viel.

Maar de Pandava's zaten niet bij de pakken neer. Direct na aankomst paalden ze het stuk grond af waar ze hun hoofdstad wilden bouwen. Vanaf dat moment gunden ze zichzelf geen ogenblik rust meer. Al snel begon de stad, die de naam Indraprastha kreeg, vorm te krijgen. Een brede en diepe gracht liep om hoge, witte muren heen en het geheel was zo sterk dat elke vijandelijke aanval zou kunnen worden afgeslagen. De straten waren breed en vlak. In het mooiste gedeelte van de stad verrees het prachtige paleis van de Pandava's zelf. Rondom de stad werden lieflijke tuinen aangelegd, met veel bomen en bloemen en met lotusvijvers. Allerlei soorten zingende vogels namen er hun intrek. Vanuit de wijde omgeving kwamen brahmanen, kooplieden en kunstenaars naar Indraprastha om zich er te vestigen.

Yudhisthira was een rechtvaardig heerser en de stad bloeide op. De burgers namen een voorbeeld aan het leven van Yudhisthira zelf, want hij wist zijn tijd goed te verdelen tussen deugd, plezier en werk. Onder zijn invloed begonnen de inwoners van de stad na te denken over het hoogste Wezen en het goede in de mensen groeide elke dag een beetje. Het volk zag Yudhisthira niet alleen als koning, maar beschouwde hem ook enigszins als vriend. Zijn belangrijkste principe was dat iedereen moest krijgen wat hem toekwam. In het rijk van de Pandava's kwam niemand in de verdrukking, er werd niet gestolen, niet gemoord, en niemand probeerde met magische formules zijn medemens onderuit te halen. Kortom, de mensen leefden in rust en welvaart.

Ook Yudhisthira's broers hadden niet te klagen. Ze wisten hun invloed in alle richtingen uit te breiden door rijken van andere koningen te veroveren. Op een gegeven moment werd Yudhisthira's macht zelfs zo groot, dat men hem het advies gaf zijn koninklijke waardigheid en zijn status als meerdere van andere vorsten te bekrachtigen met het speciaal daarvoor bedoelde rajasuya-offer.

Maar Yudhisthira wist niet zeker of hij die verantwoordelijkheid wel op zich wilde nemen. Hij besloot zijn broers, zijn priesters en zijn ministers om raad te vragen. Allemaal gaven ze hem het advies het offer toch op te dragen. 'U verdient het immers en al uw onderdanen staan achter u,' zeiden ze. Maar Yudhisthira was nog niet overtuigd, want hij wist dat sommigen van hen zoveel van hem hielden dat hun oordeel niet langer objectief was, en dat anderen hem alleen maar naar de mond praatten in de hoop daar speciale gunsten voor te verkrijgen. Hij had slechts één vriend die zich door dergelijke zaken niet zou laten beïnvloeden: Krishna. En dus zond hij een ijlbode naar het land van de Yadava's[27] en het duurde niet lang of de bode kwam met Krishna terug.

De vrienden praatten lang en ernstig met elkaar. Ze wilden doen wat het beste voor het hele volk was. Ze brachten de macht en de situatie van de omliggende rijken in kaart, alsmede de gezindheid van hun vorsten, en ze overlegden wat er nog veranderd moest worden voordat de omstandigheden voor het rajasuya-offer in alle opzichten gunstig zouden zijn.

[27] Het land van de Yadava's: het vaderland van Krishna.

Het rajasuya-offer (Mah. II 33-45)

Toen de omstandigheden zodanig waren veranderd dat Krishna het groene licht gaf, begon Yudhisthira de voorbereidingen te treffen voor het offer. Er werden woningen voor de gasten gebouwd en uitnodigingen verstuurd. Iedereen was welkom, er werd geen onderscheid gemaakt in rangen en standen. Uit alle omliggende landen kwamen vorsten naar Indraprastha, zo ook Dhrtarastra, Bhisma, Drona en Vidura. Zelfs de Kaurava's, aangevoerd door Duryodhana, maakten hun opwachting.

Nadat iedereen verwelkomd was, begonnen de plechtigheden en de feesten die bij het offer hoorden. De vorsten die schatplichtig waren aan Yudhisthira, gaven hem vele geschenken, het ene nog mooier dan het andere.

Yudhisthira zorgde er op zijn beurt voor dat het zijn gasten aan niets ontbrak, en de brahmanen ontvingen royale giften van hem. Overal in de stad kon men de brahmanen hun geleerde discussies horen voeren en zangers en dichters vermaakten de aanwezigen met lichtere kost.

De laatste dag van de plechtigheden was de dag van de eigenlijke wijding. Alle aanwezige vorsten en brahmanen gingen om Yudhisthira heen staan. De heiligste onder hen was Krishna, Yudhisthira's vriend. Hij was een incarnatie van Vishnu zelf, uit het geslacht van Yadu.

Toen brak het moment aan waarop de gasten gehuldigd zouden worden, ieder naar zijn waarde en belangrijkheid. Yudhisthira had van de wijze Bhisma de raad gekregen de hulde het eerst te brengen aan Krishna en zo geschiedde. Krishna aanvaardde de huldiging dankbaar.

Maar Sisupala, de koning van Cedi, ging hier niet mee akkoord. 'Ik begrijp niet hoe u deze koninklijke eer het eerst aan Krishna kunt gunnen,' zei hij berispend tegen Yudhisthira. 'De man is niet eens een koning! Welk recht heeft hij om die huldiging vóór alle anderen te ontvangen? Er zijn zoveel vorsten aanwezig die zoveel ouder zijn dan hij, en wat dacht u van uw eigen schoonvader en uw leermeester Drona? Deze gang van zaken is een regelrechte belediging voor iedereen die hier bij ons staat. Ik snap werkelijk niet hoe Bhisma, die altijd zo rechtvaardig is, u dit advies heeft kunnen geven. En u, Krishna, waar haalt u de moed vandaan een dergelijke hulde te accepteren als u die absoluut niet verdient? Gelukkig weten we nu wel waar we met jullie drieën aan toe zijn. Deze hele situatie spreekt niet in jullie voordeel.'

Toen hij zijn gal had gespuwd, verliet Sisupala de bijeenkomst. Vele koningen volgden hem. Yudhisthira was erg geschrokken door het voorval en riep Sisupala terug. 'Kom alstublieft niet te snel met zo'n scherp oordeel. Bhisma weet nog altijd heel goed wat passend is. Kijk, er zijn ook vele koningen die er geen bezwaar tegen hebben dat Krishna voorrang kreeg, en sommige daarvan zijn ouder dan u. Geloof me, Bhisma heeft geen fout gemaakt. Hij weet alleen meer over Krishna dan u blijkbaar.'

Ook Bhisma zelf probeerde Sisupala op zijn oordeel te laten terugkomen, maar het was tevergeefs. Nu zoveel van de aanwezige koningen dreigden op te stappen, aangespoord door Sisupala's boze woorden, leek het even of het offer geen doorgang meer zou kunnen vinden.

Maar de wijze Bhisma stelde Yudhisthira gerust. 'Er is niets om bang voor te zijn. Een leeuw als Krishna kan immers nooit verslagen worden door een hond. Wacht maar tot hij wakker wordt.'

Sisupala was zo boos over deze woorden dat hij allerlei grove beledigingen naar het hoofd van Bhisma begon te slingeren. Hij noemde hem achterbaks, iemand van mooie praatjes maar weinig daden. Zijn scheldpartij ging van kwaad tot erger, tot op een gegeven moment de jonge Bhima woedend overeind sprong. Maar Bhisma hield hem tegen en begon hem de geschiedenis van Sisupala te vertellen.

'Hij werd geboren uit het geslacht van de koningen van Cedi. Bij zijn geboorte was hij gruwelijk mismaakt. Hij had drie ogen en vier armen en hij balkte als een ezel. Zijn ouders wilden hem te vondeling leggen, maar er klonk een stem uit de hemel die tegen hen zei: "Wacht, doe dat niet. Voed jullie zoon op met liefde. Hij zal een gelukkig leven leiden en machtig zijn. Jullie hoeven om hem geen zorgen te hebben. Zijn levensloop ligt al voor hem vast. Degene die hem zal doden, is reeds geboren."

Die laatste woorden vond zijn moeder niet bepaald geruststellend en ze vroeg de hemelse stem door wiens hand haar zoon dan de dood zou vinden.

"Als op een gegeven moment zijn twee extra armen eraf vallen en zijn derde oog in zijn voorhoofd verdwijnt, zal hij op de schoot zitten van zijn moordenaar," antwoordde de stem raadselachtig.

Vanuit vele naburige koninkrijken kwamen vorsten om het wonderlijke kind te bekijken. Het jongetje werd door zijn vader op de knieën van elke nieuwe gast gezet, maar het kind verloor geen ledematen. Krishna en zijn broer kwamen in die tijd ook naar Cedi om de koningin te bezoeken, die de zus was van hun vader. Blij heette ze de jongemannen welkom en ze tilde het kind bij Krishna op schoot. Het volgende moment vielen de twee extra armen van het lijfje en het oog zonk weg in het voorhoofd.

Vreselijk geschrokken smeekte de moeder haar neef Krishna of hij haar een belangrijke belofte wilde doen.

"Maar natuurlijk," antwoordde Krishna. "Wat wilt u dat ik u beloof?"

De koningin viel voor hem op haar knieën. "Als mijn zoon Sisupala u in de toekomst ooit beledigt, doe hem dan niets aan, maar vergeef hem alstublieft!"

"Ik zal hem zelfs vergeven als hij me honderd keer beledigt," beloofde Krishna, "en zelfs al zou hij het verdienen door mij te worden gedood."

Daarom denk ik dat Sisupala vandaag zulke boze woorden heeft gesproken. Hij wist dat Krishna hem toch nooit iets zou aandoen. Waarschijnlijk doet hij dit alles niet eens uit eigen wil, maar heeft hij een ingeving gekregen van Krishna, die een incarnatie is van de Heer van het heelal. Het zou me niet verbazen als ook Sisupala een deel is van Vishnu, een deel dat Vishnu nu wil terugnemen. Dat is de enige verklaring die ik voor de gebeurtenissen van vandaag kan geven.'

Opnieuw begon Sisupala woedend te schreeuwen dat hij niet begreep waarom Bhisma Krishna boven de aanwezige koningen had gesteld. Maar Bhisma bleef kalm en zei: 'Vergeleken met Krishna stelt geen van deze koningen iets voor. Maar deze discussie leidt tot niets. Wat ik ook zeg, u zult toch het laatste woord willen hebben. Ik stel voor dat u, aangezien u niet met mijn besluit om Krishna te huldigen kunt instemmen, Krishna zelf uitdaagt tot een duel. Krishna is met zijn knots en werpschijf onoverwinnelijk. Iedereen die het tegen hem opneemt, zal sterven en overgaan in het lichaam van deze god!'

Dat liet Sisupala niet op zich zitten. 'Goed, Krishna, dan daag ik u bij deze uit! Vecht met mij, dan zal ik u en de Pandava's voor eens en voor altijd verslaan!'

Toen vond Krishna dat hij te ver ging. 'Iedereen die hier aanwezig is, luister naar wat ik u te zeggen heb. Omwille van een belofte heb ik Sisupala honderd beledigingen vergeven, maar nu is de maat vol. Ik zal de uitdaging aannemen en hem voor de ogen van u allen doden.'

Toen hij dat gezegd had, pakte hij zijn werpschijf en sneed daarmee het hoofd van Sisupala af, zodat het met een plof op de grond viel. Uit het lichaam van de koning van Cedi kwam een vlammende geest te voorschijn, die eerbiedig voor Krishna neerknielde en daarna opging in zijn lichaam.

Hiermee waren alle problemen van de baan en toen kon Yudhisthira alsnog ongestoord het rajasuya-offer opdragen. Alle vorsten aanvaardden hem in zijn nieuwe waardigheid en betuigden hem hun respect.

Duryodhana's afgunst (Mah. II 45-56)

Na de plechtigheden vertrokken alle gasten weer naar hun koninkrijken, maar Duryodhana en zijn oom Sakuni, de broer van Gandhari, bleven nog een tijdje in Indraprastha. Bewonderend en tegelijkertijd afgunstig dwaalden ze rond in het paleis dat de Pandava's speciaal voor de bezoekers gebouwd hadden. De vertrekken werden gekenmerkt door weelde en een buitengewone schoonheid. Duryodhana kwam terecht in een kamer met een kristallen vloer, die hij voor water aanzag. Hij trok zijn kleren uit om een duik te nemen, maar kwam lelijk op zijn neus terecht. Toen hij even later in de buurt van een kristalhelder meer wandelde, dacht hij dan ook dat het gewoon een vaste vloer was, maar deze keer was het wel water en met al zijn kleren aan ging hij kopje onder.

Bhima was getuige van de blunder en begon luid te lachen. Arjuna en de tweeling volgden zijn voorbeeld, evenals de aanwezige dienaren. Met moeite verbeet Duryodhana zijn vernedering.

Een andere keer vergiste hij zich in een deur van kristalglas. De deur was gesloten, maar hij zag hem niet, zodat hij er pardoes tegenaan liep. Voorzichtig geworden tastte hij vervolgens naar een deur waar er geen was, en opnieuw viel hij op de grond, deze keer omdat hij al tastend zijn evenwicht verloor.

Geïrriteerd als hij was door zijn blunders, nam zijn wrok over de buitengewone rijkdom die hem omringde alleen maar toe. Duryodhana wilde geen dag langer blijven en nam afscheid van de Pandava's.

Onderweg terug naar Hastinapura beraamde hij zwijgend allerlei boze plannen om zijn afgunst te verzachten. Zijn oom Sakuni begreep niet waarom hij zo stil was, en vroeg hem uiteindelijk waarom hij zo liep te zuchten.

'Ik kan het niet verdragen dat het de Pandava's zo voor de wind gaat,' antwoordde hij. 'Hebt u gezien hoe alle koningen knielden voor Yudhisthira? Mijn eigen leven is een puinhoop en mijn vijanden kennen niets dan vreugde en welvaart. Het is niet eerlijk. Ik zal zo'n machtige status nooit kunnen bereiken, ik heb niet eens bondgenoten die me zouden kunnen helpen. Op zo'n manier heeft het leven voor mij geen zin meer. Als Kunti's zoon zoveel geluk ten deel valt, zal ik moeten accepteren dat alles door het Lot bepaald wordt. Dan zijn alle verdere inspanningen dus vruchteloos. Ik heb zo mijn best gedaan hem onderuit te halen, maar ondanks mijn verwoede pogingen is zijn macht alleen maar toegenomen. Als ik nog terugdenk aan hoe zij en hun dienaren me uitlachten, brandt mijn hart in mijn borstkas van pijn!'

'U zou niet zo afgunstig moeten zijn op de Pandava's, Duryodhana,' zei Sakuni tegen zijn neef, 'en u moet ook niet zeggen dat u er alleen voor staat. U heeft uw broers toch nog, en Drona en Karna en mij?'

'Goed dan,' antwoordde Duryodhana. 'Dan wil ik dat jullie me allemaal helpen om de Pandava's ten onder te brengen, zodat ik mijn intrek kan nemen in dat prachtige paleis en heersen over de hele wereld en al haar vorsten.'

'Met wapengeweld kan niemand de Pandava's overwinnen,' sprak Sakuni verstandig, 'maar ik heb een idee. Yudhisthira houdt namelijk bijzonder veel van een spelletje, ook al is hij een waardeloze speler. Als we hem uitnodigen voor een spel, zal hij daar geen nee tegen kunnen zeggen. En zoals u waarschijnlijk wel weet, ben ik één van de beste spelers op aarde. Ik ben ervan overtuigd dat ik op die manier het koninkrijk van de Pandava's en al hun schatten voor u zal kunnen veroveren.'

Zodra ze in Hastinapura waren aangekomen, legden ze hun snode plan aan Dhrtarastra voor. Maar de oude, blinde koning was niet meteen erg enthousiast. Hij werd in zijn twijfels gesterkt door Vidura, die zijn rechterhand was. Dhrtarastra begreep niet waarom zijn zoon zo ontevreden was en waarom hij zoveel afgunst koesterde tegen zijn neef. 'Hebt u dan niet alles wat u zich maar wensen kunt, en is dat niet net zoveel als wat hij heeft? Yudhisthira is toch ook niet jaloers op u? Een mens kan pas gelukkig zijn als hij tevreden is met wat hij heeft. Bovendien is het een zware zonde tegen leden van uw eigen familie te strijden.'

Maar Duryodhana was niet voor rede vatbaar. Hij koesterde zijn afgunst op Yudhisthira's rijkdom en macht als iets positiefs. Ontevredenheid is de wortel van alle vooruitgang, was zijn motto. 'Ik moet en ik zal de rijkdom van de Pandava's in handen krijgen, anders sterf ik liever,' zei hij.

Uiteindelijk gaf Dhrtarastra zijn tegenstand op. 'Doe wat u wilt, maar ik zeg u dat u er spijt van zult krijgen. Uw stijfkoppigheid zou wel eens de ondergang voor ons allemaal kunnen betekenen, maar dat is dan de wil van het Lot,' zuchtte hij.

Vidura werd, hoewel hij dat helemaal niet wilde, naar Indraprastha gestuurd om Yudhisthira persoonlijk uit te nodigen voor het spel. In Hastinapura werd in de tussentijd een prachtig paleis gebouwd van kristal en hemelsblauwe edelstenen. Op die plaats zouden de beide mannen tegen elkaar gaan spelen.

Het spel (Mah. II 58-73)

Eenmaal in Indraprastha aangekomen, vertelde Vidura aan Yudhisthira dat Sakuni hem uitnodigde voor een spel, maar de jonge koning nam die uitnodiging niet met onverdeeld enthousiasme aan. 'Ik weet zeker, Vidura,' zei hij, 'dat als we tegen elkaar gaan spelen, we ruzie zullen krijgen. Het Lot kan men echter niet ontlopen, daarom zal ik met u meekomen naar de koning.'

Na wat korte voorbereidingen reisde Yudhisthira samen met zijn broers en een groot gevolg af naar Hastinapura. Ook Draupadi kwam met hen mee, omringd door haar vrouwen.

In Hastinapura werden de Pandava's hartelijk ontvangen. De blinde Dhrtarastra gaf hun zelfs een kus ter begroeting. Nadat ze wat gerust hadden, gingen ze onder begeleiding van muziek naar de feestzaal die voor het spel in orde was gemaakt en prachtig versierd was.

Toen iedereen aanwezig was, daagde Sakuni Yudhisthira officieel uit om tegen hem te spelen, waarna Duryodhana, tegen de regels van het spel in, verklaarde dat alle winst of verlies die Sakuni zou maken voor hem zou zijn.

De toeschouwers gingen om de spelers heen zitten en het spel kon beginnen. Sakuni speelde vals en keer op keer verloor Yudhisthira. Hij verloor zijn goud, zijn sieraden, zijn strijdwagens, zijn personeel, zijn olifanten en paarden, zijn krijgers... En elke keer als Sakuni gewonnen had, juichte hij triomfantelijk naar het publiek.

Vidura waarschuwde nog een laatste keer. 'Weet u nog, Dhrtarastra, dat Duryodhana bij zijn geboorte zo vreselijk schreeuwde? Hij was net een jakhals. Ik zeg u: hij zal jullie allemaal te gronde richten. U kunt het hele geslacht alleen redden als u Duryodhana opoffert en hem door Arjuna laat doden. Terwille van iets groots moet soms iets kleins geofferd worden, dat weet u toch? Maak de Pandava's niet tot uw vijanden, koning. Daarvoor zijn ze te machtig. In plaats van hun bezittingen kunt u beter proberen de Pandava's zelf te veroveren, dat zal u veel meer profijt opleveren.'

Maar de blinde koning werd nog eens extra verblind door het feit dat zijn zoon aan de winnende hand was. Hij wilde niet luisteren. En dus ging het spel gewoon door.

Yudhisthira zette zijn hele rijk met alle inwoners in en hij verloor. Toen zette hij één voor één zijn eigen broers in en hij verloor ze stuk voor stuk. Uiteindelijk verloor hij ook zichzelf.

Toen zei Sakuni: 'U hebt nog maar één bezit dat u zou kunnen inzetten: Draupadi. Ik doe u een voorstel: als u haar inzet en u wint, dan wint u met haar ook uzelf terug.' Zonder aarzelen ging Yudhisthira akkoord.

Alle toeschouwers begonnen te protesteren. De oudere aanwezigen vonden het een schande en diep beschaamd verborg Vidura zijn gezicht in zijn handen. Maar Dhrtarastra hoorde de mensen niet en had alleen maar aandacht voor het spel. 'Wie heeft er gewonnen? Wie heeft er gewonnen?' bleef hij vragen, totdat Karna luid begon te lachen en Sakuni riep: 'Ja! Ik heb gewonnen!'

'Vidura,' riep Duryodhana, 'haal Draupadi eens hier, dan zullen we haar vanaf vandaag bij ons de vloeren laten vegen!'

Maar Vidura weigerde met een woedend gebaar. In aanwezigheid van allen noemde hij Duryodhana een schurk zonder enige manieren. 'Zo behandelt u een vrouw van koninklijken bloede niet!' zei hij verontwaardigd.

Duryodhana stuurde toen maar een dienaar om Draupadi te halen, maar de dienaar werd door Draupadi net zo hard weer teruggestuurd. 'Vraag eerst maar eens aan die speler in de zaal wie hij het eerst verspeeld heeft, zichzelf of mij, en zeg dan tegen Duryodhana dat het niet passend is dat ik in de zaal aanwezig ben.'

Toen mocht Duryodhana's broer, Duhsasana, een poging wagen. Hij greep Draupadi ruw beet bij haar lange, blauwzwarte haren en voor het oog van alle vorsten die daar verzameld waren, werd ze de zaal ingesleurd, onderweg ook nog haar kleren scheurend. Draupadi wierp de Pandava's zo'n felle blik van schaamte en sprakeloos verwijt toe, dat die hen dieper trof dan het verlies van al hun bezittingen en schatten bij elkaar.

De wijze oude mannen konden dit vreselijke tafereel niet langer aanzien en wendden hun hoofd af. Bhima schold in stilte zijn oudste broer uit voor alles wat mooi en lelijk was, maar hij kon slechts machteloos toekijken bij wat er verder zou gebeuren. Alle toeschouwers reageerden afkeurend, maar dat maakte Duryodhana alleen maar overmoediger. 'Ik heb Draupadi toch zeker eerlijk gewonnen?' riep hij. 'Waarom maken jullie je zo druk over haar eer? De goden hebben gezegd dat een vrouw maar één man mag hebben, maar zij heeft er vijf. Haar eer is toch al bedorven, dus het maakt niet uit dat ze hier nu aan jullie getoond wordt. Duhsasana, trek haar kleren uit!'

Duhsasana deed zijn best het bevel uit te voeren, maar Dharma, de god van de gerechtigheid, hulde Draupadi steeds weer in nieuwe kleren. Na vele vergeefse pogingen moest Duhsasana vermoeid en beschaamd opgeven. Alle aanwezigen applaudisseerden voor Draupadi en jouwden Duryodhana uit. Bhima was zo woedend dat hij zwoer dat hij op een dag Duhsasana uit elkaar zou rukken en zijn bloed zou drinken[28].

Toen nam Vidura het woord. Hij zei dat hij betwijfelde of Duryodhana's verovering van Draupadi wel rechtsgeldig was geweest. Na enig wikken en wegen kwam hij tot de conclusie dat dat niet het geval was. Yudhisthira had haar immers pas verspeeld nadat hij zichzelf verloren had, en iemand die zichzelf niet meer bezit, kan onmogelijk iets inzetten voor een spel. De winst die Duryodhana op hem had behaald was dus als een

---

[28] Dit gebeurde inderdaad. Zie blz. 142.

luchtkasteel. Daarom ging Draupadi vrijuit.

Duryodhana gaf Draupadi echter niet zomaar op. In minachtende termen probeerde hij zijn recht op haar te laten gelden. Op dat moment begon er een jakhals te huilen. Als antwoord klonk het gebalk van ezels en een onheilspellend gekras van vogels. De vreselijke voortekenen zorgden ervoor dat Dhrtarastra op slag weer helder kon denken. Hij was niet langer verblind door winstbejag. 'Zo is het genoeg, Duryodhana,' zei hij tegen zijn zoon. 'Je hebt Draupadi's eergevoel al te veel gekwetst.' Tegen Draupadi zei hij: 'Het spijt me ontzettend, mijn liefste schoondochter, wat er vandaag met jou is gebeurd. Wat kan ik doen om jouw leed te verzachten?'

'Koning,' antwoordde ze, 'bevrijd Yudhisthira. Ik zou het niet kunnen verdragen als mijn zoontje de zoon van een slaaf genoemd zou worden.'

'Ik zal het doen,' beloofde Dhrtarastra. 'Maar welke tweede gunst kan ik jou verlenen?'

'Voor Bhima en Arjuna en de tweelingbroers vraag ik hun vrijheid.'

'Die zullen ze krijgen,' antwoordde Dhrtarastra. 'Nu mag je nog een derde gunst vragen.'

Maar Draupadi vroeg geen gunst meer. 'Begerigheid is een zonde. Het enige wat ik wil, is dat mijn echtgenoten vrij zijn. Als zij dan nog meer verlangen, moeten ze dat maar op eigen kracht voor elkaar zien te krijgen.'

Nauwelijks had Bhima zijn vrijheid herkregen, of hij vloog op de mannen af die Draupadi hadden beledigd. Maar zijn broers hielden hem tegen met de woorden: 'Deze mensen zijn toch beneden uw stand, waarom zou u zich dan iets aantrekken van wat ze zeggen? Een mens van hoge stand onthoudt alleen de goede daden van zijn vijand en vergeet de slechte.'

Toen ging Yudhisthira nederig naar Dhrtarastra en vroeg hem wat hij wilde in ruil voor de vrijheid die hem gegund was.

'Ga terug naar uw rijk en leef in vrede en veiligheid,' antwoordde de koning, 'en denk niet met haat aan ons. Vergeet alstublieft de slechte daden van Duryodhana, omwille van zijn oude, blinde vader. Laat er vrede tussen ons allen zijn!'

Niet veel later reden de Pandava's met Draupadi in hun wagens opgewekt naar huis, naar Indraprastha.

Het spel wordt opnieuw gespeeld (Mah. II 74-80)

Toen de Pandava's vertrokken waren, gingen hun neven, de Kaurava's, verontwaardigd naar hun vader. 'Hoe hebt u dat kunnen doen? U hebt onze vijanden hun vrijheid en hun oude macht teruggegeven, en dat nu ze meer dan ooit reden hebben om ons te haten! Niemand zou ons ooit kunnen vergeven wat we Draupadi hebben aangedaan, zelfs de Pandava's niet. Het kan niet anders of ze willen in hun eigen land hun strijdkrachten verzamelen om ons aan te vallen. Roep hen alstublieft terug, dan laten we in een laatste spel de beslissing vallen wie er in ballingschap zullen gaan, zij of wij. We hebben het volgende voorstel: degenen die verliezen, moeten zich terugtrekken in de bossen en zich gedurende twaalf jaar niet laten zien. Daarna moeten ze een jaar lang vermomd in een bewoonde streek verblijven. Als ze ondanks die vermomming toch worden herkend, volgen er weer twaalf jaren van ballingschap. Denkt u zich eens in: met Sakuni aan onze zijde zullen we ongetwijfeld winnen in het spel. En als de Pandava's minimaal dertien jaar lang uit het zicht zijn, hebben wij inmiddels onze macht stevig gevestigd en kunnen ze niets meer beginnen. Wat zegt u, Dhrtarastra, gaat u akkoord?'

Ondanks het negatieve advies van de raad van ouderen en ondanks de waarschuwingen van Dhrtarastra's vrouw Gandhari tegen haar eigen kind, gaf de koning toestemming voor een laatste spel.

'Als de ondergang van ons geslacht door het Lot is voorbestemd, kan ik het toch niet verhinderen. Stuur een bode achter de Pandava's aan en vraag hun terug te keren!' beval hij.

De bode van de koning haalde Yudhisthira en zijn broers pas vlak bij Indraprastha in. Toen Yudhisthira de hernieuwde uitnodiging hoorde, aarzelde hij niet lang om die te accepteren, want zijn geest was troebel en hij kon niet helder meer denken. De ondergang hing hem immers boven het hoofd.

En zo kon het gebeuren dat de Pandava's het hele eind naar Hastinapura weer terugreden om nog eens hun geluk in de speelzaal te beproeven. Onder de angstige en ook bedroefde blikken van zijn vrienden ging Yudhisthira nogmaals tegenover Sakuni zitten.

Vervolgens vertelde Sakuni om welke inzet hij wilde spelen. Hoewel Yudhisthira voorvoelde dat dit het begin van het einde was voor het geslacht van Kuru, stemde hij ermee in, uit loyaliteit en ook uit schaamte.

Het spel begon en het was boeiend, vooral vanwege de inzet waarom gespeeld werd. Na een paar minuten van gespannen stilte klonk Sakuni's triomfantelijke kreet: 'Ja, ik heb gewonnen!'

De Pandava's hadden weer verloren. Ze legden hun koninklijke gewaden af en troffen de nodige voorbereidingen voor hun verbanningsperiode. Hun moeder Kunti lieten ze achter in de zorg van Vidura, maar de huilende Draupadi ging met hen mee. En zo vertrokken ze, achtervolgd door het gejoel van de overmoedig geworden en uitgelaten Kaurava's, maar ook met de zegen van de goede Vidura. In hun ingehouden woede zagen ze er dreigend uit. Niemand van de toeschouwers die hun uittocht waren komen bekijken, twijfelde eraan of ze terug zouden komen. En hun wraak zou zoet zijn, zoet en vreselijk.

Arjuna's ontmoeting met Shiva (Mah. III 34-41)

En dus moesten de machtige Pandava's hun jaren van ballingschap in de eenzame bossen zien te slijten. Vooral de energieke en onbesuisde Bhima kon de kwelling van het lijdzaam uitzitten van de tijd maar nauwelijks verdragen. Meer dan eens probeerde hij zijn oudste broer ertoe over te halen een gewapende aanval op de Kaurava's uit te voeren, maar Yudhisthira bleef hardnekkig weigeren. Volgens de afspraak moesten ze twaalf jaar lang in de bossen verborgen blijven en dat zouden ze dan ook doen. Bovendien hadden ze niet eens de mogelijkheden om de Kaurava's aan te vallen. Hun neven hadden immers machtige bondgenoten en vrienden, en Duryodhana had de komende dertien jaar de heerschappij over de schatkist, de troon en het rijk. Familieleden en leden van de hofhouding zouden achter Duryodhana staan, ook al waren ze persoonlijk geen vijanden van de Pandava's.

De Pandava's waren zo in hun sombere gesprek verdiept, dat ze niet in de gaten hadden dat Vyasa bij hen was komen zitten. De grote asceet en zoon van Satyavati begroette hen en blij verwelkomden ze hem in hun midden.

Even later nam Vyasa Yudhisthira apart. Hij zei tegen hem: 'Ik kan in uw hart kijken en weet waar u bang voor bent. U vreest

Nanda Lāl Bose

Arjuna's ontmoeting met Shiva.

dat uw vijanden samen met hun bondgenoten te sterk voor jullie zijn. Maar ik zeg u: uw broer Arjuna heeft de macht om hen allen te verslaan. Het enige wat hij hoeft te doen, is aan de goden wapens vragen en ermee leren omgaan.' Toen vertrok de heilige asceet weer. Yudhisthira riep Arjuna bij zich. Terwijl hij zijn beide handen beetpakte, vertelde hij hem wat Vyasa had gezegd. 'Ik wil dat u naar de bergen in het noorden gaat,' zei hij dwingend. 'Neem uw volledige wapenrusting mee en ga naar Indra. Hij zal u alle goddelijke wapens tonen. Doe het snel en laat u nergens door tegenhouden of afleiden!'

Arjuna aarzelde geen moment en ging erop uit om Indra te zoeken, begeleid en gesteund door de zegeningen van de brahmanen.

In slechts een dag tijd bereikte hij het heilige Himalayagebergte. Door middel van ascese had hij namelijk de kracht gekregen om met de snelheid van gedachten te reizen. Onvermoeibaar ging hij verder, zowel 's nachts als overdag reizend, en uiteindelijk bereikte hij een eenzaam en heilig oord. Een plotselinge stem deed hem verstijven: 'Zet geen stap verder!' Arjuna keek om zich heen en zag in de schaduw van een boom een tengere, donkerkleurige brahmaan staan. 'Wat komt u hier doen, mijn zoon,' vroeg de man, 'zo tot de tanden gewapend? U bent hier in een vredig rijk. Hier wonen slechts asceten. Wij kennen geen woede of vreugde, zodat we ook geen reden hebben elkaar te bevechten. Gooi alstublieft uw boog weg!'

Maar Arjuna liet zich niet afleiden en hield zijn wapens stevig vast.

Toen trok er een glimlach over het gezicht van de brahmaan. 'Nu weet ik het zeker, u moet Arjuna zijn. Ik ben Indra. Vertel me, waarmee kan ik u van dienst zijn?'

'Ik zou van u een machtig wapen willen vragen,' smeekte Arjuna, terwijl hij eerbiedig zijn hoofd boog voor de god.

'Mijn zoon,' antwoordde de dondergod, 'op de plaats waar u nu bent aangekomen, hebt u geen wapens nodig. Verlangt u niet naar oorden van zaligheid? Noem mij welke, en ik zal zorgen dat u ze vindt.'

Maar Arjuna antwoordde de god met de duizend ogen: 'Ik verlang niet naar oorden van zaligheid. Wat heb ik op dit moment aan geluk? Ik kan mijn broers toch niet achterlaten in het woud? Ik moet hen en mijzelf wreken, anders worden we voor altijd door de hele wereld veracht.'

'Goed dan,' zei Indra tegen hem. 'In dat geval moet u streven naar het visioen van de god Shiva, met zijn drie ogen en zijn drietand. Als u deze heer van alle schepselen te zien hebt gekregen, zal ik u alle hemelse wapens ter beschikking stellen.'

Met dat doel voor ogen liep Arjuna vervolgens in zijn eentje het eenzame en dreigende woud in en beklom hij de hoge, stille toppen van het Himalayagebergte.

Daar onderwierp hij zichzelf aan een zeer strenge ascese. Als kleren droeg hij lange bladeren en een zwart geitenvel en zijn voedsel bestond uit dorre bladeren die op de grond lagen. De eerste maand van zijn ascese at hij elke drie dagen wat vruchten, de tweede maand werd dat om de zes dagen en vervolgens om de veertien dagen. Uiteindelijk nam hij geen voedsel meer tot zich en leefde hij slechts van de lucht. Soms ging hij tijdenlang op zijn tenen staan met zijn armen omhoog, zonder ergens steun te zoeken. Hij waste zich zo vaak dat zijn haren licht werden, net als een bliksemstraal of een lotusbloem. De aarde rondom de plaats waar Arjuna zijn ascese uitoefende, begon te dampen en de heilige wezens begonnen ongerust te worden. Op een gegeven moment gingen ze naar Shiva en smeekten ze hem een einde aan de ascese te maken.

Shiva, de god der goden, nam toen de gedaante aan van een jager, met ogen die glansden als goud en een postuur dat onverzettelijk was als een berg. Zijn echtgenote Uma ging met hem mee in de gedaante van een jagersvrouw en een groot gevolg hield hen gezelschap. Toen Shiva en zijn vrouw de bergtop naderden waar Arjuna zat, begon het landschap te stralen en er viel een plechtige stilte. Het water in de beekjes kabbelde niet meer en de vogeltjes staakten hun gezang.

Plotseling kwam uit het niets een wild zwijn te voorschijn, dat op Arjuna afstormde. Arjuna aarzelde geen moment en spande zijn boog om het dier te doden, maar Shiva riep: 'Stop! Ik had hem eerder in het oog!' Arjuna schoot echter toch zijn pijl, evenals de jager, en het dier werd door beide pijlen gelijktijdig getroffen. Toen pas keek Arjuna van wie de andere pijl gekomen was, en hij verbaasde zich over de indrukwekkende gestalte van de jager.

Een felle ruzie laaide op tussen de beide jagers. Ze betwistten elkaar het recht op het zwijn en konden het er niet over eens worden wie het zwijn het eerst had gezien, wie had mogen schieten en wie niet. Arjuna greep zijn pijl en boog en begon op de jager te schieten. Maar de jager bleef gewoon staan, de schoten brachten hem geen letsel toe. Toen zijn pijlenvoorraad was uitgeput, gebruikte Arjuna zijn boog als knots en hij gaf de jager er een paar geweldige slagen mee. Maar de jager rukte de boog razendsnel uit Arjuna's handen en Arjuna moest met zijn zwaard verder vechten. Met alle kracht die hij in zich had sloeg hij de jager op zijn hoofd, maar in plaats van het hoofd brak het zwaard. In blinde woede pakte Arjuna vervolgens bomen en rotsblokken op en slingerde ze naar zijn tegenstander, maar die wankelde niet eens. Tenslotte ging Arjuna hem met zijn vuisten te lijf, maar de jager sloeg terug met nog dreunender slagen. Ze pakten elkaar in een wurgende greep vast, waardoor Arjuna geen adem meer kon halen en het bewustzijn verloor. Met een laatste dreun sloeg de jager hem tegen de grond. Arjuna bleef voor dood liggen.

Maar het duurde niet lang voor hij weer bijkwam. Gekneusd, bebloed en vernederd hees hij zichzelf overeind. Steun zoekend bij zijn tegenstander boetseerde hij een linga[29] van klei, waar hij een bloemenkrans op legde om Shiva te eren.

Toen hij echter weer opkeek, zag hij dat zijn bloemenkrans om het hoofd van de wilde jager lag. Met een schok besefte hij met wie hij zo fel gevochten had.

Shiva zag hoe vreselijk vermagerd Arjuna was door zijn ascetische beproevingen. Hij zei tegen hem: 'Machtige vorst uit Bharata's geslacht, ik zal u ogen geven waarmee u mij in mijn ware gedaante kunt aanschouwen. Wees gerust, u zult al uw vijanden overwinnen. Ik zal u namelijk een wapen geven waartegen niet te vechten valt.'

Het volgende moment zag Arjuna de god in zijn ware gedaante. Shiva's hals was blauw gekleurd door het wereldgif, hij had een derde oog in zijn voorhoofd[30] en hij straalde zo dat het pijn deed om naar hem te kijken. Ook Shiva's echtgenote Uma bood een schitterende aanblik. Arjuna viel op zijn knieën voor de god neer en smeekte hem om zijn genade. 'God van alle goden, schepper van alle dingen, ik vereer u en ik vraag u mij te vergeven voor mijn onbeheerste aanval. Ik wist niet tegen wie ik streed. Ik was juist naar deze berg gekomen om u te mogen zien. Vergeef me!'

[29] Linga: teken waaronder Shiva vereerd wordt.
[30] Zie ook het hoofdstuk *Uma's spelletje* in de verhalenreeks over Shiva.

Shiva nam de welgevormde handen van Arjuna in de zijne en glimlachte naar hem. 'Ik heb het u al vergeven,' zei hij en hij omhelsde hem.

Nadat Arjuna zich ritueel gereinigd had, overhandigde Shiva hem het goddelijke wapen, dat zo machtig was dat niets of niemand ertegen bestand was, god noch mens. Arjuna moest beloven dat hij het nooit zonder noodzaak zou gebruiken. Nadat Arjuna zijn boog had teruggekregen, verliet de machtige god de heilige berg met zijn besneeuwde vlakten en samen met Uma steeg hij weer op naar het hemelruim.

Niet lang daarna verschenen Indra, Varuna en vele andere goden aan Arjuna en allemaal gaven ze hem goddelijke wapens die een grote kracht bezaten.

Brhadasva vertelt (Mah. III 52-79)

Toen Arjuna naar de hoogvlakten van het Himalayagebergte was vertrokken, bleven zijn broers en Draupadi bedrukt achter in het eenzame Kamyakawoud.

Op een dag zaten ze droevig bij elkaar. Net toen ze tegen elkaar zeiden hoezeer ze Arjuna misten, kwam er een heilige man naar hen toe, die Brhadasva bleek te heten. Ze verwelkomden hem hartelijk, blij als ze waren met wat afleiding. De man friste zich wat op en ging bij de mannen zitten. Onmiddellijk begon Yudhisthira hem over hun treurige lot te vertellen. Op trieste toon beëindigde hij zijn verhaal: 'Hoe heeft me zoiets kunnen overkomen? Dit is toch ongehoord! Er zullen weinig mensen zijn die evenveel rampspoed in hun leven kennen als ik.'

Brhadasva leefde met hem mee. 'Toch leefde er ooit een koning die nog rampzaliger was dan u, Yudhisthira. Als u wilt, zal ik u zijn geschiedenis vertellen.'

'Graag, heilige man,' spoorde Yudhisthira hem aan. 'We zullen uw verhaal met aandacht volgen.'

En Brhadasva vertelde.

Nala en Damayanti (Mah. III 53-79)

In het koninkrijk Nisadha regeerde eens een jonge vorst, die Nala heette. Hij overtrof iedereen in schoonheid, deugd en

Khitindra Nāth Mazumdar

Damayantī

behendigheid en hij was gek op een spelletje. Niemand was zo vaardig met pijl en boog als hij. Bovendien wist hij als geen ander met paarden om te gaan.

In diezelfde periode regeerde over Vidarbha de edele en rechtvaardige koning Bhima. Zijn enige dochter Damayanti was zo mooi en charmant dat alle andere vrouwen bij haar vergeleken in het niet vielen.

De beide vorstenkinderen hadden elkaar nog nooit gezien, maar ze hadden al wel veel over elkaar gehoord en diep in hun hart ontsprong een vlammetje voor de ander.

Koning Nala droomde regelmatig over de verre Damayanti. Op een dag, toen hij door de koninklijke tuinen wandelde, zag hij tussen de bomen een paar vogels met een gouden glans. Hij wist er eentje te vangen, maar de wonderbaarlijke vogel sprak met menselijke stem: 'Laat me alstublieft vrij, dan zal ik voor u naar Vidarbha vliegen om aan Damayanti allerlei goede dingen over u te vertellen. Ik weet zeker dat ze dan van geen andere man zal kunnen houden dan van u.'

En dus liet Nala de vogel vrij. Samen met de andere vogels vloog het prachtige dier rechtstreeks naar Vidarbha. In de buurt van Damayanti streken de vogels neer. Toen Damayanti's oog op de goudglanzende vogels viel, haastte ze zich naar haar vriendinnen om samen met hen te proberen één van de vogels te vangen. Maar toen de meisjes dichterbij kwamen, vlogen de vogels in alle richtingen weg. Elk van de meisjes ging een vogel achterna.

Damayanti liep een heel eind achter haar vogel aan en op een gegeven moment zag ze de anderen niet meer. Toen keerde de vogel zich naar haar toe en zei: 'Damayanti, ik wil u iets vertellen. In Nisadha heerst een jonge koning, die wat schoonheid en karakter betreft net zo ver boven de andere mannen uitsteekt als u boven de vrouwen. Zou een huwelijk met hem u niet fantastisch lijken?'

Damayanti liet weinig blijken van de onrust die ze van binnen voelde, en zei tegen de vogel: 'Ga terug naar Nisadha en vertel koning Nala hetzelfde wat u mij zojuist verteld hebt.' En zo geschiedde.

Sindsdien kon Damayanti alleen nog maar aan Nala denken en haar hart was zwaar van liefde voor hem. Haar ogen staarden afwezig in de verte en haar gezicht werd smal en bleek. Het viel haar vriendinnen op dat ze veranderde, en ze waarschuwden

Damayanti's vader. Koning Bhima dacht een tijdje na over wat hij moest doen, en besloot toen dat door een huwelijk zijn mooie dochter waarschijnlijk weer blij en gezond zou worden. In het openbaar kondigde hij aan dat de prinses van Vidarbha binnenkort een echtgenoot zou kiezen.

Het bericht veroorzaakte grote opschudding in het land, want iedereen wist hoe mooi Damayanti was. Vanuit alle windstreken kwamen koningen en prinsen, samen met hun gevolg, op de svayamvara af. Koning Bhima ontving alle kandidaten met gepaste eerbied.

Ook de goden kregen het bericht over Damayanti te horen. Twee grote heiligen, Narada en Parvata, waren juist naar de hemel teruggekeerd van een omzwerving op aarde en zij brachten het nieuws met zich mee.

De goden Indra, Agni, Varuna en Yama[31] besloten dat ook zij naar de svayamvara zouden gaan om naar Damayanti's hand te dingen.

Plotseling zagen ze Nala beneden zich rijden. Hij was zo mooi als de liefdegod zelf. De goden lieten hun wagens naar de aarde zakken. Ze vroegen de jonge koning of hij hun bode wilde zijn, en Nala antwoordde zonder aarzelen dat hij dat wel wilde.

Hij kreeg echter al snel te horen dat de mannen goden in hoogsteigen persoon waren, en toen bleek dat hij hun komst en de reden daarvan aan Damayanti moest melden, opende hij zijn hart voor hen en smeekte hun een ander voor de opdracht te zoeken. Maar de goden hielden hem aan zijn woord en Nala legde zich erbij neer.

De goden zorgden ervoor dat hij ongemerkt bij Damayanti kon komen, en dat was het moment waarop hij haar voor het eerst zag. Ze was slank, had een prachtige glimlach en straalde een zachte gloed uit. Nala's liefde voor haar ontbrandde in alle hevigheid, maar hij drukte zijn gevoelens snel weg.

De hofdames van Damayanti raakten in rep en roer toen Nala daar zo ineens voor hen stond. Bewonderend staarden ze hem aan, maar geen van allen durfden ze iets tegen hem te zeggen. Alleen Damayanti kwam naar voren en vroeg hem glimlachend wie hij was en hoe hij erin was geslaagd ongemerkt tot haar vertrekken door te dringen.

---

31 Indra is de god van de donder, Agni de god van het vuur, Varuna de god van het water en Yama is de god van de dood.

Nala noemde zijn naam en vertelde haar waarom hij gekomen was. Damayanti schrok, want ze had niet verwacht hem hier in haar vertrekken te zullen ontmoeten. Ze vroeg of hij zich de goudgevederde vogel herinnerde, en vertelde hem openhartig over haar liefde voor hem. 'Nu is het aan u of u mijn trots en mijn eer zult schaden of niet. Mijn lot ligt in uw handen. Als u mijn liefde weigert, sterf ik nog liever.'

Maar Nala begreep niet dat ze de voorkeur aan hem kon geven boven de goden. 'Bovendien, als u tegen de wens van de goden ingaat, zal ik hoe dan ook de dood vinden. U kunt beter met één van de goden trouwen, dan zal het u aan niets ontbreken. Deze raad geef ik u als vriend, ik heb alleen het beste met u voor.'

Maar Damayanti antwoordde: 'Ik heb respect voor de goden, maar ik wil met niemand anders trouwen dan met u.' En terwijl ze dit zei, sprongen de tranen haar in de ogen.

Nala wist niet wat hij moest doen en wanhopig zei hij: 'Ik kan niet anders, ik ben hier slechts als bode. Ik heb de goden beloofd hun belangen bij u te vertegenwoordigen, en dan is het me niet geoorloofd voor mijzelf te spreken, hoe graag ik dat ook zou willen...'

Toen brak er een lach door Damayanti's tranen heen en ze zei: 'Ik heb de oplossing! U moet gewoon met de goden op mijn svayamvara komen, dan zal ik in hun tegenwoordigheid u tot echtgenoot kiezen. Op die manier treft u geen blaam, ziet u?'

Na een afscheidsgroet keerde vorst Nala terug naar de goden en hij vertelde hun uitgebreid wat er bij Damayanti was voorgevallen.

Een paar dagen later, toen alle voortekenen gunstig waren, vond de svayamvara plaats. Het werd een schitterende bijeenkomst van vele grote vorsten. Toen alle aanwezigen een zitplaats hadden gevonden, verscheen Damayanti voor het publiek, bekoorlijk als altijd. De heraut begon de namen van de koningen en prinsen die zich kandidaat hadden gesteld, af te kondigen. Damayanti keek in het rond en zag vijf mannen staan die exact hetzelfde uiterlijk hadden.

Ze begreep direct wat er gebeurd was: de vier goden Indra, Agni, Varuna en Yama hadden hun eigen kenmerken afgelegd en Nala's gedaante aangenomen. Nala zelf was de vijfde persoon, maar hij was nu niet meer te herkennen. Wat moest ze doen? Hoe zou ze ooit haar ware geliefde uit deze vijf mannen kunnen kiezen?

Wanhopig besloot ze zich in gebed tot de goden zelf te wenden. Op haar knieën en met trillende stem smeekte ze: 'Toon me alstublieft wie van u vijven Nala is. Ik houd alleen van hem en ik wil de goede man kiezen!'

De standvastigheid van Damayanti's liefde roerde de goden diep en omdat ze zo vroom en zuiver was, verhoorden ze haar smeekbede. Van het ene moment op het andere kregen de vier goden hun eigen gedaante terug: hun kransen werden goddelijke kransen die niet konden verwelken, hun huid verdroogde en hun ogen verstarden. Hun gewaden werden doorzichtig en ze lieten geen schaduw meer achter zich. Ook raakten hun voeten niet langer de grond. De gewone sterveling die naast hen stond, was Nala. Hij zat onder het stof en het zweet en zijn krans was er één die gewoon kon verwelken.

Verlegen liep Damayanti op hem af. Ze bracht haar hand naar de zoom van zijn kleed en raakte hem aan. Toen maakte ze alle aanwezigen duidelijk dat hij degene was die ze wilde trouwen door haar bloemenkrans om zijn hals te leggen. Een luid gejuich barstte los in het publiek en iedereen feliciteerde de jonge vorst Nala.

Maar Nala had voor niemand oog behalve voor zijn mooie Damayanti. Vol tederheid bedankte hij haar dat ze hem had gekozen, en hij beloofde haar dat hij van haar zou houden en haar trouw zou zijn voor de rest van zijn leven.

De goden gaven Nala nog vele geschenken voor ze terugkeerden naar de hemel. Zo maakten ze hem onkwetsbaar voor vuur, gaven ze hem het talent om eten klaar te maken en stelden ze hem in staat vanaf dat moment, wanneer en waar hij maar wilde, vuur en water te voorschijn te toveren. Ook beloofden ze hem twee kinderen.

Toen de meeste vorsten weer vertrokken waren en de rust enigszins was teruggekeerd, werd de officiële huwelijksplechtigheid gehouden. Daarna keerde Nala, met Damayanti naast zich als zijn vrouw, naar zijn eigen rijk terug, en hij voelde zich zo gelukkig als de goden zelf.

Nala regeerde rechtvaardig over zijn land Nisadha en zoals de goden hun beloofd hadden, kregen ze in de jaren daarna twee gezonde kinderen, een zoontje en een dochtertje. Niets leek hun geluk te kunnen verstoren.

Onderweg terug naar de hemel kwamen de goden de boze demon Kali[32] tegen, die samen met Dvapara[33] reisde. Toen de goden hun vroegen waar ze naartoe gingen, antwoordde Kali dat ze Damayanti's svayamvara wilden bezoeken. Toen hij hoorde dat de prinses haar keuze al had gemaakt, werd hij woedend, te meer omdat de gelukkige, Nala, een sterfelijk vorst was. Kali vond de hele gang van zaken een enorme belediging voor de bovenaardsen. Hoewel de goden hem probeerden te weerhouden, besloot hij Nala in het verderf te storten. Kali zelf zou Nala's hart binnendringen en Dvapara zou opgaan in de dobbelstenen.

De wrede Kali moest twaalf jaar wachten voor hij een gelegenheid kreeg om meester te worden over het hart van de eerlijke en vrome Nala. Op een dag had Nala namelijk de rituele reinheid niet helemaal in acht genomen, waardoor er een opening in zijn hart ontstond, en Kali glipte naar binnen. Vervolgens blies hij Nala's broer, Puskara, het idee in om de koning uit te nodigen voor het spelen van het dobbelspel. Nala stemde toe en het spel ging van start.

Keer op keer was Nala de verliezende partij, maar omdat hij bezeten was door Kali kon hij er niet mee ophouden.

Dag na dag, maand na maand ging het spel door, maar Nala won geen enkele keer. Hij verloor alles wat hij had: juwelen, goud en zilver, paarden en wagens. Niemand kreeg het voor elkaar tot hem door te dringen, zijn vrienden niet, zijn adviseurs niet, ook het hele volk niet. Zelfs voor de smeekbeden van zijn geliefde Damayanti bleef hij doof.

Toen de koningin zag dat het niet lang meer zou duren voor haar echtgenoot helemaal niets meer overhad, beval ze de trouwe wagenmenner de lievelingspaarden van Nala in te spannen en haar twee kleine kinderen naar het paleis van haar vader Bhima te rijden, waar ze veilig zouden zijn.

Het spel ging net zolang door tot Nala al zijn schatten en zijn hele koninkrijk kwijt was. 'Damayanti is het enige wat u nu nog bezit,' zei Puskara met begeerte in zijn ogen. 'Laten we nog één spel spelen met haar als inzet.'

Maar dat vond Nala te ver gaan. Zonder een woord te zeggen

---

[32] Kali: personificatie van het ongeluk in het spel (lett. ook 'slechte worp').

[33] Dvapara: andere personificatie van het ongeluk in het spel (lett. ook 'slechte worp').

kwam hij overeind en legde zijn dure kleren en sieraden af. Hij wierp een laatste verwijtende blik op zijn broer en verliet toen samen met Damayanti de stad.

Puskara liet in het rijk een verbod uitvaardigen om zijn broer en diens vrouw gastvrijheid te bewijzen. Op overtreding daarvan stond de doodstraf. Bang als het volk was, konden Nala en Damayanti nergens meer onderdak of voedsel vinden en ze moesten hun toevlucht zoeken in de bossen. Daar aten ze de vruchten die van de bomen waren gevallen en wortels die ze opgroeven uit de grond. Maar hun honger konden ze er niet mee stillen.

Op een dag zag Nala niet ver vanwaar hij stond een vlucht vogels neerstrijken. Snel en behendig gooide hij zijn kleed er overheen als een soort vangnet. Het water liep hem al in de mond bij de gedachte aan een goede maaltijd, maar tot zijn grote schrik pakten de vogels zijn kleed vast en vlogen ermee weg. Spottend riepen de vogels: 'Dwaas die u bent! We zijn geen vogels, we zijn de dobbelstenen. En nu we uw allerlaatste kleed hebben afgepakt, hebben we eindelijk rust.'

In uiterste wanhoop kwam Nala terug bij Damayanti en zei tegen haar: 'Nu ben ik echt alles kwijt, mijn liefste, ik heb je niets meer te bieden. Als je deze weg volgt, kom je in Vidarbha uit, het koninkrijk van je vader.'

Bij het horen van deze woorden rolden Damayanti de tranen over haar wangen, want ze begreep dat hij wilde dat ze van hem wegging. 'Hoe kun je dat nu zeggen, je hebt me nu toch meer dan ooit nodig?' zei ze. 'In nood is er geen betere troost en steun dan die van een vrouw. Ik wil niet dat je ooit nog aan een scheiding denkt. Als je liever hebt dat ik terugga naar Vidarbha, ga dan met me mee. Mijn vader zal blij zijn je te zien.'

Maar Nala was te trots om als een arm en vernederd man terug te keren aan het hof dat hij eens als rijk en machtig koning verlaten had.

Terneergeslagen dwaalden ze verder, samen warmte zoekend onder het ene kleed dat Damayanti nog had. Na een tijdje kwamen ze aan bij een eenzaam boshutje. Dodelijk vermoeid ploften ze neer, om het volgende moment in slaap te vallen. Maar Nala's hoofd was te vol van zorgen en hij werd weer wakker en ging overeind zitten. Piekerend keek hij naar het onschuldige gezicht van de slapende Damayanti. Nala was zo moe dat zijn gedachten niet meer helder waren. 'Is ze beter of slechter af als

82

ik haar verlaat?' vroeg hij zich in martelende tweestrijd af. 'Als we samen blijven, zal ze vanaf nu alleen nog maar honger en ellende kennen, en dat is mijn schuld. Als ik haar hier achterlaat, gaat ze misschien toch terug naar het paleis van haar vader, en daar zal ze het goed hebben. Dus kan ik maar één ding doen...'

De boosaardige Kali had met zijn valse argumenten de tweestrijd voor hem uitgemaakt. Met een loodzwaar gemoed stond Nala op. Damayanti's kleed sneed hij met een zwaard in tweeën en één helft sloeg hij om zijn schouders. Toen liep hij weg.

Maar hij had slechts een paar passen buiten de hut gezet, toen hij stopte en vertwijfeld terugkeerde. Hij keek naar zijn geliefde Damayanti, die half bedekt en onbeschermd op de barre grond lag te slapen, argeloos glimlachend in haar droom. Bij die aanblik begon hij te huilen en hij smeekte de goden te waken over haar veiligheid en geluk. Toen draaide hij zich met een ruk om en liet Damayanti achter in de boshut.

Onderweg herhaalde de afschuwelijke tweestrijd zich nog ettelijke keren. Zijn liefde voor Damayanti riep hem terug naar de hut, maar Kali lokte hem weer weg. Uiteindelijk koos hij er toch voor om weg te gaan, zijn gedachten verward en mistig. Zo begonnen zijn jaren van eenzame dwalingen.

Toen Damayanti wakker werd en Nala niet naast zich vond, sprong ze radeloos overeind en begon zijn naam te roepen. Er kwam echter geen antwoord. De plotselinge eenzaamheid en stilte maakten haar zo bang dat ze begon te snikken. De zorg om Nala won het echter al snel van haar eigen verdriet. Onrustig begon ze in het bos te zoeken naar een spoor van hem.

Ze doolde rond zonder op gevaar te letten. Plotseling werd ze gebeten door een hongerige slang van enorme omvang. Zelfs toen ze tussen de gruwelijke kaken de dood in de ogen keek, waren haar gedachten meer bij Nala dan bij haar eigen pijn. Ze dacht eraan dat hij het zichzelf nooit zou vergeven als zij hier zou omkomen omdat hij haar had verlaten.

Haar jammerende kreten werden gehoord door een toevallig passerende jager. Hij hakte de slang de kop af en bevrijdde de mooie Damayanti. Terwijl ze hem vertelde hoe ze in haar benarde positie was beland, zag de jager hoe mooi ze eigenlijk was. Hij werd gegrepen door begeerte. Damayanti kon die begeerte in zijn ogen lezen en ze werd woedend op hem. Vol afkeer sprak ze een vloek over hem uit: 'Nala is de enige man aan wie ik toebehoor, moge u daarom dood ter aarde storten!' Als door de bliksem getroffen viel de jager dood voor haar voeten neer.

Damayanti vervolgde haar tocht door het dichte woud en ze stond bloot aan vele gevaren. Maar de verschrikkingen van de wildernis maakten weinig indruk op haar, zozeer werd ze in beslag genomen door haar zorgen om Nala.

Op een gegeven moment kwam ze aan bij een vredige kluizenaarswoning midden in het woud. De heilige asceten ontvingen haar vriendelijk en luisterden meelevend naar haar trieste verhaal. Toen ze klaar was met vertellen, zeiden ze tegen haar: 'Houd moed, vrouw. We hebben een blijde toekomst voor u gezien. Op een goede dag zult u Nala terugvinden en uiteindelijk zal hij zelfs zijn waardigheid en bezit terugkrijgen.' Toen deze woorden waren uitgesproken, losten de kluizenaarshut en de asceten op in een mist. Damayanti dacht dat ze alles gedroomd had.

Somber en bezorgd dwaalde Damayanti verder. Na een aantal dagen viel haar oog op een grote karavaan, die in de verte bezig was een brede stroom over te steken. Haastig liep ze er naartoe. Onder de mensen van de karavaan ontstond grote opschudding toen ze haar zagen, want ze was ontzettend stoffig en bijna uitgeteerd. Bovendien droeg ze slechts een half kleed. Sommigen weken achteruit toen ze dichterbij kwam, anderen scholden haar uit. Maar er waren ook mensen die medelijden met haar hadden. Die mensen vroegen naar haar naam en naar wat ze wilde. Damayanti beantwoordde al hun vragen en vroeg toen waarheen de karavaan op weg was. Het bleek dat de reis naar Cedi ging, de stad van koning Subahu. Damayanti sloot zich bij de stoet aan.

Toen de avond viel, stopte de karavaan op de grasrijke oever van een helder meer. Mens en dier legden zich te ruste, maar in de nacht kwam een troep wilde olifanten in het meer drinken. Toen de wilde olifanten hun getemde soortgenoten zagen die bij de karavaan hoorden, werden ze woedend. In hun stormloop vertrapten ze alles wat er voor hun enorme poten kwam. Uit alle richtingen klonk angstig gegil. Slechts weinig mensen overleefden de vreselijke slachting.

Damayanti was één van de gelukkigen die gespaard waren

gebleven, maar de kooplieden geloofden dat zij de oorzaak van de ramp was. Woedend kwamen ze achter haar aan. Damayanti moest vluchten om het vege lijf te redden. Niet lang daarna ontmoette ze een groepje brahmanen, dat ook onderweg was naar Cedi. Samen met hen bereikte ze uiteindelijk veilig de poorten van de stad.

Omdat ze erg vuil en vermagerd was, deed het gerucht van haar komst al snel de ronde in de stad en ze werd achtervolgd door een hele zwerm straatkinderen. Op die manier kwam ze aan bij het koninklijk paleis.

De moeder van de koning zag haar voorbijkomen. Getroffen als ze was door de ellende van de jonge vrouw, die ondanks alles een bepaalde schoonheid uitstraalde, gaf ze een dienares de opdracht haar binnen te laten. Opnieuw vertelde Damayanti haar trieste verhaal, maar uit schaamte verzweeg ze haar naam en afkomst. De koningin nam haar aan als gezelschapsjuffrouw voor haar dochter Sunanda en ze beloofde haar dat ze haar zo goed ze kon zou helpen en beschermen.

Toen Nala zijn geliefde Damayanti nog maar pas verlaten had, ontdekte hij een hevige bosbrand. Uit het geloei en geraas klonk een dringende stem: 'Nala, kom hier! Red me uit het vuur!'

Nala baande zich een weg dwars door de vlammen en daar zag hij een in elkaar gerolde slang liggen, die tegen hem zei: 'Ik ben geen gewone slang, maar een slangenvorst. Een heilige heeft mij tot bewegingloosheid vervloekt, en die vloek zou duren tot het moment dat Nala mij zou komen redden. Draag me alstublieft in veiligheid. Ik zal u een grote dienst bewijzen.'

Nala pakte de slang op en droeg hem buiten de dreiging van het vuur. Op dat moment werd hij echter gebeten door de slang, waarna Nala's gedaante helemaal veranderde.

'Ik heb u een ander uiterlijk gegeven,' zei de slang geruststellend, 'want dan kan men u niet meer herkennen. Het gif dat door uw lichaam stroomt, doet u geen kwaad, maar de kwade demon Kali die in u huist zal er vreselijk door gemarteld worden. Vanaf nu is uw naam Bahuka. Ga naar Ayodhya, de stad waar koning Rtuparna regeert, en treed voor hem in dienst als wagenmenner. In ruil voor uw behendigheid met paarden zal Rtuparna u de toverkunst van het dobbelspel leren. Als u die eenmaal beheerst, zult u uw rijk terugwinnen en met uw vrouw en kinderen herenigd worden. Als de tijd is gekomen dat u uw eigen gedaante terugverlangt, concentreert u uw gedachten volledig op mij en trekt het kleed aan dat ik u nu zal geven.' Met deze woorden vertrok de slangenvorst weer naar het slangenrijk. Zoals de slang hem gezegd had, ging Nala naar Ayodhya en werd Rtuparna's wagenmenner.

Koning Bhima had inmiddels vernomen dat zijn kinderen getroffen waren door een vreselijk lot. Hij stuurde brahmanen naar alle windstreken om hen te zoeken. Eén van hen kwam terecht in Cedi en daar zag hij Damayanti. Ondanks de diepe groeven van smart en zorgen die op haar gezicht stonden, herkende hij haar. Hij liep naar haar toe en vertelde haar dat hij door haar vader was gestuurd, en dat haar familie en haar beide kinderen in goede gezondheid verkeerden. Damayanti herkende in de brahmaan Sudeva, de beste vriend van haar broer. Van blijdschap en opluchting barstte ze in tranen uit.
Ook de koningin van Cedi kreeg te horen wie haar mooie dienares nu eigenlijk was. Toen pas besefte ze dat het Damayanti was, nota bene het kind van haar eigen zus.
Met veel ceremonieel werd Damayanti teruggebracht naar het hof van haar vader, waar ze al haar oude vrienden en ook haar zoontje en haar dochtertje terugzag. Maar ondanks dat was ze niet gelukkig, want ze miste Nala.
De volgende morgen vroeg ze meteen aan haar vader of hij er brahmanen op uit wilde sturen om Nala te zoeken. Dat vond hij goed. Damayanti gaf de mannen een lied mee dat ze overal moesten zingen:

Waar ben je toch, speler die mij verliet,
en de helft van mijn enige kleed meenam?
Je vrouw is radeloos van verdriet...
Geef haar toch een teken dat haar troosten kan.

Als ze iemand ontmoetten die op het lied zou reageren, moesten de brahmanen hem helemaal uithoren en haar daarvan op de hoogte brengen.
Na een tijdje kwam één van de brahmanen terug van het hof van Rtuparna, waar hij zijn lied had gezongen. De koning en de mensen van zijn gevolg hadden heel normaal op het lied gereageerd, maar toen hij weer uit de stad vertrok, was er een

klein, lelijk mannetje op hem afgekomen. Hij maakte zich bekend als Bahuka, de wagenmenner van de koning. Zuchtend had Bahuka gezegd: 'Een trouwe, deugdzame vrouw is veilig, ook al laat haar man haar alleen achter. Haar deugd is haar pantser. Ze hoeft hem niets kwalijk te nemen. Op iemand die door vogels van zijn laatste kleed werd beroofd kan ze toch niet boos zijn. Ze moet weten dat haar man zonder haar mateloos ellendig is.'

Damayanti's hart sprong op toen ze deze boodschap hoorde, en onmiddellijk stuurde ze Sudeva naar Ayodhya. 'Ga zo snel u kunt naar koning Rtuparna en vertel hem dat Damayanti, de dochter van Bhima, een tweede echtgenoot zal kiezen op een svayamvara, omdat ze in de veronderstelling is dat Nala dood is. Daar moet u dan aan toevoegen dat de svayamvara al de volgende dag na zonsopgang gehouden zal worden.'

Nadat koning Rtuparna de boodschap van Sudeva had aangehoord, ging hij haastig naar zijn wagenmenner, Bahuka. 'Ik moet over één dag in Vidarbha zijn en ik weet niemand anders die mij daar zo snel kan brengen als u. Span de paarden in, want morgen houdt Damayanti opnieuw een svayamvara!'

Deze laatste woorden sneden door Nala's hart. Wilde Damayanti werkelijk een nieuwe echtgenoot of was het gewoon een slimme list? Een vrouw was toch al moeilijk te doorgronden en hij had Damayanti veel pijn gedaan. Misschien hield ze niet meer van hem. Maar haar kinderen dan? Hij werd gek van die onzekere gedachten, hij moest weten wat er precies aan de hand was. Hij beloofde de koning dat hij hem in één dag naar Vidarbha zou brengen. Zorgvuldig koos hij de snelste paarden uit.

De koning sprong onmiddellijk op de wagen en daar gingen ze, zo snel als de wind. De wielen van de wagen denderden voort en Bahuka hield de teugels stevig vast. Het leek wel of Nala de wagen liet vliegen als een vogel, over rivieren en bergen, over wouden en meren. Op een gegeven moment verloor de koning zijn opperkleed, maar toen hij wilde stoppen om het weer op te rapen, antwoordde Nala: 'Daar is het te laat voor. Het ligt nu al kilometers achter ons!'

In razende vaart reden ze verder. Ze kwamen bij een woud waar een heel grote Vibhidakaboom[34] stond. De koning wierp

---

34 Met de noten die aan deze boomsoort groeien, wordt het dobbelspel gespeeld.

een snelle blik op de boom en zei trots tegen Bahuka: 'Ik heb gezien dat er van deze boom honderd en één bladeren meer op de grond liggen dan er nog aan de boom hangen. In totaal heeft de boom aan zijn twee takken vijf miljoen bladeren en tweeduizend vijfennegentig vruchten. Vindt u niet dat ik vreselijk snel kan tellen? U mag controleren of ik gelijk heb.'

Abrupt hield Bahuka de paarden in en stapte van de wagen. 'Goed, ik zal de boom omhakken en tellen of uw aantallen kloppen.' En Nala begon op zijn gemak te tellen, hoe onrustig de koning ook werd omdat ze te laat in Vidarbha zouden arriveren.

De koning bleek de bladeren en de vruchten volledig juist geteld te hebben. Nala riep bewonderend: 'Wat een prestatie! Hoe deed u dat? Kunt u mij dat ook leren?'

Koning Rtuparna had vreselijke haast en had er alles voor over om weer door te kunnen rijden. 'Dat ik zo snel kan tellen, heeft te maken met mijn dobbelkunst,' legde hij uit. 'Als u mij uw behendigheid met de paarden bijbrengt, zal ik u mijn dobbelkunst leren.'

En zo geschiedde. Op hetzelfde moment dat Nala de dobbelkunst van de koning ontving, voelde hij hoe Kali uit zijn hart verdween. Opgelucht en opgewekt klom Nala weer op de wagen en pakte de teugels beet. Rtuparna liet het mennen deze rit nog aan hem over en de paarden schoten fel vooruit.

Ze arriveerden in Vidarbha toen het duister inviel. Het geratel van de wielen was duidelijk in de straten te horen. Nala's eigen lievelingspaarden, die nog steeds in de koninklijke stallen van Vidarbha stonden, spitsten de oren, alsof ze voelden dat hun meester in aantocht was. Ook Damayanti hoorde de wagen door de straten denderen. Haar hart vulde zich met hoop en blijdschap. 'Laat dat alstublieft mijn Nala zijn! Als ik hem vandaag niet in mijn armen kan sluiten, zal ik sterven. Niemand is zo goed, heldhaftig en trouw als mijn geliefde Nala!'

Ondertussen was Rtuparna al uit de wagen gestapt. Verbaasd constateerde hij dat er geen spoor te zien was van de naderende svayamvara. Koning Bhima was niet op de hoogte gesteld van Damayanti's slimme plan en hij was dan ook verrast Rtuparna te zien. Hij heette hem welkom en vroeg hem waarom hij gekomen was. Rtuparna begreep er niets meer van, maar besloot te doen of alles normaal was. 'Ik ben gekomen om u te begroeten,' zei hij snel. Bhima trok verbaasd zijn wenkbrauwen op.

Dat Rtuparna zo'n verre reis had gemaakt alleen om hem te groeten, was op z'n minst vreemd te noemen, maar hij zei er niets van. Vriendelijk zei hij: 'U ziet er vermoeid uit, u zult wel eerst een beetje willen rusten.' En hij wees Rtuparna de gasten-verblijven, waar hij zich kon terugtrekken.

Bahuka ging rechtstreeks naar de stallen om de paarden te ver-zorgen. Toen dat klaar was, zakte hij uitgeput neer op de tree-plank van de wagen.

Damayanti had alles vanaf haar terras gevolgd en ze was vrese-lijk teleurgesteld. Rtuparna was inderdaad gekomen, maar de wagenmenner die hij bij zich had was niet Nala.

Ze besloot een dienares naar de kleine wagenmenner te sturen, zodat die hem kon vragen of hij iets wist van koning Nala. Ook zou ze dan nog eens het lied kunnen zingen dat ze aan de brahmanen had meegegeven. De dienares deed wat haar was opgedragen. De wagenmenner zei: 'Ik ben de wagenmenner en kok van koning Rtuparna. Waar koning Nala is, kan ik niet zeggen. Hij dwaalt onherkenbaar rond over de wereld, want hij is zijn vroegere schoonheid kwijtgeraakt en hij draagt een ver-momming. Alleen Nala zelf, of de vrouw die hem liever is dan zijn eigen leven, kan Nala herkennen.'

Toen de dienares daarna het lied nog eens zong, gaf hij met tril-lende stem van emotie hetzelfde antwoord als de keer daarvoor.

De dienares haastte zich terug naar Damayanti om haar te ver-tellen wat de wagenmenner had gezegd. Toen werd het Dama-yanti duidelijk dat de kleine Bahuka haar geliefde Nala moest zijn. Ze stuurde het meisje terug naar de stallen en gaf haar de opdracht alles wat Bahuka deed nauwlettend te volgen. Als ze iets vreemds of bovennatuurlijks zou zien, moest ze dat onmid-dellijk aan haar komen melden.

Het duurde niet lang voor de dienares terugkwam. Met grote ogen van verbazing zei ze: 'Ik heb nog nooit zoiets wonderlijks gezien, vrouw. Als de wagenmenner onder een lage poort door wil gaan, hoeft hij niet te bukken, want de poort wordt auto-matisch hoger en als de doorgang te smal is, wordt die vanzelf breder. Als hij een lege kom heeft, hoeft hij er maar naar te kij-ken en de kom vult zich vanzelf met water. En als hij een hand-vol gras in het zonlicht houdt, laait er spontaan een vuur op, maar hij brandt zijn handen niet.'

'Dat is goed nieuws, wat u me hebt gebracht,' zei Damayanti tegen het meisje. 'Wilt u me nu nog wat van het eten brengen dat Bahuka voor zijn meester heeft gekookt?' Toen ze even later van het eten proefde, begon ze zachtjes te huilen, want het was de smaak die ze zo goed kende, de smaak die Nala altijd aan zijn maaltijden gaf. Al haar twijfels waren verdwenen.

Ze gaf haar dienares een laatste opdracht, namelijk om met haar beide kinderen naar de stal te gaan. Toen Bahuka zijn zoon en dochter zag, rende hij naar hen toe, nam hen op zijn knieën en kuste hen, met een gezicht dat nat was van tranen. Met moeite maakte hij zich even later weer los uit de omhelzing en zei verontschuldigend tegen de dienares: 'Ze lijken sprekend op mijn eigen kinderen. Die heb ik al heel lang niet meer gezien, daarom ben ik zo emotioneel. U kunt hier beter niet meer komen, de mensen zouden er wel eens praatjes over kunnen gaan verspreiden.'

Dat de aanblik van de kinderen Bahuka zo had ontroerd, was voor Damayanti een laatste bevestiging. Met toestemming van haar ouders liet ze de wagenmenner bij zich komen.

Toen Nala haar zo in rouwkleren voor zich zag, werd hij overweldigd door emoties. Ook Damayanti kreeg het te kwaad bij de aanblik van de kleine man, die ooit haar mooie Nala was geweest.

Met verstikte stem vroeg ze hem: 'Bahuka, hebt u ooit een goed en rechtvaardig man ontmoet die zijn vrouw slapend in een woud had achtergelaten? Wat had ik misdaan dat mijn koning mij zo'n pijn kon doen? Ik wilde hem zelfs liever dan de goden, ik was de moeder van zijn kinderen en ik was hem altijd trouw geweest. Bij ons huwelijk had hij me plechtig beloofd dat hij altijd de mijne zou zijn. Hoe kon hij me dan verlaten?'

Ontroerd probeerde Nala haar uit te leggen hoe het zo had kunnen lopen. 'Dat ik mijn koninkrijk verspeelde en dat ik u daarna verliet, waren dingen die ik niet uit vrije wil deed. Ik was bezeten door de demon Kali, hij was het die mijn gedachten vertroebelde. Maar nu is hij uit mijn hart verdwenen. Ik ben hier alleen maar naartoe gekomen om u te zien. Maar hoe kan het zijn dat u een andere echtgenoot wilde kiezen?'

Toen legde Damayanti hem uit dat dat een list was om hem naar Vidarbha te lokken. Ze zwoer hem, met de goden als getuigen, dat ze zich in daden en gedachten nooit aan een ander had gegeven. Uit de hemel kwam een regen van bloemen neer en prachtige muziek weerklonk.

Toen pakte Nala het toverkleed dat hij van de slangenvorst had gekregen, en even later had hij zijn eigen gedaante weer terug. Hij sloot zijn vrouw in zijn armen en kuste haar teder op haar hoofd. Damayanti verborg haar gezicht tegen zijn borst en zuchtte diep. Eindelijk hoefde ze haar man niet meer te missen.

Damayanti's ouders en alle dienaren en dienaressen werden dol van vreugde toen ze hoorden dat Nala eindelijk, na zo'n lange tijd, weer thuis was gekomen. De hele stad werd versierd met groen en bonte bloemen en ook Damayanti bloeide helemaal op.

Rtuparna begreep nu ook hoe de zaken in elkaar zaten, en hij feliciteerde Nala met zijn thuiskomst. Met een andere wagenmenner keerde hij naar zijn land terug.

Nala bleef een maand lang aan het hof van Damayanti's vader, maar toen had hij een opdracht te volbrengen. Met een schitterende witte wagen reed hij naar het land van Nisadha, zijn oude koninkrijk, en daar daagde hij zijn broer uit tot het spel.

'Laten we nog een keer spelen,' stelde hij voor, 'want ik heb nieuwe rijkdom verworven. Deze keer zetten we alles op het spel: jij je koninkrijk, ik al mijn bezittingen, inclusief Damayanti. Ook ons eigen leven behoort tot de inzet.'

Puskara lachte overmoedig, hij dacht dat hij Damayanti al gewonnen had. Maar daar vergiste hij zich lelijk in. Nala had slechts één worp nodig om zijn hele koninkrijk te heroveren en daarbij nog het leven van zijn broer. Zijn overwinning was compleet.

Toen Puskara gelaten zijn lot in Nala's handen legde, zei Nala grootmoedig: 'Dwaas, je dacht toch niet dat ik je zou laten boeten voor iets wat je niet hebt gedaan? Dat ik toen alles heb verloren, was niet jouw schuld, maar de schuld van de boze Kali. Ik zal je in leven laten, en bovendien het gedeelte van het rijk van onze vader geven waar je recht op hebt. Ik haat je niet, Puskara, je bent altijd mijn broer gebleven. Ik wens je veel geluk.'

Dankbaar dat zijn broer zo rechtvaardig en gul was geweest, keerde Puskara terug naar zijn eigen stad. In Nisadha werd een groot feest gevierd, waaraan alle burgers deelnamen. Juichend begroetten ze hun rechtmatige koning, die na zoveel jaar was teruggekeerd.

Zo snel ze konden kwamen ook Damayanti en haar beide kinderen terug naar Nala's paleis. Nala werd de machtigste koning van alle landen die Nisadha omringden, en samen met Damayanti leefde hij vele lange jaren in geluk en voorspoed.

Daarmee besloot Brhadasva zijn verhaal. 'Maar ik zeg u, Yudhisthira, ook u zult over niet al te lange tijd in eer en macht hersteld worden. Nala was helemaal alleen, die had het nog veel moeilijker, en toch vond hij zijn geluk terug. U kunt zich nog gelukkig prijzen dat u het gezelschap hebt van uw vrouw en uw broers. En als u bang bent dat u zichzelf in de toekomst nog eens door het spel in het verderf zult laten storten omdat u zich niet kunt beheersen, laat ik u dan geruststellen: net als Rtuparna bezit ook ik die toverkunst om in het spel te winnen, en ik zal die u geven!'

En zo geschiedde. Nadat Yudhisthira de speelkunst van Brhadasva had ontvangen, vervolgde de heilige man zijn weg.

Lomasa vertelt (Mah. III 91-176)

Enige tijd later kregen de Pandava's in het Kamyakawoud bezoek van de edele en heilige Lomasa. Hij wist hun het goede nieuws te vertellen dat Arjuna de grote god Shiva had gevonden, dat hij Arjuna zelfs bij hem op de troon had zien zitten. Arjuna bracht zijn groeten en beste wensen over, en hij waarschuwde hen dat ze hun aandacht voor ascese en deugd niet mochten laten verslappen. Hij zou snel naar hen terugkomen met de wapens die hij gezocht en gevonden had.

De heilige bleef lange tijd bij hen en bleek een fantastisch verhalenverteller te zijn. Eén van de verhalen die hij voordroeg, was de geschiedenis van Agastya, de man die de zee leegdronk, waarna die zee weer gevuld werd met het water van de heilige rivier de Ganga.

De geschiedenis van Agastya en de Ganga (Mah. III 101-109)

Lang geleden was er eens een groep wilde demonen die door de goden werd achtervolgd en daarom een veilig heenkomen zocht op de bodem van de zee. De goden konden hen daar niet volgen en ze vroegen de schepper Brahma of hij hun raad wilde geven. Brahma dacht even na en zei toen tegen hen: 'Degene die jullie zal kunnen helpen, is de heilige Agastya. Naar hem moeten jullie gaan.'

De heilige Agastya bezat grote macht en had al meerdere

grootse daden verricht. Het Vindhyagebergte was namelijk erg jaloers geweest op de hoge berg Meru, waar de zon omheen draaide, en was begonnen te groeien om de zon en de maan te hinderen in hun loop. Agastya had toen, op verzoek van de goden, een slimme list bedacht om het jaloerse gebergte te laten ophouden. Hij was naar het Vindhyagebergte gegaan en had gezegd: 'Ik moet voor een belangrijke boodschap zo snel mogelijk naar het zuiden. Als u zich nu eens buigt, kan ik over uw rug een verkorte route nemen. U moet dan wel in die houding wachten tot ik terugkom, anders verdwaal ik misschien op de terugweg. Daarna kunt u zo groot worden als u wilt.' En de bergen gehoorzaamden, maar Agastya was nooit teruggekomen. Agastya was dus de man die de goden om hulp vroegen, en hij stemde toe. Samen met de goden ging hij naar het zeestrand.

De golven van de zee waren wild en hoog, ze bulderden in de spelonken en sloegen schuimend tegen de kust. Maar voor de verbaasde ogen van de goden en van een grote menigte mensen die was toegestroomd, knielde Agastya bij het water en dronk de zee leeg.

De demonen waren nu niet langer onbereikbaar voor de goden. In een heftige strijd werden ze door de hemelse wezens overwonnen en gedood.

De goden waren Agastya erg dankbaar, want door zijn toedoen hadden ze de demonen kunnen verslaan. 'Maar nu kunt u het water wel weer teruggeven aan de zee,' voegden ze aan hun dankbetuigingen toe. Helaas kon Agastya hun toen niet meer van dienst zijn. 'Ik heb het water dat ik heb opgedronken, allang verteerd. Jullie zullen een andere manier moeten bedenken om opnieuw een zee te maken.'

Geschrokken en somber gingen de goden nogmaals naar Brahma. Ze vertelden hem wat er gebeurd was. De schepper gaf hun de volgende toezegging: 'De zee zal lang zonder water zijn, maar op een gegeven dag zal ze weer gevuld worden met water. De man die dat zal doen, is koning Bhagiratha.'

In die tijd regeerde er in het land een machtige koning, Sagara, die echter geen zoon had en daar erg onder gebukt ging. Hij had twee jeugdige, mooie vrouwen, een prinses uit Vidarbha en een prinses uit Sibi. Samen met hen ging hij naar de berg Kailasa, waar hij wilde proberen door strenge zelfkwellingen de goden een zoon af te dwingen. Na lange tijd vertoonde de drie-ogige Shiva met de drietand zich inderdaad, en hij beloofde dat

Sagara van zijn ene echtgenote zestigduizend zonen zou krijgen, die allemaal tegelijk zouden sterven, en van zijn andere vrouw slechts één zoon, die de voortzetter van het geslacht zou zijn. Korte tijd later bracht de prinses van Vidarbha een soort pompoen ter wereld en schonk de prinses van Sibi het leven aan een goddelijk mooi jongetje. Vol afschuw wilde Sagara de pompoen weggooien, maar op dat moment hoorde hij een stem die zei: 'Haal de zaadjes uit de pompoen en bewaar die elk apart in een verwarmde schaal met gesmolten boter. Uit die zaadjes zullen zestigduizend zonen ontstaan.'

Sagara gehoorzaamde de stem en later ontstonden er inderdaad zestigduizend sterke jongens uit de zaadjes. Ze groeiden op tot roekeloze heethoofden die voor goden noch mensen respect hadden, en iedereen had zo'n hekel aan hen dat men ze liever zag gaan dan komen.

Op een dag besloot koning Sagara dat hij een paardenoffer wilde opdragen. Volgens de gebruiken moest het dier dan eerst een jaar lang vrij over de aarde kunnen dwalen, beschermd door koninklijke jongemannen. Het offerpaard van Sagara dwaalde echter af naar de uitgedroogde vlakte waar ooit de zee was geweest, en daar verdween het plotseling. De prinsen dachten dat het gestolen moest zijn, en dat bericht brachten ze ook over aan hun vader.

'Ga het paard zoeken,' beval de koning, 'in alle hoeken en windrichtingen.' Maar zijn zonen zagen nergens een spoor van het paard of van degene die het gestolen zou hebben. Zonder resultaat keerden ze terug naar het hof van hun vader. Boos wees Sagara zijn zonen de deur met de woorden dat ze niet meer terug mochten komen voor ze het paard gevonden hadden. De jongemannen gingen naar de plek waar ze het offerpaard voor het laatst gezien hadden. Daar begonnen ze met spaden en schoppen te graven in de bodem van de zee. Ze vonden slangen en demonen en doodden die ter plekke. Dieper en dieper groeven ze, maar van het paard vonden ze geen spoor. Verder naar het noordoosten bereikten ze op een gegeven moment de onderwereld. Daar zagen ze hun paard terug. De heilige Kapila zat vlak bij hem. Zonder op de heilige te letten stormden de zonen van Sagara op het dier af, dolblij dat hun zoektocht eindelijk voorbij was. De machtige heilige die het paard beschermde, liet dat echter niet over zijn kant gaan en met een vurige blik verbrandde hij de woeste zonen van Sagara tot as.

Toen Sagara hoorde wat zijn zonen was overkomen, moest hij direct aan de voorspelling van Shiva denken, die letterlijk was uitgekomen. Maar ook de andere zoon van Sagara, de jongen die hij bij de prinses van Sibi had gekregen, was niet langer aan het hof. Hij had hem namelijk moeten verbannen omdat hij kleine kinderen bij de keel greep en verdronk. Inmiddels had die zoon echter zelf een zoon gekregen en Sagara liet de kleine jongen, die Amsumat heette, naar zijn hof halen.

'Ik wou dat ik uw vader niet had hoeven verbannen. Nu ben ik al mijn zonen kwijt. De enige die me nog van de ondergang kan redden, bent u. U moet mij het offerpaard uit de onderwereld teruggeven.'

Amsumat gehoorzaamde. Door de tunnel die zijn halfooms hadden gegraven, wist hij snel naar de onderwereld te komen. Toen hij Kapila zag, knielde hij eerbiedig voor hem neer. Gevleid door dit gebaar gaf de heilige hem het paard van zijn grootvader terug. Daarbij deed hij Amsumat een voorspelling: 'De zoon die uw zoon zal krijgen, zal de naam van uw ooms zuiveren en de gevolgen van hun dood ongedaan maken. Met hulp van Shiva zal hij de driearmige rivier neer laten dalen op aarde en die zal alles reinigen. Ik geef u het paard mee. Ga ermee naar uw grootvader en breng het offer waarvoor het bedoeld was.'

En zo werd Sagara's offer alsnog opgedragen. Hij regeerde nog lange tijd. Toen hij voelde dat zijn dood naderde, droeg hij de heerschappij over aan zijn kleinzoon Amsumat. Korte tijd later steeg hij op naar de hemel.

Amsumat was een wijs heerser, net als zijn grootvader, en ook hij zat lang op de troon. Op hoge leeftijd gaf hij de regering van het rijk in handen van zijn zoon en stierf.

Deze zoon van Amsumat wilde niets liever dan de heilige rivier de Ganga naar de wereld brengen om de schuld van zijn voorvaderen uit te wissen. Maar wat hij ook deed, het lukte hem niet.

Hij kreeg een zoon, Bhagiratha. Deze jongen was mooi, intelligent en rechtvaardig en nog gedrevener dan zijn vader om het water van de Ganga naar de zee te krijgen. Hij droeg zijn verantwoordelijkheden voor het rijk over aan één van zijn dienaren en ging op reis. Hij beklom de besneeuwde hellingen van de Himalaya en onderwierp zichzelf daar aan de vreselijkste kwellingen, in de hoop de gunst van de goddelijke Ganga te winnen.

Hij leefde slechts van water, fruit en wortels. Pas nadat hij duizend jaar op die manier had doorgebracht, verscheen Ganga aan hem.

'Vertel me wat u wenst,' sprak de godin, 'dan zal ik zorgen dat u het krijgt.'

'Ik zoek heil in de hemel voor Sagara's zonen,' zei Bhagiratha, 'maar dat kunnen ze alleen bereiken als u hun schulden afwast met uw heilige water. Alleen voor hen ben ik hier gekomen en heb ik mijzelf zoveel ontzegd.'

De goddelijke Ganga antwoordde hem: 'Als u dat wilt, wil ik voor u wel naar de aarde komen. Maar als mijn wateren rechtstreeks vanuit de hemel op de aarde vallen, zal de aarde niet sterk genoeg zijn om die kracht te weerstaan. U moet de hulp van Shiva vragen om het geweld van het vallende water te breken. Alleen hij zou dat kunnen.'

Bhagiratha wist wat hem te doen stond. Hij ging naar de Kailasaberg en onderwierp zichzelf nogmaals aan een zeer strenge ascese. Uiteindelijk wist hij met zijn zelfkwellingen ook de gunst van de machtige Shiva te verkrijgen. In het besneeuwde gebergte zei Shiva tegen Bhagiratha: 'Nu kunt u Ganga, de dochter van het sneeuwgebergte, vragen of ze haar wateren op de aarde wil laten vallen. Dan zal ik het geweld daarvan opvangen op mijn schouders.'

Bhagiratha begon te bidden en even later klonk het geluid van kletterend water uit de hemel. Ganga nam bruisende kolken vol vissen en haaien met zich mee. Shiva ving haar op en droeg het heldere water op zijn voorhoofd als een parelkrans.

Toen de rivier de aarde raakte, ontstonden er drie stromen. Het water stroomde verder, kolkend en schuimend. In grillige patronen baande het water zich een weg, soms snel, soms wat langzamer. In het donderend geraas van de rivier waren Ganga's luide kreten te horen.

'Wijs me waar ik naartoe moet!' riep ze. Bhagiratha rende voor haar uit naar de grote kom die vroeger zee was geweest. Hij wees haar de plaats aan waar de lichamen lagen van zijn dode voorvaderen, en de zee werd weer gevuld met water. Toen alles zijn gewone aanzien had herkregen, waren Sagara's zonen gezuiverd en konden ze opstijgen naar de hemel.

Cyavana en Sukanya (Mah. III 122-125)

Er was eens een groot asceet die aan de oever van een prachtig meer leefde. Zijn naam was Cyavana en zijn zelfkwelling was genadeloos. Hij had zichzelf opgelegd dat hij onbeweeglijk in een bepaalde houding moest blijven staan, en dat hield hij zolang vol dat er lianen om hem heen begonnen te groeien en mieren om zijn lichaam een mierenhoop bouwden die tot boven zijn hoofd reikte.

Op een dag kwam er een koning naar het meer om zich daar met zijn gevolg wat te ontspannen. Deze koning, Saryati geheten, had een harem van vierduizend vrouwen, maar van al die vrouwen had hij slechts één dochter gekregen, Sukanya. De charmante prinses liep samen met haar gezellinnen opgewekt en zorgeloos door het woud. Onderweg brak ze een paar takken vol bloesems van de bomen.

Op een gegeven moment dwaalde ze een beetje af van haar vriendinnen en dat was het moment waarop Cyavana haar zag. Ze had alleen een dun gewaad aan. De magere, afgestompte asceet werd op slag verliefd op haar. Hij riep haar, maar ze kon hem niet horen in de mierenhoop. Toen ze dichterbij kwam, zag ze echter dat er glinsterende dingen in de hoop zaten, en niet wetend dat het Cyavana's ogen waren, prikte ze er nieuwsgierig in met een doorn.

Cyavana was daar ontzettend boos over en uit wraak gaf hij Saryati's gevolg allerlei darmproblemen. Op een gegeven moment moest Sukanya bekennen dat het haar schuld was dat de asceet zo woedend was. Als genoegdoening werd ze hem tot vrouw gegeven. Saryati en zijn gevolg konden vervolgens gezond en wel terugkeren naar hun rijk.

Sukanya bleef bij Cyavana en ze werd een trouwe, liefdevolle vrouw voor hem, die nooit haar plichten verzaakte.

Op een dag was ze aan het baden toen de beide Asvins, de godenartsen, haar zagen. Ze vonden haar erg mooi en liepen naar haar toe om haar te vragen wie ze was en hoe ze in het eenzame woud terecht was gekomen. Sukanya kreeg rode wangen van schaamte en verlegen antwoordde ze hun dat ze de dochter van koning Saryati was en de echtgenote van de asceet Cyavana.

Toen begonnen de goden cynisch te lachen. 'Hoe heeft uw vader u aan zo'n afgeleefde, uitgeteerde man kunnen geven? U bent zo mooi als een godin en hij kan geen liefde of genot meer geven of ontvangen. Waarom verlaat u hem niet om één van ons tweeën tot man te kiezen? Het zou zonde zijn om uw jeugd aan hem te vergooien.'

Maar Sukanya hield van haar man en ze vroeg de Asvins haar met rust te laten.

'Luister,' zeiden de Asvins toen. 'Wij, de godenartsen, zullen uw man zijn jeugd en schoonheid teruggeven. Dan kunt u daarna kiezen met wie van ons drieën u verder wilt.'

Sukanya ging naar Cyavana en vertelde hem welk voorstel de Asvins hadden gedaan. Cyavana was meteen bereid op dit voorstel in te gaan. Gehoorzamend aan de aanwijzingen van de goden dompelde hij zich tegelijk met de Asvins in het meer. Toen ze weer uit het water kwamen, zagen ze er allemaal jong en bloedmooi uit. Er was geen onderscheid tussen hen en met zijn drieën tegelijk vroegen ze Sukanya haar keuze te maken.

Sukanya staarde hen aan. Ze waren allemaal even mooi, uiterlijk was er geen verschil tussen hen. Maar haar hart leidde haar naar de goede keuze: ze koos Cyavana.

Toen had Cyavana alles wat hij ooit had gewenst: zijn vrouw, zijn schoonheid en zijn jeugd. Zijn ascese had hem macht gegeven en hij beloofde de Asvins dat ze voortaan een deel van het soma-offer zouden krijgen. De Asvins konden tevreden terugkeren naar de hemel en Cyavana en Sukanya vonden een goddelijk geluk op aarde.

Het nieuws over het wonder van Cyavana's hervonden jeugd ging als een lopend vuurtje door het land. Ook Saryati kreeg het te horen. Direct ging hij met zijn hele gevolg naar het meer waar Cyavana met zijn dochter woonde, en toen hij daar zag hoe gelukkig ze waren, werd ook hij overspoeld door een gelukzalig gevoel, alsof hij zojuist de hele wereld had veroverd.

Cyavana begroette hen vriendelijk en terwijl ze vrolijk rond een vuur bij elkaar zaten, vertelde Cyavana dat hij van plan was voor zijn schoonvader een offer op te dragen.

Saryati reageerde verheugd en begon direct met alle voorbereidingen. Toen kwam de dag van het offer en Cyavana begon. Maar op het moment dat hij een lepel soma aan de Asvins wilde offeren, hield Indra hem tegen. 'De soma is niet bedoeld voor de Asvins,' verklaarde hij.

Maar Cyavana was het daar niet mee eens. 'Door toedoen van de Asvins heb ik mijn jeugd en schoonheid teruggekregen. Zij zijn net zo goed goden als jullie. Waarom mogen zij dan niet aan het offer deelnemen?'

Overtuigd van zijn gelijk wilde hij de soma aan de Asvins opdragen, maar Indra zei woedend: 'Als u de moed hebt om dat werkelijk te doen, zal ik u met mijn bliksemstraal doden.'

Doodgemoedereerd schepte Cyavana toch een lepel vol soma voor de Asvins. Indra bereidde zich voor om zijn bliksem te slingeren. Op dat moment haalde Cyavana echter alle kracht uit Indra's arm en de bliksem bleef steken in zijn hand. Ongehinderd kon Cyavana toen de offerande volbrengen.

Cyavana had door zijn ascese zoveel krachten gekregen, dat hij ook nog een monster creëerde dat Indra moest straffen. Het afschuwelijke beest heette Mada, wat 'roes' betekent, en als het zijn bek opendeed reikten zijn kaken van de hemel tot de aarde. Zijn lange tanden waren vlijmscherp en puntig als werpsperen, zijn tong leek wel een bliksemstraal en zijn ogen gloeiden als de zon. Woedend en hongerig stormde het monster op Indra af, intussen een afschuwelijk gebrul uitstotend.

Indra zag het monster met zijn verslindende kaken op zich afkomen en in pure doodsangst zei hij tegen Cyavana: 'Heb genade! Ik zweer u dat ik zal toestaan dat de Asvins voortaan deelnemen aan het soma-offer! Vergeef me, en alles wat u wenst zal gebeuren. U zult nog veel machtiger worden en Sukanya en Saryati zullen over de hele wereld geroemd worden.'

Toen voelde Cyavana zijn woede wegebben. Hij bevrijdde Indra uit zijn benarde positie en Mada werd een onderdeel van wijn, vrouwen, spel en jacht. Zowel Indra als de Asvins waren tevreden over deze afloop. Cyavana trok zich met een gerust hart in het woud terug, samen met zijn geliefde Sukanya.

(Mah. III 158-174)

De Pandava's wachtten nog steeds op Arjuna. Op een gegeven moment besloten ze hem tegemoet te gaan. Met z'n allen reisden ze naar het Himalayagebergte en ze kwamen terecht in het prachtige Kailasawoud. Daar zagen ze eindelijk hun broer verschijnen. Hij reed op Indra's wagen en had de goddelijke wapens in zijn hand. In geuren en kleuren deed hij hun verslag van zijn ascese en de ontmoeting daarna met Shiva. Iedereen was blij dat ze weer bij elkaar waren.

Markandeya vertelt (Mah. III 183-299)

De Pandava's waren nooit lang helemaal alleen. Na de heilige Lomasa kwam een andere heilige hen alweer bezoeken. Hij heette Markandeya. Door zijn mooie verhalen leek het of de eenzame dagen minder lang waren. Op een dag vertelde hij hun de lieflijke geschiedenis van Savitri.

Savitri (Mah. III 293-299)

Jaren geleden regeerde er eens een rechtvaardige koning, Asvapati genaamd, die bij iedereen geliefd was. Hij was al oud en grijs, maar nog steeds kinderloos en hij besloot te proberen de gunst van de goden te winnen door middel van ascese en gebed.
Gedurende achttien jaar verbleef hij in een woud waar hij zichzelf strenge onthouding oplegde en vele uren doorbracht in eenzame overpeinzing. De rest van de dag offerde hij en bad hij. Na die lange jaren verscheen eindelijk de goddelijke Savitri voor hem, de vrouw van Brahma. Zij beloofde hem dat hij binnenkort een dochter zou krijgen. Verheugd over dat nieuws keerde de koning terug naar zijn stad, waar hij hartelijk verwelkomd werd.
Enige tijd later baarde de oudste van zijn vrouwen een dochtertje met prachtige ogen. Naar de godin die haar komst had aangekondigd, werd ze Savitri genoemd. Het meisje groeide op tot een zeer mooie vrouw, bijna zo mooi als de godin van de schoonheid zelf. Als de burgers de lieftallige maagd zagen met haar volmaakt vrouwelijke vormen, dachten ze werkelijk dat ze een godin in hun midden hadden. Niemand durfde er zelfs maar aan te denken dat hij ooit met deze mooie vrouw zou kunnen trouwen.
Op een dag kwam de prinses terug van een offerande aan de goden en knielde voor haar vader neer. Ze begroette hem en bleef eerbiedig naast hem staan. De koning voelde zich somber worden toen hij zijn dochter zo zag: mooi en rijp om te trouwen, maar niet gewild bij de mannen. 'Het is tijd dat je gaat trouwen, kind van me,' zei hij tegen haar, 'maar er is nog niemand gekomen om mij om je hand te vragen. Daarom lijkt het me beter dat je zelf een echtgenoot zoekt. Als je hem hebt

gevonden, kom mij dan vertellen wie het is. Ik zou zondigen als ik mijn mooie, volwassen dochter ongehuwd zou laten.'

Savitri boog nog eens diep voor haar vader en nam toen afscheid van hem. Maar al te graag bereid om aan zijn bevel te gehoorzamen reed ze in een gouden wagen de wijde wereld in, begeleid door haar gevolg, om een echtgenoot te zoeken. Onderweg trok ze door stille wouden waar kluizenaars woonden, en terwijl ze hun rijke geschenken gaf, dwaalde ze rond in die heilige oorden.

Na een tijd keerde Savitri terug aan het hof van haar koninklijke vader, waar op dat moment juist de heilige Narada te gast was. Ze groette de beide mannen eerbiedig en vertelde haar vader toen wat ze allemaal had meegemaakt.

'Over de Salva's heerste vroeger een edele koning, Dyumatsena, die op een kwade dag blind werd. Niet ver van de koning vandaan woonde een oude vijand van hem, die er niet voor schroomde misbruik te maken van Dyumatsena's blindheid en de koning beroofde van zijn koninkrijk. De blinde vorst was gedwongen zich terug te trekken in de eenzame wouden, samen met zijn vrouw en hun kleine kindje. Daar gaf Dyumatsena zich over aan een strenge ascese en het kindje groeide op in de kluizenaarshut.

Nu ben ik aangekomen bij het belangrijkste gedeelte van mijn verhaal: met deze jongeman, vader, wil ik trouwen. Hij is degene die ik heb gekozen.'

'Koning, als ik even tussenbeide mag komen,' zei Narada onverwachts, 'ik denk dat Savitri een slechte keuze heeft gemaakt. Ik ken de jongeman die ze bedoelt, hij heet Satyavat.'

'Wat is er dan verkeerd aan Satyavat?' vroeg de koning. 'Houdt hij niet van zijn vader? Is hij niet sterk en dapper genoeg, of zachtmoedig?'

'Hij is even krachtig als de zon,' antwoordde Narada, 'en even dapper als Indra. Bovendien is hij trouw en rechtvaardig, mooi, geduldig en beheerst. Op zijn gedrag is niets aan te merken, in wat voor situatie hij zich ook bevindt.'

'Maar Narada,' sprak de koning verbaasd, 'wat is er dan verkeerd aan hem dat u de keuze van mijn dochter afkeurt?'

'Goed, dat zal ik u vertellen,' zei Narada. 'Er is één ding waardoor al zijn deugden hun betekenis verliezen: vandaag over een jaar zal hij namelijk sterven.'

'Mijn lieve Savitri, nu ik dit weet lijkt het me beter dat je een andere man tot echtgenoot kiest,' zei koning Asvapati somber. 'Je hebt zelf gehoord wat Narada zei.'

Maar Savitri wilde van geen andere man weten. 'Ik heb gekozen,' zei ze opstandig, 'en of hij nu lang of kort leeft, of hij nu goed of slecht is, Satyavat zal mijn echtgenoot zijn!'

'In dat geval, koning,' zei Narada tegen Asvapati, 'kunt u uw dochter beter haar gang laten gaan. In haar hart is geen twijfel. Niets zal haar op andere gedachten kunnen brengen. En tenslotte is Satyavat een zeer deugdzaam man, ze had een slechtere keuze kunnen maken. Haar standvastigheid heeft me overtuigd, ik keur het huwelijk goed.'

En dus begon koning Asvapati de voorbereidingen te treffen voor het huwelijk van Savitri. Op een dag die voorspoedig leek te gaan worden, reisde hij af naar het woud waar Dyumatsena woonde, vergezeld van zijn dochter en vele brahmanen. Langzaam en eerbiedig liep Asvapati naar de blinde vorst toe en vertelde hem wie hij was en waarom hij gekomen was.

Maar Dyumatsena was niet erg toeschietelijk. 'We leven in dit eenzame woud in een voortdurende ascese. Uw dochter is het niet waard zo'n heilig leven te leiden en zou de ontberingen ook niet kunnen verdragen,' zei hij hooghartig.

'Mijn dochter weet net zo goed als ik dat voor- en tegenspoed elkaar afwisselen, koning Dyumatsena,' sprak Asvapati hem tegen. 'Wij zijn in vriendschap en respect naar u gekomen en ik begrijp niet waarom u zulke bittere taal tegen ons spreekt. U en ik zijn immers elkaars gelijken. Nogmaals wil ik u vragen of u Savitri uw schoondochter wilt laten worden door haar met Satyavat te laten trouwen.'

Toen verzachtte Dyumatsena. 'Vroeger wilde ik niets liever dan dat u en ik vrienden zouden zijn, maar nu ben ik mijn koninkrijk kwijt en ik wist niet goed of ik uw vriendschap nu nog kon aanvaarden. Maar vandaag zal die oude wens dan toch in vervulling gaan. U bent van harte welkom!'

Het huwelijk werd voltrokken volgens alle heilige voorschriften. Na de plechtigheid vertrok Asvapati weer naar zijn rijk. Zodra hij weg was, deed Savitri haar sieraden en kostbare gewaden af en hulde zich in boomschors en roodbruine kleren[35]. Ze wist al snel ieders hart te winnen met haar zachtmoedigheid en de aandacht die ze voor de anderen had. Met haar lieve woorden,

35 Deze kledij werd altijd gedragen door de asceten.

haar vele vaardigheden en haar blijde karakter bracht ze geluk in het leven van Satyavat.

Maar nooit zweeg de stem van Narada in haar hart, die haar de duistere voorspelling had gedaan. Het wierp een schaduw over Savitri's geluk.

Het uur van Satyavats dood kwam veel te snel dichterbij. Op het laatst kon Savitri de dagen op haar handen tellen. Toen Satyavat nog maar vier dagen te leven had, besloot Savitri dat ze gedurende drie dagen en drie nachten zou vasten. 'Mijn lieve schoondochter,' zei Dyumatsena, 'zo lang vasten is een zware opdracht, die je moeilijk zult kunnen volbrengen.' Maar Savitri was sterk en ze hield vol.

De nacht voor de onheilsdag werd een nachtmerrie voor de arme Savitri. Voortdurend waren haar gedachten bij haar echtgenoot, die de volgende dag niet meer bij haar zou zijn, en ze rilde van angst. Toen eindelijk de zon opkwam en ze haar morgenoffer opdroeg, zei ze verdoofd tegen zichzelf: 'Dit zal zijn laatste dag zijn...'

Dyumatsena bood haar wat eten aan met de woorden: 'Je vasten zit erop, je hebt je gelofte volbracht. Nu moet je weer wat eten.'

Maar Savitri weigerde. 'Ik zal pas weer eten na zonsondergang.'

Satyavat, die niet op de hoogte was van de voorspelling, pakte zijn bijl, gooide hem over zijn schouder en wilde het bos ingaan. De doodsbange Savitri smeekte: 'Laat me met je meegaan, ik kan het niet verdragen als ik niet bij je ben!'

'Maar je bent nog nooit meegegaan,' reageerde Satyavat verbaasd. 'Bovendien zijn de bospaden niet zo gemakkelijk begaanbaar en ben je verzwakt door het vasten. Ik denk niet dat je zo ver kunt lopen.'

Maar Savitri hield voet bij stuk. 'Ik voel me helemaal niet zwak of moe, en ik wil echt het koste wat het kost met je mee.'

'Goed dan. Als mijn ouders je toestemming geven om mee te gaan, zal ik je niet tegenhouden,' zei Satyavat.

'Laat me alstublieft met Satyavat meegaan,' smeekte Savitri haar schoonouders. 'Ik wil vandaag niet dat hij me alleen laat. Ik heb al bijna een jaar in uw hutje gewoond zonder naar buiten te gaan en ik verlang er ontzettend naar de bomen die in bloei staan te zien.'

'Je hebt mijn toestemming, lieve Savitri,' zei Dyumatsena. 'Dit is tenslotte het eerste wat je me vraagt sinds je hier gekomen bent. Denk om jezelf en zorg goed voor Satyavat.'

Met een glimlach om haar lippen liep Savitri met haar echtgenoot mee de bossen in, maar haar hart was somber en triest. Onderweg babbelde Satyavat vrolijk tegen haar en ze gaf hem vriendelijk antwoord, maar al die tijd keek ze hem angstig aan of ze al tekenen van zijn naderende dood zag.

Toen ze diep in het bos waren, gingen ze samen vruchten plukken en deden die in Satyavats mandje. Vervolgens ging Satyavat hout hakken met zijn bijl, maar hij werd al snel moe en kreeg pijn in zijn hoofd. Met zijn hand tegen zijn zere voorhoofd liep hij naar Savitri toe en zei tegen haar: 'De vele inspanningen hebben me hoofdpijn gegeven, mijn hele lichaam is moe en mijn hart voelt ziek. Het liefst zou ik even willen slapen, ik kan nauwelijks nog op mijn benen staan.'

Savitri knielde bij hem neer op de grond en legde zijn hoofd in haar schoot. Angstig en zonder iets te kunnen doen hield ze zijn gezicht in de gaten, om te zien of hij nog ademde.

Plotseling zag ze een man voor zich staan, die een rood gewaad droeg en een kroon op zijn hoofd had. Hij was reusachtig groot en zijn gezicht lichtte op als de zon. Hij had een donkere huid en rode ogen, en in zijn handen hield hij een strop. Het geheel was gewoonweg gruwelijk om te zien.

Toen ze de god zag staan, liet Savitri zachtjes het slapende hoofd van Satyavat van haar schoot glijden. Terwijl ze overeind kwam, vroeg ze met trillende stem: 'Wie bent u? U lijkt me een goddelijk wezen. En waarom bent u hier naartoe gekomen?'

'Ik ben Yama,' antwoordde de doodsgod haar, 'Satyavats dagen zijn geteld. In deze strop zal ik hem met me meenemen naar mijn rijk.' Toen hij dit gezegd had, liet Yama door zijn goddelijke kracht een klein wezen uit Satyavats lichaam te voorschijn komen. Het wezen was niet groter dan een duim en weerloos zat het gevangen in de strop van Yama.

Nu het leven van Satyavat op die manier uit hem was weggenomen, bleef zijn lichaam bewegingloos liggen. Het haalde geen adem meer en was ontdaan van alle uitstraling. Yama verdween met Satyavats ziel in zuidelijke richting[36], maar Savitri kon haar geliefde man nog niet laten gaan en volgde hem.

'Geef het toch op, Savitri,' riep Yama haar toe. 'U kunt beter

---

[36] In het zuiden van de hemel is het gebied van de dood.

teruggaan om de voorbereidingen te treffen voor de overlijdens-
ceremonie. U hebt gedaan wat u kon voor uw man, verder dan
hier kunt u hem niet volgen.'

Savitri was echter niet voor rede vatbaar. 'Waar mijn man is,
daar wil ik ook zijn,' zei ze. 'Waarom zou ik een leven van eenzaamheid en onthouding tegemoet moeten gaan? Ik heb toch
altijd trouw mijn plichten als vrouw vervuld? Het leven is
bedoeld om tot heiliging te komen. Op dit moment zou ik die
staat kunnen bereiken, waarom wilt u mij die ontzeggen?'

'Zo is het genoeg, Savitri,' antwoordde Yama. 'Uw stem klinkt
zoet en uw woorden zijn helder. Ik ben onder de indruk van
uw betoog en daarom sta ik u een gunst toe. U kunt alles vragen, behalve het leven van uw echtgenoot.'

Savitri dacht even na en zei toen: 'Ik zou willen dat u aan mijn
schoonvader zijn kracht en het licht in zijn ogen teruggeeft.'

'Ik zal het doen,' beloofde Yama, 'maar nu moet u terugkeren,
Savitri, u bent al veel te moe geworden.'

Maar Savitri gaf nog niet op. 'Hoe zou ik me moe kunnen voelen als ik zo dicht bij mijn lieve echtgenoot ben? Ik zeg u nogmaals: waar u hem naartoe brengt, daar wil ik ook naartoe.
Bovendien, koning van de hemelingen, moet een gesprek met
een hoogstaand wezen altijd goede vruchten opleveren en dus
ga ik nog niet naar huis.'

'Goed gesproken, Savitri,' zei Yama bewonderend, 'u mag me
een tweede gunst vragen, maar nog steeds niet het leven van
Satyavat!'

'Ik wens dat mijn schoonvader zijn koninkrijk terugkrijgt,'
bedong ze.

'Het zal gebeuren,' beloofde Yama, 'maar doe nu verder geen
vergeefse moeite meer, Savitri, en ga terug naar uw familie.'

Maar de jonge vrouw wist van geen wijken. 'U ontneemt de
mensen het leven aan de hand van een besluit dat u eenmaal
hebt genomen, maar u doet dat niet omdat u het zelf wilt. Luister toch naar mij. Het is toch de eeuwige plicht van de goeden
op deze wereld om geen enkel schepsel kwaad te doen, noch in
gedachte, noch in woord of daad? Moeten de goeden niet alle
schepselen liefhebben en zelfs barmhartig zijn voor hun vijanden wanneer die hun bescherming vragen?'

'Uw woorden zijn voor mij als water voor een dorstige,'
reageerde Yama. 'Ik zal u nog een gunst toestaan, mits u niet
om het leven van Satyavat vraagt.'

'Geef dan mijn vader honderd zonen, want hij heeft geen andere kinderen behalve mij,' sprak Savitri.

'Ik zal ervoor zorgen,' zei Yama, 'maar u hebt al veel te ver gelopen, Savitri, u moet nu echt teruggaan.'

'Zolang ik naast mijn echtgenoot loop, merk ik niet welke afstanden ik afleg,' wierp Savitri tegen. 'Ik zou zelfs nog veel verder kunnen lopen, als ik maar bij hem ben. Luister nog even naar wat ik u wil zeggen, Yama. U wordt de meest rechtvaardige god genoemd omdat uw wet voor alle schepselen geldt, zonder onderscheid. En tot wie kan iemand zich beter richten dan tot een rechtvaardige? Een rechtvaardig hart wekt immers vertrouwen.'

'Uw woorden zijn opnieuw van grote schoonheid,' zei Yama. 'Daarom zal ik u nog een vierde gunst toestaan. Vraag me alles behalve Satyavats leven en ga dan naar huis.

'Ik zou willen dat ik honderd zonen kreeg van Satyavats bloed, die het voortbestaan van ons geslacht zullen veiligstellen.'

'Die honderd zonen zult u krijgen, Savitri,' stemde Yama toe, 'ze zullen sterk en dapper zijn en u gelukkig maken. Ga nu, u bent echt al te lang met ons meegegaan.'

Nog steeds bleef Savitri echter naast de doodsgod voortlopen. 'De vromen hebben niets te vrezen van de vromen,' zei ze, 'en een rechtvaardige die in het gezelschap van een rechtvaardige verkeert, zal altijd een vreugdevol gesprek voeren. Een goede daad ten gunste van een deugdzaam iemand is nooit verspild en gaat niet ten koste van het eigen voordeel of de eigen waardigheid.'

'Door deze woorden stijgt mijn respect voor u nog meer,' sprak Yama. 'U draagt zo'n ware liefde in uw hart voor uw man, daarom mag u mij nog een laatste gunst vragen.'

Toen zei Savitri zacht: 'Mijn voorlaatste wens was dat ik honderd zonen zou krijgen van Satyavat, maar daarvoor moet ik wel met hem herenigd worden. Daarom is mijn laatste wens dat Satyavat zijn leven terugkrijgt. Zonder hem zou ik net zo goed dood kunnen zijn, zonder hem bestaat er voor mij geen geluk en betekent zelfs de hemel niets voor mij. Ik kan gewoon niet leven zonder hem. U hebt me toegezegd dat ik inderdaad honderd zonen van mijn echtgenoot zou krijgen, hoe kunt u hem dan uit mijn leven wegnemen? Ik smeek u, laat Satyavat terugkeren uit de dood, want alleen dan kan uw belofte in vervulling gaan!'

Toen maakte Yama de strop los en met blijde stem zei hij tegen Savitri: 'Dan geef ik u nu het leven van uw geliefde Satyavat terug, vrij van alle ziekten. Satyavat zal nog vele jaren aan uw zijde leven en alle zonen die jullie zullen krijgen, evenals hun zonen en kleinzonen, zullen koningen zijn.'

Na deze woorden vertrok Yama naar zijn rijk en Savitri haastte zich terug naar de plaats waar Satyavats bewegingloze lichaam lag. Ze knielde naast hem neer, legde zijn hoofd weer in haar schoot en het wonder geschiedde: Satyavat begon weer te ademen en opende zijn ogen.

Met ogen vol liefde keek hij Savitri aan en hij bleef naar haar kijken, alsof hij zojuist na een lang verblijf in het buitenland weer was thuisgekomen. 'Wat heb ik lang geslapen!' zei hij. 'Waarom heb je me niet wakker gemaakt? En waar is die duistere persoon gebleven die me zo ruw met zich meetrok?'

'Je hebt heel lang geslapen,' antwoordde Savitri, 'en al die tijd lag je hoofd op mijn schoot. Maar maak je geen zorgen, Yama is weg. De slaap heeft je goed gedaan, denk ik. Nu moet je proberen overeind te komen, want de avond is al gevallen.'

Maar Satyavat wilde eerst weten wat er met hem gebeurd was. 'Ik was zo moe van het houthakken, ik ben in slaap gevallen op jouw schoot. Ik weet nog dat je me kuste, maar daarna weet ik niets meer. Alles werd donker om me heen en in die duisternis zag ik een lichtend wezen. Was dit alles een droom of was het werkelijkheid, kun je me dat vertellen?'

'Morgen zal ik je alles vertellen,' beloofde Savitri, 'maar nu moet je echt opstaan, het wordt al nacht en we moeten nog helemaal terug naar huis. Ik hoor allerlei vreselijke geluiden in het woud en het geschreeuw van de jakhalzen geeft me rillingen over mijn rug. Of kun je nog niet opstaan, ben je nog te zwak en wil je liever dat we hier in het woud blijven overnachten?'

'Nee,' zei Satyavat, 'ik kan hier niet blijven. Ik wil mijn ouders zien, want die zullen wel heel erg ongerust zijn over ons. Waarom heb ik ook zolang geslapen? Ik weet zeker dat mijn blinde vader als een gekooid dier rondloopt en aan iedereen vraagt of hij mij of jou heeft gezien. Ik ben nog nooit zolang weggebleven.' Uit pure bezorgdheid om zijn ouders sprongen de tranen hem in de ogen.

Savitri droogde troostend zijn gezicht en sloeg haar armen om hem heen. Toen hielp ze hem overeind. 'Morgen kun je weer vruchten plukken,' zei ze, terwijl ze het mandje aan een boomtak hing. 'Kom, ik zal je bijl dragen.' Met zijn linkerarm steunde hij op haar linkerschouder en ze pakte hem bij zijn middel beet. Stap voor stap, maar toch gestaag, liepen ze door het donkere woud naar huis.

In de tijd dat ze waren weggeweest, had Dyumatsena langzaam het licht in zijn blinde ogen teruggekregen. Hij was echter zo ongerust over zijn zoon dat hij niet blij kon zijn met het wonder. Samen met zijn vrouw zocht hij langs de oevers van het meer en in de bossen en bij het kleinste geluid dat ze hoorden, hieven ze hun hoofd op in de hoop hun kinderen daar te zien. Ze liepen urenlang en hun voeten gingen kapot van alle doorns en scherpe bladeren waar ze op stapten.

Toen kwamen de brahmanen die ook op de heilige plaats woonden, hen halen en met zachte dwang brachten ze Dyumatsena en zijn vrouw naar hun hut terug. Met geruststellende woorden en verhalen probeerden ze hen te kalmeren.

In het holst van de nacht hoorden ze eindelijk het geluid van Satyavat en Savitri die thuiskwamen. Na de eerste vreugde over hun veilige terugkeer ging iedereen weer zitten. Toen kon Savitri het hele verhaal vertellen. Ze vertelde over de voorspelling van Narada, over hoe bang ze was geweest, over de komst van Yama en hoe ze het voor elkaar had gekregen dat Satyavat haar werd teruggegeven.

De volgende dag arriveerden er boodschappers uit het vroegere koninkrijk van Dyumatsena en die boodschappers berichtten dat de man die Dyumatsena van de troon had gestoten, nu zelf door zijn eigen dienaar was vermoord en dat het hele volk wilde dat Dyumatsena weer terugkwam als koning.

Zo snel hij kon keerde Dyumatsena naar zijn rijk terug, samen met zijn vrouw, zijn zoon en zijn schoondochter, en daar nam hij de regering weer op zich. Savitri kreeg honderd krachtige zonen, die het geslacht van de Salva's een grote naam gaven.

En zo had Savitri zichzelf en haar echtgenoot en eigenlijk hun hele geslacht uit de diepe rampspoed getrokken en geluk en voorspoed gebracht voor iedereen.

Markandeya beëindigde zijn verhaal met de woorden: 'Op dezelfde manier zal Draupadi de redding voor jullie zijn.'

Karna's ontpantsering (Mah. III 300-302, 310)

Tijdens hun ballingschap hadden de Pandava's maar één vijand die in Yudhisthira's ogen echt een bedreiging vormde. Die vijand was Karna, de zoon van de zonnegod die bevriend was met de Kaurava's. Behalve zijn moeder Kunti wist niemand wie zijn vader was, ook Karna zelf niet, maar het feit dat hij vanaf zijn geboorte een gouden harnas en gouden oorringen droeg, gaf aan dat hij van goddelijke oorsprong was, en dat was precies waar Yudhisthira bang voor was.

Toen de Pandava's al bijna twaalf jaar in ballingschap waren, besloot Indra, de vader van Arjuna, Karna zijn harnas en oorringen af te nemen.

Maar Karna's vader, de god Surya, was op de hoogte van Indra's plan. Op een nacht verscheen hij in de gedaante van een vriendelijke brahmaan in een droom van zijn zoon en hij waarschuwde hem: 'Karna, wees op je hoede. Indra zal, vermomd als brahmaan, jou vragen hem je harnas en je oorringen te geven. Doe het niet! Hij maakt slechts misbruik van je goedheid ten opzichte van brahmanen. Je kunt hem allerlei geschenken aanbieden, maar niet je harnas en je oorringen. Als je namelijk deze sieraden verliest, word je kwetsbaarder in de strijd en zul je sneller de dood vinden. Dus als je leven je lief is, zorg dan dat je ze nooit weggeeft.'

'Wie bent u?' vroeg Karna, 'en waarom bent u zo met mijn lot begaan?'

'Mijn zoon,' antwoordde de brahmaan, 'ik ben Surya, de zonnegod met de duizend stralen, en ik waarschuw je op deze manier omdat je me dierbaar bent. Doe alsjeblieft zoals ik je gezegd heb en bescherm jezelf.'

Karna was even sprakeloos. 'Ik ben een gezegend man dat ik met de god van het licht mag spreken. Maar iedereen weet dat ik een gelofte heb afgelegd om een verzoek van een brahmaan altijd in te willigen, zelfs al zou hij om mijn leven vragen. En als u werkelijk om mij geeft, weerhoudt u mij er niet van om die gelofte na te komen. Als Indra in de gedaante van een brahmaan mij om mijn harnas en oorringen komt vragen, zal ik die aan hem moeten geven. Een edel mens mag zijn leven niet redden door een minderwaardige daad. En als Indra mij mijn sieraden wil afnemen om daarmee de Pandava's te helpen, maakt dat hem belachelijk. Als ik ze echter volgens mijn gelofte aan hem afsta, zal ik daarmee eer verwerven. En eer verwerven is het enige wat ik wil, ook al zou dat ten koste gaan van mijn leven. Om roem en eer te oogsten schenk ik aan brahmanen wat ze van me vragen, stel ik mijzelf voor moeilijke taken en probeer ik met wapens mijn vijanden te overwinnen. Voor het volbrengen van die daden heb ik zelfs mijn leven over!'

'Roem heeft slechts waarde als men nog leeft,' zuchtte Surya. 'Na de dood heeft roem geen betekenis meer. Ik waarschuw je nogmaals jezelf te beschermen en dat doe ik omdat je mij zo trouw vereert. De andere reden waarom je mij zo dierbaar bent, is een groot geheim, dat je op een dag onthuld zal worden. Ik smeek je naar mijn woorden te luisteren en als je ondanks mijn waarschuwingen je sieraden toch afstaat, verbind er dan ten-minste één voorwaarde aan. Zeg tegen Indra dat hij jou in ruil voor de oorringen en het harnas een onfeilbare bliksemschicht moet geven, die alle vijanden kan verslaan.' Toen hij dat gezegd had, loste de gedaante van Surya op in de droom.

Een paar dagen later kwam Karna rond het middaguur na een ritueel bad het water uit om zijn eredienst voor Surya te hou-den. Dat was het moment van de dag waarop hij weerloos was tegen elk verzoek van een brahmaan, en juist op dat moment kwam Indra naar hem toe, zoals voorspeld in de gedaante van een brahmaan.

'Welkom, brahmaan,' zei Karna vriendelijk. 'Noem mij het geschenk dat u van mij wilt hebben: een gouden ketting, mooie meisjes, grote aantallen vee?'

Maar de brahmaan was niet geïnteresseerd in gouden kettingen of lieftallige meisjes. In plaats daarvan zei hij: 'Als u meent wat u zegt, dan wil ik uw harnas en uw oorringen hebben.'

Karna bood de heilige man allerlei andere gaven aan, maar de brahmaan hield voet bij stuk. Hij wilde de oorringen en het harnas hebben.

Met een glimlach zei Karna toen: 'Ik wist wel dat u het was, Indra. Maar vindt u niet dat het ongepast is dat u, een belang-rijke god, een geschenk van mij vraagt? Daarom vraag ik in ruil voor mijn harnas en oorringen van u een bliksemschicht die zijn doel altijd raakt en die alle vijanden kan vernietigen.'

'Die ruil aanvaard ik. Ik zal u die bliksemschicht geven,' zei Indra, 'maar u mag hem alleen gebruiken in geval van uiterste nood, als u echt in levensgevaar verkeert, en de schicht zal maar één machtige vijand van u vernietigen, daarna komt hij weer in mijn bezit.'

Karna ging met deze voorwaarde akkoord en vroeg de god slechts of hij ervoor wilde zorgen dat zijn lichaam, dat vergroeid was met het harnas en de oorringen, niet gewond zou achterblijven.

Zonder een spier te vertrekken begon Karna toen het natuurlijke harnas van zijn lichaam af te snijden. Ook zijn oorringen sneed hij af en beide sieraden druipten nog van het bloed toen hij ze aan Indra overhandigde. Op datzelfde moment kreeg hij de vurige bliksemschicht in handen en daarmee was de ruil gedaan.

Tevreden steeg Indra op om terug te gaan naar de hemel. Hij was ervan overtuigd dat de Pandava's nu zo goed als niets meer kon overkomen.

Het einde van de ballingschap (Mah. IV en V 1-40)

Toen er twaalf jaren waren verstreken, was het leven in het woud voor de Pandava's ten einde. Het jaar daarna moesten ze onherkend zien door te komen en dat lukte ook. Aan het hof van koning Virata traden ze in dienst als nederige ambtenaren en niemand had in de gaten wie ze waren. De Kaurava's hadden overal gezocht om de Pandava's te ontmaskeren, maar het jaar ging voorbij en ze konden hen niet vinden. Op de eerste dag van hun echte vrijheid maakten Yudhisthira en zijn broers hun ware identiteit bekend bij koning Virata en openlijk reisden ze naar de stad Upalavya, waar al hun vrienden hen blij tegemoetkwamen.

Er kwam ook een bode van Dhrtarastra, maar de vage vriendschapsbetuigingen die hij overbracht, konden het vertrouwen van de Pandava's niet winnen.

Toen stuurde Yudhisthira op zijn beurt een afgezant naar het hof van de Kaurava's. Die afgezant was zijn machtige vriend Krishna. Deze eiste de helft van het koninkrijk op voor de Pandava's, inclusief de door hen gestichte stad Indraprastha. Duryodhana en zijn broers weigerden echter pertinent en daardoor waren alle kansen op een verzoening verkeken.

Karna en Krishna (Mah. V 140-143)

Na zijn mislukte poging om met de Kaurava's tot overeenstemming te komen ging Krishna terug naar Upalavya. Hij nam Karna op zijn wagen mee en onderweg onthulde hij hem het geheim van zijn geboorte. Hij vertelde Karna dat hij Kunti's oudste zoon was van de zonnegod Surya en dat hij dus de oudere broer van Yudhisthira was. Omdat alle kinderen van een vrouw gezien werden als de zonen van de man met wie ze getrouwd was, was Karna dus eigenlijk de leider van de Pandava's. Krishna probeerde Karna ervan te overtuigen dat hij dit alles openbaar moest maken en zijn plaats naast de Pandava's moest innemen.

Maar Karna zei dat hij allang wist wie zijn vader en moeder waren, dat hij wist dat zijn moeder hem, op Surya's bevel weliswaar, in een mandje op de rivier had achtergelaten. Daarna hadden de wagenmenner Adhiratha en zijn vrouw Radha zich echter over hem ontfermd en hij kon het niet over zijn hart verkrijgen die beide goede mensen nu te verlaten. Adhiratha en Radha hadden geen eigen kinderen en als hij er niet meer zou zijn, wie zou dan voor hen de dodenoffers kunnen opdragen? Bovendien had hij vrouwen uit de kaste van zijn pleegouders, een kaste waartoe ook al zijn kinderen en kleinkinderen behoorden. Hij kon toch moeilijk zijn familie verloochenen, puur en alleen omdat hij uit was op macht? En ten opzichte van Duryodhana was hij bijzonder dankbaar, want zijn vriendschap had hem in staat gesteld dertien jaar lang ongestoord als koning te regeren. En nu Duryodhana hem nodig had in zijn strijd tegen de Pandava's, zou hij hem trouw steunen, want hij wilde hem niet verraden.

'Denk erom dat u Yudhisthira niets vertelt over dit gesprek,' voegde Karna er nog aan toe. 'Als hij zou weten dat ik eigenlijk degene ben die recht heeft op de troon, zou hij zijn koninklijke waardigheid niet willen houden. Hij zou mij de heerschappij in handen geven en ik zou die dan weer aan Duryodhana moeten overdragen, omdat ik mijzelf in zijn dienst heb gesteld. Het lijkt me daarom beter dat niemand dit geheim te weten komt. Ik zal ook doen alsof ik er niets vanaf weet.

Probeer de strijd die zal volgen niet te verhinderen, Krishna. De slag zal als een geweldig offer zijn en u zult de taak van opperpriester bekleden. De offergereedschappen zullen bestaan uit pijlen en speren en het bloed dat vergoten zal worden, zal dienst doen als de offerboter. Ik weet dat de Pandava's uiteindelijk zullen overwinnen, maar ik zie er niet tegenop mijn leven te geven op het heilige slagveld van Kuruksetra. Zo'n roemrijke dood mag u ons niet ontnemen.'

Karna beëindigde het gesprek met de woorden: 'Als wij beiden levend uit de strijd mogen komen, laten we dan afspreken dat we elkaar op deze plaats weer zullen ontmoeten. Als we sterven, zullen we elkaar terugzien in de hemel. Als ik eerlijk ben, denk ik dat het in de hemel wordt...'

Toen omhelsde hij Krishna hartelijk en te voet keerde hij terug naar Hastinapura.

Karna en Kunti (Mah. V 144-146)

De jaren waarin de Pandava's in ballingschap waren geweest, had hun moeder Kunti veilig doorgebracht aan het hof van Dhrtarastra. Nu echter werd ze misselijk van angst bij de gedachte aan de vreselijke strijd die haar zonen te wachten stond. Ze was nog het bangst voor wat Karna, haar eigen kind dat aan de kant van de vijanden zou strijden, zou overkomen.

Radeloos besloot ze dat ze naar Karna toe zou gaan om hem het geheim van zijn geboorte te vertellen.

Karna vereerde de zonnegod altijd aan de oever van de Ganges en daar ging Kunti naartoe. Ze vond hem met zijn armen in de lucht geheven en zijn gezicht naar het oosten gekeerd, terwijl hij een loflied voor Surya zong. In de brandende zon bleef Kunti geduldig op een afstandje wachten tot hij klaar was.

Op een gegeven moment begon Karna de hitte van de zonnestralen op zijn rug te voelen en maakte hij een einde aan zijn gebed. Toen hij zich omdraaide, zag hij plotseling Kunti staan en verbaasd zei hij: 'Wees gegroet, moeder van de Pandava's. Ik ben de zoon van Adhiratha en Radha. Wat heeft u ertoe gebracht naar mij te komen?'

'Jij bent mijn zoon en niet die van Radha!' reageerde Kunti fel. 'Ik heb je ter wereld gebracht toen ik nog een meisje was. Je vader is Surya, Adhiratha is slechts degene die jou heeft gevonden. Ik ben hier gekomen om je te vertellen wie je bent, zodat je niet de vijanden van je broers steunt zonder dat je daarvan op de hoogte bent. Ik zou graag willen dat je vriendschap sluit met de Pandava's!'

Toen ze dit gezegd had, was er een stem te horen die uit de zon leek te komen. De stem zei: 'Kunti heeft de waarheid gesproken, Karna en haar woorden zijn wijs.'

Maar Karna was niet te vermurwen. 'U bent weliswaar mijn natuurlijke moeder,' zei hij tegen Kunti, 'maar u heeft me in de steek gelaten toen ik nog maar een baby was. Door uw schuld had ik kunnen sterven en het is ook uw schuld dat ik in een lagere kaste ben opgegroeid. Welk recht hebt u om mij nu te vragen dat ik naar u luister? U hebt zich nog nooit zorgen gemaakt om mijn welzijn, zoals een echte moeder dat doet, en nu komt u naar mij om me te overtuigen dat ik om het uwe moet denken. Wat zouden de mensen ervan denken als ik plotseling de kant van de Pandava's koos? Ze zouden waarschijnlijk zeggen dat ik bang was. Bovendien kan ik de Kaurava's niet zomaar aan hun lot overlaten. Ze hebben me altijd geholpen en me overladen met gunsten. Ze rekenen op mijn hulp, ik kan hen niet teleurstellen. Ik zal eerlijk tegen u zijn: ik zal tegen de legertroepen van uw zonen vechten met alles wat ik in me heb en alles wat ik kan gebruiken. Maar om enigszins aan uw wens tegemoet te komen, beloof ik u één ding: ik zal alleen een gevecht aangaan met Arjuna. De andere vier Pandava's zal ik niet bestrijden. Op die manier zult u altijd vijf zonen houden, of Arjuna nu sterft of ik.'

Bevend van verdriet sloeg Kunti haar armen om haar machtige zoon heen en ze bedankte hem voor zijn belofte. Toen gaf ze hem haar zegen en vertrok.

Voorbereiding op de strijd (Mah. V 147-172)

Zodra Krishna bij de Pandava's was teruggekomen deed hij uitgebreid verslag van wat Duryodhana van plan was. Hij vertelde hun dat de leider van de Kaurava's koppig een verzoening bleef afwijzen, ondanks de verstandige raadgevingen van Bhisma, Drona, Vidura en zijn ouders, en dat hij zijn troepen al aan het verzamelen was. Krishna vond dat de Pandava's de strijd die hun werd opgedrongen niet mochten ontwijken.

En zo kwam de dag van de grote veldslag die de Kaurava's de ondergang zou brengen.

Aan beide zijden werden grote legertroepen op de been gebracht. Krishna had de Pandava's de raad gegeven Dhrstadyumna als bevelhebber aan te wijzen, de broer van Draupadi.
Aan de kant van de Kaurava's had Bhisma de leiding over het
leger. Beide legers zouden elkaar treffen op de vlakte van
Kuruksetra, de plaats waar de veldslag zou plaatsvinden.
Op het moment dat het leger van Duryodhana wilde vertrekken, viel er echter een regen van bloed uit de hemel, hoewel er
geen wolkje te zien was. De wegen werden modderig en dwars
door een hevige storm die plotseling opstak, was het geschreeuw van jakhalzen te horen. De aarde beefde, maar de
kwade voortekenen hielden het leger van de Kaurava's niet
tegen op hun weg naar het slagveld.
Aan weerskanten van de wijde vlakte van Kuruksetra sloegen
de strijdende partijen hun kampen op.
Terwijl Bhisma naar de handelingen van zijn tegenstanders keek,
zei hij tegen Duryodhana: 'Voor u wil ik met al die helden van
Yudhisthira's leger vechten, behalve met één. Ik wil niet het
gevecht aangaan met Sikhandin, de prins van de Pancala's.'
'Waarom niet?' vroeg Duryodhana verbaasd.
Toen vertelde Bhisma hem het volgende verhaal.

Amba-Sikhandini (Mah. V 173-192)

Toen mijn vader Santanu was overleden, gaf ik de regering
over aan mijn halfbroer Citrangada en na zijn dood volgde
Vicitravirya hem op. Toen hij de huwbare leeftijd had bereikt,
ging ik voor hem op zoek naar geschikte vrouwen.
Ik ving het bericht op dat de dochters van de koning van Kasi
hun svayamvara zouden houden. De vorsten van alle rijken op
aarde waren daarvoor uitgenodigd. Ook ik ging naar Kasi en
daar zag ik de meisjes Amba, Ambika en Ambalika voor het
eerst. Ze zagen er prachtig uit en er waren vele koningen op de
svayamvara afgekomen. Ik liet de koningsdochters op mijn
wagen zetten en daagde alle andere kandidaten tegelijkertijd uit,
want het enige wat van de toekomstige bruidegom van de meisjes verwacht werd, was dat hij onverschrokken was. Luid riep
ik: 'Ik ben Bhisma, de zoon van Santanu en ik zal deze vrouwen met geweld meenemen. Jullie kunnen lijdzaam toekijken of
proberen hen te heroveren!'

Woedend kwamen de vorsten met hun wagens, hun paarden en hun olifanten op me af en omsingelden me. Maar met mijn scherpe pijlen wist ik hen allemaal te overwinnen en triomfantelijk nam ik de zussen mee naar Hastinapura.

Kort voor de huwelijksplechtigheid bekende de oudste van de drie meisjes, Amba, dat ze haar hart al verloren had aan de vorst van de Salva's en dat ze in het geheim al met hem verloofd was. Die koning zou zeker op haar wachten en ze smeekte me of ik haar niet wilde dwingen tot een huwelijk met mijn broer, omdat ze al van die ander hield.

Onder begeleiding van een paar brahmanen liet ik haar inderdaad naar haar verloofde gaan. Toen ze bij hem was aangekomen, zei ze blij: 'Ik ben toch nog gekomen, machtige vorst!'

Maar de koning lachte haar uit en zei: 'Ik wil niet langer met je trouwen nu je eigenlijk voor een ander bestemd bent geweest. Je bent opgewekt met Bhisma meegegaan, dus ga nu maar terug naar hem, hij heeft je tenslotte veroverd!'

Hoewel ze hem keer op keer verzekerde dat ze niet vrijwillig met mij was meegegaan, dat het helemaal niet de bedoeling was geweest dat ze ooit met mij zou trouwen en dat ze hem zelfs in haar gedachten nooit ontrouw was geweest, wilde hij niet naar haar luisteren. Met een beledigend gebaar duwde hij haar van zich af, hij wilde haar niet meer zien.

Amba was gedwongen de stad te verlaten. 'Op de hele aarde is er geen vrouw zo ongelukkig als ik,' huilde ze wanhopig. 'Waar moet ik heen? Salva wil me niet meer en teruggaan naar Bhisma is ook niet mogelijk. Ik wou dat ik iemand de schuld kon geven van mijn ellende. Heeft Bhisma deze rampspoed op zijn geweten of mijn domme vader, omdat hij mijn svayamvara verkeerd heeft georganiseerd? Was het misschien mijn eigen schuld, omdat ik niet van Bhisma's wagen ben gesprongen om naar Salva toe te gaan? Ik vervloek hen allemaal, Bhisma, mijn vader, mezelf en ook Salva. Maar Bhisma treft de meeste blaam en daarom zal ik me op hem wreken.'

Ze dwaalde rond en kwam op een gegeven moment terecht bij een aantal zeer heilige asceten. Bij hen stortte ze haar hart uit over wat haar was overkomen. 'Laat me alstublieft hier bij jullie blijven,' smeekte ze tenslotte. 'Ik zal de strengste ascese leren beoefenen, als ik maar bij jullie mag leven!'

De asceten stemden toe. De heilige asceet Rama kwam zelfs naar mij om me uit te dagen tot een tweegevecht. De strijd die we voerden, hield vele dagen en nachten aan en hoe we elkaar ook uitputten, geen van beiden was sterk genoeg om de ander te overwinnen. Uiteindelijk staakten we ons gevecht op aanraden van de goden en de strijd bleef onbeslist.

Toen besloot Amba dat ze zich persoonlijk op mij wilde wreken.

Om de kracht daarvoor te verzamelen onderwierp ze zichzelf aan een vreselijke zelfkwelling. Zes maanden lang leefde ze alleen van de lucht en bleef ze onbeweeglijk staan. Ze droogde uit en werd mager, haar haren raakten in de war en vuil bedekte haar lichaam. Vervolgens ging ze een jaar lang in het water van de Yamuna staan en daarna stond ze een jaar lang op de punten van haar tenen, gesteund door haar woede en wraaklust en met niet meer voedsel dan één afgevallen boomblad. Uiteindelijk hield ze twaalf jaar lang de strengste ascese vol, de ene uitputtingsslag na de andere leverend.

De asceten en haar familie probeerden haar met de zelfkwellingen te laten ophouden, maar ze wist van geen ophouden. 'Ik probeer met mijn ascese geen zaligheid te verwerven, maar de kracht om Bhisma te vernietigen. Dat is mijn enige doel. Ik zal niet rusten voor hij dood is, want hij heeft er de hand in gehad dat ik nu een wezen ben dat noch man, noch vrouw is. Laat mij dan nu een man worden, zodat ik me op Bhisma kan wreken!'

Uiteindelijk, na die twaalf jaren van ascese, verscheen de god Shiva aan haar en hij vroeg haar wat ze wenste.

Smekend zei ze: 'Ik zou een man willen worden, zodat ik Bhisma kan verslaan!'

En Shiva beloofde haar dat dat zou gebeuren. 'U zult herboren worden in het geslacht van Drupada en een paar jaar na uw geboorte zult u man worden en uitgroeien tot een geweldig krijger. In dat volgende leven zult u zich bovendien nog alles herinneren wat u in dit leven is overkomen.'

Gerustgesteld door de belofte van Shiva stapelde Amba op de oever van de Yamuna een grote hoeveelheid hout op elkaar. Deze brandstapel stak ze eigenhandig aan en vervuld van gedachten aan wraak stapte ze de vlammen in. 'Voor de ondergang van Bhisma!' was de laatste kreet die van haar gehoord werd.

De oudste van koning Drupada's vrouwen was kinderloos en Drupada hield een strenge ascese ter ere van de god Shiva om hem om een zoon te vragen. Toen de god zich uiteindelijk aan hem vertoonde, kreeg Drupada het volgende te horen: 'Uw vrouw zal een dochter ter wereld brengen, die echter later een man zal worden.'

Gelukkig met dit vooruitzicht keerde Drupada terug naar huis en hij vertelde zijn echtgenote wat Shiva hem had meegedeeld.

Enige tijd later schonk de vrouw inderdaad het leven aan een heel mooi dochtertje. Met de belofte van Shiva in hun achterhoofd deden Drupada en zijn koningin alsof ze een zoon gekregen hadden, en voor de buitenwereld noemden ze het kind Sikhandin. Ze verrichtten alle heilige handelingen die voor een zoon waren voorgeschreven. Zelf noemden ze het meisje Sikhandini en ze voedden haar zeer zorgvuldig op. Ze leerden de prinses schrijven en schilderen en Drona bracht haar de wapenkunst bij.

Toen het meisje volwassen werd en de huwbare leeftijd had bereikt, regelde Drupada een huwelijk voor haar met de dochter van de machtige koning Hiranyavarman, zo zeker was hij van de voorspelling van Shiva.

Na de huwelijksplechtigheid ging Sikhandini's kersverse bruid terug naar het paleis van haar vader en daar vertelde de prinses dat Sikhandin helemaal geen man was, maar een meisje, net als zijzelf.

Hiranyavarman was natuurlijk ontzettend boos en beledigd toen hij dit hoorde. In zijn woede liet hij een boodschap overbrengen aan koning Drupada, die luidde: 'Het was heel onverstandig van u om mij zo te beledigen! Hoe kunt u mijn dochter laten trouwen met uw dochter? U hebt me bedrogen en uit wraak zal ik u, uw familie en al uw ministers ten onder brengen. Wacht maar!'

Toen hij deze woorden hoorde, voelde Drupada zich erg betrapt, alsof hij een dief was, en hij wist niet wat hij moest zeggen. Hij probeerde op alle mogelijke manieren Hiranyavarman met zich te verzoenen, hij stuurde vriendelijke boodschappen waarin hij aangaf dat het niet was zoals het leek, maar Hiranyavarman was niet te overtuigen. De boze vorst ging zelfs zover dat hij gezanten stuurde naar al zijn bondgenoten in de wijde omtrek, om te vertellen over de brutale daad van koning Drupada. En alle vorsten waren het erover eens: Drupada moest worden afgezet en een andere koning moest over de Pancala's regeren. 'Dood aan de bedrieglijke koning en zijn dochter!' riepen ze.

Toen riep Hiranyavarman zijn legers bijeen en hij stuurde Drupada een laatste dreigende boodschap: 'Ik zal komen om u te doden!'

Drupada was niet vreselijk dapper en omdat hij wel wist dat wat hij had gedaan inderdaad niet eerlijk was geweest, werd hij bang. Hij ging naar zijn vrouw en in het bijzijn van anderen zei hij angstig tegen haar: 'Hiranyavarman is met een grote legermacht naar ons onderweg. Wat moeten we doen? Hij beweert dat ik hem heb bedrogen, en misschien heeft hij wel gelijk. Wat is de waarheid, mijn liefste vrouw, kun je me dat zeggen? Ben ik misschien ook bedrogen, door jou en onze dochter? Als dat zo is, kon ik niet weten dat ik Hiranyavarman beledigde.'

Zijn woorden kwamen voort uit angst, want hij kende de waarheid even goed als zijn echtgenote.

Maar de koningin antwoordde: 'Toen Sikhandini was geboren, heb ik tegen je gezegd dat ze een jongetje was, omdat ik bang was dat je naar je andere vrouwen zou trekken als ik geen zoon zou baren. En in jouw liefde voor mij heb jij je láten bedriegen en zo kon het gebeuren dat je haar hebt laten trouwen met de dochter van koning Hiranyavarman. Ik heb dat huwelijk niet tegengehouden, omdat ik vertrouwde op de belofte van Shiva dat ik een dochter zou krijgen die in een man zou veranderen.'

Toen overlegde de koning met zijn raadslieden over de vreemde gebeurtenissen en hij hield vol dat het geen opzet was geweest. Er moest een oplossing komen om hem uit zijn benarde situatie te redden. Ondertussen waren de dienaren al begonnen de stad te versterken, maar de koning zocht naar middelen om de strijd te voorkomen. Hij hield erediensten voor de goden en droeg offers aan hen op in de hoop dat ze hem zouden willen helpen, maar hij en zijn vrouw bleven de dreiging voelen en waren bang.

Toen Sikhandini zag hoe bang en verdrietig haar ouders waren, dacht ze vol wroeging: 'En dat komt allemaal door mij!' Ze besloot dat het beter was als ze een einde aan haar leven zou maken. Zonder dat iemand het in de gaten had, sloop ze weg naar een groot en dicht woud, waar ze wist dat de yaksa[37] Sthuna woonde. Midden in het bos zag ze een huis met hoge

---

37 Yaksa: een soort demon.

muren en een grote poort. Daar ging ze naar binnen om de hongerdood te sterven.

De yaksa kreeg medelijden met het meisje en na een paar dagen ging hij naar haar toe. 'Waarom kwelt u zichzelf zo?' vroeg hij. 'Zeg me wat u wenst, dan zal ik die wens vervullen.'

'Dat zou u onmogelijk kunnen,' antwoordde het meisje.

'Ik wil en ik kan alle wensen vervullen,' zei de yaksa, 'dus zeg me wat u wilt. Ik zal u zelfs het onmogelijke geven.'

Toen vertelde Sikhandini hem alles wat er gebeurd was. 'Om mijn vader en mijn moeder te redden,' besloot ze smekend, 'zou ik een man moeten worden!'

De yaksa fronste zijn voorhoofd en toen hij even had nagedacht, zei hij: 'Ik zal uw wens in vervulling doen gaan, maar daar is wel één voorwaarde aan verbonden. Om van u een man te maken zal ik u mijn eigen mannelijkheid lenen. U moet me echter beloven dat u die aan mij teruggeeft zodra uw familie en uw stad weer veilig zijn. Tot die tijd zal uw vrouwelijkheid bij mij in goede handen zijn.'

Sikhandini was maar al te graag bereid die belofte te doen en even later kon ze als man naar haar ouders terugkeren.

Toen koning Drupada zag dat Shiva's voorspelling was uitgekomen, stuurde hij onmiddellijk een nieuwe boodschap aan Hiranyavarman, waarin hij verzekerde dat zijn kind toch echt van het mannelijke geslacht was.

Om te kijken of Drupada de waarheid sprak, stuurde Hiranyavarman een paar mooie vrouwen naar het hof van Drupada. Die vrouwen bekeken Sikhandin en konden niet anders zeggen dan dat hij inderdaad een man was.

Toen werd Hiranyavarman boos op zijn dochter, omdat die met haar dwaze praatjes zulke moeilijkheden had veroorzaakt. Hij nam onmiddellijk zijn beschuldigingen tegen Drupada terug en verzoende zich met hem. Zijn kersverse schoonzoon, prins Sikhandin, eerde hij met vele geschenken.

Intussen vloog de yaksakoning Kubera tijdens één van zijn tochten boven het huis van Sthuna en toen hij zag dat zijn onderdaan niet naar buiten kwam om hem eer te bewijzen, werd hij boos. Verbaasd zei hij tegen zijn gevolg: 'Waarom komt Sthuna niet naar buiten? Dat is een belediging waarvoor hij streng gestraft moet worden!'

Maar de andere yaksa's wisten wat Sthuna was overkomen, en ze vertelden hun leider dat Sthuna een vrouw was geworden.

'En waarschijnlijk durft hij u nu uit schaamte niet onder ogen te komen,' legden ze uit.

Maar Kubera vond dat geen excuus. Boos zei hij: 'Breng hem hier, ik wil hem een straf opleggen.'

De yaksa's brachten Sthuna, in zijn vrouwelijke gedaante en met rode wangen van schaamte, naar de leider. Toen zei Kubera: 'Uw ondoordachte handelwijze heeft alle yaksa's te schande gezet. Voor straf zult u uw vrouwelijke gedaante voor altijd houden en zal Sikhandin een man blijven.'

De andere yaksa's vonden deze uitspraak veel te streng en ze begonnen Sthuna te verdedigen. Uiteindelijk liet Kubera zich overhalen om zijn vonnis wat te verzachten. 'Goed dan,' zei hij, 'u zult slechts vrouw blijven tot Sikhandin sterft. Na zijn dood krijgt u uw mannelijke gedaante weer terug.'

Korte tijd later kwam Sikhandin bij Sthuna terug, zoals was afgesproken. Sthuna was blij dat zijn beschermeling zo betrouwbaar bleek, en vertelde hem welke straf hij opgelegd had gekregen van Kubera. 'Het lot heeft het zo gewild,' zei hij aanvaardend. 'Ga heen en zorg dat u gelukkig bent.'

Dolgelukkig keerde Sikhandin terug naar het rijk van zijn vader. Hij gaf rijkelijk geschenken aan de brahmanen en op allerlei kruispunten en onder grote bomen droeg hij zo vaak hij kon een offer op aan de goden.

'Sikhandin leerde de fijne kneepjes van de wapenkunst van Drona, samen met u en uw broers,' besloot Bhisma zijn lange geschiedenis. 'Maar ik weet dat de geest van de wraaklustige Amba in Sikhandin is herboren en dat hij me zal vernietigen. Als Sikhandin met getrokken wapens op me afkomt, zal ik me niet verdedigen. Ik vecht namelijk niet met een vrouw, ook niet met een man die ooit een vrouw is geweest. Ik kan me niet tegen Sikhandin verzetten en ik zal hem dus ook niet verslaan. En nu weet u waarom.'

Voorbereiding op de strijd (Mah. VI 1-2)

De wijde vlakte van Kuruksetra was zo vol van mannen, paarden, wagens en olifanten dat het leek of de hele aarde zich daar had verzameld. De twee kampen die de legers tegenover elkaar hadden opgeslagen, leken wel twee reusachtige steden.

Surendra Lāth Kar

Krishna onderwijst Arjuna

De beide partijen overlegden voor de slag welke bepalingen ze zouden eerbiedigen, en ze kwamen het volgende overeen: alleen krijgers die dezelfde wapens en wapenrusting droegen, mochten de strijd met elkaar aangaan. Men mocht nooit iemand aanvallen die niet op de aanval bedacht was of die van schrik in zijn bewegingen bevroor. Een krijger die al met iemand anders in tweegevecht verwikkeld was, moest men met rust laten, evenals een krijger die geen goed wapen of harnas meer had. Alle mensen die niet direct bij de strijd betrokken waren, zoals karrevoerders, lastdragers of muzikanten, mochten niet worden gedood.

De voortekenen voor de veldslag waren dreigend. Er stak een hevige wervelwind op en de stofwolken die daardoor ontstonden, verduisterden de zon. De troepen kregen een regen van bloed over zich heen en kleine steentjes die samen met het stof rondwaaiden, sneden de krijgers in het gezicht. Ondanks die onheilspellende tekenen stonden de legers echter zinderend en strijdlustig tegenover elkaar, als twee zeeën die door een storm in beroering werden gebracht.

De *Bhagavadgita*[38] (Mah. VI 25-42)

Arjuna, die Krishna naast zich had als wagenmenner, liet zijn blik gaan over de troepen van de beide legers en overal zag hij bloedverwanten en goede vrienden. Het werd hem zwaar te moede en hij zei tegen Krishna: 'Als ik zo al die familieleden en vrienden zie die elkaar zullen gaan bevechten, wordt mijn mond droog en gaan mijn haren overeind staan. De moed zakt me in de schoenen en ik voel me zelfs zo slap worden dat het zwaard me uit mijn handen glipt. Ik wil deze mannen helemaal niet doden, zelfs niet als ik er het hele universum voor zou krijgen, laat staan een aards rijk. Onze tegenstanders zijn zo verblind door heerszucht dat ze deze rampspoed over ons allen zullen afroepen, maar moeten wij daarom dezelfde zonde bedrijven? Ik zou nog liever hebben dat de Kaurava's me ongewapend en weerloos versloegen.'

Arjuna gooide zijn boog en pijlen van zich af en zakte moedeloos op de bodem van zijn wagen neer. In zijn ogen stonden tranen.

38 *Bhagavadgita*: het lied van de heer, d.w.z. van Krishna.

Krishna probeerde hem op te beuren. 'Wat is dat voor moede-loosheid waar u nu onder gebukt gaat? Zo'n houding past toch helemaal niet bij u? Die vrouwelijke weekheid moet u van zich afschudden, Arjuna, u bent immers een vorstelijke held!'

'Maar ik kan toch niet vechten tegen de rechtvaardige Bhisma?' sprak Arjuna hem tegen. 'Hij was mijn voogd. En wat te den-ken van mijn oude leermeester Drona? Ik voel niets dan mede-lijden voor mijn vijanden, ik voel geen haat. Ik besef gewoon niet meer wat mijn plicht is. Ik wil niet vechten.'

Toen antwoordde de goddelijke Krishna: 'Wat u zegt is slechts schijnbaar wijs. Een echte wijze zou niet treuren om de dood. Er is immers nooit een tijd geweest dat u of ik of wie dan ook op dit slagveld niet bestond, en ook in de toekomst zullen wij nooit ophouden te bestaan. Het lichaam waarin een ziel huist, verandert zelfs tijdens een aards leven. Het gaat over van een kinderlichaam in het lichaam van een jonge man of vrouw en daarna krimpt het weer door de ouderdom. Dat is toch niet zoveel anders dan een ziel die in een totaal nieuw lichaam over-gaat na de dood?

De gewaarwordingen van warmte en koude, van genot en van pijn die een belichaamd wezen heeft door middel van zijn zin-tuigen, zijn eindig, die blijven niet bestaan. Of een lichaam nu pijn of genot kent, de bevrijding van de ziel blijft dezelfde. Alleen de ziel bestaat, daarbuiten is niets belangrijk. De ziel is onsterfelijk en onkwetsbaar, alleen het lichaam waarin een ziel huist, kan vergaan.

Daarom moet u vechten, Arjuna. De ziel die in deze mensen huist, kan niet doden of gedood worden. Een ziel kan niet ster-ven, want ze wordt nooit geboren. Ze is onveranderlijk en eeu-wig. Een man die versleten kleren heeft, vervangt die door nieu-we en zo legt ook een ziel haar versleten lichaam af om een nieuw omhulsel binnen te gaan. Deze oneindige cyclus is toch niets om te betreuren?

Richt uw aandacht weer op de plichten van uw stand en aarzel niet. Niets strekt een ksatriya[39] meer tot eer dan een eerlijk gevecht. Als u niet vecht, is dat een zonde, want dan verzaakt u de plichten van uw stand.

Sta op, Arjuna, zoon van Kunti, en ga de strijd aan! Als u ver-slagen wordt, zal uw ziel de vreugde van de bevrijding kennen

---

39 Ksatriya: een lid van de krijgsmanskaste.

en als u wint, proeft u op aarde de zoete smaak van de over-winning! U zou niet moeten denken aan vreugde of pijn, winst of verlies, dood of leven. Het enige waar u zich om moet bekommeren, is dat u uw plichten vervult. Strijd om te strijden, alleen de daad is belangrijk, niet het resultaat. Volbreng uw daden, ongeacht of ze tot mislukking leiden of tot succes. Alleen dan geeft u zich waarlijk over aan de Alziel, bent u waarlijk verbonden met het Zelf.

Iemand die geen gehechtheid meer voelt aan aardse zaken, die niet meer naar geluk verlangt en die geen angst of woede meer kent, is een ware heilige. Zo iemand zal de ware vrede ontdek-ken, Arjuna, de ware goddelijke staat. En bij zijn dood zal zijn ziel versmelten met het Hoogste Wezen!'

'Maar Krishna,' wierp Arjuna tegen, 'als het opgaan in de Alziel volgens u zo belangrijk is, waarom wilt u dan dat ik eerst nog zulke vreselijke daden bega?'

Toen begon Vishnu, het goddelijke in Krishna, te spreken. 'Een ziel wordt niet uit dit leven bevrijd door werkeloos toe te zien. Niemand kan zich trouwens van alle daden onthouden, zelfs niet voor even. Iemand die zijn zintuigen buiten werking stelt, maar zich in gedachten nog bezighoudt met de objecten van die zintuigen, is niet oprecht. Iemand echter die zichzelf ertoe dwingt met zijn lichaam het werk te verrichten dat hem is opge-legd, onderscheidt zich van de anderen. Daarom moet u doen wat uw plicht is, want werkzaam uw daden verrichten is beter dan werkeloos toezien.

Daarbij moet u echter wel bedenken dat de wereld niet beter wordt van daden die niet als een offer worden volbracht. Toen Brahma de mensen schiep, liet hij tegelijkertijd het offer ont-staan. Met offerandes moet een mens de goden versterken, zodat zij de mensen kunnen versterken. Iemand die zijn leven leidt zonder dankbaarheid voor wat de goden hem hebben gegeven, en dus geen offers aan hen opdraagt, is een dief.

Een andere reden om uw daden plichtsgetrouw te volbrengen is dat u dan een voorbeeld voor anderen bent. De mensen van het lage volk zullen immers willen nadoen wat de groten doen. Het lage volk is gehecht aan het aardse werk en een wijs man zal, zonder gehechtheid, moeten werken om hen in hun plichten tot voorbeeld te zijn.

Ik vraag u, Arjuna, volbreng uw daden voor mij. Houd uw

aandacht gericht op de Alziel en voer uw strijd zonder liefde of verlangen, zonder hartstocht.

Ieder mens moet de plichten vervullen die hem door zijn stand worden opgelegd. Het volbrengen van de eigen plicht, ook al gebeurt dat niet volmaakt, is altijd beter dan het vervullen van de plicht van iemand anders, hoe goed men dat ook doet.'

Maar de heilige Krishna was nog niet klaar. 'Ik ben al vele malen in een aards lichaam geboren, ik schep mijzelf elke keer als goddeloosheid de kop opsteekt en de mensen hun religieuze plichten verzaken. Ik word uit eigen kracht telkens opnieuw geboren om de rechtvaardigen te beschermen, de kwaden te vernietigen en de vroomheid op aarde te herstellen.

Iemand die zichzelf onderwerpt aan zijn plichten is een vriend voor zichzelf, maar iemand die zijn plichten niet wil vervullen behandelt zichzelf vijandig. Iemand is pas werkelijk opgegaan in de Alziel als hij zijn zintuigen weet te onderwerpen en als hij aan een graszode dezelfde waarde hecht als aan een stuk goud, als hij hetzelfde voelt voor zijn familie en vrienden als voor vijanden en vreemden, en als hij de goeden met dezelfde ogen bekijkt als de slechten. Iemand die alles als zichzelf beschouwt en die de voor- en tegenspoed van anderen ziet als zijn eigen voor- en tegenspoed, zo iemand vereert de goden op de beste manier.

Er zijn maar weinig mensen die mij werkelijk kennen. Zelfs van degenen die er alles aan doen om de volmaaktheid te bereiken, weten maar weinigen wie ik ben.

Mijn natuur bestaat uit acht elementen, die alles vertegenwoordigen: aarde, water, lucht, vuur, ruimte, geest, begrip en bewustzijn. Maar ik heb nog een andere natuur, een hogere. Ik bezit namelijk de Ziel die het heelal in stand houdt. Ik ben de schepper van het heelal, maar ook zijn vernietiger. Er is niets boven mij. Alles wat bestaat wordt door mij bij elkaar gehouden, zoals de kralen van een ketting door de draad. Ik ben de smaak van het water en het licht in de zon en de maan. Ik ben het geluid dat door de ruimte reist en de menselijkheid in de mens. Ik ben de geur van de aarde, de gloed in het vuur en het leven in alle wezens. Ik ben het eeuwige zaad van al wat is. Uit mij zijn alle karakters en stemmingen ontstaan: goedheid, ijverige vurigheid en trage luiheid. Ik ben geen onderdeel van deze dingen, maar deze dingen zijn een onderdeel van mij. Ik sta boven alles wat bestaat, en ben onvergankelijk. Slechts degenen die hun toevlucht nemen tot mij, zullen verheven zijn boven de verwarrende schijn op aarde.

Na de dood gaat de bevrijde ziel op in de godheid die ze tijdens haar lichamelijke leven heeft vereerd. Wie mij vereerd heeft, gaat op in mij, maar men zal mij niet leren kennen omdat ik eeuwig ben. Ik ken alles en iedereen, zowel in het verleden, in het heden als in de toekomst, maar er is niemand die mij kent.

Ieder schepsel raakt bij zijn geboorte in de ban van de twee tegenpolen die ontstaan zijn uit begeerte en afkeer. Maar alleen zij die zich van die ban hebben losgemaakt en met goede daden proberen de zonde te vermijden, zijn werkelijke dienaren van mij.

Wat u ook doet, Arjuna, of u nu eten of drinken tot u neemt, of aalmoezen aan de minder bedeelden geeft, of een strenge ascese beoefent, zorg dat u dat doet als een offer aan mij.

U moet namelijk weten dat niemand die zijn ziel aan mij heeft gewijd, verloren kan gaan. Zelfs mensen die door hun geboorte van geringe stand zijn, zoals vrouwen, vaisya's en zelfs sudra's, komen uit op een hoge bestemming als ze mij vereren. Hoe hoog moet dan niet de beloning zijn voor heilige helden die aan mij zijn toegewijd? Daarom vraag ik u: richt uw geest op mij, wees mijn vereerder. Laat mij uw toevlucht zijn!'

Arjuna had de preek van Vishnu-Krishna aandachtig gevolgd. 'U bent de heiligste onder de heiligen,' zei hij, 'het eeuwige wezen, de ongeboren Heer. Schepper van het heelal, niemand kent u behalve uzelf. Wilt u mij uw volmaaktheden onthullen?'

'Ik ben de ziel van alles wat leven heeft,' sprak Krishna. 'Ik ben het begin, het midden en het einde. Ik ben de dood die alles vernietigt, en de oorsprong van al wat ontstaat. Niets kan bestaan zonder mij.'

'Heer,' vroeg Arjuna, 'als u denkt dat ik het waard ben, openbaar mij dan uw onvergankelijke zelf!'

'Zoon van Kunti, ik weet dat u het kunt verdragen,' zei de goddelijke Krishna. 'Aanvaard dus het hemelse gezicht waarmee u mijn duizenden vormen kunt aanschouwen. Ik zal u het heelal tonen dat in mij besloten ligt.'

Toen openbaarde Vishnu zich aan Arjuna. Zijn gestalte had talloze monden en ogen en zijn vele wonderbaarlijke gezichten stonden gericht naar alle kanten. Hij was getooid met allerlei hemelse gewaden, sieraden, wapens en bloemen en hij verspreidde een hemelse geur. In verwondering keek Arjuna naar zijn schittering, die zo fel was als van ontelbare zonnen. In het lichaam was het hele heelal te zien in al zijn details, maar verenigd tot een geheel. Eerbiedig en met kippevel van ontzag boog Arjuna zijn hoofd en vouwde zijn handen.

'Ik aanschouw u, god der goden,' zei hij respectvol. 'Er is geen begin, geen midden en geen einde aan u, u bent onverwoestbaar en eeuwig. Uw ogen schitteren als de zon en de maan, uw mond is als een vlammend vuur. Alles wat er is tussen hemel en aarde, goden, heiligen en demonen, gaat in u op. Mijn hart beeft nu ik uw vlammende verschijning aanschouw. Uw vreselijke monden met hun geweldige tanden brengen mij op de knieën. Heb genade, heer van het heelal! Ik zie de zonen van Dhrtarastra en vele, vele vorsten uit hun gevolg uw monden binnengaan, evenals vele van onze vrienden. Ze gaan hun eigen vernietiging tegemoet, net als motjes die op een vlam afkomen. Wie bent u, angstaanjagende god? Ik begrijp u niet!'

'Ik ben de dood,' sprak Vishnu. 'Ik ben de vernietiger van de werelden. Weet dat u het einde van hun leven niet zult kunnen voorkomen. Sta dus op en vergaar uw roem door de overwinning op uw vijanden. U hoeft slechts mijn werktuig te zijn, want ze zijn al door mij verslagen. Voel u niet bezwaard of droevig, maar trek ten strijde. U zult overwinnen!'

'Het hele heelal vereert u en al wat leeft buigt voor u,' zei Arjuna, 'en dat zou ook niet anders kunnen zijn. U bent wat is en wat niet is en wat daar bovenuit stijgt. Ik smeek u om genade voor mijn gebreken, heer. Zie mijn tekortkomingen door de vingers, zoals een vader dat doet bij zijn zoon en een minnaar bij zijn geliefde. Het zien van uw ware gedaante heeft me gelukkig gemaakt, maar mijn hart is er ook bevreesd door geworden. Het is genoeg, ik zou u nu graag weer in uw gewone verschijning willen zien, met een kroon op het hoofd en met de knots en de werpschijf als wapens in uw hand.'

'U bent de enige die mij op deze manier heeft mogen aanschouwen, Arjuna,' zei de heilige. 'Maar wees niet bang voor mijn dreigende gedaante. Ik zal nu weer mijn gewone vorm aannemen.'

Het volgende moment stond Krishna weer voor hem in zijn menselijke gedaante en Arjuna kalmeerde volkomen. Rustig en vol aandacht luisterde hij naar de wijze woorden van zijn heilige vriend, die hem nog veel wilde leren. Krishna vertelde over de verhouding van de ziel tot het lichaam en over de verhouding van de geest tot de stof en hij sprak over goddelijke wezens en demonen en over de plichten die iedere stand met zich meebrengt.

'Iedereen die de god van de oorsprong vereert en trouw de plichten vervult die hem in zijn leven zijn opgelegd, zal tot volmaaktheid komen,' zei hij. 'Elk wezen is verplicht zijn taken te volbrengen, ook al brengt dat iets kwaads met zich mee. Geen enkele daad is namelijk zonder een donkere zijde. Snapt u nu alles wat ik verteld heb, Arjuna, twijfelt u niet langer?'

Arjuna pakte zijn boog en pijlen. 'Heer, ik voel mijn krachten in me terugstromen, mijn twijfel is verdwenen. Ik zal doen wat u van me verlangt.'

De strijd begint. De eerste negen dagen (Mah. VI 45-106)

Een donderend geraas klonk op uit de gelederen van beide legers en de grond trilde ervan, evenals de harten van de krijgers zelf. Het leek wel of het hoorngeschal, het tromgeroffel, het geratel van de wagenwielen en het gebrul van de olifanten de aarde in tweeën zouden doen splijten. Luid schreeuwden de krijgers hun strijdkreten.

Toen stormden de legers op elkaar af en was de strijd begonnen. Blind van vechtlust vielen de troepen aan. Familie- en vriendschapsbanden werden vergeten. Wagens botsten frontaal op elkaar en werden verpletterd. Reusachtige olifanten denderden nietsontziend voort en scheurden elkaar aan stukken met hun slagtanden. Sommige kolossen werden getroffen door pijlen of zwaarden en vielen met een doffe klap neer, terwijl ze hun laatste snerpende kreten lieten horen. Ook de krijgers te voet gingen elkaar te lijf. Hun wapens raakten besmeurd met menselijk bloed en de één na de ander werd van het leven beroofd. De vele slachtoffers van knotsen en knuppels, van scherpe zwaarden en olifantstanden jammerden hartverscheurend. De troepen te paard reden op hun vurige rossen op elkaar in en doorboorden elkaar met hun blikkerende lansen.

In de grote verwarring die ontstond vocht het paardenvolk tegen wagenstrijders en vielen dolgeworden olifanten paarden aan. Hun slagtanden brachten dodelijke wonden toe en hun logge poten verbrijzelden de verhoudingsgewijs kleine paarden. Pijlen en werpsperen vlogen over en weer door de lucht en leken wel bliksemstralen of vallende sterren. Vele krijgers streden door met afschuwelijke wonden en het geroep van de stervenden ging door merg en been. Van alle kanten klonken kreten om water en om dierbaren die gemist zouden worden. Sommige gewonden die hulpeloos op de grond lagen, bleven hun vijand woedend aankijken en anderen beten dapper op hun lip om het niet uit te schreeuwen van de helse pijnen.

Overal op het slagveld was het zilveren vaandel van Bhisma te zien, het vaandel met de palmboom en de vijf sterren. Alle vijanden om hem heen verdwenen, alsof ze door de middagzon verschrompeld werden.

Elke dag bij het vallen van de avond trokken de legers van beide partijen zich terug in hun kampementen om uit te rusten en iedere ochtend begon de vernietigende strijd opnieuw. Er was echter niemand die Bhisma kon verslaan, en daardoor kon Bhisma grote vernielingen aanrichten onder de gelederen van de Pandava's.

Dit alles ging negen dagen lang zo door.

Bhisma's edelmoedigheid en val (Mah. VI 107-127)

Aan het eind van de negende dag trok het leger van de Pandava's zich zoals gewoonlijk terug bij het invallen van het donker. Bhisma had opnieuw hard toegeslagen en Yudhisthira zei tegen Krishna en zijn broers: 'Wij zullen nooit de overwinning behalen als Bhisma nog leeft. Het lijkt me het beste als we persoonlijk naar hem toegaan en hem vragen op welke manier hij gedood kan worden. Ik twijfel er niet aan dat hij ons eerlijk een goed advies zal geven. Wat is het toch vreselijk om krijgsman te zijn! Toen we klein waren en niemand hadden, heeft hij voor ons gezorgd en ons grootgebracht en nu ga ik hem vragen hoe ik hem moet doden... Hij is nog wel de oom van onze vader!'

Met een loodzwaar gemoed en zonder wapens gingen de Pandava's samen met Krishna naar de tent van Bhisma. Toen de goede held hen hartelijk welkom had geheten en gevraagd had of hij iets voor hen kon doen, stelde Yudhisthira hem op eerbiedige toon de volgende afschuwelijke vraag. 'Als wij de overwinning willen behalen en een einde willen maken aan deze vreselijke slachting, zullen we u moeten doden. Daarom willen we u vragen hoe we u zouden kunnen doden. U hebt geen moment een gat in uw verdediging en uw pijlen laten onophoudelijk een spoor van verwoestingen achter in onze linies!'

Bhisma reageerde niet geschokt, maar juist begrijpend. 'Zolang ik leef zullen jullie inderdaad niet overwinnen. Als jullie de Kaurava's willen verslaan, zullen jullie mij moeten doden. Dus ik zou zeggen, ga jullie gang. Jullie hebben mijn toestemming!'

'Zeg me dan hoe u verslagen kunt worden,' antwoordde Yudhisthira. 'Uw woede is zo vreselijk op het slagveld dat u onoverwinnelijk bent.'

'Dat is waar,' zei Bhisma. 'Als ik gewapend ben, kan niemand mij verslaan, zelfs de goden niet. Maar ik ben net zo kwetsbaar als ieder ander zodra ik mijn wapens niet meer in handen heb. En er zijn mensen tegen wie ik mijn wapens niet zal opnemen. Ik zal bijvoorbeeld nooit strijden tegen iemand die zijn wapens van zich af heeft gegooid, tegen iemand die gevallen is of om genade smeekt en ook niet tegen iemand die een vrouw is van geboorte.

Je moet weten, Arjuna, dat aan jouw zijde een dappere held strijdt, Sikhandin, een zoon van Drupada. Toen hij geboren werd, was hij van het vrouwelijke geslacht en tegen hem zal ik dus niet vechten. Als je met hem voorop naar mij toe komt, zal ik me zonder verzet door hem laten doden. En dan zal de overwinning voor jou zijn.'

Onderweg terug naar hun eigen kamp sprak Arjuna met zijn goddelijke vriend Krishna over wat Bhisma had gezegd. Arjuna had een blos van schaamte op zijn wangen en in zijn ogen was verdriet te lezen. 'Wat een goede, rechtvaardige man is Bhisma toch. Hij is zo oud en verstandig, hij is veel wijzer dan ik. Toen ik nog klein was, kroop ik vaak bij hem op schoot en dan maakte ik hem helemaal vies met het stof dat op mijn kleren zat. Als ik hem "vader" noemde, antwoordde hij altijd: "Nee, Arjuna, ik ben uw vader niet, maar de voorvader van je vader." En nu moet ik hem doden om de overwinning te behalen. Ik zou nog liever mijn hele leger opofferen om hem te laten leven. Of ik nu zal zegevieren of sterven, ik kan niet tegen hem vechten.'

Opnieuw moest Krishna op zijn vriend inpraten. 'U moet Ganga's zoon verslaan, Arjuna, om het hele leger van de Kaurava's te verslaan. De goden hebben het zo beschikt dat hij door uw hand zal vallen, daar is niets meer tegen te doen. Het is uw krijgsmansplicht om tegen hem te vechten, weet u nog?'

Bij het vroege ochtendgloren van de tiende dag ging het leger van de Pandava's onder tromgeroffel, hoorngeschal en slaande cymbalen terug naar het slagveld. Sikhandin ging hen allen voor. Bhima en Arjuna stonden links en rechts naast hem op zijn strijdkar en de zonen die de Pandava's bij Draupadi hadden gekregen, dekten zijn flanken. Aan de overkant trokken de Kaurava's op met de machtige Bhisma vooraan, omringd door Dhrtarastra's zonen.

Toen begon het vechten opnieuw en aan beide zijden vielen vele slachtoffers die naar het rijk van de doodsgod Yama gingen. De Pandava's vochten met zoveel kracht dat in Duryodhana's gelederen verwarring ontstond en zijn troepen zich stukje bij beetje terugtrokken.

Deze aanblik was meer dan Bhisma kon verdragen. Fel zei hij tegen de bezorgde Duryodhana: 'Vandaag zal ik de Pandava's verslaan, zo niet, dan zal ik sterven! Door mijn leven te geven wil ik mijn schuld aan u aflossen. Ik sta immers bij u in het krijt omdat u mij al die tijd aan uw hof hebt onderhouden. Dat ik daar dankbaar voor ben, wil ik op deze manier tonen.'

Zonder zich om het gevaar voor zijn leven te bekommeren stortte hij zich midden in het strijdgewoel. Een regen van pijlen sprong van zijn boog af en vloog naar de vijand. Het leek wel of zijn boog constant gespannen stond. In zijn eentje wist hij de hele strijdmacht van Sikhandin te vernietigen.

Sikhandin zag de slachting aan en schoot Bhisma woedend drie pijlen in zijn borst. Toen Bhisma echter zag van wie de pijlen afkomstig waren, begon hij te lachen. 'U kunt wel op me schieten, maar ik schiet toch niet terug. Ik vecht namelijk niet met iemand die als vrouw geboren is. U bent in wezen nog steeds dezelfde die de Schepper heeft geschapen, Sikhandin!'

Sikhandin werd zo furieus dat hij een zwart waas voor zijn ogen kreeg. 'U kunt doen alsof u dapper bent,' schreeuwde hij, 'maar ik zal evengoed tegen u vechten en ik zweer u dat ik u daarbij zal doden. Dit wordt de laatste blik die u op deze wereld zult werpen, onoverwinnelijke Bhisma!'

Toen kwam Arjuna over het slagveld aanstormen, onder het uitstoten van een luid gebrul en voortdurend pijlen afschietend met zijn boog. Hij leek de doodsgod zelf wel, zo angstaanjagend zag hij eruit. Hij vuurde Sikhandin aan en sprak hem moed in: 'Wees niet bang voor Bhisma, maar val hem aan!'

Toen verzamelden de Kaurava's zich om hun trouwe veldheer te beschermen en ze deden een felle uitval naar de steeds dichterbij komende Pandava's. De helden van beide partijen verwondden elkaar op vreselijke wijze. Arjuna werd door verschillende pijlen in zijn voorhoofd getroffen en het rode bloed leek wel een rozentrofee.

Midden in het strijdgewoel stond de vurige strijdwagen van Bhisma. Zijn boog was als de aansteekvlam, zijn zwaarden, werpsperen en knotsen waren het brandhout en de talloze pijlen leken wel vurige vonken die iedereen die getroffen werd, verteerden. Het vuur dat Bhisma had aangewakkerd woekerde razendsnel voort in de gelederen van de Pandava's. Niemand durfde op Bhisma af te gaan, behalve de dappere Arjuna en Sikhandin, de zoon van Drupada.

Bhisma werd in zijn borst getroffen door nog eens tien pijlen van Sikhandin. Bhisma keek zijn tegenstander woedend aan, maar hij herinnerde zich dat Sikhandin als vrouw was geboren, en deed niets om zich te verweren. Sikhandin had dit niet in de gaten en bleef de machtige held met allerlei wapens bestoken. Bhisma richtte zijn eigen aanvallen alleen maar op Arjuna en Arjuna vocht krachtig terug. De strijd die ze voerden was heftig. Ook de overige Pandava's en Kaurava's gingen elkaar nogmaals te lijf en zaaiden dood en verderf.

Alles draaide echter nog steeds om het gevecht tussen Bhisma, Sikhandin en Arjuna. Pijlen van Sikhandin spleten Bhisma's boog in tweeën en doorboorden Bhisma zelf. Bhisma wilde een andere, taaiere boog pakken, maar Arjuna was er razendsnel bij en vernietigde ook die tweede boog. Telkens als Bhisma een nieuwe boog pakte, werd die door Arjuna kapotgeschoten. Bhisma kwijlde haast van woede en greep een werpspeer, die zo sterk was dat hij een heuvel kon doorboren. Die speer slingerde hij naar Arjuna, maar in haar vlucht werd de speer in vijf stukken geschoten door vijf pijlen die Arjuna tegelijkertijd had afgevuurd.

Toen wist Bhisma dat het geen zin meer had, en besloot hij zich aan de dood over te geven. Er begon een zacht en vochtig briesje over de vlakte te waaien en dat briesje voerde vlagen van hemelse muziek en zoete geuren met zich mee. Uit de lucht daalde een regen van bloemen op Bhisma neer.

Bhisma greep zijn zwaard en zijn schild dat met goud was versierd, maar toen hij van zijn wagen wilde stappen, schoot Arjuna dat schild in honderd stukken. Op bevel van Yudhisthira stortten alle krijgers zich toen op de weerloze Bhisma. De Kaurava's snelden hem echter te hulp en er ontstond een massale vechtpartij. Daar waar de beide legers elkaar troffen, leek wel een draaikolk te ontstaan, net als de plek waar de Ganges in zee uitmondt.

Uiteindelijk sloegen de Kaurava's op de vlucht en bleef Bhisma alleen achter, omringd door vijanden. Op zijn hele lichaam was geen vierkante centimeter te vinden waar geen pijl in zat. Vlak voor het ondergaan van de zon viel hij uiteindelijk van zijn strijdwagen, zijn hoofd naar het oosten gekeerd. Er staken zoveel pijlen uit zijn lichaam dat hij niet eens de grond raakte toen hij viel.

Toen men zag dat Bhisma niet lang meer onder de levenden zou zijn, ging er een luid gejammer op en de aarde trilde.

De held zelf lag echter heel kalm op zijn bed van pijlen en wachtte nog met sterven. Hij had namelijk gezien dat de zon nog in het zuiden stond en dat was een ongunstig jaargetijde om het leven te laten. 'Ik heb zelf het einde van mijn leven in handen[40],' dacht hij, 'en daarom wil ik wachten tot de zon weer in het noorden staat voor ik sterf[41].'

De Pandava-krijgers juichten, want nu ze Bhisma niet langer tegenover zich hadden, roken ze de overwinning. Maar aan de kant van de Kaurava's was slechts verdriet. De beide legers besloten de strijd voor dat moment te staken en zowel de Kaurava's als de Pandava's ontdeden zich van hun wapenrusting. Eerbiedig gingen ze om Bhisma heen staan, die op zijn bed van pijlen stervende was.

De rechtvaardige held sprak met zachte stem: 'Mijn hoofd kan nergens op steunen, kan iemand mij een kussen geven?' Alle omstanders haastten zich om kussens voor hem te halen en

---

[40] Dit voorrecht had hij van de goden gekregen omdat hij in zijn jeugd zo'n edelmoedig offer aan zijn vader had gebracht (zie blz. 29).

[41] Volgens de *Bhagavadgita* gaan de zielen van mensen die overlijden tijdens de zes maanden van noordelijke zonnestand en die aan Brahman waren gewijd, ongehinderd op in Brahman zelf. Wanneer een mens echter overlijdt als de zon in het zuiden staat, zal de ziel weer terugkeren op aarde. Het zuiden is de hemelstreek van de dood. De periode waarin de zon in het zuiden staat, loopt van 21 juni tot 21 december, de tijd dat de dagen korter worden, en de periode van noordelijke zonnestand is de tijd waarin de dagen langer worden.

kwamen terug met prachtige kussens van de fijnste stoffen. Maar Bhisma wuifde hen met een glimlach weg en zei: 'Zulke mooie kussens passen niet op dit bed.' Toen keek hij Arjuna aan en vroeg: 'Mijn hoofd hangt zo naar beneden. U bent zo sterk. Kunt u mij het kussen geven dat bij me past?'

Arjuna begreep wat hij bedoelde, en met tranen in zijn ogen pakte hij zijn boog en schoot drie pijlen in de grond, waar Bhisma's hoofd op kon rusten.

Dankbaar zei Bhisma tegen hem: 'Dat is inderdaad het kussen dat ik bedoelde. Een krijgsman kan op het slagveld niet beter slapen dan op een bed van pijlen! Hier wil ik blijven liggen tot de zon in het noorden komt te staan. Dat is het moment waarop ik zal sterven, dan zal ik mijn ziel uit mijn lichaam laten ontsnappen. Maar tot die tijd moeten jullie allemaal ophouden met vechten. Zolang ik nog leef, wil ik geen vijandelijkheden over en weer zien!'

Kundige artsen kwamen naar de vlakte van Kuruksetra om Bhisma van de vele pijlen te ontdoen, maar Bhisma wilde daar niets van weten. 'Geef hun een beloning omdat ze hier naartoe zijn gekomen, maar stuur hen dan weer weg. Ik wil deze pijlen in mijn lichaam houden, zelfs als ik op de brandstapel gelegd wordt!'

Er werden wachten bij de dappere Bhisma geplaatst en toen het duister van de avond gevallen was, keerden de vorsten terug naar hun tenten. Ze voelden hun eigen wonden niet, maar waren vervuld van droefheid om wat ze die dag hadden gezien. Bhisma bleef alleen achter in de donkere, stille nacht.

De volgende ochtend gingen de vorsten opnieuw naar de stervende held. Rond zijn bed van pijlen zaten de Pandava's en de Kaurava's eensgezind bij elkaar en ze praatten met elkaar zoals ze dat in vroeger tijden deden.

Bhisma had al zijn krachten nodig om zijn doodstrijd te doorstaan. De wonden van de vele pijlen brandden in zijn vlees en hij zuchtte zwaar. Hij vroeg om drinken, maar het water en de verfrissingen die hem gebracht werden, waren niet het soort drinken dat hij bedoelde. Toen richtte hij zich tot Arjuna. 'Wilt u me water geven, Arjuna?' vroeg hij.

Arjuna stond op, spande zijn boog en schoot met enorme kracht een pijl in de grond, vlak bij de voeten van Bhisma. Uit de opening in de aarde die daardoor ontstond, spoot een heldere waterstraal omhoog. Stomverbaasd staarde iedereen naar

Arjuna en de Kaurava's beefden van angst. Nadat hij wat van het heerlijke water had gedronken, zei Bhisma tegen Duryodhana: 'U was zojuist getuige van de goddelijke macht van Arjuna. Niemand anders dan hij had dit voor elkaar kunnen krijgen. Het is echt beter als u uw woede jegens hem laat varen en vrede met hem sluit voor het te laat is. Geef de Pandava's waar ze recht op hebben, geef hun de helft van het koninkrijk en staak de strijd! Luister naar mijn woorden en gebruik uw verstand, anders zult u er spijt van krijgen!'
Maar Duryodhana bleef koppig weigeren, als een doodziek iemand die zijn medicijn weigert in te nemen.

De val van Drona (Mah. VII 7-192)

En dus begon de afschuwelijke strijd opnieuw.
Nu Bhisma er niet meer was, kreeg Drona het bevel over het leger van de Kaurava's. Toen hij het bevelhebberschap over het leger aanvaardde, beloofde hij Duryodhana dat hij Yudhisthira levend gevangen zou nemen. Hij leidde het leger weliswaar naar menige overwinning, maar Yudhisthira kreeg hij niet te pakken. Elke dag opnieuw berispte Duryodhana hem ongeduldig dat hij zijn belofte niet nakwam en dat hij de beslissende overwinning nog niet had behaald.
Het leger van de Pandava's had ondertussen al zijn krachten nodig om te proberen Drona buiten gevecht te stellen. Drona vocht namelijk als een leeuw en het was moeilijk om bij hem in de buurt te komen.
Toen Drona drie dagen lang opperbevelhebber was geweest, verweet Duryodhana hem geïrriteerd dat hij de Pandava's waarschijnlijk expres liet lopen omdat zij hem als vroegere leerlingen te dierbaar waren.
Drona was beledigd door dit onterechte verwijt en zei: 'Ik mag dan oud zijn, Duryodhana, maar ik doe wat ik kan voor u. Arjuna is gewoon onoverwinnelijk, geen enkel menselijk wezen kan hem verslaan.'
Nog geprikkelder omdat Arjuna zo werd geprezen, riep Duryodhana overmoedig: 'Wacht maar! Vandaag is de dag dat we Arjuna zullen verslaan!'
Maar Drona lachte hem uit. 'Doe wat u niet laten kunt. Ga de strijd maar aan met de zoon van Pandu,' zei hij, 'maar vraag

dan niets meer van oude lieden die alleen uw welzijn voor ogen hebben!'

Bij de eerste tekenen van licht laaide de strijd alweer op. De legers stormden met enorm geweld op elkaar af, belust als ze waren op de dood van de ander. Drona vloog als een wervelwind over het slagveld en joeg iedereen angst aan, dood en verderf zaaiend onder zijn vijanden. Die dag bracht hij ook Drupada om het leven, zijn vroegere vriend, en diens kleinzonen, de kinderen van Dhrstadyumna.

Dhrstadyumna werd waanzinnig van verdriet en woede en aangemoedigd door Bhima viel hij de bevelhebber van de Kaurava's aan. Er ontstond een verschrikkelijk gevecht, waar alle omstanders in meegetrokken werden. Een enorm lawaai steeg op van het strijdgewoel: wapens die vielen, paarden die hinnikten, strijdwagens met ratelende wielen en krijgers die luid schreeuwden en brulden. Het lawaai werd met de minuut erger en vervulde de lucht en de hemel. Het gejammer van gewonde mensen en dieren was afschuwelijk om aan te horen. Het bloed van mensen, paarden en olifanten begon samen te vloeien en werd een rivier die steeds harder begon te stromen en uitmondde in het dodenrijk. De stroom was drabbig van gestold bloed en stukken vlees en het geraas van de rivier werd gevormd door de vele jammerklachten. De aarde raakte zo doorweekt van het bloed dat de strijdwagens in de modder bleven steken.

Onder alle krijgers ontstond een gevoel van grote verslagenheid en afschuw. Alleen Drona en Arjuna bleven onverschrokken doorgaan. Toen ze tegenover elkaar stonden en een tweegevecht aangingen, bleef iedereen stil staan kijken naar het grootse schouwspel.

De beide mannen leken wel twee haviken die in de lucht vechten om een stuk vlees. Drona genoot toen hij zag hoe goed zijn tegenstander was, want hij zelf had hem die kunst bijgebracht. Op die manier besefte hij ook hoe voortreffelijk hij zelf was. Hij had immers zo'n grote vaardigheid op een jongeman weten over te brengen.

Het gevecht duurde voort en Arjuna kreeg het niet voor elkaar zijn leermeester met de kracht van zijn wapens te verslaan. Toen zei Krishna tegen hem: 'U zult de zege niet behalen zolang Drona zijn wapens in handen heeft. U moet een list gebruiken, zoon van Pandu, anders zal Drona ons allemaal verslaan. Ik zal ervoor zorgen dat iemand roept dat zijn zoon

Asvatthaman gesneuveld is, dan legt Drona zijn wapens wel neer.'

Arjuna was het absoluut niet eens met dit plan, maar na enig redeneren was Yudhisthira wel bereid eraan mee te werken.

Vervolgens pakte Bhima een knots en sloeg daarmee een enorme olifant van hun eigen troepen dood, een olifant die Asvatthaman heette. Toen drong hij door de menigte tot vlak bij Drona en riep: 'Asvatthaman is gesneuveld!'

Toen Drona dat bericht hoorde, zakte de kracht uit al zijn ledematen weg. Toen hij er echter aan dacht hoe dapper en onoverwinnelijk zijn zoon was, wist hij dat hij het gerucht niet zomaar moest geloven, en moedig vocht hij verder.

Tijdens het voortdurende gevecht hoorde hij plotseling een stem uit de hemel: 'Drona, u bent een brahmaan en brahmanen horen hun tijd te besteden aan studie en overpeinzing, niet aan gevechten. Het uur van uw dood is gekomen. Leg uw wapens neer en aanvaard de overwinning van Arjuna.'

Toen rees er twijfel in Drona's hart. Hij herinnerde zich weer de uitroep van Bhima en in zijn bijtende angst richtte hij zich tot Yudhisthira, die altijd eerlijk was. Hij vroeg hem op de man af of zijn zoon Asvatthaman inderdaad gesneuveld was of niet.

Yudhisthira had in zijn hele leven nog nooit één leugen verteld, maar Krishna praatte hem om: 'Als Drona niet ophoudt met vechten, zal uw hele leger verslagen worden. Iemand die liegt om het leven van anderen te redden, begaat geen zonde. Het is immers ook geen zonde tegen een vrouw te liegen als men ermee getrouwd is, of te liegen om een koe te redden, of, zoals in dit geval, om de ziel van een brahmaan te bevrijden.'

Yudhisthira wilde nog steeds niet liegen, maar hij wilde nog minder dat zijn troepen verslagen zouden worden, en dus zei hij met vaste stem: 'Asvatthaman is dood.' Daar voegde hij direct aan toe: 'De olifant,' maar dat zei hij zo zacht dat niemand dat hoorde. Tot op dat ogenblik hadden de wielen van Yudhisthira's strijdwagen altijd een handbreedte boven de aarde gezweefd, maar toen hij deze kleine onwaarheid had gesproken, die eigenlijk niet eens een onwaarheid was, raakten de wielen voor het eerst de grond, net als bij iedere andere sterfelijke.

De woorden van Yudhisthira overtuigden Drona ervan dat zijn zoon inderdaad was gestorven. Zijn hart stroomde vol van verdriet en wanhoop. Toen hij opkeek zag hij dat Dhrstadyumna tegenover hem stond, de zoon die Drupada speciaal verwekt had om zich op een dag te kunnen wreken op Drona[42]. Alsnog probeerde hij zich met al zijn krachten tegen zijn vijand te verzetten, maar zijn wapens deden niet langer wat hij hun opdroeg. Dhrstadyumna trof hem met een pijl in zijn borst, maar Drona wist daarna al zijn bogen onbruikbaar te maken. Ook doodde hij Dhrstadyumna's paarden en wagenmenner.

De dappere man sprong van zijn wagen en vocht te voet verder met zijn knots, maar ook dat wapen wist Drona uit zijn handen te slaan. Toen pakte Dhrstadyumna zijn zwaard en hij kon zichzelf er lange tijd mee verdedigen. Toen echter ook dit laatste wapen nutteloos geworden was, kwam Bhima hem te hulp met zijn strijdwagen. Terwijl hij naast Dhrstadyumna stond, moedigde hij hem aan: 'Kom op, Dhrstadyumna, niemand anders dan u kan Drona verslaan. Doe het nu!' Hij gaf hem een nieuwe boog en Dhrstadyumna schoot een regen van pijlen op Drona af, maar die schoot er net zoveel terug en de prins begon te bloeden uit vele wonden.

Toen bracht Bhima de strijdwagen tot vlak bij Drona en hij beet hem toe: 'Schaamt u zich niet dat u zoveel krijgslieden het leven hebt ontnomen, terwijl u uw eigen roeping als brahmaan hebt verzaakt? Die eenvoudige strijders vervulden tenminste de plicht die hun door hun kaste was opgelegd, namelijk strijden om buit te verdienen waarmee ze hun vrouw en kinderen konden onderhouden. Maar waarom vecht u? Uw enige zoon ligt dood achter u op het slagveld. Voor hem kunt u niet meer strijden, daar hoeft u niet langer aan te twijfelen. Yudhisthira zelf heeft dat bevestigd.'

Toen liet Drona zijn boog zakken. Nadat hij zijn vrienden nog een laatste maal had aangespoord om de strijd af te maken die hij niet langer zou kunnen voeren, ging hij op zijn strijdwagen zitten en richtte zich op Vishnu. Met gesloten ogen vulde hij zijn geest met gedachten aan de machtige en onverwoestbare god en zo ging de grote asceet Drona, die de leermeester was geweest van zowel de Pandava's als de Kaurava's, naar de hemel. Toen zijn stralende ziel opsteeg, leek het even alsof er twee zonnen aan de hemel stonden.

Intussen had Dhrstadyumna tijd gehad om zijn krachten te verzamelen. Terwijl hij van Bhima's wagen sprong, stortte hij zich op het lichaam van Drona, die al overleden was, en hakte het

---

[42] Zie blz. 45.

hoofd af van de vijfentachtigjarige man[43]. Besmeurd met het bloed van Drona pakte Dhrstadyumna het hoofd met de lange witte lokken beet en gooide het in het midden van de troepen van de Kaurava's. De krijgers waren hierdoor zo vervuld van schrik en afschuw dat ze naar alle kanten op de vlucht sloegen. De Pandava's juichten echter, want dit betekende een grote overwinning op hun vijanden.

De val van Karna (Mah. VIII 10-31, 47-92)

Toen deze noodlottige vijftiende dag van de strijd ten einde liep, kwamen de vorsten van het Kaurava-kamp bijeen om te overleggen wie het opperbevel over de strijdkrachten zou krijgen nu Drona was gesneuveld. Iedereen knikte instemmend toen Duryodhana zich tot Karna wendde en aan hem vroeg: 'Karna, wilt u de taak van legerhoofd op u nemen? U was het die mij het advies gaf om eerst Bhisma en toen Drona met die functie te belasten, maar zij waren oud en voelden genegenheid voor de Pandava's. En nu zijn ze dood. U bent dapperder dan hen beiden, alleen u zou voor ons de overwinning kunnen behalen. Ik geef u de taak om de vijand op de vlucht te drijven zoals de zon de ochtenddauw verdrijft!"
'Ik zal uw aanvoerder zijn,' stemde Karna toe. 'En ik beloof u dat ik alle Pandava's, inclusief Arjuna, met hun zonen zal verslaan! Wees gerust, mijn koning, u kunt erop vertrouwen dat ik me aan mijn belofte houd.'
Een luid gejuich steeg op ter ere van Karna. 'Vernietig de Pandava's met uw pijlen!' riepen de krijgers hem toe. 'Die zullen zo snel op hen afkomen dat ze het niet eens in de gaten zullen hebben!'
De volgende morgen inspecteerde Karna de troepen en stelde ze op in slagorde. Ook de Pandava's troffen de nodige voorbereidingen voor de hernieuwde strijd. Toen de legers uiteindelijk op elkaar afstormden, leek het wel of ze dansten, zo enthousiast waren ze.
De legers troffen elkaar met zoveel geweld dat vele helden direct het leven lieten. Vooral Arjuna ging als een wildeman tekeer. Waar hij was geweest liet hij een spoor van afgehakte

---

[43] Dit was de wens van zijn vader, die Dhrstadyumna in vervulling liet gaan.

hoofden achter, die daar lagen als lotuskelken die van hun stengel waren gerukt.

Ook deze dag liep uit op een enorme slachting. Naarmate de dag vorderde kreeg het slagveld een steeds afschuwelijker aanblik. Het veld lag bezaaid met onherkenbaar verminkte lichamen van paarden, olifanten en mensen. Datgene wat iedereen hoopte, een persoonlijk treffen tussen Arjuna en Karna, gebeurde echter niet.

Toen de duisternis begon te vallen, kregen de Pandava's de overhand, maar de schemering en het stof belemmerden het zicht en beide legers trokken zich terug in hun kampementen. In de nacht verschenen er vele boze geesten en verscheurende dieren, die op het slagveld bleven rondspoken.

Duryodhana en de andere Kaurava's waren erg teleurgesteld dat de eerste dag met Karna als opperbevelhebber ook zonder overwinning voorbij was gegaan. Karna verdedigde zich echter met de belofte dat hij weliswaar die dag Arjuna niet had weten te verslaan, maar dat hij hem in ieder geval de volgende dag tot de ondergang zou brengen.

De rust van de nacht had hen goed gedaan. Aangesterkt gingen de strijders van de Kaurava's opnieuw naar het slagveld. Daar vonden ze het geweldige leger van hun vijanden al tegenover zich en zoals de troepen van koning Yudhisthira daar stonden, leken ze onoverwinnelijk. Maar koning Duryodhana vestigde zijn hoop op Karna, evenals alle strijders van de Kaurava's, zoals iemand die zich in uiterste nood tot zijn beste vriend richt.

Karna verzekerde de koning nogmaals dat hij die dag de overwinning op Arjuna en de zijnen zou behalen. 'Ik zal niet terugkeren in ons kamp als ik Arjuna nog niet verslagen heb. Eén van ons tweeën zal sterven, hij of ik. Vanavond zult u de hele wereld in handen hebben. Ik overtref Arjuna namelijk in kracht, ook al zijn we beiden even vaardig met de wapens. Arjuna heeft als enige voordeel dat Krishna zijn wagenmenner is. Krishna wordt over de hele wereld geëerd, hij is immers de schepper van het heelal! Daarom vraag ik u of koning Salya de teugels voor mij in handen mag houden. Hij doet in menkunst niet onder voor Krishna.'

'We zullen u helpen ervoor te zorgen dat alles zo gebeurt als u het voor ogen hebt, Karna,' antwoordde Duryodhana. 'De Kaurava's en alle vorsten die met hen strijden zullen achter u staan en u ondersteunen in de strijd!'

En zo begon de strijd voor de zeventiende achtereenvolgende dag. Opnieuw was de verwoesting die beide legers elkaar toebrachten groot. Zowel Yudhisthira als Bhima had veel moeite om een heftige aanval van Karna af te slaan en vele zonen van Dhrtarastra werden dodelijk getroffen door pijlen van Arjuna en Bhima.

Op een gegeven moment raakte Bhima in een tweegevecht verwikkeld met Duhsasana. Als een leeuw besprong Bhima zijn vijand en ze streden fel, want het ging om leven en dood. Beiden liepen diepe wonden op door de pijlen van de ander, maar toen greep Bhima zijn geweldige knots en razend van woede schreeuwde hij naar zijn tegenstander: 'Vandaag nog zal ik uw bloed drinken!' Toen slingerde hij zijn knots met zo'n enorme kracht in de richting van zijn vijand dat hij zijn strijdwagen en paarden met één slag verpletterde en Duhsasana een eind verderop op de grond werd gesmeten. De doodsangst stond in zijn ogen te lezen.

Bhima sprong van zijn wagen en zag opnieuw voor zich hoe Duhsasana ooit de onschuldige Draupadi bij haar haren had meegesleurd en haar kleren had afgerukt. Dat wekte zo'n woede en wraaklust in hem op dat hij zijn vijand diep in de ogen keek en hem, met een voet op zijn keel, de borst opensneed met zijn vlijmscherpe zwaard. Toen bukte hij zich voorover en dronk genietend het nog warme bloed van zijn tegenstander. Iedereen die dat zag, werd vervuld van afgrijzen en vluchtte of verloor het bewustzijn.

Bhima stond op, vol bloedende wonden op zijn lichaam, maar springlevend door het bloed dat hij zojuist had gedronken, en riep: 'Ik ben de gelofte die ik Duhsasana ooit had gedaan, nagekomen. Daarom wil ik ook mijn andere gelofte volbrengen, namelijk dat ik Duryodhana zal doden om de ellende die hij ons heeft bezorgd te wreken en om vrede te verkrijgen voor beide partijen.'

Duhsasana's broers gingen de afschuwelijke moordenaar Bhima met z'n allen tegelijk te lijf, maar Bhima versloeg hen allemaal. Toen bleven de strijders van de Kaurava's als verlamd staan door vertwijfeling.

Alleen de jonge zoon van Karna reed strijdlustig en overmoedig op de Pandava's af en begon hen te bestoken met zijn welgerichte pijlen. Arjuna werd door één van die pijlen getroffen en hij werd woedend. Met drie pijlen schoot hij de jongeman

zijn hoofd en armen af, voor het oog van zijn vader Karna.
Dat was meer dan Karna kon verdragen. Bulderend als een orkaan kwam hij in zijn door witte paarden getrokken strijdwagen aanstormen, terwijl hij trots het vaandel met de olifantenslurf omhooghield. Toen kwam het hele Kaurava-leger weer in beweging. De trommels weerklonken en er was hoorngeschal te horen. Het trillen van Karna's boogpees overstemde echter alle andere geluiden en een dichte regen van pijlen vloog door de lucht.

'Blijf kalm,' zei Krishna tegen Arjuna, 'het geluk is aan uw kant, de overwinning zal voor u zijn!'

'Ik heb het aan u te danken dat ik zal overwinnen,' antwoordde Arjuna. 'Dit zal de strijd worden waar de mensen het tot in lengte van dagen over zullen hebben!'

Als twee dolle stieren stormden Arjuna en Karna vervolgens op elkaar af. Ze waren allebei van goddelijke afkomst, waren allebei net zo mooi als de goden en even sterk. Het leek wel of de zon en de maan tegen elkaar streden op het slagveld. Alle krijgers die naar het schouwspel stonden te kijken, vroegen zich af wie uiteindelijk wie zou verslaan. Karna werd aangemoedigd door de troepen van de Kaurava's, Arjuna door het leger van de Pandava's.

De strijd was fel en hard. Over de grond begon een beekje te stromen, niet van water, maar van mensenbloed. Ook de strijdwagens van beide helden waren besmeurd met bloed. Voortdurend waren de aanmoedigende kreten van de omstanders te horen: 'Kom op, Arjuna, schiet zijn hoofd eraf!' en 'Vooruit Karna, heb geen medelijden, sla hem dood!'

Karna was de eerste die met zijn pijlen begon te schieten, maar Arjuna reageerde meteen met een minstens even grote hoeveelheid pijlen. Beiden wisten echter de pijlen van de ander op te vangen en te breken.

Toen richtte Arjuna, de zoon van Indra, een wapen van vuur op zijn vijand. Toen hij het afschoot, werden zijn eigen lichaam en de wijde omtrek, van de hemel tot de aarde, erdoor verlicht. De kleren van de omringende krijgslieden vatten vlam en ze moesten vluchten. Het vlammende wapen knetterde op zijn weg door de lucht. Karna verdedigde zich tegen het vuur door een wapen van water te gebruiken. Hij riep een donkere wolkenmassa op die alles in duisternis hulde, en de enorme hoeveelheid regen die eruit viel, doofde de vlammen op de brandende aarde. Toen verdreef Arjuna die wolken weer door de wind als wapen in te zetten.

Vervolgens sprak hij machtige toverspreuken uit over zijn boog en pijlen en de pijlen kregen allerlei buitengewone punten. Er waren pijlen met punten als scheermessen, met brede punten en met punten als berenklauwen en Arjuna schoot er duizenden af op zijn vijand. Overal drongen de pijlen binnen in Karna's lichaam en in dat van zijn paarden, maar ook in zijn boog, zijn tuig, de wielen van zijn wagen en zijn vaandel. Het bloed van Karna begon steeds harder te stromen uit de vele wonden. Desondanks wist hij echter nog meer en nog sterkere pijlen op Arjuna af te sturen, waarmee hij de pijlen van zijn tegenstander vernietigde. Ook vele krijgers uit Arjuna's gevolg werden gewond of gedood. In de veronderstelling dat Karna de overwinning al had behaald, begonnen de troepen van het Kauravakamp te juichen en te klappen.

Somber en geïrriteerd zei Bhima tegen Arjuna: 'Hoe kan het dat die wagenmennerszoon bijna sterker is dan u? U hebt zelfs met de hoogste god in eigen persoon gevochten. Spaar Karna niet, denk eraan hoe hij Draupadi vernederd en beledigd heeft!'

Toen gebruikte Arjuna het onverslaanbare wapen van Brahma, dat alleen opgeroepen kon worden door geestkracht. Maar ook de werking van dat wapen wist Karna teniet te doen met zijn pijlen, die bleven neerkomen als een wolkbreuk uit donkere luchten. Arjuna was niet al te zeer uit het veld geslagen en ook hij bleef pijlen afschieten. Bij elkaar doodde hij honderd olifanten, achthonderd wagenstrijders, duizend ruiters met paarden en achtduizend dappere mannen te voet.

Maar toen brak plotseling de boogpees van Arjuna, die veel te strak gespannen was. Karna zag dat Arjuna zich niet meer kon verdedigen, en doorboorde hem met honderd pijlen. Opnieuw begonnen de Kaurava's te juichen omdat ze dachten dat de overwinning al binnen was.

Arjuna had zijn boog echter al gauw weer gemaakt en verbitterd door de pijn hervatte hij zijn pijlenregen. Karna werd zo vaak en zo diep getroffen dat hij maar met moeite overeind kon blijven, en hij sidderde van pijn. Toen de Kaurava's dat zagen, vluchtten ze halsoverkop weg. De stervenden en gewonden en hun jammerende vaders en zonen lieten ze achter en toen was Karna alleen.

De leegte om hem heen joeg Karna geen angst aan, maar gaf

hem juist nieuwe geestdrift om zich op zijn vijand te werpen. Opnieuw werd de lucht verduisterd door de enorme hoeveelheid pijlen die ze op elkaar afschoten.

Op een gegeven moment gebruikte Karna een zeer gevaarlijk en dodelijk wapen tegen Arjuna. Krishna zag het wapen echter aankomen en met zijn sterke voeten trapte hij de strijdwagen van Arjuna een stukje de grond in. De prachtige witte paarden met hun gouden tuig bogen door hun knieën en gingen op de grond liggen en rakelings vloog het wapen over het hoofd van Arjuna. Alleen zijn met juwelen bezette diadeem werd verbrijzeld.

De pijlenregen die de woedende Arjuna vervolgens op zijn vijand afstuurde, rukte Karna zijn hoofddoek met de fonkelende edelstenen af, evenals zijn prachtige oorringen. Ook zijn kostbare gouden harnas werd verbrijzeld. Toen kon Arjuna hem in de borst treffen en dat deed hij dan ook. Zo vaak zelfs dat Karna de strijd moest opgeven. Hij wierp zijn boog en zijn pijlkoker weg en bleef machteloos en onzeker naar Arjuna staan kijken.

Toen Arjuna hem in die toestand zag, wilde hij eigenlijk niet meer verder tegen hem vechten, maar Krishna spoorde hem weer aan: 'Waarom aarzelt u nu, zoon van Pandu? Hij is uw doodsvijand, u moet hem verslaan en snel ook!'

Arjuna gehoorzaamde en viel de uitgeputte Karna nogmaals aan.

Op dat moment zoog de aarde het linkerwiel van Karna's strijdwagen naar beneden. Karna sprong op de grond en probeerde met beide handen het weggezakte wiel weer omhoog te krijgen. Hij gebruikte daarbij echter zo'n kracht dat de hele aarde met al haar wateren, eilanden, bergen en bossen omhoogkwam. Met tranen in zijn ogen van woede en machteloosheid omdat het hem niet lukte het wiel los te krijgen, riep hij naar Arjuna: 'Wacht even met uw aanval tot ik mijn wiel heb losgekregen! Dat is toch het minste wat u kunt doen als edelmoedig man!'

Maar Krishna riep terug: 'Wie bent u om over edelmoedigheid te spreken? Het was niet bepaald een daad van edelmoedigheid toen u Draupadi voor het oog van vele aanwezigen aan haar haren een bijeenkomst binnensleepte, haar bijna al haar kleren afnam en haar bovendien nog beledigend toesprak. Of wat te denken van toen u alles afpakte van Yudhisthira door middel van Sakuni, die zo vals speelde als maar kon? Of toen u de

Pandava's hun koninkrijk weigerde, zelfs na hun dertien jaren van ballingschap? Of toen u de Pandava's er niet van weerhield het huis van lak binnen te gaan, terwijl u wist dat het zo brandgevaarlijk was? Nu wilt u een beroep doen op edelmoedigheid, maar toen was die bij u ver te zoeken.'

Beschaamd boog Karna het hoofd, maar hij gaf geen antwoord. Zijn lippen trilden van ingehouden drift en hij richtte opnieuw zijn pijlen op Arjuna. Eén van de pijlen trof Arjuna zo diep in de borst dat hij de macht over zijn arm verloor en de boog uit zijn handen liet vallen. Karna maakte van de situatie gebruik door nog eens te proberen zijn wiel los te krijgen, maar zijn poging mislukte. Het lot was tegen hem.

Intussen had Arjuna zijn kracht hervonden. Op aanraden van Krishna legde hij een pijl met een brede punt op zijn boogpees en daarmee schoot hij het vaandel van de Kaurava's naar beneden. Met dat vaandel viel de trots en de hoop van de Kaurava's neer en uit hun gelederen klonken luide jammerklachten op. De hoop op de uiteindelijke overwinning was helemaal verdwenen.

De volgende pijl die Arjuna afschoot en die hij voorzag van krachtige toverspreuken en zegeningen, trof Karna in zijn hals. Het hoofd van de machtige held viel op de aarde alsof het de bloedige zonneschijf bij zonsondergang was. Het enorme lichaam, dat bloedde uit talloze wonden, stortte neer als een rotsblok van rode kalksteen.

Toen hij viel, juichten alle Pandava's van vreugde en bliezen ze op hun hoorns, omdat Karna en zijn pijlen, die hun leger zo hadden uitgedund, nu eindelijk door Arjuna waren bedwongen.

Van beide legers kwam iedereen om de dode held heen staan, die daar lag als de zon die op de aarde was gevallen. Bij zijn aanblik werden sommigen vervuld van vreugde, anderen van angst en verdriet en weer anderen van nieuwsgierigheid.

Ook de natuur rouwde om de dood van Karna. De rivieren hielden op met stromen en de zon verbleekte. Een storm stak op en de golven van de zee bulderden naargeestig. De hemel werd donker, de aarde begon te schudden op haar grondvesten en de sterren vielen uit de hemel.

In het kamp van de Kaurava's was de verslagenheid enorm. Duryodhana huilde bittere tranen om de zoon van de wagenmenner en met smartelijke stem herhaalde hij voortdurend: 'Karna toch, arme Karna!'

De val van Duryodhana (Mah. IX 1-33, 55-58)

Die nacht probeerden Duryodhana's vrienden hem ervan te overtuigen dat hij vrede moest sluiten met zijn neven, want zoveel rampspoed als hun die dag was overkomen, wilde niemand meer. Duryodhana was echter niet voor rede vatbaar. Hij wist dat het allemaal al te ver was gegaan om ooit nog in vrede en vertrouwen met de Pandava's samen te leven. Hij kon er niet meer aan ontkomen dat hij, net als zovele van zijn vrienden die al gesneuveld waren, de dood zou vinden.

De nieuwe opperbevelhebber, Salya, begon de volgende ochtend de troepen in slagorde bijeen te brengen. Tijdens de slagen die volgden vochten de Kaurava's zo goed ze konden, maar het lot had zich tegen hen gekeerd en de Pandava's behaalden in bijna alle gevechten de overwinning. Evenals de dagen ervoor liep de strijd uit op een gruwelijke slachting. Meerdere malen probeerden de Kaurava's te vluchten, maar Salya wist hen steeds weer bij elkaar te roepen en tot nieuwe weerstand op te zwepen. Maar toen viel ook Salya.

Duryodhana wist in de wanhoop om zijn vernietigde leger niet meer wat hij moest doen. Hij zocht zijn toevlucht in een koele vijver. Met toverspreuken liet hij het water rondom hem verstijven en zo vonden de Pandava's hem na een tijdje.

'Kom uit het water, Duryodhana,' beval Yudhisthira hem. 'Wees een man en verdedig uzelf!'

Maar Duryodhana had geen energie meer om te vechten en hij antwoordde: 'Ik ben in deze vijver gaan schuilen om rust te zoeken, niet omdat ik bang ben. Kijk nou toch, ik ben al mijn vrienden kwijt. Ik accepteer mijn nederlaag en zal me terugtrekken in het woud.'

Maar Yudhisthira wilde hem nog een laatste kans geven. 'Als u nu uit het water komt en met één van ons de strijd aangaat, zal degene die wint regeren over het hele koninkrijk.'

Dat was een kans die Duryodhana niet kon laten lopen. Voor de laatste keer verzamelde hij zijn krachten en hulde zich in een gouden wapenrusting. Toen pakte hij een knots in zijn hand, want Bhima was zijn tegenstander.

Opnieuw ontspon zich een vreselijk gevecht. Zelfs nu hij zo uitgeput was, was Duryodhana een fantastisch strijder. Toch verbrijzelde Bhima uiteindelijk met een slag het linkerdijbeen van de koning. Duryodhana zonk in elkaar en door de helse pijn

duurde het niet lang voor hij de geest gaf.
Nu waren alle Kaurava's verslagen en kon de overwinning van de Pandava's door niemand meer worden betwist.

Verzoening. Verbranding van de doden (Mah. XI 10-27)

Toen de oude Dhrtarastra en zijn koningin Gandhari na de strijd de vlakte opkwamen waar al hun zonen de dood hadden gevonden, konden de Pandava's hen niet goed aankijken. Door hun eigen zware verliezen wisten ze maar al te goed welke diepe smart het bejaarde koningspaar op dat moment moest voelen. Voor Dhrtarastra en Gandhari was het erg moeilijk hun wraakgevoelens tegenover de Pandava's opzij te zetten, maar Krishna praatte lang en verstandig op hen in, zodat de twee partijen uiteindelijk toch tot een verzoening kwamen.
Vervolgens werden de lichamen van de gevallen krijgers plechtig verbrand. Na een tijd van afzondering[44] keerde iedereen terug naar Hastinapura.

Yudhisthira's zelfverwijt (Mah. XII)

In Hastinapura werd Yudhisthira plechtig tot koning gekroond, maar hij kon niet genieten van de duur bevochten overwinning. Hij werd geplaagd door wroeging over wat hij had gedaan.
Na afloop van de strijd had Kunti hem namelijk het geheim van Karna's afkomst verteld en toen Yudhisthira dat hoorde, had hij onmiddellijk beseft dat hij op onrechtvaardige wijze tegen zijn oudere broer had gevochten. Dat verweet hij zichzelf ten zeerste, ook al had hij er ten tijde van de strijd niets van geweten.

Bhisma vertelt (Mah. XIII)

Yudhisthira had wat afleiding nodig en Krishna bracht hem naar de gevallen held Bhisma op zijn pijlenbed, zodat die hem

---

44 In de hindoese religie worden verwanten van een dode een tijdlang als onrein beschouwd. Deze periode van onreinheid moet in afzondering worden doorgebracht.

wat kon opbeuren. Bhisma verwelkomde Yudhisthira hartelijk en met vriendelijke, verstandige woorden probeerde hij zijn gewetenswroeging te verzachten. De oude Bhisma gaf Yudhisthira vele wijze lessen en vertelde hem vele prachtige verhalen. Eén van die verhalen was het volgende.

De boom en de trouwe papegaai (Mah. XIII 5)

In het rijk van de koning van Kasi was eens een jager die op antilopenjacht ging. Hij nam een pijlenkoker met giftige pijlen met zich mee. Toen hij in het woud was aangekomen, trof hij al snel een kudde antilopen. Zorgvuldig legde hij een pijl aan en schoot, maar de pijl trof geen doel en kwam terecht in de stam van een grote boom. Het gif van de pijl drong in de boom en langzaam begon de boom af te sterven. Hij verloor al zijn bladeren en vruchten.

In een holte van die ongelukkige boom had een papegaai zijn nest gebouwd en in dat nest had hij al zijn hele leven gewoond. Hij was zo aan zijn plekje gehecht dat hij zelfs niet wegging toen de boom langzaam verdroogde. De trouwe vogel bleef verdrietig op zijn nest zitten zonder te bewegen en zonder te eten en samen met de boom stierf hij elke dag een beetje meer.

De standvastige vogel gaf blijkbaar zo weinig om geluk of ongeluk dat Indra's aandacht erdoor getrokken werd. Hij vond het wonderbaarlijk dat zo'n minderwaardig schepsel zulke edele, menselijke gevoelens had.

Indra nam de gedaante aan van een brahmaan en daalde af naar de vogel in de boom. 'Papegaai,' vroeg hij, 'waarom blijf je in deze dorre boom zitten?'

'Welkom, god der goden,' zei de papegaai met een buiging. 'Ik herken u omdat ik daar door mijn ascese de kracht voor heb gekregen.'

'Heel knap,' vond Indra met de duizend ogen, 'maar nogmaals, waarom verlaat je deze dorre boom niet? Hij draagt geen vrucht meer en is al zijn bladeren kwijt. Je kunt er niet meer in schuilen. Er zijn in dit grote woud toch genoeg andere mooie bomen die wel bladeren hebben om een beschut nest in te bouwen? Doe toch niet dwaas en zoek een andere boom om in te wonen.'

De goede papegaai zuchtte diep en antwoordde: 'Als u dat beveelt, zal ik moeten gehoorzamen. Maar u moet weten dat ik

in deze boom ben geboren, hier ben ik geworden wie ik ben, hier heb ik vaak veilig kunnen schuilen voor vijanden. Vraag me alstublieft niet mijn boom in de steek te laten. Toen hij nog goed was, heeft hij mij ook nooit in de steek gelaten.'
Toen zei Indra: 'Het doet mij genoegen dat je zo trouw bent. Je mag me om een gunst vragen.'
De papegaai aarzelde geen moment. 'Dan zou ik willen dat deze boom opnieuw ging leven!'
Indra besprenkelde de boom met amrta[45] en de boom begon direct zijn blad terug te krijgen. Ook groeide hij ontzettend. Hij werd hoog en kreeg een enorme omvang. Toen voor de trouwe papegaai de tijd was gekomen om te sterven, ging hij naar Indra in de hemel.
Dit verhaal toont aan dat iemand die omgaat met vrome, rechtvaardige wezens, daar altijd voordeel van heeft.

De koning, de duif en de valk (Mah. XIII 32)

Een mooie duif werd eens achtervolgd door een valk. Om aan hem te ontkomen dook hij naar beneden en zocht zijn toevlucht bij koning Usinara. De goede koning was geroerd toen hij zag dat de angstige duif bij hem op schoot bescherming had gezocht, en hij zei: 'Rustig maar, vogeltje, waar ben je zo bang voor? Je hebt zo hard gevlogen dat je meer dood dan levend bent. Wat ben je mooi, je veertjes zijn zo prachtig blauw als een lotusbloem en je ogen zo helder rood als de bloesems van de Asokaboom. Wees maar niet bang meer. Bij mij ben je veilig. Voor jou zou ik mijn hele koninkrijk opofferen en als het moest zelfs mijn leven!'
De valk was daar echter niet blij mee. 'Deze duif was voorbestemd om mijn voedsel te worden. U zou haar niet tegen mij in bescherming mogen nemen, koning. Ik heb grote moeite moeten doen om haar te achtervolgen en nu verlang ik naar haar vlees en bloed. Mijn ingewanden worden geteisterd door dorst en honger. Deze vogel is al van mij, want mijn vleugels en mijn klauwen hebben haar lijf al gekneusd en opengereten en ze haalt nauwelijks nog adem. U hebt misschien de macht om mensen in bescherming te nemen, maar u mag zich niet bemoei-

---

45 Amrta: vocht dat onsterfelijkheid verleent.

en met de vogels van het luchtruim, daar hebt u geen recht toe. Als u soms een betere plaats in de hemel denkt te kunnen verdienen door deze duif bescherming te bieden, zou u misschien ook eens aandacht aan mij kunnen schenken. Ik sterf bijna van de honger!'

De woorden van de valk zetten de koning wel aan het denken. Hij wilde de valk niet onrechtvaardig behandelen en daarom zei hij: 'Ik begrijp dat je moet eten. Ik zal vragen of men een os voor je slacht, of een zwijn of een ander dier, wat je maar wilt. Daar kun je ook je honger mee stillen. Ik kan iemand die mij om bescherming heeft gevraagd, nu eenmaal niet meer in de steek laten. De duif vertrouwt me, kijk maar hoe stil ze bij me zit.'

Maar de valk zei: 'Ik heb niets aan het vlees van ossen of zwijnen, want dat eet ik niet. Valken eten al sinds het begin der tijden duiven, zo is dat vastgelegd voor mijn soort. Maar als u zoveel om deze duif geeft, dan mag u mij ook vlees van uw eigen lichaam geven, evenveel als het gewicht van de duif.'

'Dat is geen groot offer voor mij,' zei de koning. 'Je zult krijgen waar je om vraagt.'

Nadat hij dit gezegd had, sneed hij stukken van zijn eigen vlees af die hij in een weegschaal legde om de juiste hoeveelheid te bepalen.

Intussen drong het gerucht van wat de koning aan het doen was, door tot in alle hoeken van het paleis. De vrouwen van de koning kwamen jammerend naar buiten lopen en de ministers en dienaren stemden met het geweeklaag in, zodat het overal in het paleis te horen was. Donkere wolken pakten zich samen boven het paleis en de aarde begon te trillen.

De koning had al stukken vlees afgesneden van zijn zijden, zijn armen en zijn dijen, maar de duif was nog steeds zwaarder. De koning bleef doorgaan met zichzelf verminken en uiteindelijk was er niet meer van hem over dan een bloederig geraamte. Toen stapte hij zelf op de weegschaal en had hij zijn hele lichaam voor de duif gegeven.

Dat was het moment waarop alle goden ten tonele kwamen. Hemels tromgeroffel weerklonk en een regen van amrta daalde op de goede koning Usinara neer. Hij werd bekranst door hemelse wezens die rondom hem zongen en dansten, en in een wagen die met schitterende edelstenen was versierd werd Usinara naar de hemel gebracht.

Oorsprong van zonnescherm en sandalen (Mah. XIII 95-97)

Lang geleden was er een heilige die Jamadagni heette en die zich elke dag meer bekwaamde in het boogschieten. Zijn echtgenote Renuka raapte altijd de pijlen op die hij had afgeschoten, en bracht ze naar hem terug.

Zo ook op een morgen van een snikhete dag. Jamadagni had al zijn pijlen verschoten en vroeg aan zijn lieftallige vrouw of zij ze voor hem wilde ophalen, zodat hij nog meer kon oefenen.

In de felle zon ging Renuka op weg, maar na een tijdje werd ze zo bevangen door de hitte en waren haar voeten zo verschroeid in het brandende zand, dat ze niet verder kon en even moest rusten in de schaduw van een boom. Ze durfde echter niet al te lang weg te blijven, want ze was bang dat haar man dan boos zou worden. Snel verzamelde ze de verspreid liggende pijlen en keerde naar huis terug. Met pijnlijke voeten en bevend van angst liep ze naar haar echtgenoot toe.

Op woedende toon vroeg de ongeruste Jamadagni aan zijn lieve en mooie vrouw: 'Waar ben je al die tijd gebleven, Renuka?'

'De stralen van de zon schenen zo fel op mijn hoofd en mijn voeten dat ik niet verder kon,' antwoordde ze. 'Ik moest even rusten in de schaduw van een boom. Dat is de reden dat ik zo laat ben. Wees alsjeblieft niet boos!'

In de roes van zijn bezorgdheid zei Jamadagni: 'De zon die jou met haar brandende stralen zo'n pijn heeft gedaan, zal ik vandaag nog vernietigen met mijn pijlen.' Hij pakte zijn pijlenkoker en zijn boog en met zijn gezicht naar de zon gekeerd volgde hij haar loop.

Toen de zonnegod Surya in de gaten kreeg dat hij bekeken werd, daalde hij naar Jamadagni af in de gedaante van een brahmaan. 'Waarom bent u zo kwaad op de zon?' vroeg hij. 'Doet de zon dan geen goed werk? Door de zon wordt het vocht van de aarde opgezogen, zodat het in de vorm van regen weer kan neerdalen. Die regen zorgt ervoor dat bladeren, groenten, fruit en kruiden tot wasdom komen, en daarmee voeden mens en dier zich weer. Niets kan zonder voedsel bestaan, dus welk voordeel denkt u te halen als u de zon vernietigt?'

Maar Jamadagni liet zich niet overtuigen door de wijze woorden van Surya en hij bleef bij zijn voornemen de zon te vernietigen.

Toen nam de zonnegod de gedaante aan van een andere brahmaan en opnieuw probeerde hij Jamadagni te laten inzien dat zijn plannen zinloos waren. 'U zult de zon niet kunnen treffen met uw pijlen, want de zon is voortdurend in beweging.'

Maar ook dit argument bracht Jamadagni niet op andere gedachten. 'Ik heb gehoord dat u elke dag rond het middaguur een ogenblik stilstaat. Dat is het moment waarop ik u zal vernietigen.'

'U spreekt mij direct aan, dat betekent dat u me hebt herkend,' zei Surya. 'Dan vraag ik u bij deze als smekeling om uw bescherming!'

Deze slimme list maakte de heilige Jamadagni aan het lachen. 'Als iemand om bescherming vraagt, kan men hem niet meer doden,' gaf hij toe. 'U hoeft niet langer bang te zijn dat ik mijn wapens tegen u zal opnemen. Maar uw stralen zijn nog steeds gevaarlijk. U moet een middel bedenken waarmee de mensen tegen uw brandende hitte beschermd kunnen worden.'

Surya kwam onmiddellijk met de oplossing en gaf Jamadagni een zonnescherm en een paar leren sandalen.

Ondertussen lag Bhisma nog steeds op zijn bed van pijlen, maar eindelijk begon de zon zich naar het noorden te keren. Hij zegende Yudhisthira en zijn broers en nadat hij afscheid van hen had genomen, steeg zijn ziel op naar de hemel. De Pandava's verbrandden zijn lijk op een plechtige manier en droegen heilige wateroffers op aan de Ganges. Toen keerden ze terug naar Hastinapura.

De ouden in het woud (Mah. XV 1-28)

De blinde Dhrtarastra woonde nog steeds in het koninklijke paleis en kreeg nog altijd de eerbied die hij verdiende als hoofd van het geslacht. De Pandava's waren hem zo toegewijd dat hij niet langer wrok tegen hen koesterde over alles wat er gebeurd was, maar van zijn neven ging houden alsof het zijn eigen zonen waren.

Toen er vijftien jaren verstreken waren, vond de oude koning het echter genoeg geweest en hij besloot samen met zijn vrouw hun laatste levensjaren in eenzaamheid door te brengen, zodat ze hun tijd konden besteden aan boete en gebed. Toen Dhrtarastra kenbaar had gemaakt wat hij en zijn vrouw van plan waren, besloot Kunti met hen mee te gaan, hoewel haar zonen het daar niet mee eens waren. Ook Vidura wilde zich uit de drukke wereld terugtrekken.

Toen al die oude, geliefde mensen vertrokken waren, bleef er een grote leegte achter aan het hof en in de stad. De burgers vroegen zich bezorgd af hoe die bejaarde mensen, die nooit anders hadden geleefd dan in weelde, zich zouden redden in het eenzame woud. De Pandava's misten hun moeder heel erg en daardoor hadden ze nergens meer plezier in. De zorgen voor het land, het gezelschap van vrouwen, het vergaren van kennis, niets gaf hun nog vreugde.

Op een gegeven moment konden ze de afwezigheid van hun dierbare oude familieleden niet langer verdragen en besloten ze hen op te zoeken in de eenzaamheid van het woud. Met een groot gevolg gingen ze op weg. Koning Yudhisthira reed voorop, omringd door brahmanen en zingende dichters, in een wagen waar een wit zonnescherm op was bevestigd. Na hem kwam Bhima, de zoon van de windgod. Hij was gezeten op een geweldig grote olifant en had een gespannen boog en allerlei wapens in zijn hand. De tweelingbroers Nakula en Sahadeva reden op snelle paarden en droegen maliënkolders en wapperende vaandels. De machtige Arjuna maakte de reis op zijn wagen met witte paarden ervoor.

Toen ze de Yamuna waren overgestoken, konden ze de hutten waar Dhrtarastra met de andere ouderen woonde, al zien liggen. De stoet van de Pandava's versnelde zijn pas en iedereen uitte luide kreten van vreugde.

Toen ze de kluizenaars dicht genoeg genaderd waren om de gezichten te kunnen onderscheiden, rende Sahadeva naar zijn moeder en viel huilend voor haar voeten neer. Ze trok hem weer overeind en kuste hem hartstochtelijk. Toen riep ze naar Gandhari dat Sahadeva was gekomen. Weer opkijkend zag ze dat ook haar andere zonen waren meegekomen. Iedereen pinkte een traantje weg bij het vreugdevolle weerzien. Iedereen die met de stoet was meegereisd ging om de oude koning heen staan, waardoor hij het gelukzalige gevoel kreeg dat hij terug was in zijn hoofdstad Hastinapura.

De Pandava's pakten de waterkruiken die hun moeder en de andere ouderen hadden gedragen, en zetten die op hun eigen schouders. Zo kwam de hele stoet aan bij de hutten van de oude kluizenaars.

Het weerzien met de doden (Mah. XV 29-33)

Een maand lang bleven de Pandava's bij het oude koningspaar en hun moeder Kunti en deelden ze alle aspecten van hun ascetische leven. Toen verscheen ook Vyasa, hun heilige grootvader, in het woud bij de kluizenaars. Ze verwelkomden hem met alle passende eerbied en boden hem een zitplaats aan die gemaakt was van gras met een zijden doek erover. Vyasa ging zitten en zei tegen Dhrtarastra: 'Ik weet dat het verdriet om uw verloren kinderen zo groot is dat u en uw vrouw Gandhari er erg onder gebukt gaan, evenals Kunti, Draupadi en vele anderen overigens. Door de zelfkwellingen die ik mijzelf jarenlang heb opgelegd, heb ik veel macht gekregen. Wellicht kan ik uw last verlichten. Vraag me wat u wilt en ik zal uw wens vervullen.'

'Uw komst alleen al heeft mij geluk gebracht, Vyasa,' antwoordde Dhrtarastra hem. 'Het is inderdaad zo dat ik steeds aan mijn geliefde kinderen denk. Wat ik vooral moeilijk te aanvaarden vind, is het onrecht dat mijn oudste zoon iedereen heeft aangedaan. Zijn heerszucht heeft immers bijna de hele aarde verwoest. Voor hem hebben Bhisma en Drona en zovele anderen het leven gelaten. Ik ben al mijn zonen kwijt, al mijn kleinzonen en vele goede vrienden. De gedachte aan hen laat me niet los en kwelt me dag en nacht.'

De vrouwen die deze woorden van de oude koning hoorden, kregen het opnieuw te kwaad. Koningin Gandhari vouwde haar handen in een smekend gebaar en zei tegen Vyasa: 'De koning kent al zestien jaar lang geen rust meer in zijn hart door de dood van zijn zonen. Hij ademt zwaar en zelfs slapen doet hem geen goed meer. Als u inderdaad wat voor hem zou kunnen doen, zou ik wensen dat hij zijn zonen nog één keer mocht zien! Maar ook wij vrouwen hebben ontzettend veel verloren in die afschuwelijke strijd. De smart van de weduwen die mijn honderd zonen hebben achtergelaten, maakt onze eigen smart nog dieper. Laat ons alstublieft nog eenmaal onze kinderen en mannen zien, dan hoeven we niet langer bedroefd te zijn!'

Toen Kunti hoorde wat Gandhari zei, werd de pijn om haar zoon van de zonnegod, de zoon die ze eigenlijk nooit echt had gekend, weer opgeroepen en ook zij smeekte de heilige Vyasa of hij de wens van Gandhari wilde vervullen.

Toen zei Vyasa: 'Ik wist dat dit jullie wens zou zijn. En ik beloof dat jullie allemaal je dierbaren en geliefden zullen terugzien. Jullie hoeven niet bedroefd te zijn om hun lot. Het heeft allemaal zo moeten zijn. Alle grote helden die in de vreselijke oorlog hebben gestreden, waren mensen in wie een deel van een goddelijk wezen was neergedaald. Dhrtarastra hier is een Gandharva-koning[46], Yudhisthira heeft een deel van Dharma[47] in zich, Bhima behoort tot de Maruts[48], Arjuna is Nara[49] en de tweelingbroers zijn in wezen de Asvins. Karna had de helft van de zonnegod in zich, de andere helft bleef de hemel en aarde verlichten met zijn stralen. Duryodhana was een incarnatie van Kali en Sakuni van Dvapara[50]. Het enige wat er gebeurd is, is dat deze godheden hun taak op aarde hebben uitgevoerd en daarna zijn teruggekeerd naar de hemel.

Laat me jullie smart verzachten. Aan de oever van de rivier de Ganges zullen jullie iedereen terugzien die op het slagveld van Kuruksetra is gevallen.'

En dus gingen ze met z'n allen naar de oever van de rivier, waar ze gezamenlijk op de nacht bleven wachten, het tijdstip waarop ze de doden weer zouden ontmoeten.

Het leek een eeuwigheid te duren, maar eindelijk viel de avond. Ze verrichtten de plechtigheden die op dat uur van de dag voldaan moesten worden, waarna Vyasa het heilige water van de Ganges in liep. Daar riep hij alle doden van beide legerkampen op zich te vertonen. Uit het water weerklonk een luid geraas, alsof de beide legers nog steeds aan het vechten waren, en toen kwamen ze bij duizenden tegelijk uit het water te voorschijn. Daar kwamen Bhisma en Drona en Draupadi's zonen en Karna, Duryodhana, Sikhandin en Duhsasana. En achter hen volgde een geweldige stoet van alle bondgenoten en strijdknechten. Iedereen droeg zijn kleren, wapens en vaandels en kwam te paard of met een wagen. Het leek wel of het vroegere slagveld weer tot leven kwam, maar deze keer was er van vijandschap of hoogmoed geen sprake. Niemand haatte elkaar. Dhrtarastra had van Vyasa een bovennatuurlijk gezichtsvermogen gekregen en hij kon zijn kinderen nu voor het eerst echt bekijken.

Alle aanwezigen staarden met grote ogen van verbazing en ont-

---

[46] Ghandarva's: hemelse muzikanten.
[47] Dharma: god van de gerechtigheid.
[48] De Maruts: de goden van de wind.
[49] Nara: verschijningsvorm van Vishnu.
[50] Kali en Dvapara: personificaties van het ongeluk in het spel.

zetting naar het buitengewone schouwspel. De doden en de levenden begonnen door elkaar te lopen en oude vijanden verzoenden zich met elkaar. Die nacht beleefde iedereen een gevoel van groot geluk. Er was geen pijn meer, geen angst of wantrouwen en geen verwijt. Iedereen genoot ongestoord van het bijzondere samenzijn.

Toen de ochtend aanbrak, omhelsde iedereen elkaar en keerden de doden naar hun rijk terug. In een oogwenk was de hele stoet uit het zicht verdwenen. Vyasa gaf vele weduwen het advies zich in de Ganges te werpen, zodat ze met hun echtgenoten verenigd konden worden. Degenen die achterbleven, vonden troost en kracht in de verzoening die had plaatsgevonden.

De Pandava's besloten ook terug te keren naar Hastinapura en namen innig afscheid van Dhrtarastra, Gandhari en hun moeder Kunti. Toen gingen ze samen met hun vrouwen en het hele gevolg op weg.

De dood van de ouderen (Mah. XV 37-39)

Twee jaar later verscheen de heilige Narada in Hastinapura om Yudhisthira te bezoeken. Na de hartelijke begroeting tussen hen beiden zei Narada: 'Koning, ik moet u iets vertellen. Blijf kalm en luister.

Toen u en uw gevolg Dhrtarastra, Gandhari en Kunti hadden verlaten, bleven die oude mensen aan de oevers van de Ganges volharden in hun ascetische leven. Koning Dhrtarastra had zijn mond vol met kiezelsteentjes en at niets meer. Hij leefde slechts van de lucht en zei geen woord meer. Gandhari dronk alleen water, maar at ook niets meer. Kunti at slechts één keer in de maand en zo trokken ze rond in de bossen rond de Ganges.

Op een avond zaten ze weer aan de oever van de heilige rivier. Ze hadden net een heerlijk bad genomen toen er plotseling een felle wind opstak. Rond de vuren die door priesters brandende werden gehouden voor de oude koning, stonden bomen en die vatten vlam. Binnen de kortste keren woedde er een hevige bosbrand. In de vlammen vonden vele dieren de dood en complete kudden wilde zwijnen zochten hun toevlucht bij het water.

Verzwakt als ze waren door het lange vasten, hadden de oude koning en de beide vrouwen de kracht niet meer om een veilig heenkomen te zoeken. Dhrtarastra wendde zijn gezicht naar het oosten en bleef geduldig zitten wachten op het einde. Kunti en Gandhari zaten naast hem en zo ontnamen de vlammen hun uiteindelijk het leven.

Wees niet bedroefd, Yudhisthira, ze zijn immers gedood door het heilige vuur.'

Maar dat was gemakkelijker gezegd dan gedaan. Het droevige nieuws bracht niet alleen Yudhisthira aan het huilen, maar ook de andere Pandava's en zelfs de hele stad. Overal waren de luide jammerklachten te horen.

Met z'n allen gingen ze naar de oevers van de Ganges, waar ze een reinigend bad namen en plengoffers opdroegen voor de doden. De stoffelijke resten van Dhrtarastra, Gandhari en Kunti werden opgehaald door een aantal betrouwbare mannen en toen konden ze alsnog volgens de heilige gebruiken worden verbrand. Ook de dodenoffers konden toen worden volbracht door Yudhisthira.

Vanaf dat moment was Yudhisthira zijn levensvreugde echter kwijt en zijn functie als koning was hem meer een last dan een lust.

Het einde van de Pandava's (Mah. XVII 1-2)

Op een kwade dag werd ook Krishna door de goden teruggeroepen naar de hemel. Toen hadden de Pandava's het gevoel dat ze hun laatste vriend kwijt waren. De wereld was leeg en somber in hun ogen en ze besloten de regering over te dragen aan hun opvolgers. Samen met Draupadi wilden ze zich terugtrekken uit het gewone leven en daarom trokken ze hun mooie kleren uit, deden hun sieraden af en hulden zichzelf in boomschors.

Yudhisthira liep voorop tijdens deze laatste reis. Achter hem volgden Bhima en Arjuna, de tweeling en Draupadi. Als laatste in de rij kwam de trouwe hond van Yudhisthira.

Vanuit Hastinapura gingen ze eerst naar het oosten, totdat ze de kust van de zee bereikten. Daarvandaan keerden ze hun schreden naar het zuiden. Ze bleven de kust volgen, eerst met een bocht naar het zuidwesten, toen naar het westen en uiteindelijk naar het noorden. Op een gegeven moment kwamen ze terecht bij het ontzaglijke Himalayagebergte. Daar trokken ze overheen en toen bereikten ze een uitgestrekte zandwoestijn, waar ze de enorme berg Meru zagen oprijzen, de allerhoogste berg ter wereld.

Draupadi was de eerste die aan het einde van haar krachten was. Ze zakte uitgeput neer. Ze stierf even later, omdat ze in haar leven de zonde had begaan meer van Arjuna te houden dan van de anderen. De volgende die bezweek was Sahadeva. Zijn fout was geweest dat hij had gedacht dat niemand slimmer was dan hij. Niet lang daarna overleed Nakula, want hij had gedacht dat niemand mooier was dan hij. Op een gegeven moment ging ook Arjuna heen, omdat hij de hoogmoed had gehad te zeggen dat hij al hun vijanden in één dag zou verslaan èn omdat hij van mening was geweest dat hij de beste boog-schutter was. Als één na laatste zakte Bhima door zijn benen, want hij was in zijn leven altijd een schrokop geweest en had nooit aan anderen gedacht als hij aan het eten was.

Toen was alleen Yudhisthira nog over. Zonder om te kijken liep hij verder, slechts vergezeld door zijn trouwe hond.

Plotseling klonk er een donderend geraas rondom Yudhisthira. Het volgende ogenblik verscheen Indra op zijn godenwagen en hij vroeg de eenzame Yudhisthira of hij met hem mee wilde gaan naar de hemel. Maar de enige overgebleven Pandava had een voorwaarde, namelijk dat ook zijn broers en de mooie Draupadi met hem mee mochten komen. 'Zonder hen wil ik niet opstijgen naar de hemel.'

'Uw broers en Draupadi zijn u al voorgegaan naar de hemel toen zij hun sterfelijk lichaam verlieten,' zei Indra. 'Maar u nodig ik uit naar de hemel te gaan in uw menselijke lichaam.'

Yudhisthira en zijn hond (Mah. XVII 3)

Yudhisthira keek naar zijn hond en zei: 'Deze hond is zo aan mij gehecht, ik zou niet zonder hem naar de hemel kunnen gaan.'

'U hebt zojuist de onsterfelijkheid aangeboden gekregen, even-als alle gelukzaligheden van de hemel,' reageerde Indra niet-begrijpend, 'en u wilt dat aanbod afslaan? Laat die hond toch achter.'

Maar Yudhisthira hield voet bij stuk: 'Als ik dat geluk alleen kan verkrijgen door deze hond, die zo aan mij gehecht is, alleen te laten, verlang ik dat niet.'

'Maar in de hemel worden geen honden opgenomen,' zei Indra. 'U hebt toch ook uw broers en uw vrouw achtergelaten? Waarom moet die hond nu zo nodig mee?'

'Mijn broers en Draupadi waren dood toen ik hen achterliet,' antwoordde Yudhisthira, 'maar deze hond is nog in leven en heeft mijn bescherming nodig. Ik wil dit trouwe dier echt niet in de steek laten.'

Toen hij dit gezegd had, veranderde de hond van gedaante en Dharma, de god van de gerechtigheid, kwam eruit te voorschijn. Dharma had diepe bewondering voor de standvastigheid van zijn zoon Yudhisthira, die een aanhankelijk wezen niet in de steek wilde laten, zelfs als hij daarvoor zijn plaats in de hemel moest opgeven.

Omringd door goden werd Yudhisthira naar de hemel gebracht en de lucht schitterde van zijn uitstraling. Deze laatste Pandava is de enige persoon die ooit in zijn menselijke lichaam in de hemel is opgenomen.

Yudhisthira's hellevaart (Mah. XVIII 1-3)

Eenmaal in de hemel aangekomen keek Yudhisthira nieuwsgierig rond, maar hij zag zijn broers en Draupadi nergens. Wie hij wel zag, was Duryodhana, die op een troon zat en straalde van geluk.

Toen hij dat zag, werd hij woedend en hij draaide zich met een ruk om. 'Ik wil niet samen met Duryodhana in oorden van gelukzaligheid wonen,' zei hij tegen de heilige Narada. 'Hij is degene geweest die de dood van zoveel vrienden en familieleden heeft veroorzaakt, die Draupadi zo diep heeft vernederd. Ik wil hem niet zien! Ik wil naar mijn broers toe!'

Glimlachend probeerde de heilige Narada hem te kalmeren: 'Maar Yudhisthira, u bent hier in de hemel en daar is alle vijandschap verleden tijd. Duryodhana is gestorven als een held en hij verdient zijn plaats in de hemel net zoveel als u. U zou zich het onrecht uit uw aardse leven niet mogen herinneren.'

Maar Yudhisthira bleef koppig. 'Als onrechtvaardige en zondige helden als Duryodhana in dit oord een plaats krijgen, dan wil ik nu weten in welke streken mijn goede broers Draupadi en de heldhaftige Karna verblijven, samen met zoveel andere dappere vrienden! Dit kan niet de hemel zijn, die had ik me heel anders voorgesteld.' De goden stelden hem een begeleider ter beschikking die hem naar zijn broers en zijn vrienden zou brengen.

Het pad dat hij moest nemen om zijn doel te bereiken, was moeilijk en duister en hij glibberde over het dompige mos. Het pad was modderig van bloed en vergane stukken vlees en overal hing de stank van zonde. Boven het pad gonsden talloze horzels, bijen en muggen en er dwaalden hongerige beren rond, op zoek naar prooi. Hier en daar lagen half vergane en verminkte lijken en aan beide zijden van het afschuwelijke pad brandde een laaiend vuur.

Yudhisthira liep verder en verder en onderweg keek hij zijn ogen uit. Zo zag hij een rivier waar kokend water in stroomde, zodat het bijna onmogelijk was die over te steken, en een woud vol bomen met vlijmscherpe messen en zwaarden als bladeren. Hij zag gloeiende witte zandvlakten en rotsen van ijzer, waaromheen ijzeren vaten met kokende olie stonden. Waar hij ook keek, zag hij de kwellingen waaraan de zondaars onderworpen waren.

Yudhisthira kon het niet langer aanzien en vervuld van walging wilde hij die vreselijke plaats verlaten, maar juist op dat moment waren er klaaglijke stemmen te horen die hem van alle kanten toeriepen: 'Zoon van Pandu, blijf nog even, doe het voor ons. Uw nabijheid heeft hier een verfrissend windje laten waaien, het verzacht onze kwellingen een beetje.'

Onmiddellijk bleef Yudhisthira staan, want die stemmen klonken hem bekend in de oren. 'Wie zijn jullie?' vroeg hij.

Van alle kanten kreeg hij antwoord: 'Ik ben Karna!' 'Ik ben Bhima!' 'Ik ben Arjuna!' 'Ik ben Nakula!' 'Ik ben Sahadeva!' En een wat hogere stem: 'Ik ben Draupadi!'

'Is dit een afschuwelijke droom of is dit de werkelijkheid?' riep Yudhisthira uit. Tegen zijn begeleider snauwde hij: 'Ga terug naar waar u vandaan komt, en zeg daar tegen de goden dat ik hier zal blijven. Ik kom niet terug, want mijn aanwezigheid helpt mijn broers enigszins hun kwellingen te doorstaan.'

De hemelse bode ging terug en bracht de boze woorden van Yudhisthira over aan de goden. De goden besloten direct naar Yudhisthira toe te gaan. Toen ze dichterbij kwamen, verdween de duisternis waarin het oord gehuld was geweest, en waren er niet langer kwellingen van zondaars te zien. Alles wat zo angstaanjagend en afschuwelijk was geweest, was van het ene op het andere moment verdwenen. Er begon een zacht briesje te waaien dat heerlijke geuren met zich meedroeg.

Toen zei Indra sussend tegen Yudhisthira: 'Voor u boos wordt, moet u eerst even luisteren naar wat ik u te zeggen heb. Iedereen, niemand uitgezonderd, moet vroeg of laat de hel aanschouwen. Degene die eerst van de beloning voor zijn goede daden geniet, moet later de martelingen van de hel verduren. Maar iemand die eerst een tijd in de hel doorbrengt, mag daarna in de hemel de beloning voor zijn weldaden beleven. Het is een grotere kwelling eerst in de hemel te genieten en daarna te lijden in de hel. Daarom is dit de volgorde die grote zondaars krijgen. Maar u bent goed geweest en ik ben u welgezind, Yudhisthira. Daarom mag u eerst de kwellingen van de hel meemaken. Die tijd in de hel is het gevolg van uw verraad jegens Drona, toen u hem vertelde dat zijn zoon gesneuveld was. Uw broers en Draupadi hebben om soortgelijke redenen de hel moeten aanschouwen. Maar inmiddels is iedereen gezuiverd van zijn zonden en kan de tijd in de hemel beginnen. Kom, edele zoon uit het geslacht van Bharata, en ontmoet uw vrienden! Om van alle aardse gevoelens bevrijd te worden moet u een bad nemen in het water van de heilige rivier, want dat water reinigt de drie werelden[51].'

De zaligheid van de Pandava's (Mah. XVIII 4)

Yudhisthira nam inderdaad een bad in de heilige, zuiverende rivier de Ganges en daarna legde hij zijn menselijke lichaam af. In zijn nieuwe, hemelse gedaante ging hij de hemel binnen, omringd door goden. Daar zag hij al zijn broers en vrienden terug, evenals zijn geliefde Draupadi, die allemaal een goddelijke gedaante hadden gekregen.

---

[51] De heilige rivier de Ganges had drie vertakkingen: één in de hemel, één op aarde en één in de onderwereld.

Het Ramayana

Inleiding

Het *Ramayana* is vergeleken bij het *Mahabharata* maar zeer bescheiden van omvang; het is ruim vier keer zo klein. Toch telt het verhaal nog 24.000 sloka's en daar is de lezer best even zoet mee.

De kern van het verhaal is waarschijnlijk nog ouder dan het *Mahabharata* in zijn oudste vorm, want in die oudste gedeelten van het *Mahabharata* komt ook de geschiedenis van Rama voor en is een aantal regels exact zo opgenomen als ze in het *Ramayana* voorkomen.

De kern van het *Ramayana* is nog voor 500 voor Christus ontstaan. Deze kern wordt gevormd door de boeken II-VI. Het eerste en zevende boek zijn er waarschijnlijk later, na de opkomst van verschillende sekten bij de hindoes, bijgeschreven door een vereerder van Vishnu. In deze twee boeken wordt Rama namelijk voorgesteld als een gedeeltelijke incarnatie van Vishnu, waardoor het hele gedicht een hulde wordt aan deze god. Dat het *Ramayana* zo bekend en geliefd is onder de hindoes en door hen als een heilig boek wordt beschouwd, is mede te danken aan deze verandering door de Vishnu-vereerder.

De oude kern van het *Ramayana* moet het werk zijn van één dichter. Die man leefde aan het hof van Ayodhya, meer dan 500 jaar voor Christus. Hij heeft de geschiedenis van Rama en de verhalen er omheen niet helemaal verzonnen. Net als het *Mahabharata* is het *Ramayana* op oude overlevering gebaseerd. In Kosala, het land waarvan Ayodhya de hoofdstad was, moeten verschillende epische verhalen over Rama de ronde hebben gedaan. Die ene dichter heeft die verhalen toen, aangevuld en opgesierd met vele oude legenden en vertelsels, aaneengesmeed tot een lopend verhaal.

163

Ook het *Ramayana* is een raamvertelling. In het *Ramayana* wordt de dichter vermeld als Valmiki, de vriend van Dasaratha. Hij zou het verhaal aan Rama zelf hebben laten voordragen door de zonen van Sita, Kusa en Lava. Aan deze dichter wordt de uitvinding van de sloka toegeschreven en hij wordt gezien als de eerste bewuste dichter, de eerste van de zogeheten kunstdichters. Het *Ramayana* kan dan ook beschouwd worden als een kunstepos, in tegenstelling tot het *Mahabharata*, dat een echt volksepos is.

Het feit dat het *Ramayana* zeer waarschijnlijk in hofkringen is ontstaan en dat het door één enkele dichter tot een geheel is gesmeed, verklaart waarom het werk zo'n rust en verfijning uitstraalt. Hierdoor lijkt het ook jonger dan de oudste gedeelten van het *Mahabharata*, die groots zijn op een ruwe en onbeholpen manier. In het *Ramayana* is meer hoofsheid terug te vinden en staat de ridderlijke deugd in hoog aanzien, evenals de trouw aan een eenmaal gegeven woord, zonder daarbij op de gevolgen te letten. In het *Mahabharata* draait het meer om ruwe kracht, levendigheid en werkelijkheidszin. In het *Ramayana* worden de feiten bij elkaar gehouden door ideeën en is de verhaallijn van die ideeën doortrokken; in het *Mahabharata* is dat niet het geval. Zoals de naam al zegt, is het *Ramayana* de geschiedenis van Rama, de zoon van Dasaratha en koning van Kosala. In het eerste gedeelte van het epos lezen we hoe Rama omwille van zijn vader voor een periode van veertien jaar afstand doet van de troon. Zijn broer Bharata krijgt de regering en hij zelf gaat in ballingschap. In het tweede gedeelte wordt verslag gedaan van Rama's leven in het woud samen met zijn vrouw Sita en zijn broer Laksmana, van hoe Sita werd weggeroofd door de boze demon Ravana en hoe Rama haar met behulp van de apen heroverde. Ook wordt verteld van haar verstoting door Rama, die haar opofferde en daarmee haar en zichzelf ongelukkig maakte, maar die dat liever deed dan dat de zeden onder zijn volk zouden verslappen.

Rama's geboorte en jeugd (Ram. I 5-30)

In het rijk Kosala, dat ten noorden van de heilige Ganges lag, regeerde eens een machtige koning, Dasaratha geheten. Hij was wijs en rechtvaardig en heerste met een soort vaderlijke goedheid over zijn volk. Zijn zetel had hij in de mooie stad Ayodhya[52], die met haar torens uitkeek over de dichtbij gelegen Ganges. De burgers kenden rijkdom en vele zegeningen en leefden hulpvaardig en trouw aan de waarheid. Van onderling bedrog was geen sprake, evenmin als van jaloezie, achterdocht of ontrouw in daad of gedachte. Het huwelijk werd als heilig beschouwd, de vrouwen waren deugdzaam, charmant en verstandig. Men vergat nooit de goden te eren en iedereen deed wat zijn plicht was overeenkomstig zijn kaste en beroep, tevreden met zijn positie en eerbiedig tegenover zijn meerderen. Het krijgsvolk hield de wacht op de muren als een leeuw die zijn hol bewaakt, kortom, de bloeiende stad kende veiligheid en vrede.

Toch was koning Dasaratha niet gelukkig, want het ontbrak hem aan een zoon. Hij had zichzelf al vele kwellingen opgelegd om de goden een zoon af te dwingen, maar het was niet gelukt. Uiteindelijk nam hij zijn toevlucht tot een zeer kostbaar, maar ook zeer krachtig middel: hij liet zijn beide huispriesters, Vasistha en Vamadeva, samen met vele andere brahmanen de voorbereidingen treffen voor een paardenoffer. Toen alles tot in de puntjes was voorbereid, vond het offer plaats onder groot ceremonieel en grote feestvreugde.

De goden hadden echter juist op dat moment met een probleem te maken. Er was een raksasa[53], Ravana genaamd, die zulke streken uithaalde dat hun leven erdoor vergald werd. Ze konden hem niet doden, want hij was, toen hij Brahma eens om een gunst mocht vragen, onkwetsbaar gemaakt voor goden, gandharva's[54], yaksa's[55] en raksasa's. Daarom gingen de goden nu naar Brahma met de klacht dat ze zich niet tegen Ravana konden verdedigen, en ze vroegen Brahma om raad.

Brahma antwoordde: 'In zijn overmoed is Ravana vergeten mij onkwetsbaarheid tegen aanvallen van mensen te vragen. Alleen een mens kan hem verslaan en dat zal ook gebeuren.'

Het toeval wilde dat juist de grote god Vishnu voorbijkwam met zijn knots, werpschijf en hoornschelp in zijn handen. Hij ging gekleed in gele gewaden en reed op de vogel Garuda[56]. De

52 Ayodhya: de onneembare.
53 Raksasa: een soort boze demon.
54 Gandharva: een goddelijke muzikant.
55 Yaksa: iets soortgelijks als een raksasa.
56 Garuda: mythische vogel, het rijdier van Vishnu.

goden brachten hem hun hulde en smeekten hem in menselijke gedaante op aarde geboren te worden, zodat hij de lastige en ontembare Ravana kon verslaan. Vishnu ging akkoord en besloot als zoon van Dasaratha geboren te worden. Met het uiterlijk van een vlammende tijger verscheen hij in het offervuur van Dasaratha en zei tegen hem: 'Ik ben een boodschapper van de goden en geef u de opdracht deze in melk gekookte rijst te nemen en die onder uw vrouwen te verdelen.'

Koning Dasaratha had drie vrouwen: de deugdzame Kausalya, de jonge en mooie Kaikeyi en de zachtzinnige Sumitra. Kausalya kreeg de eerste portie rijstepap, Sumitra kreeg de tweede en daarna kreeg Kaikeyi nog een portie. Er bleef nog wat over en dat besloot hij aan Sumitra te geven. De rijst had inderdaad effect. Negen maanden later baarden de vrouwen van Dasaratha hem vier zonen. Kausalya schonk hem Rama, Kaikeyi gaf het leven aan Bharata en Sumitra baarde Laksmana en Satrughna. Alle vier de jongens waren incarnaties van Vishnu.

De vier prinsen groeiden op tot dappere en deugdzame jongemannen, maar Rama overtrof zijn broers uiteindelijk in alles. Hij werd door het volk verafgood en was de lieveling van zijn vader. Hij had zich verdiept in de Veda-geschriften, maar was even vaardig met paarden, olifanten en strijdwagens. Bovendien was hij charmant gezelschap bij feestelijkheden aan het hof. Zijn broer Laksmana volgde hem overal op de voet, was altijd bereid hem te helpen en deelde lief en leed met hem. Bharata werd op dezelfde manier gevolgd en gediend door Satrughna.

Op zekere dag arriveerde er een groot heilige in de stad, Visvamitra geheten. Visvamitra was van zijn kluizenarij in het woud naar Dasaratha gekomen om hem om hulp te vragen. Hij werd namelijk lastiggevallen door twee boze raksasa's, Marica en Subahu. Die raksasa's verstoorden voortdurend zijn offers en ontwijdden zijn heilige vuur, waarbij ze gesteund werden door Ravana. Visvamitra was ervan overtuigd dat alleen Rama die nare kwelgeesten zou kunnen verslaan, en hij smeekte Dasaratha of hij zijn oudste zoon enige tijd met zich mee zou kunnen krijgen.

Aanvankelijk was Dasaratha erg blij en vereerd geweest met het bezoek van de heilige man, maar toen hij hoorde waarvoor hij kwam, werd hij somber en dodelijk bedroefd. Hij vond het afschuwelijk dat hij zijn dierbaarste zoon zo lang zou moeten missen en dat hij zulke gevaren zou moeten trotseren. Maar hij kon de heilige Visvamitra zijn verzoek niet weigeren.

Nadat hij de zegen van zijn vader had gekregen, ging Rama opgewekt met Visvamitra mee, samen met zijn trouwe broer Laksmana. Visvamitra liep voorop en achter hem kwamen de twee broers. Ze hadden zwaarden en bogen bij zich die versierd waren met glanzende edelstenen en ze droegen leren arm- en vingerbescherming. Ze leken wel twee heldere vlammen en ook Vismamitra deelde in hun glans.

Eenmaal aangekomen in de kluizenarij begon Visvamitra onmiddellijk aan de voorbereidingen voor een groot tiendaags offer, samen met zijn priesters. Maar ze waren nog maar nauwelijks begonnen met het opdragen van het offer of daar kwamen de raksasa's aangevlogen. Hun gedaanten waren als regenwolken die het licht aan de hemel tegenhielden, maar Rama stapte dapper naar voren en verwondde Marica en Subahu, waarna ze op de vlucht sloegen. Hun volgelingen werden eveneens gedood en toen konden de priesters eindelijk hun offer tot een goed einde brengen.

Rama bleef ook na de heilige handelingen bij Visvamitra om zijn verdere wensen af te wachten.

Rama's huwelijk (Ram. I 50, 66-70, 73, 77)

Niet ver van de hoofdstad Ayodhya lag een andere grote stad, Mithila genaamd, die de hoofdstad was van het land van de Videha's. In dat rijk regeerde koning Janaka.

Toen koning Janaka op een dag het land aan het ploegen was, was uit één van de voren een meisje verrezen. Dat meisje had hij Sita genoemd en hij beschouwde haar als zijn eigen dochter. Sita was opgegroeid tot een zeldzaam mooie en charmante jonge vrouw en de tijd was gekomen dat ze haar svayamvara zou houden.

De heilige Visvamitra was hiervan op de hoogte en toen het tiendaagse offer zonder verdere problemen was volbracht, nam hij de jonge prinsen mee naar de svayamvara van Sita.

Degene die de enorme Shiva-boog zou kunnen spannen die één van Janaka's voorvaderen van de grote god had gekregen, zou de mooie Sita winnen. Dat was de opdracht die Sita's vader had bepaald. Van heinde en verre waren vele dappere en sterke prinsen toegestroomd, maar alle waren na een mislukte poging om de boog te spannen weer uit Videha vertrokken. Toen arriveerde Visvamitra met zijn jeugdige vrienden, die hij vol trots naar Janaka bracht. 'Vorst van Videha,' zei hij, 'breng de Shiva-boog hier voor prins Rama, zodat hij een poging kan wagen!'

Op bevel van koning Janaka werd de boog gehaald. Er waren vijfduizend sterke mannen nodig om de ijzeren wagen waarop de zware Shiva-boog lag, voort te duwen. De boog en de achtwielige wagen waren overdadig versierd met bloemenslingers. Onder veel geraas werd de wagen tot voor koning Janaka gereden.

Rama deed een paar passen naar voren en schoof de bloemversierselen opzij. Verheugd en vol zelfvertrouwen keek hij naar de geweldige boog die daar lag. De koning en de heilige Visvamitra knikten hem instemmend toe en Rama tilde de boog met een aanzienlijk gemak uit de wagen, tot stomme verbazing van de vorsten die waren blijven kijken. Met kalme elegantie hield hij de boog omhoog, spande hem, trok de pees krachtig naar beneden en... de boog knapte. Met een knal als van een donderslag sprong hij in tweeën en de dreun weergalmde door de heuvels en liet de aarde beven.

De toekijkende vorsten waren van schrik flauwgevallen en met bleke gezichten kwamen ze nu langzaam weer bij. Diep onder de indruk zei Janaka tegen Visvamitra: 'Ik heb met eigen ogen gezien dat Rama de bijna onmogelijke taak heeft volbracht, en ik zal mijn belofte houden. Mijn dochter Sita, mijn trots en mooiste parel, die me liever is dan mijn eigen leven, zal de vrouw van Rama worden!'

Toen stuurde hij een paar snelle boodschappers naar Ayodhya om Dasaratha te vertellen over Rama's heldendaad en hem uit te nodigen voor de huwelijksvoltrekking.

Met een groot gevolg reisde Dasaratha, samen met zijn beide andere zonen, zo snel hij kon naar de hoofdstad van Videha. Na een reis van vier dagen kwam hij aan en hij werd hartelijk verwelkomd door Janaka en alle inwoners van de stad. Janaka, Dasaratha en de vier jonge prinsen spraken de hele avond op vrolijke toon met elkaar en samen verrichtten ze de avondplechtigheden. Toen ze gingen slapen, was hun hart blij en hoopvol gestemd voor de komende dag. De sterren waakten over hen boven de torens van Mithila.

De volgende morgen werd in alle vroegte alles voor de huwelijksplechtigheid klaargemaakt en Vasistha, een heilige priester uit het gezelschap van Dasaratha, kreeg van Janaka de opdracht de ceremonie te leiden.

Bijgestaan door Vasistha, die heilige spreuken over haar uitsprak, schreed de mooie en verlegen Sita langzaam naar de offerplaats, terwijl de trotse en mannelijke Rama door Janaka tegenover haar werd neergezet.

Toen zei de koning van Videha tegen Rama: 'Sita, mijn dochter, zal uw echtgenote zijn. Neem haar bij de hand en wees gelukkig! Ik hoop dat ze voor u een trouwe echtgenote zal zijn, geliefd boven al het andere, en dat ze u overal zal volgen als uw schaduw!'

Ook Sita's jongere zusje Urmila was bij de plechtigheid aanwezig en Janaka wendde zich tot haar en gaf haar aan Laksmana tot vrouw. Zijn nichtjes Mandavi en Srutakirti werden als echtgenotes weggegeven aan de rechtvaardige Bharata en Satrughna. En zo hadden alle vier de jonge prinsen een meisje tot vrouw gekregen. Terwijl ze hun kersverse bruiden bij de hand hielden, sprak Vasistha heilige en zegenbrengende spreuken over hen uit. Toen liepen ze met hun vrouwen om het helder brandende offervuur en de heilige priesters heen, terwijl uit de hemel een regen van bloemen neerdaalde en de frisse lucht vervuld werd door de klanken van een hemelse muziek.

Nadat de vier huwelijken gesloten waren, reisde Dasaratha samen met zijn zonen en schoondochters terug naar Ayodhya. In de prachtig versierde hoofdstad werden ze ingehaald door trommels en trompetten en Kausalya, Kaikeyi en Sumitra heetten hun jorge schoondochters hartelijk welkom. Toen de drukte van de thuiskomst achter de rug was en de rust was weergekeerd, konden de vier zonen van Dasaratha zich niet anders dan gelukkig voelen.

Enige tijd later kwam er een broer van koningin Kaikeyi, die Yudhajit heette, naar Ayodhya met een verzoek voor Dasaratha van zijn vader. Die wilde namelijk vragen of Bharata, de zoon van Kaikeyi, voor een korte tijd naar zijn land mocht komen, want hij verlangde er erg naar zijn kleinzoon te zien.

Koning Dasaratha stemde toe en prins Bharata en zijn trouwe broer Satrughna namen hartelijk afscheid van hun ouders, hun broers, hun jonge vrouwen en hun vrienden. Toen vertrokken ze onder leiding van hun oom Yudhajit naar het verre land van hun grootvader.

Rama bleef aan het hof van Dasaratha, samen met Laksmana. Beiden dienden ze hun vader liefdevol en gehoorzaam en ze omringden hun moeder met tedere zorgen. Rama kreeg vele nieuwe vrienden door zijn toewijding en zijn aanhankelijkheid en zijn verwanten droegen hem op handen. Iedereen hield van hem, de priesters zegenden hem en het volk wenste hem niets dan goeds.

Sita en hij voelden een grote liefde voor elkaar en in haar toegewijde hart leefde hij als Vishnu in de hemel.

Rama's verkiezing tot troonopvolger (Ram. II 1-6)

Dasaratha kon na vele jaren van regeren de last ervan bijna niet meer dragen en hij verlangde ernaar de rest van zijn leven in rust en eenzaamheid door te brengen. Hij wilde zich in stilte voorbereiden op de dood, want hij voelde dat die niet lang meer op zich zou laten wachten. Hij speelde met de gedachte de zorgen voor het rijk over te dragen aan Rama, want hij was ervan overtuigd dat hij op die manier tegemoet zou komen aan zowel zijn eigen wensen als die van het volk. Hij riep daarom een vergadering bijeen van de belangrijkste mensen en vorsten van zijn rijk.

Toen allen aanwezig waren, zei hij: 'Jullie weten allemaal dat ik al vele jaren vanuit Ayodhya regeer over het rijk. Ik heb dat als een vader proberen te doen door jullie welzijn boven alles te stellen. Maar ik voel dat mijn einde nadert, en ik verlang naar rust. Nu mijn zware taak hier op aarde bijna volbracht is, zou ik niets liever willen dan dat mijn oudste zoon Rama mij als koning opvolgt en dat hij de zorgen voor het rijk op zich neemt. Maar voor ik dat doe wil ik eerst van jullie horen wat jullie daarvan zouden vinden. Jullie mogen vrijuit spreken, want jullie zijn minder bevooroordeeld dan ik.'

De aanwezigen mompelden instemmend en lieten met luide stem blijken dat ze blij waren dat hun koning het zo aanpakte. Eensgezind antwoordden ze: 'U bent oud en de jarenlange regering heeft u vermoeid gemaakt, koning! We zouden prins Rama zeer graag als uw troonopvolger hebben, we willen hem langs zien rijden op de koninklijke olifant, beschermd tegen de zon door het witte zonnescherm!'

De koning wilde volstrekte zekerheid hebben dat zijn onderdanen eerlijk tegen hem waren. Daarom vroeg hij verder: 'Waarom willen jullie Rama dan als koning?'

'Omdat hij deugdzaam is,' gaf de menigte als antwoord, 'omdat hij rechtvaardig en oprecht is en vanwege zijn moed en vaardigheden als krijgsman. Als hij zich mengt tussen het volk, is hij net als een vader te midden van zijn kinderen. Hij luistert altijd gewillig naar de onbelangrijke verhalen die de burgers hem vertellen over hun rampspoed en droefenissen. U mag zichzelf gelukkig prijzen dat u zo'n zoon heeft! Hij heeft ons allemaal voor zich gewonnen. Gelooft u ons, wij zouden Rama echt heel graag als onze koning hebben!'

Toen was de koning gerustgesteld over de wensen van het volk en beval hij zijn priesters Vasistha en Vamadeva samen met de andere brahmanen alle voorbereidingen te treffen voor Rama's kroning. Er werd een grote hoeveelheid goud, zilver en edelstenen verzameld, evenals heilige borden en bekers, wapens, een strijdwagen, een olifant, een stier met gouden hoorns, prachtige kleren, een tijgervel, twee vliegenwaaiers die gemaakt waren van de staarten van jaks, een banier en verder enorme hoeveelheden graan, rijst, honing en melk om de monden van de honderdduizenden mensen die op de plechtigheid zouden afkomen, te voeden.

Intussen had de koning Rama voor een gesprek bij zich laten roepen. De jonge prins maakte zijn entree in de zaal bij zijn vader alsof hij de maan was die aan de sterrenhemel verscheen. Voor zijn vaders voeten boog hij neer. Dasaratha gaf hem een teken dat hij weer kon opstaan, en liet hem plaatsnemen op een stoel die bezet was met goud en edelstenen.

Toen zei hij op vriendelijke toon tegen zijn jongere evenbeeld: 'Rama, ik wil dat u mijn troonopvolger wordt en de regering over het rijk op u zult nemen. Daarvoor zult u nog zachtmoediger en beheerster moeten zijn en mag u nooit toegeven aan hartstocht of woede. U zult de zorg krijgen over de schatkist en over de wapenvoorraad. U moet op de hoogte blijven van alle staatszaken en rechtvaardig blijven jegens al uw onderdanen. Als u dit alles in het oog houdt, maakt u uw volk gelukkig. Ik hoop dat u een man zult zijn, mijn zoon, en deze levenstaak zult aanvaarden! Mijn eigen leven loopt ten einde.'

Rama vastte en bad de hele nacht lang, samen met zijn vrouw Sita. Bij het eerste ochtendgloren, toen de hofzangers de nieuwe dag begroetten met hun gezang, trok Rama prachtige zijden gewaden aan en liep hij naar buiten om tegen de brahmanen te zeggen dat die dag de dag van de kroning zou worden.

Vanaf het moment dat het gerucht over Rama's aanstaande kroning de ronde deed door de stad, was het volk enthousiast begonnen de hele stad op feestelijke wijze te versieren. De blijde mensen hingen overal vlaggen en vaandels op en aan alle deuren en daken hingen slingers van bloemen en groene takken. De burgers hadden de hele nacht doorgewerkt, onder vrolijk gebabbel en gezang. 's Ochtends waren er dansers en voordragers en zangers gekomen, die de stemming nog meer wisten op te vrolijken. Het volk stond in groepjes bij elkaar te praten en op ieders lippen lag de naam van Rama. Zelfs de kleine kinderen spraken over hem.

Kaikeyi's boze wens (Ram. II 7-14)

De jonge koningin Kaikeyi stond blij te kijken naar de opgewonden drukte in de stad, toen haar oude, gebochelde slavin Manthara naar haar toe kwam. Manthara was sluw en kwaadaardig en ze vroeg haar koningin: 'Waar bent u zo blij om, dwaze vrouw? Het lijkt me dat u allerminst reden tot vreugde heeft vandaag. Kausalya staat op het punt het hele rijk voor haar zoon in handen te krijgen en u staat te lachen? Hoe kunt u dat, terwijl Rama alles krijgt wat ook uw eigen zoon Bharata verdient?'

'Waarom bent u zo bitter, Manthara?' zei Kaikeyi verbaasd. 'Het is toch niet meer dan logisch dat de oudste zoon de troonopvolger wordt? Ik ben ervan overtuigd dat Rama als een vader voor zijn jongere broers zal zorgen, en na hem zal Bharata de regering van het rijk overnemen. Wat reageert u dan overdreven?'

Heftig antwoordde Manthara: 'Bent u nu werkelijk zo dwaas en blind dat u zich verheugt over uw eigen ongeluk? U weet toch wel dat Bharata niet degene zal zijn die Rama zal opvolgen, maar dat Rama's zoon dat zal doen? Bharata zal de regering nooit in handen krijgen. Geloof me, Kaikeyi, ik ben een oude vrouw, ik kan het weten. Rama zal Bharata op den duur verbannen, want zo'n concurrent kan hij voor zijn eigen veiligheid niet in de buurt hebben. Laksmana loopt geen gevaar, want hij is zo trouw aan Rama dat hij niet als een bedreiging

172

wordt gezien. Maar Bharata en Satrughna moet u in veiligheid zien te brengen! En uzelf niet te vergeten, want ik neem aan dat u niet de dienares van Kausalya wilt worden. U moet ervoor zorgen dat Bharata op de troon komt en dat Rama wordt verbannen! Uw oude vader en de rest van uw familie zouden erg blij zijn als Bharata aan de macht zou komen. U kunt beter zien te voorkomen dat Rama zijn broer vermoordt om daarmee zijn territorium af te bakenen, zoals een leeuw een opdringerige tijger zou doden. Kijk uit voor Kausalya. Ze is jaloers op u omdat u nog jong en mooi bent, en ze zal u op het tweede plan proberen te schuiven om haar gekwetste trots te wreken.'

Deze woorden raakten toch een gevoelige snaar in Kaikeyi's jonge hart en ze voelde afgunst en trots in zich opkomen. 'U hebt gelijk,' zei ze. 'Ik zal ervoor zorgen dat Rama vandaag nog wordt verbannen en dat Bharata troonopvolger wordt.'

Het geval wilde dat koning Dasaratha vele jaren geleden eens in een strijd zwaar gewond was geraakt. Alleen door de goede zorgen van Kaikeyi had hij het er levend afgebracht. Hij had haar toen de belofte gedaan dat ze hem tweemaal om een gunst zou mogen vragen en dat hij die voor haar zou vervullen, wat ze ook zou vragen.

Nu vond ze dat de tijd gekomen was dat ze de koning aan zijn belofte zou houden. Ze ging naar het damesvertrek, rukte haar sieraden af, trok haar kostbare gewaden uit en wierp zich voorover op de grond.

Op de vooravond van de plechtigheid kondigden herauten en zangers op blije toon aan dat Rama de troon zou bestijgen. Nu alle noodzakelijke voorbereidingen getroffen waren, haastte Dasaratha zich naar het paleis om zijn mooiste vrouw het heuglijke nieuws mede te delen. In de prachtige, schaduwrijke paleistuin liepen vele pauwen en er weerklonk muziek van luit en harp.

In het paleis liep de koning door de talloze gangen, langs vele mooie vertrekken waar zilveren en ivoren meubilair stond, evenals een gouden troon. In de provisiekamer waren al allerlei soorten heerlijkheden voor de feestdag klaargezet. Toen hij in de nauwelijks verlichte kamer van Kaikeyi aankwam, zag hij haar nergens. Hij ging haar zoeken, maar kon haar niet vinden, niet in het paleis en ook niet in het groene park. Uiteindelijk vroeg hij de bewaker of die misschien wist waar hij zijn geliefde Kaikeyi zou kunnen vinden. Geschrokken vertelde de bewaker dat de koningin zich in het damesvertrek had teruggetrokken en dat ze zo woedend was geweest dat ze huilde.

De koning ging zo snel hij kon naar het sombere vertrek, waar hij Kaikeyi eindelijk vond. Ze lag op de onbedekte koude grond en haar lichaam schokte van het huilen, als het lichaam van een gewonde hinde. Zachtjes vroeg de koning haar waarom ze zoveel verdriet had en wie haar dat had aangedaan. 'Als je je ziek voelt, kan ik zeer kundige artsen voor je laten roepen. En als iemand je heeft beledigd, stop dan met huilen en veroordeel hem. Als je vindt dat iemand die gestraft is, beloond zou moeten worden of dat iemand die beloond is gestraft zou moeten worden, zeg het me en ik zal zorgen dat het gebeurt. Vertel me alsjeblieft wat er aan de hand is, mijn koningin, ik zelf en al mijn dienaren staan tot je beschikking om het probleem op te lossen. Voor zover het in mijn macht ligt en voor zover ik er de middelen voor heb, zal ik alles doen om je woede en verdriet weg te nemen, zoals de warme zonnestralen de wintersneeuw laten wegsmelten!'

Toen hief Kaikeyi haar mooie gezicht naar Dasaratha op en de koning werd zozeer verblind door haar schoonheid, dat hij zwoer dat hij, wat ze ook zou vragen, aan haar wens zou voldoen. Langzaam gleed er een glimlach over haar gezicht en ze zei: 'Denk nog eens terug aan toen je bijna het leven liet in die vreselijke strijd. Weet je nog dat ik toen je wonden heb verzorgd, dat ik daarmee je leven heb gered? Je hebt me toen je koninklijke woord gegeven, Dasaratha, dat ik je om twee gunsten mocht vragen. Alle goden, de aarde en het hele heelal zijn mijn getuigen. En vandaag zal ik je erom vragen. Als je je niet aan je belofte houdt, zal ik deze dag nog sterven.

Ik wil dat je Bharata en niet Rama als je opvolger aanwijst, en dat je Rama verbant voor een veertien jaar durend verblijf in het Dandakawoud, gehuld in niets anders dan boombast en geitenvel en met zijn haar in een vlecht. Dat zijn mijn twee wensen.'

De geschrokken koning kon niet geloven dat hij zojuist werkelijk gehoord had wat hij had gehoord. Ontzet staarde hij Kaikeyi aan, zoals een hert naar de tijgerin staart door wie het getroffen is.

Hij was zo geschokt dat hij geen woord kon uitbrengen. Ondertussen lag Kaikeyi nog altijd te snikken en te zuchten als een wild en sissend serpent. Dasaratha voelde een verlammende machteloosheid over zich komen, maar toen werd hij plotseling woedend. Zijn ogen spoten vuur en hij zei: 'Wat ben jij voor verraderlijk wezen? Waarom heb je het op Rama gemunt? Hij heeft jou lief als zijn eigen moeder. Heb ik dan al die tijd mijn hart gegeven aan een giftige adder, Kaikeyi? Als jij Rama wilt verbannen uit zijn rijk, ver van zijn moeder Kausalya vandaan en van koningin Sumitra, goed. Maar je zult hem niet van zijn vader kunnen scheiden! De zon zal nog eerder ophouden de aarde te beschijnen en de oogst zal nog eerder zonder regen rijp worden, dan dat ik zal kunnen leven zonder mijn zoon Rama! Ik ben zwak en oud, Kaikeyi, ik zal niet lang meer op deze aarde zijn. Wees alsjeblieft niet zo hard. Vraag me iets anders, om rijkdom of om een stad of een landstreek, maar niet om dit. Het zou zo onrechtvaardig zijn!'

Rama's verbanning (Ram. II 14-42)

Maar de vorst kon huilen en smeken wat hij wilde, Kaikeyi bleef bij haar harde eisen. 'Als je niet aan mijn verzoeken wilt voldoen, goed, dan breek je je belofte,' zei ze. 'Maar besef wel dat je naam dan voor eeuwig bezoedeld zal zijn en dat ik van de pijn in mijn hart zal sterven.'
De hele nacht bleef de koning bij zijn vrouw om te proberen haar op andere gedachten te brengen, maar het was tevergeefs. Toen de ochtend aanbrak, kwam Rama het vertrek binnen om zijn vader de ochtendgroet te brengen. Hij knielde voor Dasaratha neer en raakte eerbiedig zijn voeten aan. Toen bracht hij dezelfde groet aan Kaikeyi.
Dat was te veel voor Dasaratha. 'Rama!' snikte hij en met een wanhopige blik in zijn ogen keek hij naar zijn zoon. Rama verstijfde van schrik toen hij die kreet hoorde en die blik zag, en hij staarde zijn vader ademloos aan. Maar zijn vader bleef zwijgen en dus wendde Rama zich tot Kaikeyi: 'Vertel me, Kaikeyi, wat heb ik gedaan, waarom doet mijn vader zo raar en huilt hij? Is hij ziek? Of is Bharata of Satrughna soms wat overkomen?'
Op kalme en ijzige toon antwoordde Kaikeyi hem: 'Uw vader is niet ziek en er is niets ergs gebeurd. Hij heeft er alleen grote moeite mee u iets te vertellen wat u niet graag zult horen, Rama. U moet weten dat toen u nog niet geboren was, uw

vader mij de belofte heeft gedaan dat hij twee wensen van mij zou vervullen. Ik had hem namelijk een keer het leven gered met mijn goede zorgen. En nu heb ik hem om de vervulling van die belofte gevraagd, maar hij twijfelt of hij het wel moet doen. Het liefst zou hij lafhartig zijn woord breken en dat alleen vanwege u. Dat mag u hem niet laten doen, Rama, zeg hem dat hij zich aan zijn eens gegeven woord moet houden. Beloof me dat u zich zult schikken naar het besluit. Dan zal ik u zeggen waar het precies om gaat.'

'Praat er niet langer omheen!' riep Rama uit. 'Wat moet ik doen? Al moet ik de gifbeker drinken of een vroege dood sterven, ik zal doen wat mijn vader van me vraagt. Ik ben ook gebonden aan zijn belofte.'

'Goed dan,' zei Kaikeyi koel. 'Ik heb gewenst dat mijn zoon Bharata en niet u de erfgenaam van de troon zal zijn, en dat u verbannen zult worden om veertien jaar lang als kluizenaar te leven in het woud van Dandaka. Uw vader is niet in staat dit tegen u te zeggen, want hij is zo oud en teerhartig dat hij zo'n moeilijk besluit niet over zijn lippen kan krijgen. Maar dit is zijn bevel en ik verwacht niet anders dan dat u zich eraan zult houden.'

Terwijl ze dit alles tegen hem zei, was Rama heel rustig gebleven. Hij was niet boos of verdrietig. Zonder er nog een woord aan vuil te maken schikte hij zich naar de wens van zijn vader en hij begon direct met de voorbereidingen voor zijn vertrek.

Het eerste wat hij deed, was naar zijn moeder Kausalya gaan. Hij vond haar terwijl ze bezig was offers op te dragen aan de goden. Toen ze hem zag binnenkomen, begroette ze hem verheugd. Maar toen hij zijn vreselijke nieuws aan haar vertelde, kon ze het niet verdragen en viel ze flauw. Toen ze even later weer bijkwam, begon ze luid te huilen en ze smeekte Rama of ze met hem mee mocht. Laksmana kreeg vervolgens ook te horen hoe alles in zo korte tijd voor Rama was veranderd, en hij reageerde woedend. Hij raadde zijn broer aan zich tegen de plannen van zijn vader te verzetten en de regering desnoods met geweld op te eisen.

Kausalya was het met Laksmana eens, maar Rama probeerde hen weer te kalmeren. Hij dacht er niet aan tegen het besluit van zijn vader in opstand te komen. Hij zag in dat Kaikeyi niet meer was dan een werktuig van het lot en dat ze dus niet persoonlijk veroordeeld kon worden. Dat probeerde hij ook aan zijn moeder en zijn broer duidelijk te maken. Rama zag het als zijn hoogste plicht om zijn vader te gehoorzamen. Hij overtuigde Kausalya ervan dat ze niet met hem mee moest gaan in zijn ballingschap, maar dat haar plaats bij de arme Dasaratha was, zodat ze hem kon troosten voor het verlies van zijn oudste zoon.

Toen hij zag dat zijn moeder zich overgaf aan het onvermijdelijke en dat ze weer wat gekalmeerd was, ging Rama naar zijn geliefde vrouw Sita. Meteen toen hij haar kamer binnenkwam, zag ze dat zijn houding en gezichtsuitdrukking anders waren. Ook viel het haar op dat hij zijn koninklijke waardigheidstekenen niet meer droeg, en bezorgd vroeg ze wat er aan de hand was.

Rama pakte haar hand vast en vertelde haar alles wat er die ochtend gebeurd was. 'Ik zal je moeten verlaten, Sita,' zei hij bedroefd, 'maar je moet me beloven dat je je waardig zult gedragen tijdens mijn ballingschap. Kom niet in verzet tegen Bharata en praat met hem nooit over mij en mijn deugden. Houd je aan de geboden van je godsdienst, wees eerbiedig ten opzichte van mijn vader en blijf gehoorzaam. Troost mijn moeder Kausalya als een lieve, trouwe dochter en toon respect en liefde voor de andere koninginnen Kaikeyi en Sumitra. Ook tegenover mijn geliefde broers Bharata en Satrughna wil ik dat je je voorbeeldig gedraagt. Houd voor ogen dat Bharata koning is en gehoorzaam hem altijd. Maar nu moet ik gaan, Sita, ik kan niet anders!'

De anders zo zachtmoedige en volgzame Sita kwam echter heftig in verzet. 'Ik kan dit niet goed gehoord of begrepen hebben. Hoe zou jij, die altijd zo rechtvaardig bent, mij kunnen verlaten? Ik ben je vrouw en ik zeg je openlijk: dit wil ik niet! Is het niet zo dat een trouwe echtgenote haar man volgt waarheen hij ook gaat? Toen jij verbannen werd, werd ik dus ook verbannen. Jouw schaduw is mij dierbaarder dan alle schatten in de wereld bij elkaar en als liefhebbende vrouw zal ik die volgen. De enige plaats waar ik het goed heb is immers bij jou. Alsjeblieft, neem me mee! Ik kan je tot steun zijn, ik zal wilde bosvruchten voor je zoeken en we zullen zelfs gelukkig zijn als we door die groene wouden dwalen, over die beboste heuvels en langs de heldere bosvijvers waar de wilde watervogels spelen. Zonder jou kan noch een troon, noch heerschappij, noch de hemel mij gelukkig maken. Ik smeek je nogmaals, neem me mee!'

Rama probeerde haar met alle argumenten die hij had, van haar voornemen af te houden. Hij vertelde haar alle moeilijkheden die het leven in een woud met zich mee zou brengen, maar ze hield voet bij stuk. Dikke tranen van verdriet rolden over haar wangen, als regendruppels in een lotuskelk. Tenslotte stemde hij toe.

Laksmana had deze discussie ontroerd gadegeslagen en met vochtige ogen zei hij tegen zijn broer: 'Sta me toe dat ook ik met jou meega. Ik zal voor je jagen en Sita helpen met het zoeken van vruchten waar we van kunnen eten. Ik zal zorgen dat de wilde dieren die overal op de loer liggen, jou en Sita niets zullen doen. Ik wil niet in Ayodhya blijven als jij daar niet meer bent, broer van mij!'

'Nee, Laksmana,' sprak Rama hem tegen, 'doe dat alsjeblieft niet. Als wij allebei in ballingschap gaan, wie zal er dan voor koningin Kausalya en je moeder Sumitra zorgen? Koning Dasaratha, onze oude vader, zal weinig kunnen doen, want hij zit vast in Kaikeyi's zachte netten. Kaikeyi zelf zal ook niet veel goeds voor Kausalya en Sumitra doen en Bharata zal de kant van zijn moeder kiezen. Jij bent de enige die onze moeders nog kan helpen en troosten in hun eenzaamheid. Sita en ik zullen te ver weg zijn.'

Maar Laksmana was het niet met hem eens: 'Ik denk niet dat Bharata jouw moeder slecht zal behandelen. En mocht hij dat wel doen, dan hoeft ze maar te roepen en komen haar duizenden dienaren en gewapende krijgers te hulp. Maar jij en de lieve Sita zullen alleen zijn in de woeste wildernis. Wees verstandig en laat je trouwe broer Laksmana met je meegaan om jou en Sita dag en nacht te dienen en te beschermen!'

'Goed dan,' zei Rama, 'je kunt meegaan. Maar neem snel afscheid van je familie en verzamel al onze goede wapens. We zullen die bogen en pijlen en pantsers hard nodig hebben.'

Toen was het moment van afscheid aangebroken. Kausalya bleef maar huilen, maar tussen de tranen van verdriet mengden zich ook tranen van vreugde om het feit dat Sita met Rama mee zou gaan.

'Zorg goed voor mijn zoon,' zei ze tegen Sita, terwijl ze haar kuste, 'en troost hem met je liefde!'

De tranen stroomden dubbel zo hard toen Kausalya Rama voor de laatste keer omhelsde. 'U moet niet zo verdrietig zijn, lieve moeder,' troostte hij haar. 'U zult zien dat de jaren van balling-

schap voorbij zijn voordat u het weet, alsof ze een vluchtige droom zijn. Na die veertien jaar zal ik terugkeren, omringd door vrienden en strijdmakkers en met de zegeningen van de goden.'
Het duurde lang voordat ze iedereen vaarwel hadden gezegd, maar toen kwam het moment dat ze moesten vertrekken.
In prachtige kleren kwam Sita naar buiten. De koning had allerlei kostbare gewaden voor haar laten verzamelen waarmee ze de lange periode van ballingschap door zou kunnen komen. Hij had ook bevolen dat een grote troepenmacht, beladen met schatten, Rama zou volgen in de wildernis. Maar dat was tegen het zere been van Kaikeyi. Op die manier zou Bharata een lege schatkist vinden bij zijn troonsbestijging en zou het land over nog maar weinig krijgslieden beschikken.
Maar ze had niet ongerust hoeven zijn. Rama bedankte vriendelijk voor de schatten, de mooie kleren en de troepenmacht, maar hij wilde dat alles niet meenemen in het woud. In de wildernis zouden ze er immers niets aan hebben. In plaats daarvan vroeg hij om kleren die van boomschors waren gemaakt, want dat was de kledij van kluizenaars. En dus klommen de drie ballingen, gehuld in boomschors, op de wagen die voor hen klaarstond.
De hele stad begon te jammeren toen de wagen in beweging kwam. Zelfs de paarden en de olifanten lieten van zich horen. De burgers bleven naar Rama kijken zoals ze naar water keken als ze dorstig waren. Huilend klemde jong en oud zich aan de wagen vast en Rama moest langzamer gaan rijden om geen ongelukken te veroorzaken.
Rama keek om zich heen en zag hoe zijn oude, door verdriet overmande vader en moeder samen met het volk achter de wagen aan liepen, en hij zei tegen de wagenmenner: 'Rij maar snel door, Sumantra, deze aanblik kan ik niet langer verdragen. We moeten het afscheid niet langer rekken.'
Als een gebroken man keerde Dasaratha terug naar het paleis, ondersteund door zijn trouwe echtgenote Kausalya. Met Kaikeyi wilde hij niets meer te maken hebben.

De tocht naar de Citrakuta (Ram. II 46-57)

Toen de avond viel, kwamen de ballingen aan bij de oever van een rivier en daar stopten ze om uit te rusten van de lange en vermoeiende reis.

Er waren nog vrij veel mensen met de wagen meegelopen en terwijl die nog lagen te slapen, maakte Rama zijn vrouw Sita en Laksmana wakker. Hij had toch geen rust omdat er allerlei gedachten aan zijn achtergebleven familie door zijn hoofd spookten. Hij zei: 'We kunnen beter snel onze reis hervatten nu zij nog liggen te slapen, want als ze ons nog langer volgen, wordt het alleen maar moeilijker om afscheid te nemen.'

Stilletjes maar vlug staken ze met de inmiddels weer uitgeruste paarden de rivier over en tegen de tijd dat het volk wakker werd, waren ze al kilometers van hen verwijderd. De mensen probeerden hen nog te vinden, maar hadden geen succes en somber keerden ze terug naar Ayodhya.

Tegen het einde van de tweede dag trokken Rama, Sita en Laksmana het rijk van de Kosala's binnen en ze kwamen aan bij de oever van de heilige Ganges. Daar troffen ze een vriende-lijke kluizenaar aan, die zich voorstelde als Guha. Onder de tak-ken van een grote boom bleven ze zitten om uit te rusten. De diensten van de wagenmenner Sumantra waren, nu ze eenmaal veilig buiten de grenzen van het rijk waren, niet langer nodig. Rama stuurde hem naar huis, hoewel Sumantra zelf liever bij de ballingen was gebleven. Met hun haren gevlochten en gehuld in boomschors staken ze de brede rivier over op een vlot dat Guha hun gegeven had. Ondertussen bad Sita tot de machtige rivier-god om hem te vragen hen tijdens hun lange ballingschap te beschermen en hen na veertien jaar veilig te laten thuiskomen.

Toen ze de overkant van de rivier bereikt hadden, liepen ze ver-der door het ruige woud. Na een lange, vermoeiende dag hiel-den ze 's avonds halt bij een grote boom en stilden ze hun hon-ger met de prooien die ze die dag geschoten hadden.

Bij het eerste ochtendgloren gingen ze weer op weg en verder ging hun tocht door schaduwrijke bossen en langs grazige, groene weiden. Op een gegeven moment kwamen ze aan bij de plek waar de roodachtig getinte Ganges het donkerblauw gekleurde water van de Yamuna trof.

'Kijk,' riep Rama, 'dit moet de heilige plaats van samenstro-ming zijn. Daar boven het groen zijn rookwolkjes te zien, dat moet de plaats zijn waar de heilige kluizenaars wonen. Kom, laten we daarheen gaan.'

Toen de avond viel, arriveerden ze eindelijk in de kluizenarij. Bij de heilige vuren zat de wijze Bharadvaja te midden van zijn leerlingen.

Na het overbrengen van hun begroetingen vertelden ze hem wie ze waren, en vroegen ze hem waar ze het beste hun veertien jaar lange ballingschap door konden brengen.

De wijze man dacht lang en diep na en zei toen: 'Dertig kilometer verderop ligt de Citrakuta[57], een eenzame heuvel die door oude asceten wordt bewoond. De top van de heuvel is hoog en daarom is de lucht er zuiver. Men wordt er geïnspireerd tot diepe, bovenaardse overpeinzingen.' Vervolgens vertelde hij hun hoe ze er moesten komen. Ze moesten de Yamuna oversteken, dan langs een reusachtige vijgeboom lopen die 'de schaduwrijke' werd genoemd, en daarna moesten ze het mooie zandpad nemen dat dwars door de Yamunawouden liep.

Ze bleven die nacht nog in de kluizenarij van Bharadvaja, maar de volgende morgen namen ze afscheid van de vriendelijke man en gingen op weg naar de mooie heuvel die de heilige hun had aangeraden. Al snel stonden ze op de oever van de Yamuna, waar ze verschrikt bleven kijken naar de donkere golven van de rivier. De broers overlegden even, hakten toen een paar sterke bomen om en sneden een aantal buigzame bamboestengels af. Van dat materiaal bouwden ze een groot en stevig vlot. Sita kreeg van Laksmana nog een zachte stoel die hij gemaakt had van zoetgeurende ranken van slingerplanten.

Terwijl ze de snelstromende rivier overstaken, richtte Sita een smeekbede tot de riviergodin: 'Godin van de Yamuna, zorg er alstublieft voor dat Rama's leven in het donkere woud vredig zal zijn, en bescherm hem tegen alle gevaren en alle onheil, zodat hij over veertien jaar veilig en wel in Ayodhya terug zal komen! Voor uw bescherming zullen we u belonen met rijke offers!'

Zonder ongelukken bereikten ze de zuidelijke oever en daar begon voor hen het grote onbekende. Laksmana liep voorop en maakte de weg vrij voor Sita en Rama, die vlak achter hem volgden.

Ondertussen plukte Laksmana elke vrucht of bloem die hij aan de dichtstbijzijnde takken zag hangen, en gaf die aan Sita. Sommige vruchten en bloemen kende Sita niet. Dan draaide ze zich om naar Rama en vroeg hem of hij wist hoe de bloem of vrucht heette en wat de eigenschappen waren. De heldere beekjes, de wilde olifanten en de spelende apen die ze tegenkwamen,

---

57 Citrakuta: letterlijk: heerlijke top.

vond ze allemaal prachtig en aandachtig luisterde ze naar de roep van kraanvogels en pauwen.

De vijfde nacht dat ze van huis weg waren, sliepen ze in het woud, vlak bij de oever van de Yamuna.

De volgende morgen maakte Rama zijn vrouw liefdevol wakker. 'Hoor eens, Sita, hoe mooi de vogels zingen.' Langzaam deden Sita en Laksmana hun ogen open en eenmaal wakker namen ze een bad in het heilige water van de rivier. Onder een stralende zon vervolgden ze hun reis door de prachtige natuur. Tussen de bladeren van de bomen zagen ze vele soorten vruchten en vele malen zagen ze aan hoge bomen een bijennest dat gonsde van bedrijvigheid. Uiteindelijk zagen ze midden in dat schitterende, vruchtbare landschap een heuvel oprijzen, de Citrakuta!

Haastig liepen ze erheen en de eerbiedwaardige asceet Valmiki heette hen hartelijk welkom.

Rama vroeg Laksmana of hij van takken en bladeren een huisje voor hen wilde bouwen. Laksmana ging meteen ijverig aan de slag. Toen het hutje klaar was en officieel gewijd, namen ze er hun intrek. En zo sliepen ze die zesde nacht van hun ballingschap in hun eigen hutje op de heuvel Citrakuta, hun plaats van bestemming.

Dasaratha's dood (Ram. II 61-65)

Intussen was de stad Ayodhya gehuld in diepe rouw en kende Dasaratha's hart geen vreugde meer. Het verlies van zijn dierbaarste zoon had hem te diep getroffen. In de zesde nacht na Rama's vertrek, toen de ballingen voor het eerst op de Citrakuta sliepen, lag Dasaratha onrustig wakker vanwege een beklemmende herinnering uit zijn jeugd. Om de angst en de benauwdheid te verdrijven besloot hij alles te vertellen aan zijn trouwe echtgenote Kausalya.

'De herinnering stamt uit de tijd dat ik nog troonopvolger was. Jij, mijn liefste, was toen nog maar een klein meisje dat aan het hof van je vader leefde.

Het was in de regentijd. De zon liet zich niet langer zien en de vreselijke hitte was verdwenen. De vogels hadden moeite met vliegen, want hun vleugels waren zwaar geworden van de regendruppels die van de natte boomtakken vielen. In de bergbeekjes stroomde troebel, modderig water. Tijdens dat verfrissende seizoen ging ik op een avond op jacht, gewapend met pijl en boog. Ik wilde een wild dier neerschieten, een buffel of een olifant of iets dergelijks, als dat bij de vijver zijn dorst kwam lessen. Ik was nog jong en overmoedig en ik dacht nog niet genoeg na bij wat ik deed.

Om me heen was niets dan duisternis toen ik bij de vijver aankwam. Plotseling hoorde ik een geluid. Ik dacht dat het van een drinkende olifant afkomstig was, dus pakte ik een pijl uit mijn koker, spande de pees en schoot in de richting waar ik het geluid vandaan had horen komen.

Groot was mijn schrik toen ik plotseling een menselijke kreet hoorde. "Au, waar komt die pijl vandaan? Ik heb toch niemand kwaad gedaan dat ik nu vermoord zou moeten worden? Ik ging alleen maar water halen! Wie zal er nu voor mijn arme ouders zorgen als ik doodga? Welke dwaas heeft ons door zijn onnadenkendheid zoveel kwaad aangedaan?"

Van pure ontsteltenis had ik mijn boog en pijlen laten vallen en snel liep ik naar de plek waar ik de stem had gehoord. Op de oever van de vijver trof ik een jonge asceet aan, die doorboord was door mijn pijl. Zijn haarvlechten waren losgegaan, het water was uit zijn kruik gelopen en zijn lichaam zat onder het zand en het bloed.

De blik in zijn grote ogen brandde op mijn gezicht toen hij zei: "Waarom hebt u op mij geschoten? Ik heb u toch niets kwaads gedaan? Mijn ouders zijn blind en ik ging alleen maar water voor hen halen. Als ik niet terugkom, zullen ze dodelijk ongerust zijn en omkomen van de dorst. U moet naar hen toegaan en vertellen wat er is voorgevallen. Als u dit voetpad neemt, komt u uit bij het hutje van mijn vader. U zult hem om vergeving moeten smeken als u niet wilt dat hij u vervloekt. Maar voor u weggaat moet u eerst de pijl uit mijn lichaam halen, want hij boort zich steeds dieper naar binnen."

Ik wist niet wat ik moest doen. Ik kon de pijl wel uit zijn lichaam trekken, maar dat zou zijn onmiddellijke dood betekenen. Aan de andere kant zou hij met de pijl in zijn vlees geen ander vooruitzicht hebben dan helse pijnen. Hij keek me aan en zag dat ik aarzelde. Uitgeput en stuiptrekkend van de pijn zei hij tegen mij: "Aan medelijden heb ik niets, verman u en doe wat ik u gevraagd heb. Ik hoop dat de zonde die u zojuist hebt begaan, u niet te zeer wordt aangerekend!"

Toen bukte ik me en in één ruk trok ik de pijl uit zijn lichaam. In zijn ogen flitste een seconde lang een diepe angst, toen blies hij zijn laatste adem uit.

Ik pakte zijn kruik, vulde die met water en liep volgens zijn aanwijzingen het voetpad op. Om mij heen was niets dan duisternis en ook mijn hart was donker. Langzaam maar zeker kwam ik dichter bij het hutje van zijn ouders. Toen zag ik hen zitten: de twee oude mensjes zaten daar blind en hulpeloos bij elkaar, als twee geplukte, vleugellamme vogels, en ik hoorde hen zachtjes praten over hun zoon.

Toen de vader het geluid van mijn voetstappen hoorde, veerde hij blij op en zei vriendelijk: "Kom, mijn zoon, waar wacht je nog op? Was je soms de tijd vergeten toen je in het koele water aan het spelen was? Je moeder was erg ongerust en ze heeft dorst. Waarom zeg je toch niets, mijn jongen?"

Bij het horen van die woorden zonk alle moed me in de schoenen en ik begon te beven. Ik dwong mezelf te praten en mijn stem trilde toen ik zei: "Ik ben uw zoon niet, heilige kluizenaar, ik ben Dasaratha." En met alle kracht die ik in me had, bekende ik de blinde ouders dat ik hun zoon had gedood.

Ze vroegen me of ik hun de plaats wilde wijzen waar het dode lichaam van hun kind lag. Lange tijd bleven ze huilend bij hem zitten, maar tenslotte droegen ze de dodenoffers voor hem op.

Toen richtte de machtige kluizenaar zich tot mij: "Het verlies van een geliefde zoon is voor een vader de ergste pijn die er bestaat. Ik voorspel u, Dasaratha, dat ook u in de toekomst die pijn zult voelen. Ook u zult huilen en wegteren vanwege het verlies van een dierbare, rechtvaardige zoon. Het zal nog lang duren, maar de pijn die u dan zult voelen zal de vergelding zijn voor de zonde die u vandaag hebt begaan."

Toen hij deze woorden had gesproken, begon de blinde kluizenaar een brandstapel te maken, waarop hij en zijn vrouw zich samen met het lijk van hun zoon lieten verbranden.

Sindsdien zijn er vele jaren verstreken, maar nu moet ik dus boeten voor wat ik toen heb gedaan.'

Opgelucht dat hij het verhaal verteld had, maar nog steeds bedroefd vanwege het gemis van zijn oudste zoon, zocht Dasaratha troost bij zijn twee trouwe echtgenotes Kausalya en Sumitra. Niet lang daarna stierf hij.

Bharata's terugkeer (Ram. II 67-76)

Toen het nieuws over de dood van de koning bekend werd in Ayodhya, dompelde de hele stad zich in diepe rouw. Een koninkrijk zonder koning mist immers iets heel belangrijks, het is als een kudde zonder herder. Een koning geeft om zijn onderdanen en zorgt als een vader en moeder tegelijk voor hun welzijn. De ministers en priesters van de stad riepen onmiddellijk een vergadering bijeen. Gezamenlijk besloten ze boodschappers naar Bharata te sturen, die nog altijd op bezoek was bij zijn grootvader, met het dringende verzoek dat hij direct naar Ayodhya terug moest komen. De boden mochten echter niet vertellen wat de reden voor die overhaaste terugkomst was.

In de nacht voordat de boodschappers bij hem zouden arriveren, had Bharata last van nare dromen. Toen hij wakker werd, had hij dan ook het idee dat er iets mis moest zijn met Rama, Laksmana of zijn vader, de koning. Even later kwamen inderdaad de boden van de koning bij hem aan. Het eerste wat Bharata vroeg, was of iedereen thuis het goed maakte.

De boden gaven echter amper antwoord op zijn vragen en hielden het bij hun verzoek dat hij dringend met hen mee moest gaan naar Ayodhya. De geschenken die de gezanten hadden meegebracht, gaf hij aan zijn grootvader en aan zijn oom en na een haastige afscheidsgroet snelde hij samen met Satrughna terug naar zijn vaderstad, vervuld van bange voorgevoelens.

Na zeven dagen reizen kwam het einddoel in zicht. Toen Bharata zag hoe doods en stil de mooie stad Ayodhya erbij lag, werd hij pas echt bang. Met grote passen beende hij het paleis van zijn vader binnen, maar zijn vader zelf zag hij nergens. Toen liep hij snel naar de vertrekken van zijn moeder Kaikeyi, die hij met eerbied begroette. Verheugd stond ze op van haar gouden stoel en vroeg hem naar zijn gezondheid en naar de reis die hij zojuist had gemaakt. Bharata beantwoordde al haar vragen, maar zei toen: 'Waar is mijn vader? Ik kan hem nergens vinden en ik brand van verlangen om hem weer te zien. Normaal gesproken is hij het meest bij u, maar vandaag blijkbaar niet. Is hij soms bij koningin Kausalya?'

In de overtuiging dat Bharata blij zou zijn om het nieuws dat ze voor hem had, zei Kaikeyi op triomfantelijke toon: 'Je vaders leven heeft zijn natuurlijke einde gekregen!"

Bharata was echter volledig van de kaart door dit nieuws en hij begon bedroefd te huilen. Het duurde lang voor hij weer in staat was te spreken. Uiteindelijk zei hij: 'Wat zullen Rama en al de anderen die hem de laatste dagen hebben kunnen bijstaan, zich gelukkig prijzen. Maar waar is Rama eigenlijk? Vanaf nu is hij niet alleen een broer en een vriend voor mij, maar ook een vader. Ik zal hem altijd dienen, want bij hem kan ik troost en bescherming vinden in slechte en bange dagen. Wilt u hem vertellen dat ik weer thuis ben? Maar vertel me eerst hoe vader is gestorven en wat zijn laatste woorden waren.'

Kaikeyi antwoordde naar waarheid: 'Zijn laatste woorden waren: "Gezegend zijn zij die het mee mogen maken dat Rama, Laksmana en Sita weer terugkomen."'

'Waar zijn die dan naartoe?' vroeg Bharata teleurgesteld. 'Ik had zo gehoopt dat ze er zouden zijn.'

Toen legde Kaikeyi hem uit waarom zijn broers en zijn schoonzus er niet waren. Ze verwachtte niet anders dan dat hij blij en dankbaar zou zijn voor wat ze had gedaan.

Maar Bharata reageerde met afschuw op haar verhaal en hij verweet haar dat ze de oorzaak was geweest van de dood van Dasaratha. 'Wat hebt u mij slecht gekend!' zei hij, 'Hebt u dan echt niet in de gaten gehad hoeveel ik van Rama houd? Alleen het feit dat ook hij u moeder noemt, weerhoudt me ervan u te verstoten. Ik kan en wil de regering niet aanvaarden, sowieso niet op deze manier. Ik zal ervoor zorgen dat Rama terugkomt van zijn ballingschap en ik zal hem dienen zo goed ik kan. Maar u, moeder, zult vanaf nu niets dan ellende kennen, niet alleen in dit leven, maar ook na uw dood. U verdient niet beter dan zelf verbannen of gedood te worden!'

Woedend liep hij van haar weg. Ook in het openbaar gaf hij blijk van zijn afschuw van het gedrag van zijn moeder en hij overtuigde Kausalya ervan dat het hem vreselijk speet dat Rama zo'n groot onrecht was aangedaan.

Bharata's bezoek aan Rama (Ram. II 76-116)

De heilige Vasistha gaf Bharata het advies eerst de lijkplechtigheden voor zijn vader te houden. Onder veel ceremonieel werd het lichaam van Dasaratha verbrand en met tranen op zijn wangen droeg Bharata alle noodzakelijke offers voor hem op.

Na veertien dagen van rouw vroegen de ministers Bharata de

troon te bestijgen, maar hij bedankte voor de eer. Het enige wat hij wilde was Rama laten terugkomen, want Rama was degene die het recht had op de heerschappij over de Kosala's. En dus liet hij alles in gereedheid brengen voor de tocht naar het woud waar zijn broer in ballingschap leefde.

Zo snel hij kon ging hij op weg, vergezeld van de drie weduwen van Dasaratha en een zeer groot gevolg. Ze namen dezelfde weg die Rama was gegaan met zijn vrouw en zijn broer, en ontmoetten ook de heilige kluizenaars die Rama de heuvel hadden gewezen.

De eerbiedwaardige Bharadvaja nam Bharata nog even apart om hem tot voorzichtigheid te manen. 'U moet niet te hard oordelen over uw moeder Kaikeyi. De ballingschap van Rama brengt namelijk ook iets positiefs met zich mee. De jaren van afzondering zullen hem in staat stellen zijn belangrijke levenstaak te vervullen.' Toen hij dat had gezegd, wees hij Bharata hoe hij op de Citrakuta kon komen.

Toen de schitterende heuvel in zicht kwam en ze de rook konden zien van de hut die van Rama moest zijn, beval Bharata de mensen van zijn gevolg te blijven waar ze waren. Hij liep alleen de rest van het pad dat hem nog scheidde van zijn broer.

Eindelijk kon hij Rama zien zitten bij een hut die door hoge bomen tegen de zon werd beschermd. Aan de muur hingen twee grote bogen en pijlkokers met glimmende pijlen. Ook zag hij zwaarden in gouden scheden en sterke schilden.

Te midden van al dat oorlogstuig zat de vreedzame Rama bij het heilige offervuur. Met zijn brede schouders en sterke armen zag hij eruit als een wereldveroveraar, maar hij was gehuld in kluizenaarskleding en zijn haar was gevlochten. Geconcentreerd wierp hij zijn offer in de heilige vlammen. Naast Rama zaten de lieve Sita en de trouwe Laksmana.

Bharata begon te huilen bij de aanblik van zijn broer in deze omstandigheden en met dit uiterlijk. Hij kende hem niet anders dan wonend in het schitterende paleis in Ayodhya, gekleed in prachtige gewaden, en hij herinnerde zich hoezeer het volk wilde dat hij de troon zou bestijgen.

Snikkend viel hij voor Rama's voeten op zijn knieën, maar Rama liet hem weer opstaan. Rama kuste zijn broer en begon hem een reeks vragen te stellen. 'Waarom ben je naar dit eenzame oord in de wildernis gekomen en heb je de zorg voor het rijk achtergelaten? Heeft onze vader je soms gestuurd? Behandel je hem goed trouwens, doe je gehoorzaam wat hij je beveelt? Zorg je ervoor dat hij een gelukkige oude dag heeft? En zijn Kausalya en Sumitra nog steeds verdrietig omdat Laksmana en ik verbannen zijn? Vervult koningin Kaikeyi trouw haar plichten en zorgt ze voor jou zoals het een moeder betaamt? Is het volk nog vroom en eert het de goden en de overledenen? Zijn er voldoende krijgers om het koninkrijk te bewaken? Krijg je wel goede raad van de ministers? Hoe staat het met de oogst en met het vee? Zorg goed voor het rijk, Bharata, en zorg dat de burgers voldoende welvaart kennen. Bescherm de grenzen van het rijk en wees gul voor de armen en de hardwerkenden die het verdienen. Blijf altijd rechtvaardig en neem het op voor de onschuldigen. Ik zal jou, je Veda-kennis en alles wat je doet zegenen, evenals je moeder en je hele machtige koninkrijk!'

Met tranen in zijn ogen vertelde Bharata hem toen dat hij niet wist wat er in zijn afwezigheid was besloten, en dat hij het er niet mee eens was. 'Kom terug, Rama,' zei hij. 'Alleen jij kunt de zaken nog rechtzetten. Kom terug naar Ayodhya en neem de regering van Dasaratha's rijk in handen! Het volk wil niemand anders dan jou, evenals de ministers die voor onze vader hebben gewerkt en alle andere leden van het koninklijk hof. En ook ik wil niets liever dan dat jij terugkomt. Ik houd van jou en zal je dienen als je broer, nee, zelfs als slaaf!'

'Nee, Bharata, dat mag ik niet doen,' antwoordde Rama bedroefd. 'Ik mag niet ingaan tegen het bevel van mijn vader. Voor zijn dood heb ik hem bepaalde beloften gedaan en die kan ik nu niet breken. Op dit moment ben jij degene die het rijk moet besturen, Bharata, jij moet zorgen voor het welzijn van ons trouwe volk. Ik heb geen andere taak dan in de komende veertien jaar in boomschors en geitenvellen een leven in het woud te leiden. Dat heeft Dasaratha ons opgedragen en wij kunnen en mogen niet anders doen dan zijn bevel gehoorzamen.'

Samen liepen de twee broers toen de heuvel af. Aan de oever van de rivier die daar beneden stroomde, droegen ze een wateroffer op aan hun overleden vader, waarbij ze luide jammerklachten uitstootten. Vervolgens klommen ze de heuvel weer op naar de hut van Rama.

Inmiddels hadden de achtergebleven mensen echter genoeg gekregen van het wachten. Toen ze de jammerkreten van de broers hoorden, kwamen ook zij massaal de heuvel oplopen om Rama te zien. Vergezeld van de beide andere koninginnen en de priester Vasistha kwam Kausalya, Rama's moeder, verdrietig op hem aflopen. Toen ze zag hoe Rama nu moest leven, als een echte kluizenaar in dierenvellen, kon ze zich niet langer goedhouden en de tranen begonnen uit haar ogen te stromen. Rama viel voor haar op zijn knieën en omarmde haar voeten. Ze kuste hem en probeerde het stof van zijn voorhoofd en borst weg te vegen. Laksmana en Sita kwamen ook naar hen toe en half blij, half bedroefd begroetten ze de vorstinnen.

Kausalya omhelsde de trouwe Sita en het trof haar dat Sita's mooie gezicht zo bleek was geworden als een verwelkte lotusbloem en dat haar ogen hun glans hadden verloren als lelies waar de zon te lang op had staan branden. Ze zag dat haar schoonheid bijna helemaal verdwenen was, als een maan die door wolken aan het zicht wordt onttrokken. Kausalya klaagde dat het in het paleis niet meer hetzelfde was nu Sita weg was, dat het zo somber en leeg was. Maar de jammerklachten van de koningin konden Sita en Rama er niet toe bewegen naar huis te komen. Onder geen beding wilden ze ongehoorzaam zijn aan Dasaratha's bevel.

Onder de mensen van Bharata's gevolg bevond zich ook een geleerde man, Jabali, en hij probeerde Rama ook te overtuigen. 'U hoeft uw leven niet te laten bepalen door dwaze principes. Zulk soort principes kunnen de domme, onnozele burgers alleen maar in de war brengen. Ieder mens wordt in zijn eentje geboren en zal in zijn eentje sterven. Niemand is verplicht van zijn ouders te houden of hen te gehoorzamen. Wat betekent een familieband nou eigenlijk? In feite bent u in uw bestaan altijd alleen. Onze familie, ons thuis en ons vaderland zijn voor ons niet meer dan wat een herberg betekent voor een reiziger: een tijdelijk onderdak. Het zijn maar ontmoetingen en oorden op een doorlopende reis, mensen en plaatsen die we weer verlaten als we verder gaan.

Waarom zou u de regering en alles wat u dierbaar is, opgeven omwille van een belofte aan uw vader? Dasaratha kan van u niet eisen dat u hem gehoorzaam bent, dat is pure ijdelheid. Bovendien verkeert hij niet langer in het land van de levenden. Moet u dan uw leven laten bederven om uw zogenaamde plicht aan een dode te vervullen? Ik heb zo'n medelijden met al degenen die hun geluk opofferen vanwege een ooit gedane, maar niet terechte belofte. Die mensen gooien hun leven weg! Wat een verspilling is dat toch! Niemand, god noch overledene, bekommert zich om dergelijke opofferingen. Alleen hebzuchtige priesters zeggen tegen de mensen dat ze aalmoezen moeten geven en afstand moeten doen van hun aardse bezittingen. Er is geen leven na de dood, Rama. Pluk de dag, laat uw kostbare leven niet vernietigen door ijdele illusies. Wees verstandig en accepteer de regering over het rijk. Zelfs Bharata wil dat u die op u neemt!'

'Uw woorden zijn goed bedoeld,' reageerde Rama, 'maar de redenering erachter klopt niet. In tegenstelling tot u geloof ik wel in een leven na de dood. Als ik dus tot de zonde zou vervallen door mijn belofte te breken, zouden de goden dat weten en ze zouden me vervloeken. Als ik het hemelse geluk wil bereiken, zal ik uw raad nooit kunnen volgen. Als zelfs een koning zondigt, is het voor een volk maar al te makkelijk om tot nog diepere zonden te vervallen. Ik heb mijn woord gegeven en ik zal me eraan houden. Ik zal mijn veertien jaar lange ballingschap in het woud volbrengen zoals mijn vader dat bevolen heeft. Niets zal mij van dat besluit kunnen afbrengen.'

Bharata sprak zijn broer nog eenmaal tegen. 'Hoe zal ik ooit een rijk kunnen besturen dat niet mij, maar jou als koning wenst?'

Rama stelde hem gerust. 'Geloof me, Bharata, jij hebt genoeg overwicht en wilskracht om de hele wereld te regeren en je staat niet alleen. De ministers van onze vader zullen je met raad en daad bijstaan. Ik ben echt niet op andere gedachten te brengen. De maan zal nog eerder haar glans verliezen en de Himalaya zijn sneeuw, dan dat ik de belofte die ik mijn vader heb gedaan zal breken!'

Bharata zag nu wel in dat hij zijn broer niet met zich mee terugkreeg naar Ayodhya, en hij zei: 'Mag ik dan de sandalen hebben die je nu draagt? Ik zal ze op de troon zetten als jouw vertegenwoordiging, tot het moment dat je zelf terugkomt. Al de tijd dat je in ballingschap bent, zal ik me ook als kluizenaar kleden en zal mijn voedsel bestaan uit weinig meer dan wilde vruchten. In boomschors en met mijn haren in een vlecht zal ik op je wachten. En mocht je niet levend terugkeren, dan zal ook ik de dood verkiezen.'

Toen namen de broers afscheid van elkaar en keerde Bharata zonder Rama naar Ayodhya terug. Zoals beloofd zette hij de sandalen van Rama op de troon en veertien jaar lang regeerde hij in Rama's naam.

Rama's verdere leven in het woud (Ram. II 117 en III 1-16)

Inmiddels waren boze raksasa's begonnen de kluizenaars op de Citrakuta het leven moeilijk te maken, want ze hadden een hekel aan Rama. De heuvel had toch al zijn ongerepte, frisse uiterlijk verloren sinds er zoveel mensen op waren geweest, en het verdriet van Bharata, zijn moeder en zijn onderdanen over het moeilijke tweede afscheid hing nog in de lucht. Daarom ging Rama met de zijnen nog dieper het woud in. De bomen onttrokken hem aan het zicht, zoals de wolken de zon voor het oog kunnen laten verdwijnen.

Al dwalend door de bossen kwamen ze vele kluizenarijen tegen, waar ze vaak even bleven rusten, en ze ontmoetten er vele wonderlijke mensen en wezens.

Op een keer kwamen ze een enorme, mensetende reus tegen, die Viradha heette. Alleen met al hun krachten wisten de broers het monster te verslaan. Rama was uiteindelijk degene die hem doodde.

In elke kluizenarij waar ze even halt hielden, hoorde Rama dezelfde klacht: de boze raksasa's vielen voortdurend de heilige mannen lastig. De kluizenaars smeekten Rama om hulp tegen de plaaggeesten en Rama beloofde hun dat hij die zou geven.

Tien jaar lang trokken ze van de ene plek naar de andere en uiteindelijk kwamen ze aan bij de grote heilige Agastya. Hij ontving hen gastvrij en schotelde hun een grote hoeveelheid eten en drinken voor. Na de maaltijd haalde hij de boog van Vishnu te voorschijn, evenals de pijl van Brahma, de pijlkoker van Indra die nooit leegraakte en een gouden zwaard. Al deze fantastische wapens schonk hij aan Rama.

'Ik ben erg blij dat jullie mij een bezoek hebben gebracht,' zei hij tegen Rama. 'Maar ik kan zien dat Sita erg vermoeid is van het reizen. Ze is zo bleek, ze zou moeten rusten. Waarom blijven jullie niet hier? Dan hoeft uw trouwe echtgenote niet langer te dwalen. Haar aanwezigheid zal mijn kluizenarij alleen nog maar heiliger maken!'

Rama bedankte Agastya voor zijn vriendelijke woorden en vroeg hem of hij misschien een plaats wist die nog afgelegener was, zodat ze zich echt van alle aardse zaken konden terugtrekken.

Agastya antwoordde: 'Drie kilometer verderop ligt het Pancavatiwoud, aan de oever van de Godavari-rivier met haar helde re water. Er zijn altijd genoeg vruchten en de vogels zingen ongestoord, want er is niemand die de eenzaamheid komt verbreken. Dat is een ideale plaats om jullie zwerftochten te beëindigen. Sita zal daar ongehinderd kunnen herstellen van de vermoeienissen van het reizen.'

De ballingen waren door de woorden van Agastya al snel overtuigd en niet veel later trokken ze met zijn drieën naar het Pancavatiwoud. Onderweg daar naartoe ontmoetten ze een reusachtige gier, die vertelde dat hij Jatayu heette en bevriend was geweest met koning Dasaratha. Toen hij hoorde wie de reizigers waren, beloofde hij Rama dat hij hen altijd zou beschermen en te hulp zou komen als dat nodig mocht zijn. Als Rama en Laksmana Sita ooit eens alleen moesten laten, zou hij een oogje in het zeil houden.

Eindelijk kwamen ze aan op de plaats van bestemming. Ze keken wat rond en dicht bij de rivier vonden ze een ideaal plekje om een hut te bouwen. Er groeide mals, jong gras en er waren vele bloeiende slingerplanten. Een heldere vijver met drijvende lotusbloemen verspreidde een prettige geur en wat koelte en allerlei heesters en planten bogen vanaf de oever over het water van de Godavari. Talrijke watervogels verlevendigden de omgeving, behoedzame herten trippelden tussen de bomen en overal was de roep van pauwen te horen. De felle stralen van de zon konden niet tot de bodem doordringen door de vele grote bomen die er stonden. Een lange keten van rotsen tekende zich af aan de horizon.

Onmiddellijk begon Laksmana een ruime hut te bouwen. Voor de muren gebruikte hij bamboestengels en vochtige aarde en voor het dak gras, takjes en bladeren. De grond effende hij zorgvuldig en met een bos geurige lotuskelken en een mand vol rijpe vruchten vrolijkte hij het hutje op. Toen bracht hij Rama en Sita naar de nieuwe woning. Ze waren er heel erg blij mee en bedankten Laksmana uitbundig voor zijn toegewijde werk. Samen met de gier Jatayu beleefden ze er intens gelukkige jaren.

De ruzie met de zus van Ravana (Ram. III 17-42)

Op een dag waren Rama, Sita en Laksmana oude herinneringen aan het ophalen, toen er een vrouwelijke raksasa bij hun hut langskwam. Het was Surpanakha, de zus van de raksasakoning Ravana. Haar oog viel op de mooie Rama. Zijn brede borst en sterke, gespierde armen deden de hartstocht in haar oplaaien. Ze was dan wel lelijk en slecht, met wilde ogen en een angstaanjagende stem, maar de schoonheid van Rama en zijn heldere stem verzachtten haar koude hart.

Ze vroeg Rama bij wie ze midden in het woud zo onverwachts terecht was gekomen. Hij vertelde haar wie ze waren. Toen zei ze op gebiedende toon: 'Ik ben Surpanakha, de zuster van Ravana, de koning van Lanka. Mijn rijk is wijd en grenzeloos en ik heb besloten dat ik u, Rama, als echtgenoot wil. Ik wil dat u weggaat bij uw aardse vrouw Sita, ze is toch bleek en mismaakt. U kunt beter kiezen voor een elegantere, koninklijker vrouw. Ik zal de zwakke Sita en uw jonge broer tot ons avondmaal maken; raksasa's eten immers mensenvlees. Maar wees niet bang, u beschouw ik als mijn meester en u zal ik dienen. We zullen over vele gebergten vliegen, door bossen dwalen en over uitgestrekte velden lopen en als geliefden zullen we steeds gelukkig zijn!'

Rama kon niet anders dan spottend reageren: 'Het spijt me, maar ik ben al getrouwd en Sita is me dierbaarder dan wie dan ook. Een huwelijk met mij zou u alleen maar bittere teleurstelling brengen. Maar Laksmana is ook mooi en dapper en hij heeft geen echtgenote bij zich in dit woud. Misschien kunt u proberen zijn hart voor u te winnen!'

Surpanakha wendde haar blik naar Laksmana, maar ook die nam haar niet serieus. 'Nee, Surpanakha. U bent wel mooi, maar ik ben slechts de dienaar van Rama en dat is toch veel te min voor een vrouw als u? U maakt meer kans als u Sita uit Rama's hart probeert te verdringen!'

De raksasi werd woedend dat er zo de draak met haar werd gestoken. 'Ik zou maar uitkijken met jullie beledigingen!' riep ze kwaad. 'Het is erg onverstandig je de woede van een raksasi op de hals te halen! Ik duld geen concurrentie, Sita's dagen zijn geteld!'

Onmiddellijk vloog ze op Sita af, die doodsbang in elkaar kroop, maar Rama sprong tussen haar en Surpanakha in. Ook Laksmana schoot te hulp en met zijn zwaard hakte hij de raksasi haar neus en oren af. Luid gillend en jankend vluchtte ze toen de bossen in.

Surpanakha ging direct naar één van haar broers, de raksasa Khara, en woedend vertelde ze hem wat Rama en Laksmana haar hadden aangedaan. Khara riep een groep van veertien raksasa's bij elkaar om de beide broers te doden en hun bloed aan Surpanakha te drinken te geven. Maar ze hadden geen succes: Rama doodde hen alle veertien.

Toen bracht Khara een geweldig groot leger van veertienduizend raksasa's op de been, die allen moedig en wreed waren en afschuwelijk om te zien. Tijdens hun tocht naar de hut van Rama en Laksmana kregen ze vele slechte voortekenen, maar Khara was overmoedig en besteedde er geen aandacht aan. Hij dacht dat het niet moeilijk kon zijn drie mensen de dood in te jagen met zo'n groot leger.

Rama zag het leger al van verre aankomen en verborg Sita en Laksmana snel in een grot. In zijn eentje liep hij op het leger af. De overweldigende massa vijanden bestookte Rama onophoudelijk, maar Rama schoot in zijn eentje nog meer pijlen terug. Op een gegeven moment weken de raksasa's terug om bij Khara bescherming te zoeken. Khara wist hen te overtuigen nogmaals tot de aanval over te gaan en dit keer gooiden ze rotsblokken en uit de grond gerukte bomen naar Rama toe. Maar ook dat had geen resultaat, want één voor één versloeg Rama de veertienduizend raksasa's.

Uiteindelijk kwam hij tegenover Khara zelf te staan en er ontspon zich een vreselijk tweegevecht. Rama bleef aan de winnende hand en na een hevige strijd viel Khara dodelijk getroffen op de grond. Een gejuich brak los onder alle goede geesten. Rama kon opgelucht terugkeren naar Sita en Laksmana.

Surpanakha kon het echter niet verkroppen dat haar vernedering ongewroken bleef. Ze besloot naar Lanka te gaan om haar broer, de gruwelijke koning Ravana met zijn tien hoofden en twintig armen, te vertellen over de verwoestende nederlaag van de raksasa's. Ze verzon de leugen dat degene die Sita bezat, de heerschappij over de wereld in handen zou krijgen, en daarmee zette ze hem aan om Sita van Rama weg te roven en haar tot zijn vrouw te maken. Als hij daarin zou slagen, zou de hele wereld, inclusief Rama, in zijn macht komen en zou de gevaarlijkste vijand van de raksasa's voorgoed onschadelijk zijn gemaakt.

Ravana was meteen in voor dit plan en hij vroeg de boze demon Marica te hulp. Marica moest Rama en Laksmana zien weg te lokken bij Sita, zodat Ravana haar gevangen zou kunnen nemen.

De jacht op de gouden gazelle (Ram. III 42-46)

Marica veranderde haar uiterlijk in dat van een sierlijke gazelle. Het prachtige dier had een gouden vacht, oren die blauw waren als lotusbloemen, witte flanken en een gewei dat schitterde van de edelstenen. In de buurt van de kluizenaarshut ging het dier grazen en het duurde niet lang voor Sita het in de gaten kreeg. 'Kijk eens,' riep ze naar Rama en Laksmana, 'daar loopt een wondermooie gazelle!'

Maar Laksmana was op zijn hoede. 'Dit is geen gewoon dier, denk ik,' zei hij aarzelend. 'Misschien is het wel een raksasa die de gedaante van een gazelle heeft aangenomen. Wees voorzichtig!'

Maar Sita was zo onder de indruk van de schoonheid van het dier dat ze niet meer helder kon denken. 'Lieve Rama,' zei ze tegen haar man, 'dit mooie dier wil ik heel graag hebben. Dan heb ik iets om voor te zorgen in dit eenzame oord! Het is de mooiste gazelle die ik ooit heb gezien, ze is zo rank en prachtig van kleur. Zelfs als onze ballingschap voorbij is, zou ik voor haar blijven zorgen. Ik zou haar meenemen naar huis en haar daar in mijn eigen kamer houden. Bharata en de andere koninginnen zouden haar ook prachtig vinden. Ik hoop dat u haar levend kunt vangen, maar als ze u te snel af is, dood haar dan en geef mij de mooie vacht, dan kan ik die later als aandenken ophangen in het paleis.'

Ook Rama was betoverd door het mooie dier en hij beloofde Sita dat hij de gazelle hoe dan ook voor haar zou vangen, dood of levend. Laksmana's waarschuwing sloeg hij in de wind. 'Ook al zou het een raksasa zijn, dan zou ik die gewoon verslaan. Als jij samen met Jatayu bij Sita blijft, kan haar niets overkomen.'

Dus ging Rama achter de glanzende gazelle aan. Het huppelende dier lokte hem steeds verder het woud in en Rama had nog geen enkele kans gehad het te vangen.

Op een gegeven moment raakte zijn geduld op en haalde hij een pijl uit zijn pijlkoker. Hij spande zijn boog, richtte en schoot de gazelle met één schot dood. Op het moment dat hij bij het dode dier aankwam, kwam echter de demon Marica uit het dier te voorschijn en gilde ze luid de namen van Laksmana en Sita, waarna ze verdween. Rama schrok daar ontzettend van en rende zo hard hij kon terug naar de hut. De huid van de gazelle liet hij achter.

K. Venkatappa

De dood van de gouden gazelle

Sita en Laksmana hadden inmiddels het angstige geschreeuw van Rama gehoord. 'Snel Laksmana,' zei Sita huiverend, 'ga naar Rama om hem te helpen! Wat ben ik toch dom dat ik hem achter die gazelle heb aangestuurd! Wat als hij nu door de raksasa's overweldigd wordt?'

Maar Laksmana stelde haar gerust: 'Je hoeft niet bang te zijn, Sita. Rama is onkwetsbaar voor de raksasa's. Bovendien heeft hij me bevolen dat ik bij jou moest blijven en dat zal ik dus ook doen. Die noodkreet die we hoorden kan niet van Rama zijn geweest. Het was vast weer een streek van een slinkse raksasa.'

Sita was echter zo doodsbang dat Rama wat zou overkomen, dat ze een heel onredelijke, kwetsende beschuldiging naar Laksmana riep. 'Het lijkt wel of je je helemaal geen zorgen maakt over het welzijn van je broer. Wil je soms stiekem dat hij doodgaat? Was dat de reden dat je hem in ballingschap bent gevolgd, zodat je, als hij zou sterven, zijn weduwe zou kunnen inpikken? Maar dan kom je toch bedrogen uit, Laksmana. Ik zal mijn echtgenoot altijd trouw blijven, of hij nog onder de levenden verkeert of niet!'

De onverdiende beschuldiging trof Laksmana diep. Bevend van verontwaardiging antwoordde hij: 'Op zo'n onterecht verwijt kan ik weinig antwoorden. Ik kan je alleen maar zeggen dat mijn bedoelingen zuiver zijn. Ik houd van jou, ja, maar zoals een zoon van zijn moeder houdt en niet anders. Om dat te bewijzen zal ik nu naar Rama gaan, omdat jij dat wilt. Ik ben er niet gerust op, want de voortekenen zijn slecht. Ik hoop dat ik jou en Rama snel weer veilig bij elkaar zie!'

Sita wordt geroofd door Ravana (Ram. III 46-57)

Laksmana was nog maar nauwelijks uit het zicht verdwenen, of daar kwam Ravana op Sita afgelopen, die bij de kluizenaarshut was blijven wachten. Hij had de gedaante aangenomen van een ronddwalende asceet, maar toch had hij duidelijk een duistere kant.

Zelfs de natuur wachtte gespannen af wat er zou gebeuren. De wind ging liggen, de bomen van het woud bewogen geen blad meer, het water van de Godavari was spiegelglad en de dieren in het bos maakten geen enkel geluid.

Ook Ravana stond stil. Zijn ascetenkleed bedekte zijn ware verschijning, zoals een duister hol verborgen wordt door gras en bladeren. Hij zweeg en keek naar Sita. Hij bekeek haar gladde voorhoofd, haar volle lippen, haar stralend witte tanden en haar mooie lichaam, dat omsluierd werd door haar zwarte haar. Verlangen naar haar vervulde zijn hart.

'Wie bent u, lieflijke, stralende schoonheid, met uw krans van lotusbloemen? Uw lichaam is zo zacht en slank, uw ogen stralen een hemelse liefde uit en uw golvende haar is zelfs zo weelderig dat het uw schoonheid gedeeltelijk bedekt. Het kan niet anders of u bent een goddelijk wezen, een sterfelijke vrouw zou nooit zo mooi kunnen zijn als u. Maar waarom draagt u zulke minderwaardige kleding en wat doet u hier zo alleen in het woeste woud? U zou gewaden van zijde moeten dragen en in koninklijke paleizen moeten wonen. Zeg me alstublieft: wie bent u?'

De vleiende woorden van de asceet hadden al het wantrouwen bij Sita weggenomen en openhartig legde ze hem de situatie uit waarin Rama, Laksmana en zij zelf verkeerden. Met een vriendelijk en gastvrij gebaar bood ze de man, die ze voor een brahmaan aanzag, aan bij haar te blijven om uit te rusten.

Toen zei Ravana tegen haar: 'U vergist zich als u denkt dat ik een brahmaan ben. Ik ben een koning en mijn naam is Ravana. U bent zo mooi, ik heb u voorgoed in mijn hart gesloten. Ik wil dat u deel uitmaakt van mijn heerschappij en mijn glorie. Van al mijn vrouwen zal ik het meest van u houden.'

Sita werd woedend bij het horen van die woorden. Haar ogen fonkelden toen ze antwoordde: 'Weet u dan niet dat ik de vrouw ben van de goddelijke Rama? Hoe durft u mij op zo'n slinkse manier te benaderen? U zult nog eerder een hongerige leeuw zijn tanden kunnen uittrekken of bergen kunnen verplaatsen, dan dat u mij tot uw vrouw zult kunnen maken!'

Ravana probeerde Sita nog een keer te overtuigen. Hij vertelde haar hoe machtig hij was en hoe rijk en groot zijn koninkrijk Lanka was, maar het was tevergeefs. Sita's verontwaardiging werd alleen maar groter en ze weigerde op zijn uitnodiging in te gaan.

Uiteindelijk legde de afschuwelijke raksasa zijn vermomming af en toonde hij zich aan haar in zijn eigen gedaante, met tien hoofden en twintig armen. Hij was zo woedend dat hij trilde over zijn hele lijf. Hij greep haar vast bij haar mooie, lange

K. Venkatappa

Gevecht tussen Rāvana en Jatāyu

haren en tilde haar ruw in zijn wagen, die getrokken werd door ezels. Hij hield haar stevig tegen zijn borst geklemd en onder het uiten van afwisselend dreigementen en smeekbeden steeg hij met haar op het luchtruim in. Hij klom hoger en hoger, boven de heuvels en de bossen uit, als een arend met een prooi in zijn klauwen. Al die tijd bleef Sita roepen om haar geliefde Rama en Laksmana.

Plotseling zag ze de gier Jatayu zitten en ze schreeuwde naar hem dat hij Rama moest vertellen wat er was gebeurd. De gier nam echter zelf het initiatief. Hij vloog de lucht in en bleef voor de wagen van Ravana hangen. Hij dreigde de raksasa dat hij Sita onmiddellijk moest vrijlaten. Ravana weigerde botweg en de gier opende de aanval. Het werd een vreselijk gevecht. Ravana had allerlei soorten wapens ter beschikking en Jatayu was aangewezen op zijn snavel en klauwen. De vogel wist Ravana's wagen totaal te vernielen en verwondde Ravana zelf vele malen, maar hij werd moe. Ravana wist daar gebruik van te maken door hem zijn vleugels af te snijden, waardoor de gier weerloos werd. Met schoppen en vuistslagen kon Ravana het karwei toen afmaken.

Hij pakte de tegenspartelende Sita opnieuw beet en vloog weg. Het mooie lichaam van Sita leek wel licht te geven en stak tegen het donkere lichaam van Ravana af als een bliksemschicht tegen een achtergrond van donkere wolken.

Alles in de natuur treurde om het verlies van Sita. Wolken dreven voor de zon, lotusbloemen verwelkten, watervallen vormden de tranen van de bergen en de ogen van jonge hertjes werden vochtig van droefenis. De goden waren de enigen die blij waren, maar zij wisten dan ook dat Ravana zijn ondergang naderde.

Tijdens de vlucht in de brute handen van Ravana liet Sita haar bovenkleed, haar sieraden en haar bloemen naar beneden vallen. Ze kwamen terecht op de top van een berg, waar vijf grote apen bij elkaar zaten.

Ravana had haar echter nog steeds stevig vast en hij vloog verder en verder van de bergen en de wouden vandaan. Hij vloog naar zijn koninkrijk Lanka en eenmaal daar aangekomen sloot hij haar op in één van de binnenste vertrekken van zijn paleis, waar ze streng bewaakt werd.

Hij stuurde spionnen naar de aarde om de verblijfplaats van Rama op te sporen en zocht toen opnieuw Sita op. Hij vroeg haar nogmaals of ze zijn vrouw wilde worden, en smeekte haar nog dringender. Hij nam haar zelfs op een gewelddadige manier mee om haar zijn paleis te laten zien, zodat ze zou beseffen welke grote schatten hij bezat. Hij zei haar dat ze, als ze aan zijn wens tegemoetkwam, al die rijkdommen van hem zou krijgen.

Sita weigerde echter naar zijn mooie woorden te luisteren en verborg haar beschaamde gezicht achter haar handen. Ondertussen praatte ze lovend over Rama en Laksmana en dreigde ze Ravana dat ze zouden komen om wraak te nemen voor de misdaad die hij had gepleegd.

Ravana werd woedend dat ze zo dwars bleef, en zei tegen haar dat als ze binnen twaalf maanden niet van gedachten zou veranderen, hij haar zou doden. Toen stelde hij haar onder de bewaking van een groep afschuwelijke vrouwelijke raksasa's, die de opdracht hadden gekregen haar verzet te breken.

En dus had Ravana, samen met de raksasi's, de goede, zachtaardige Sita volledig in zijn macht, zoals een groep leeuwinnen een in het nauw gedreven prooi in haar macht heeft.

Rama's woede en pijn om het verlies van Sita (Ram. III 57-75)

Rama was inmiddels al op weg naar huis, want de kwade voortekenen hadden hem bang en onrustig gemaakt. Toen hij Laksmana op zich zag afkomen, riep hij naar hem: 'Waar is Sita? Je hebt haar toch niet alleen achtergelaten?'

Laksmana probeerde hem uit te leggen wat er was voorgevallen en welke beschuldiging Sita tegenover hem had geuit, maar Rama was erg teleurgesteld dat Laksmana niet had gedaan wat hij van hem had gevraagd. Terwijl ze zich terughaastten naar de hut, klonk het geschreeuw van vogels en het vreselijke gehuil van jakhalzen en hun bange voorgevoelens namen alleen maar toe. Vlak bij de hut aangekomen kon Rama plotseling niet meer verder lopen. Hij zag Sita nergens en begon over zijn hele lichaam te beven.

Sita was echt verdwenen, daar kwamen ze al snel achter. De hele omgeving speurden ze af naar een aanwijzing waar ze heen kon zijn gegaan. Ze zochten overal langs de oevers van de rivier, in het dichte bos en in elke rotsspleet, maar van Sita was geen spoor te bekennen.

Toen kwam Rama op het idee dat zijn geliefde echtgenote

waarschijnlijk door een raksasa was meegenomen en verslonden. Woedend verweet hij zijn broer dat dat zijn schuld was omdat hij Sita alleen had gelaten. Ze vroegen ook de rivieren, de bergen en de bomen zelf of ze Sita hadden gezien, maar van geen van hen kregen ze antwoord. Toen stelden ze dezelfde vraag aan de dieren en die begonnen in de richting van het zuiden te lopen. Zonder aarzelen liepen Rama en Laksmana achter de dieren aan en al snel vonden ze een bloem die Sita in haar haren had gedragen, en één van haar sieraden en even later nog één.

Ze bleven het spoor volgen tot ze op een gegeven moment bij een plek kwamen waar duidelijk een gevecht had plaatsgevonden. De grond was platgetrapt en er lagen gebroken wapens. Ook waren er brokstukken van een wagen te vinden. Bij de aanblik van deze overblijfselen van een klaarblijkelijk zware strijd kon Rama zich niet langer beheersen. Kokend van woede greep hij zijn pijl en boog. Hij zag eruit alsof hij de hele wereld wilde gaan vernietigen. Laksmana kon hem slechts met moeite daarvan weerhouden. 'We kunnen beter proberen Sita te vinden dan alles kort en klein te slaan,' zei hij op kalmerende toon tegen Rama.

Toen ze verder liepen, troffen ze op een gegeven moment Jatayu aan, die in zijn eigen bloed lag en stervende was. De sterk verzwakte vogel kon hun nog net vertellen wat er precies was gebeurd; toen stierf hij. De broers barstten in tranen uit om de dood van hun trouwe vriend. Samen maakten ze een brandstapel en plechtig verbrandden ze het lijk van Jatayu.

Ze moesten verder en al zoekend trokken ze naar het zuiden. Plotseling werden ze tot staan gebracht door een afschuwelijk monster, dat reusachtig groot was en geen hoofd had. Met zijn lange armen graaide het Rama en Laksmana van de weg om hen te gaan verslinden. De beide broers waren echter zo bang dat ze ongekende krachten opriepen, en ze wisten het monster zijn beide armen af te hakken. Toen vroeg de reus wie ze eigenlijk waren. Ze gaven hem antwoord, waarna de reus hun zijn verhaal vertelde.

'Ik was ooit zo overmoedig dat ik Indra te lijf ben gegaan en dat is me duur komen te staan. Hij heeft me mijn hoofd ingeslagen en dat zou zo blijven totdat Rama zou komen om me van de vervloeking te bevrijden, zei hij. Wat u moet doen, Rama, is een kuil graven en mij daarin verbranden. Als wederdienst zal ik u de naam geven van degene die Sita voor u zal kunnen opsporen.'

De broers deden wat de reus hun had gezegd, en uit het vuur kwam een lichtende gestalte te voorschijn van een raksasa. Die raksasa zei tegen Rama: 'De grote aap Sugriva zal u kunnen helpen. Hij woont op de berg Rsyamuka, waar de rivier de Pampa aan grenst. Ik moet u wel waarschuwen hem te respecteren, want hij is moedig en weet alles van de raksasa's. Hij is meester over een grote groep apen en hij zal Sita voor u terugvinden.' Tenslotte wees hij hun nog de weg naar de Pampa. Toen nam hij afscheid en vertrok.

Het bondgenootschap met de apen (Ram. IV 1-29)

Het duurde niet lang voor ze de rivier de Pampa hadden bereikt. Rama was vol bewondering voor het prachtige landschap, maar het herinnerde hem des te meer aan de vrouw die hij moest missen. Laksmana wist bijna niet hoe hij hem moest troosten en stimuleren voor het vervolg van de zoektocht.

Toen ze alweer een tijdje gelopen hadden, zagen ze inderdaad de grote aap Sugriva. Sugriva voelde zich echter zo bedreigd door de aanblik van de twee gewapende mannen dat hij samen met zijn apen haastig het Malayagebergte invluchtte. Om erachter te komen wie de vreemdelingen waren en wat hun bedoelingen waren, stuurde hij zijn hoofdman Hanumat naar hen toe. Hanumat was een zoon van Vayu, de windgod. Rama en Laksmana vertelden Hanumat vriendelijk hoe ze heetten en nadat ze hem hadden verteld wat hun was overkomen, zeiden ze dat ze hoopten dat Sugriva hen zou kunnen helpen.

Hanumat knikte en bracht hen naar de koning, die hij vervolgens inlichtte over de reden van hun komst. Sugriva aarzelde geen moment en sloot blij een bondgenootschap met Rama. Toen vertelde hij hem zijn eigen trieste lotgevallen.

Sugriva had als jonge prins in een land genaamd Kiskindha gewoond, waar zijn oudere broer Valin de heerschappij in handen had. Op een dag werd er een hevige strijd gevoerd, waaruit Valin niet terugkeerde. Sugriva kon slechts vermoeden dat zijn broer gesneuveld was en nam de regering over.

Enige tijd later kwam Valin echter plotseling toch nog terug en hij was zo boos dat Sugriva inmiddels op de troon had plaatsgenomen dat hij niet naar zijn verklaringen wilde luisteren. Hij dacht dat Sugriva hem al die tijd al van zijn plaats had willen drijven en verbande zijn jongere broer uit zijn rijk. Sugriva kreeg slechts de kleren mee die hij aanhad en zijn vrouw Ruma werd door Valin van hem afgenomen, die zelf met haar trouwde.

Na het horen van dat verhaal beloofde Rama onmiddellijk dat hij voor de apenkoning zijn recht zou halen en dat hij Valin zou doden, hoe sterk die ook mocht zijn. Sugriva op zijn beurt zou hem zo goed hij kon helpen bij het opsporen en terugwinnen van Sita. Hij had met eigen ogen gezien hoe Sita was meegenomen door Ravana en had daar zelfs bewijzen voor. Hij liet Rama het bovenkleed en de sieraden zien die Sita in de lucht van zich af had geworpen.

Rama bekeek de spullen en zag dat ze inderdaad van haar waren, maar Laksmana kon alleen de enkelringen herkennen, want hij had nooit hoger dan Sita's voeten gekeken.

Na een kort overleg besloten ze eerst achter Valin aan te gaan om de vrouw van Sugriva terug te winnen. Eenmaal aangekomen in de stad Kiskindha daagde Sugriva zijn broer uit, waarna een vreselijke strijd tussen de beide apen begon. Sugriva gebruikte al de krachten die hij in zich had, maar hij kon Valin niet op de knieën krijgen. Uiteindelijk wierp hij een wanhopige blik op Rama, die op een afstand het gevecht volgde. Rama zag hem kijken en legde direct een vlijmscherpe pijl op zijn enorme boog, waarmee hij de slechte Valin in één keer doodschoot.

Sugriva kon toen weer triomfantelijk zijn stad Kiskindha binnenrijden, de stad waaruit hij ooit op vernederende wijze verbannen was. Hij was echter wel zo rechtvaardig dat hij het zoontje van Valin, Angada, tot zijn troonopvolger benoemde. Sugriva had graag gewild dat zijn trouwe bondgenoot Rama ook zijn intrek zou nemen in het paleis, maar Rama legde hem uit dat dat niet kon omdat zijn vader hem had bevolen veertien jaar lang eenzaam in het woud te leven als een kluizenaar.

De regentijd brak echter aan en verder zoeken naar Sita zou onmogelijk zijn. Daarom wilde Rama die periode samen met Laksmana doorbrengen in een nabije bergspelonk. Sugriva beloofde hem dat hij na de regentijd een grote strijdmacht op de been zou brengen waarmee hij Rama zou helpen Sita te bevrijden.

Tijdens de zalige regentijd waarin de wereld weer werd opgefrist door de koele regenbuien, trokken Rama en Laksmana zich terug in de bergen. Het dichte regengordijn ontnam de beide broers echter ieder uitzicht en daar werd Rama nog somberder van dan hij al was na het verlies van Sita. Hij kon haast niet wachten tot de luchten weer zouden opklaren en de zon weer zou gaan schijnen, want dan zouden ze weer verder kunnen zoeken naar Sita.

De zoektocht naar Sita (Ram. IV 37-67 en V 1-14)

Na lang wachten brak eindelijk de herfsttijd aan en hoofdman Hanumat kreeg het bevel alle apen die op de aarde rondliepen voor een troepenmacht bijeen te brengen. Uit alle richtingen kwamen ze naar Kiskindha. Ze kwamen van de Kailasa, van het Vindhyagebergte en van de Himalaya, ze kwamen uit het oosten en uit het westen, van dichtbij en van ver weg en hun aantal liep op tot honderdduizenden en miljoenen, elke groep onder een eigen leider.
Toen de enorme legermacht verzameld was, vroeg Sugriva aan Rama wat hij wilde dat al die apen voor hem zouden doen. Rama antwoordde: 'Ik wil dat ze er allemaal op uit trekken om erachter te komen waar Sita zich bevindt.'
Sugriva verdeelde de apen in vier geweldige legers, die hij elk in één van de vier windrichtingen wegstuurde. Ze moesten alle landen en zeeën waar mensen of demonen woonden, uitkammen.
Het leger dat hij naar het zuiden stuurde, stond onder bevel van zijn meest ervaren hoofdman Hanumat. Ook Rama had veel vertrouwen in de tactiek en wijsheid van Hanumat. Hij gaf hem zijn eigen ring, zodat Hanumat die aan Sita zou kunnen laten zien als hij haar vond.
Rama, Laksmana en Sugriva bleven in spanning wachten in Kiskindha. Na een maand kwamen drie van de vier legers dodelijk vermoeid terug, zonder succes te hebben gehad. Alleen het leger dat naar het zuiden was vertrokken, bleef nog weg.
Het leger waar Hanumat het bevel over voerde, was in zijn zoektocht steeds verder naar het zuiden afgedwaald en had uiteindelijk de oever van de onmetelijke, bruisende zee bereikt. Voor de huizenhoge golven bleven de apen staan en moedeloos keken ze naar het oneindige water. Ze durfden niet met lege

handen naar Kiskindha terug te gaan, maar konden hier ook niet verder. Daarom besloten ze zichzelf te verhongeren, want het leek hun beter ter plekke te sterven.

In de buurt van de kust nestelde een grote gier, Sampati genaamd. Toen hij in de gaten kreeg dat een grote groep apen zich aan het verhongeren was, liep het water hem in de mond. Zoveel voedsel had hij nog nooit bij elkaar gezien. Bij zijn nadering begonnen de apen te rillen van afschuw.

Angada, de zoon van Valin, begon zich jammerend af te vragen hoe het toch zover had kunnen komen. Hij herhaalde de hele ellendige geschiedenis van Sita's ontvoering en tijdens zijn verhaal noemde hij ook de naam van Jatayu, de trouwe gier die zijn leven had gegeven voor Sita's verdediging.

Toen de grote gier Sampati die naam hoorde, kwam hij razendsnel naar Angada en zei: 'Hoorde ik daar de naam van mijn broer Jatayu? Wat is er met hem gebeurd, waar is hij nu?'

Angada bracht hem op de hoogte van wat zijn broer was overkomen, en vertelde hem ook dat zij nu Sita wilden terugvinden.

Sampati antwoordde: 'Ik heb inderdaad gezien dat Ravana Sita met zich meenam. Ze zijn hier overgevlogen op weg naar het eiland Lanka. Lanka is het koninkrijk van Ravana en het ligt zo'n honderdvijftig kilometer verderop in zee. Ik kan Sita vanaf hier zien, want ik heb scherpe ogen. Ga naar Lanka en versla Ravana. Dan hebben jullie Sita terug en is mijn arme broer gewroken!'

Even kregen de apen nieuwe hoop, maar toen ze naar de enorme watervlakte voor hen staarden, zonk hun de moed direct weer in de schoenen. Hoe zouden ze in vredesnaam op een eiland kunnen komen dat honderdvijftig kilometer uit de kust lag? Eén van de apen zei dat hij wel dertig kilometer ver kon springen, een ander vijfenzeventig, weer een ander honderdtwintig en een laatste zei dat hij een sprong van honderdvijfendertig kilometer kon maken. Alleen Angada dacht dat hij de volledige afstand van honderdvijftig kilometer kon overbruggen, maar dan zou hij al zijn krachten verspillen en zou hij niet meer terug kunnen komen.

Toen wendden alle ogen zich naar Hanumat, de zoon van de windgod, die onkwetsbaar was. Hij was immers degene die, toen hij nog klein was, al zo hoog kon springen dat hij de zon uit de hemel had willen plukken.

Hanumat wist dat hij inderdaad genoeg kracht in zich had, en hij stond zelfbewust op. Alle apen juichten van blijdschap. Hanumat sloeg zichzelf op de borst om zich op te laden voor de enorme sprong die hij zou gaan wagen. Woedend stormde hij de berg Mahendra op, die van zijn dreunende voetstappen begon te schudden op zijn grondvesten. Alle dieren in de wouden en holen van de berg verstijfden van schrik. Toen hij op de top van de berg was aangekomen, begon Hanumat tot zijn vader, de windgod Vayu en de overige goden te bidden om hem de kracht te geven de sprong tot een goed einde te brengen. Zijn gestalte groeide, zijn haren gingen overeind staan en terwijl hij venijnig met zijn staart heen en weer zwaaide, begon hij luid te grommen. Hij praatte voortdurend op zichzelf in dat hij Sita wilde vinden en Ravana gevangen wilde nemen.

Toen sprong hij weg en dat deed hij met zo'n geweldige kracht dat de bomen die om hem heen stonden met hem mee de lucht in werden gezogen. Zijn enorme gedaante zweefde door de lucht, zijn ogen vlamden en zijn staart hield hij als een vaandel omhoog. Zo vloog hij over het water. Onderweg kwam hij een berg tegen waar hij had kunnen rusten, maar hij ging verder. Toen kwam er een boze raksasa voor hem in de lucht hangen, die hem wilde verslinden. Hanumat blies zichzelf op tot steeds grotere omvang, maar de bek van het monster sperde ook steeds wijder open.

Toen maakte Hanumat zich plotseling zo klein mogelijk, waardoor hij de enorme bek binnenvloog. De raksasa dacht dat hij zijn prooi te pakken had, maar in zijn lichaam zette Hanumat onverwachts en heel snel weer uit en het monster spatte uit elkaar. Hanumat kon rustig zijn tocht voortzetten en vier dagen later landde hij veilig op de hoogste berg van Lanka.

Inmiddels had hij ook zijn normale omvang teruggekregen en vanaf de berg waar hij stond kon hij het hele eiland overzien. Hij zag een stad die op een andere berg was gebouwd, en toen hij nog eens goed keek, zag hij dat die stad zo streng bewaakt werd dat het hem onmogelijk leek daar binnen te komen.

Toen de avond viel, maakte hij zich zo klein en onopvallend mogelijk en zo lukte het hem toch ongezien de stad binnen te dringen. Net toen hij dacht dat hij die eerste stap had volbracht, kwam echter de godin van de stad hem tegemoet in de gedaante van een vrouwelijke raksasa. Ze wilde hem ervan weerhouden de stad verder in te gaan, maar hij viel haar aan en na een hevig gevecht kon hij haar verslaan.

Ongehinderd liep hij verder door de stad in de richting van het paleis van Ravana, dat boven op de top van de berg lag en beschermd werd door een dikke muur en een brede gracht. Sierlijk en helder stond de maan afgetekend tegen de donkere lucht van de avond en haar licht stelde Hanumat in staat in het paleis te kijken. Hij zag mensen eten en drinken, mensen die muziek maakten en mensen die lagen te slapen. Sita zag hij echter nergens.

Hanumat sprong nog wat dichterbij en kwam nu bij Ravana's eigen vertrekken, die blonken van het goud en de vele edelstenen. Er hingen aangename geuren van eten en drinken.

In het slaapvertrek van Ravana lag de machtige raksasa zwaar ademend en nietsvermoedend te slapen. Het bed werd verlicht door vier gouden lampen die op zuilen waren geplaatst. De vingers van Ravana's enorme handen die op het witte dek lagen, waren net slangen. De raksasakoning werd omringd door zijn vrouwen, die allemaal mooie kransen en edelstenen droegen en argeloos lagen te slapen.

Eén van de vrouwen, Mandodari, was de meest geliefde vrouw van Ravana. Omdat ze zo mooi en lieftallig was, dacht Hanumat dat hij Sita had gevonden. Van pure blijdschap begon hij met zijn staart en zijn lange armen te zwaaien en op en neer te springen. Maar toen hij er nog eens over nadacht, leek het hem erg onwaarschijnlijk dat het echt Sita was. Sita zou namelijk weigeren eten en drinken aan te nemen als ze niet bij Rama mocht zijn, laat staan dat ze zich mooi zou maken voor een ander. Ze zou nooit naast een ander slapen dan naast Rama.

Alle blijdschap verdween bij Hanumat en moedeloos dwaalde hij verder door het paleis. Overal zag hij mooie vrouwen, maar geen van hen was Sita. De afschuwelijke gedachte dat de raksasa's haar hadden opgegeten kwam in hem op, maar die gedachte drukte hij meteen weer weg. Hij moest haar gewoon vinden, zonder haar kon hij niet terugkeren naar Sugriva en Rama en de grote legermacht van apen. Ze zouden doodgaan van verdriet als hij haar niet bij hen terugbracht. Hij moest naar haar blijven zoeken, ook al zou hij dat tot aan zijn dood moeten blijven doen.

Sita gevonden (Ram. V 14-39)

Hanumat kwam terecht in een park dat vol stond met Asoka-bomen. Hij klom in één ervan en kon het prachtige park hele-maal overzien. Er graasden herten, de hoge stammen van de bomen waren bedekt met slingerplanten en in heldere vijvers dreven lotusplanten die een zachte geur verspreidden.

In het midden van al dat moois stond een schitterend wit pa-leis, dat koraalrode traptreden had en een gouden vloer. Naast het paleis stond een zeer hoge Asokaboom en daaronder zag hij een vrouw zitten die er verdrietig uitzag. Ze had zichzelf gehuld in boombast en was erg bleek door voedsel- en slaaptekort. Haar gezicht was verduisterd door zorgen en verdriet en over haar wangen liepen tranen. Om haar heen zat een groep boze vrouwelijke raksasa's, die haar bewaakten als huilende wol-ven.

Hanumats hart maakte een sprongetje. Dat moest Sita zijn, de dierbare vrouw van Rama! Hanumat herkende de sieraden die Rama hem had beschreven. 'De goden zij gedankt dat u nog leeft, vrouw, en dat u uw man trouw bent gebleven in dit boze oord,' zei hij in zichzelf.

Op dat moment kwam Ravana dichterbij, in gezelschap van zijn vrouwen. Hanumat kroop nog wat dieper weg in het bla-derdak van de boom, want hij wilde niet dat de machtige rak-sasa hem zag. Ravana liep op Sita af en begon haar op zoete toon te vleien, in de hoop daarmee haar gunst te winnen. Hij vertelde haar welke enorme macht en rijkdom ze van hem zou krijgen als ze hem als haar man zou aanvaarden.

Maar Sita keek hem afkeurend aan en maakte hem duidelijk dat ze zich nooit zou laten overhalen zijn vrouw te worden. Toen ze hem bovendien nog bedreigde met de wraak van Rama, werd Ravana woedend. Hij gaf haar nog twee maanden bedenktijd en dan zouden haar kansen verkeken zijn.

Tegen de raksasi's die haar bewaakten zei hij dat ze onvermin-derd door moesten gaan met proberen haar over te halen hem te aanvaarden. Toen draaide hij zich met een ruk om en verliet het park.

De rust keerde weer in het mooie park en Hanumat begon van-af zijn plaats hoog in de bomen de aandacht van Sita te trek-ken. Hij liet zijn stem menselijk klinken en praatte zachtjes tegen haar over Rama. Ook vertelde hij hoe er vier legers van apen waren vertrokken om haar te zoeken en dat hij zelf de leider was van het zuidelijke leger.

Sita hoorde de stem wel, maar zag niemand en verbaasd keek ze om zich heen. Toen Hanumat echter tussen de takken vandaan kwam en op haar afkwam om haar de ring van Rama te overhandigen, schrok ze en liep ze weg. Ze dacht dat het misschien weer een slimme streek van Ravana was, die haar in de gedaante van iemand anders probeerde te benaderen. Maar Hanumat liet haar van een afstand de ring zien en langzaam maar zeker werd het vertrouwen van Sita groter. Ze begon te geloven dat de aap inderdaad een vriend van haar geliefde man was.

Toen ze uiteindelijk de ring van hem aanpakte, kon ze haar emoties nauwelijks de baas blijven. Uitbundig bedankte ze hem, waarna ze hem bestookte met vragen over Rama. Hanumat antwoordde haar geduldig. Toen hij haar echter voorstelde op zijn rug naar de vrijheid, naar Rama te springen, weigerde ze. Ze durfde het niet aan omdat ze bang was dat ze van zijn rug in de woeste golven zou vallen, en het idee dat iemand anders dan Rama haar zou aanraken, stond haar ook niet aan.

Bovendien wilde ze dat Rama zelf haar zou bevrijden. Hij moest degene zijn die de raksasa's zou verslaan. Aan Hanumat gaf ze een edelsteen mee, die hij aan Rama moest geven als teken van haar liefde voor hem.

Hanumats gedrag in Lanka (Ram. V 39-64)

Hanumat deed de edelsteen om zijn vinger en nam afscheid van Sita. Hij wilde echter nog niet meteen teruggaan naar zijn vrienden, want hij wilde eerst wat meer informatie over Lanka en over de grootte van de raksasatroepen verzamelen, zodat Rama wist wat voor vijand hij tegenover zich zou hebben als hij zijn vrouw ging bevrijden. Om te weten te komen over hoeveel mankracht Ravana beschikte, begon hij het Asokapark te vernielen. Als een wervelwind rukte hij takken van de bomen en beschadigde hij de mooie gebouwen.

De vrouwelijke raksasa's werden wakker van het kabaal en kwamen verschrikt naar buiten. Toen ze zagen wat voor reusachtige aap daar rondraasde, haastten ze zich naar Ravana om hem om hulp te vragen. Ravana stuurde tachtigduizend raksasa's op hem af, maar Hanumat versloeg ze allemaal. De zeer sterke en bekwame krijger die Ravana vervolgens op de indringer afstuurde, bood wat meer tegenstand, maar uiteindelijk moest ook hij het onderspit delven tegen de aap.

Toen op een gegeven moment de zoon van Ravana, Indrajit, kwam, was het echter gedaan met de reeks overwinningen van Hanumat. Indrajit nam hem gevangen en bracht hem naar het paleis van zijn vader.

En zo ontmoette Hanumat de raksasakoning voor het eerst, op klaarlichte dag en in de raadszaal, waar ook alle ministers aanwezig waren. Ravana vroeg hem naar zijn naam en naar de reden waarom hij het park vernield had.

Hanumat antwoordde: 'Ik ben Hanumat, een hoofdman van de apen. Mijn vernielingen hadden tot doel dat ik gevangen genomen en naar u gebracht zou worden. Nu ik hier voor u sta, kan ik u de boodschap van Rama overbrengen. Rama eist namelijk dat u Sita onmiddellijk vrijlaat. Als u dat niet doet, kunt u zich voorbereiden op uw ondergang, want Rama zal een belediging zoals die welke u hem hebt aangedaan, niet ongewroken laten!'

Bij het horen van deze brutale woorden werd Ravana zo woedend dat hij de aap het leven wilde ontnemen, maar een jongere broer van Ravana, Vibhisana, was het daar niet mee eens. Hij herinnerde Ravana eraan dat een boodschapper nooit gedood mocht worden, welk bericht hij ook overbracht. Uiteindelijk kon hij hem van zijn gelijk overtuigen.

Een straf zou Hanumat echter toch krijgen. Hij kreeg katoenen lappen om zijn staart gebonden die doordrenkt waren met olie en die lappen werden door de raksasa's in brand gestoken. Geketend en met een brandende staart werd Hanumat door de stad gevoerd, zodat iedereen getuige kon zijn van zijn vernedering.

Sita was echter op de hoogte gehouden van wat er met Hanumat gebeurde, en ze smeekte de vuurgod Agni hem te sparen. De vuurgod verhoorde haar bede: de doeken stonden weliswaar in brand, maar de staart van Hanumat bleef koel en werd niet aangetast. Bovendien had Hanumat nu de kans de stad bij daglicht goed in zich op te nemen.

Toen hij vond dat zijn publieke tocht lang genoeg geduurd had, zette hij zich eerst uit, zodat zijn boeien ruimer kwamen te zitten, en maakte zichzelf vervolgens heel klein om er gemakkelijk tussenuit te kunnen glippen. Toen de slimme aap vrij was, sprong hij met zijn brandende staart over de huizen heen, waardoor de daken van de halve stad in lichterlaaie kwamen te staan. Eenmaal klaar met zijn klus bluste Hanumat zijn staart in het water van de zee.

Toen hij omkeek en zag dat ook de paleizen in brand stonden, schoot het hem te binnen dat Sita misschien in de vuurzee gevangen zat. Maar toen dacht hij weer aan zijn staart die ongedeerd was gebleven, en hij wist dat dat kwam omdat Sita de vuurgod had gesmeekt hem te sparen. Het was niet waarschijnlijk dat diezelfde god haar in de vlammen zou laten omkomen. Hij werd in die geruststellende gedachte bevestigd door een aantal goede voortekenen en hemelse stemmen die hij hoorde. Zonder verdere zorgen maakte hij aanstalten om terug te gaan naar zijn leger.

Nadat hij boven op de top van de hoogste berg van Lanka was geklommen, zette hij met zo'n enorme kracht af voor zijn sprong dat de berg helemaal in de grond verdween. Opnieuw vloog Hanumat over het water. Soms verdween hij even in de wolken, maar uiteindelijk landde hij veilig op de Mahendra.

De apen die daar waren achtergebleven, waren ontzettend blij dat hij was teruggekomen, want dat moest betekenen dat hij Sita had gevonden. Enthousiast slingerden ze van boom naar boom, onderweg vruchten en noten verzamelend voor hun leider. Natuurlijk moest Hanumat hun uitgebreid vertellen wat hij op Lanka had aangetroffen, en dat deed hij dan ook, vol trots op zijn succes.

Angada, de zoon van Valin, was het liefst meteen naar Lanka gegaan om de raksasa's eens een lesje te leren, maar de wat oudere en wijzere apen weerhielden hem daarvan. Hun opdracht was alleen geweest erachter te komen waar Sita verborgen werd gehouden. Nu moesten ze terug naar Sugriva en Rama om hen op de hoogte te brengen van de situatie. Wat er verder moest gebeuren, zou dan wel besloten worden.

Het hele apenleger zette zich af en vloog terug naar Sugriva en Rama, die vol spanning zaten te wachten op de Prasravanaberg.

Hanumats terugkeer (Ram. V 64-68 en VI 1-5)

Toen Rama van de apenhoofdman hoorde dat Sita nog in leven was, kende zijn vreugde geen grenzen. Hij kreeg een brok in zijn keel van ontroering toen Hanumat hem de edelsteen uit Sita's haar gaf. De gedachte aan de eenzaamheid waarin Sita zich nu bevond, was meer dan hij kon verdragen. Hij vroeg aan de aap tot in details te vertellen wat Sita allemaal tegen hem had gezegd.

Enthousiast vertelde Hanumat dat Sita niet met hem mee had willen komen, maar dat ze aan iedereen dacht en aan iedereen de groeten deed.

Rama bedankte Hanumat vanuit het diepst van zijn hart. Hij vond hem de beste dienaar die hij kende, omdat hij zoveel meer had gedaan dan hem was opgedragen. Het speet hem dat hij niets kon terugdoen voor Hanumat, en dus stond hij op en omhelsde hem alsof het zijn broer was.

Rama begon direct plannen te maken om Sita te bevrijden en daarbij stuitte hij meteen op een probleem. Hoe moest hij met zijn hele leger de zee oversteken naar Lanka? Hij overlegde met Sugriva. Die kwam met het plan een dam door de oceaan te bouwen. Hanumat kon de broodnodige informatie verstrekken over de verdedigingswerken van de stad en hij adviseerde Rama de aanval op Lanka zo snel mogelijk uit te voeren.

Rama en Sugriva namen gezamenlijk de leiding over het geweldige apenleger en goed gehumeurd ging de stoet op weg. Na een lange tocht kwamen ze aan bij de kust, waar ze een kamp opsloegen.

Vergadering van de raksasa's (Ram. VI 6-17)

Ravana had ondertussen de belangrijkste personen van zijn rijk bij elkaar geroepen om te overleggen wat ze moesten doen. Een groot gedeelte van de stad was door Hanumat in de as gelegd en Rama maakte zich aan de andere kant van het water gereed om Lanka aan te vallen.

Een aantal raksasa's was erg overmoedig en begreep niet waar Ravana zich zo druk om maakte. 'De goden zijn zelfs niet sterk genoeg om u te overwinnen,' riep Prahasta, 'dus welke reden hebt u om bang te zijn voor een paar dakloze stervelingen? De aap Hanumat is hier komen spioneren en heeft ons wat verliezen kunnen toebrengen, maar iemand die een openlijk gevecht met ons aangaat krijgt het zwaarder te verduren. Ik kan hen in mijn eentje nog allemaal verslaan! Wij, uw krijgslieden, zullen u en uw rijk met ons leven verdedigen. Tot wij verslagen zijn, mag u Sita niet uit handen geven!'

Een andere raksasa begon met zijn knuppel, die onder het bloed zat, te zwaaien. 'Het zal niet nodig zijn dat u persoonlijk met ons meevecht, Ravana,' zei hij. 'Sugriva zal de dood vinden door deze knots van mij en de twee kluizenaars zal ik ermee het bos injagen. Of dacht u er meer over een list te gebruiken? Dan zou u uw troepen menselijke gedaanten moeten laten aannemen en hun de uitrusting moeten geven die de soldaten van Bharata altijd dragen. Rama zou enthousiast op onze troepen afkomen in de veronderstelling dat het zijn broer was die hem kwam helpen, en dan zouden wij hem en zijn leger gemakkelijk kunnen doden met onze knotsen en messen!'

Een derde raksasa likte hongerig zijn lippen met zijn snelle, rode tong. 'Ik zie het niet als een oorlog, Ravana,' zei hij. 'Ik zie het meer als een aanval in het kader van de voedselvoorziening. Raksasa's leven tenslotte van het bloed van mensen. Ik zal met liefde Rama, Laksmana, Hanumat, Angada en Sugriva doden en hun bloed tot mijn voedsel maken!'

Er hing een krijgslustige sfeer in de zaal en niemand had dan ook de waarschuwing van Vibhisana verwacht. 'Koning en broer, ik voel me genoodzaakt u en iedereen in deze zaal toch te waarschuwen voor de plannen die nu op tafel liggen. U vecht voor een zaak waarbij u het onrecht aan uw kant hebt. U zult het nooit kunnen winnen van de rechtvaardige Rama. De goden staan aan zijn kant. De aap die honderdvijftig kilometer over het water is gesprongen, kon dat niet zomaar. En Rama zelf, die in het koninklijke geslacht van Ayodhya is geboren, had zonder goddelijke hulp nooit al die rivieren en bergen kunnen overtrekken om nu hier, op het strand tegenover Lanka, gelegerd te liggen. Ik raad u echt aan Sita terug te laten gaan naar haar echtgenoot, waar ze thuishoort. Dan kunt u zich nog met Rama verzoenen en de toorn van de goden afwenden. Geef haar terug aan Rama, voor hij ons rijk tot op de grond toe verwoest en het bloed van alle raksasa's vloeit! Luister alstublieft naar mijn raad en bied uw excuses aan Rama aan. Ik waarschuw u, Rama zou wel eens een te geduchte vijand kunnen zijn!'

De vergadering kon niet tot een besluit komen over wat er moest gebeuren. Dus werd er de volgende dag verder vergaderd. De andere broer van Ravana, de reus Kumbhakarna, was juist uit een zes maanden durende slaap ontwaakt en Ravana wilde ook zijn mening over de situatie horen. Toen de vergadering weer compleet was, bracht Ravana zijn enorme broer op de hoogte van wat er tot dan toe was gebeurd. Vervolgens vroeg hij hem wat hij dacht dat het verstandigst was: Rama en Laksmana doden of Sita aan hen teruggeven?

Kumbhakarna antwoordde op ernstige toon: 'Vibhisana heeft gelijk als hij zegt dat u Sita naar Rama moet laten teruggaan, maar u hebt wel wat laat om raad gevraagd. U had ons naar onze mening moeten vragen voordat u Sita wegroofde. Dat was erg dwaas, maar het is nu eenmaal gebeurd en dat kan niet meer worden teruggedraaid. U blijft mijn broer en mijn koning en dus zal ik, als het nodig is, aan uw zijde vechten. Ik ken geen angst, zelfs niet voor Indra, de Maruts[58] of Agni. Mijn bulderende stem zal zelfs de dondergod op zijn hoge zetel angst aanjagen. Rama zal niet de kans krijgen meer dan één pijl op mij af te vuren, want dan zal ik hem verslagen hebben. Ik heb niet het verstand om te oordelen wat goed of slecht is. Ik volg slechts in blinde trouw mijn koning en volk en iedereen die hen aanvalt, valt ook mij aan. Ik zal ervoor zorgen dat Sita uw vrouw wordt en dat u ongehinderd over Lanka zult regeren!'

'Laten we dan doortastend optreden,' riep één van de krijgslieden. 'Ravana, het lijkt me dat u niet langer moet wachten tot Sita van gedachten verandert. U moet haar dwingen uw vrouw te worden. Wij rekenen ondertussen wel af met de vijand!'

Maar Sita dwingen de zijne te worden was iets wat Ravana niet durfde te doen. In het verleden had hij namelijk eens een nimf geweld aangedaan en dat had hij moeten bekopen met de vloek van Brahma dat hij, als hij ooit nog eens een vrouw zou dwingen, onmiddellijk zou sterven.

Vibhisana waarschuwde nog een laatste keer dat de roof van Sita van het begin af aan vergezeld was gegaan van kwade voortekenen. 'Als u wilt dat alles goed afloopt, moet u haar echt naar Rama terug laten gaan!' zei hij dringend.

De strijdlustige taal van de andere raksasa's had er echter voor gezorgd dat Ravana niet meer helder kon denken. De woorden van zijn wijze broer maakten hem zelfs woedend. 'Men kan beter tegen openlijke vijanden strijden dan met zogenaamde vrienden die zich omdraaien zodra de situatie gevaarlijk wordt.

---

[58] De Maruts: de windgoden.

Blijkbaar zijn de naaste verwanten de bondgenoten waar iemand het minst aan heeft. Ik vertrouw u niet, Vibhisana, ik denk dat u hoopt dat ik mijn ondergang tegemoet ga, omdat u heimelijk jaloers op me bent. Verdwijn uit mijn ogen, loop maar over naar de vijand. Ik zou u al gedood hebben als u niet mijn broer was geweest.'

Deze onrechtvaardige woorden staken Vibhisana als scherpe messen. 'U zit er helemaal naast,' riep hij. 'Ik was alleen maar bezorgd om uw welzijn! Maar goed, als dit is wat u wilt: vaarwel! Het noodlot zal u nu snel vinden!'

Toen vloog Vibhisana, samen met vier vrienden, van het eiland Lanka weg, naar het strand waar het leger van de apen zijn kamp had opgeslagen.

Het verbond met Vibhisana en de dam naar Lanka (Ram. VI 17-23)

Toen de apen zagen dat er een aantal raksasa's dicht bij hen op het strand landde, grepen ze direct naar hun wapens, klaar om hen aan te vallen. Maar Vibhisana maakte een verzoenend gebaar en de apen gaven hem de kans te spreken. De raksasa vertelde hun wie hij was, en legde uit dat hij Ravana niet langer wilde steunen, omdat hij Sita onrechtmatig tot zijn vrouw wilde maken. Hij kwam nu naar Rama in de hoop van hem bescherming te krijgen.

De apen bleven hem een beetje wantrouwen, want hij was tenslotte nog steeds een raksasa. Sugriva adviseerde Rama zelfs de vijandelijke spion te doden, maar Rama was het daar niet mee eens. Iemand die zijn bescherming vroeg, kon hij niet om het leven brengen. Hij riep Vibhisana dichterbij en praatte lange tijd met hem. De goede raksasa vertelde hem alles over de omvang en organisatie van de legertroepen van Ravana. Daaraan merkte Rama dat hij de raksasa kon vertrouwen. Hij was zelfs zo ingenomen met hem dat hij hem de heerschappij over Lanka beloofde als zijn broer Ravana verslagen zou worden.

Ze overlegden ook hoe het geweldige apenleger de honderdvijftig kilometer water zou kunnen oversteken. Vibhisana dacht dat Rama daarvoor het best de zeegod om hulp zou kunnen vragen.

De anderen waren het allemaal eens met dit plan en dus wierp

Rama zich op het strand neer op een bed van heilig gras. Zijn gezicht was naar het oosten gericht, zijn handen hield hij omhoog naar de zee. Drie dagen lang bleef hij zo onbeweeglijk liggen, in gedachten smekend om de komst van de zeegod Sagara. Maar de god verscheen niet aan hem.

Het geduld van Rama raakte op en hij werd ontzettend boos. Hij pakte zijn boog en schoot een regen van pijlen af op de golven van de zee, waarna het water zo begon te bruisen dat de zee dreigde uit te drogen. Maar de zeegod kwam nog altijd niet te voorschijn.

Toen pakte Rama een speciale Brahmapijl, legde die aan en hield zijn boog met een dreigend gebaar op de zee gericht. Donkere wolken pakten zich samen boven de trillende aarde en het water. Bliksemflitsen doorkliefden de lucht. De zee begon heftig te kolken en iedereen die het aanschouwde, voelde een doodsangst in zich omhoogkruipen. Op dat moment kwam Sagara uit het midden van de zee te voorschijn. Hij droeg schitterende sieraden die bezet waren met edelstenen en de belangrijkste riviergoden, Ganga en Sindhu[59] en nog een aantal, volgden hem op de voet.

Waardig en met respect kwam hij op Rama af en zei: 'Rama, ieder element in de natuur heeft bepaalde eigenschappen en de zee heeft als eigenschappen dat ze onmetelijk diep is en dat het niet mogelijk is over haar te lopen. Ik zou haar golven niet tot bedaren kunnen brengen, al zou ik het willen. Maar er is een oplossing voor uw probleem. U kunt een dam bouwen en ik zal ervoor zorgen dat die in stand blijft, zodat u naar Lanka kunt oversteken met uw leger.'

De woede van Rama was door deze woorden helemaal gezakt, maar de Brahmapijl lag nog steeds op zijn boog en moest worden afgeschoten. Daarom vroeg hij aan Sagara: 'Waar moet ik volgens u de pijl heen schieten?'

'Schiet hem maar naar het noorden,' antwoordde Sagara, 'daar wonen namelijk boze demonen in mijn wateren.'

Rama schoot de pijl weg en op de plaats waar de pijl in de noordelijke zee insloeg, droogde de zee uit en ontstond een woestijn. Rama sprak vervolgens een zegen uit over de woestijn, zodat ze in de toekomst vruchten zou kunnen voortbrengen.

[59] Sindhu: de Indus.

Toen kon het bouwen van de dam beginnen. Sagara zei tegen Rama: 'Onder de gelederen van de apen is er slechts één die het werk tot een goed einde zal kunnen brengen, en dat is Nala.' Dit waren de laatste woorden die hij van de zeegod hoorde, want toen de god deze aanwijzing had gegeven, verdween hij weer in de diepte van zijn wateren.

Rama vroeg de aap Nala bij hem te komen en vertelde hem wat hij van Sagara had gehoord. 'De zeegod had gelijk,' antwoordde Nala. 'Ik vroeg me al af wanneer u me zou laten roepen.'

Nu de juiste man op de juiste plaats stond, kon begonnen worden met de bouw van de dam. Alle apen kregen van Nala de opdracht zoveel mogelijk bomen en rotsen in zee te gooien en het duurde niet lang of van alle kanten klonk het geraas van in het water stortende gevaarten. Op de eerste dag bereikte de dam een lengte van eenentwintig kilometer en nog eens vier dagen later reikte het machtige, brede bouwwerk tot aan het eiland Lanka. Het complete apenleger kon nu de zee oversteken. Rama en Laksmana reden op de ruggen van de apen Sugriva en Angada en achter hen volgde het grootste gedeelte van het leger. Sommige apen gaven er echter de voorkeur aan te zwemmen of door de lucht naar de overkant te springen. Het leger maakte zo'n enorm lawaai dat de bruisende golven van de zee niet meer te horen waren.

Het begin van de strijd (Ram. VI 23-44)

De strijd werd voorafgegaan door afschuwelijke voortekenen: uit de hemel vielen dikke druppels bloed in plaats van regen en van de zon viel een vlammende ring naar beneden. De raksasa's lieten luid hun strijdkreten horen, maar de apen brulden uitdagend naar hen terug. Rama bekeek Lanka eens goed en toen hij de hemelhoge torens zag van de stad waarin Sita gevangen werd gehouden, werd het hem kwaad te moede. Maar hij sprak zichzelf vermanend toe en met hernieuwde energie begon hij orders te geven aan de legertroepen om Lanka in te sluiten.

Ravana had er ondertussen een aantal raksasa's als spion op uit gestuurd. In de gedaante van apen liepen ze rond tussen de stellingen van de vijand en zo konden ze ongemerkt de grootte van de vijandelijke troepen berekenen. Toen ze terugkeerden naar Ravana konden ze hem niet anders berichten dan dat de troepenmacht van Rama veel te groot en onoverwinnelijk was. Onthutst adviseerden ze hun koning Sita te laten gaan om een verschrikkelijke strijd te kunnen ontlopen.

Ravana barstte uit elkaar van woede dat ze die gedachte zelfs maar durfden te denken, laat staan te uiten en hij stuurde er nogmaals een paar spionnen op uit om de situatie te onderzoeken. Maar ook de nieuwe spionnen waren zo onder de indruk van het leger dat tegenover hen stond, dat ze de koning aanraadden het probleem op vreedzame wijze op te lossen.

Ravana bedacht dat de enige oplossing was dat hij Sita zou overhalen zijn vrouw te worden, en hij besloot dat te proberen door een list. Eén van zijn raadslieden toverde het hoofd van Rama en zijn boog te voorschijn en die nam Ravana mee naar het vertrek van Sita. Hij vertelde haar dat de raksasa's het leger van de apen 's nachts overvallen hadden en dat Rama daarbij gesneuveld was. Hij liet haar het hoofd en de boog zien om de zogenaamde waarheid van zijn woorden te onderstrepen.

Toen Sita het hoofd en de boog zag, sneed er een scherpe pijn door haar ziel en huilend smeekte ze Ravana of hij ook haar wilde doden. Op dat moment kwam er echter een boodschapper binnen die Ravana dringend naar de raadszaal riep. Toen de koning eenmaal vertrokken was, verdwenen ook het hoofd en de boog! Sita was totaal in de war, maar een vriendelijke raksasavrouw vertelde haar dat Ravana een list had willen gebruiken en dat hij daarin, gelukkig, was gehinderd door de bode.

Ondertussen bleek Vibhisana voor Rama en zijn strijdmakkers een nuttige bondgenoot. De vier raksasa's die met hem waren meegekomen, kon hij als spionnen wegsturen om de omvang van Ravana's leger na te gaan. Toen de spionnen verslag hadden gedaan van hun bevindingen, kon Rama zijn strategische plan uitdenken.

Voor elk van de vier poorten van de stad stelde hij een gedeelte van zijn leger op. Voor de oostelijke poort stond een troepenmacht onder leiding van de aap Nila en deze aap had de raksasa-aanvoerder Prahasta tegenover zich. Voor de westelijke poort stond Angada met zijn troepen en hij moest het opnemen tegen Mahaparsva. De zuidelijke poort werd belegerd door Hanumat, die prins Indrajit aan de andere kant van de muur wist, en de noordelijke poort tenslotte nam Rama zelf onder zijn hoede. Zijn directe vijand was koning Ravana.

Voor de strijd begon stuurde Rama de jonge Angada naar Ravana om hem voor de laatste keer te vragen zich over te geven en Sita vrij te laten. Zo niet, dan volgde onvermijdelijk de oorlog. De raksasa's waren zo blind van woede dat ze Angada bijna van het leven beroofden, maar de aap sprong snel tussen hen uit, op het dak van het koninklijk paleis, dat door zijn sprong vernield werd. Toen vloog hij door de lucht terug naar het kamp van Rama.

De volgende morgen was het eerste wat Ravana zag, het enorme apenleger dat zijn stad omsingeld hield. Woedend beval hij zijn onderdanen tot de aanval over te gaan en wel onmiddellijk. Onder onheilspellend trompetgeschal daverden de raksasa's door de poorten van de stad naar buiten, regelrecht op de apen af. De strijd barstte los en zowel bij de raksasa's als bij de apen vielen vele doden en gewonden. De bodem lag bezaaid met lichamen en overal lagen plassen bloed.

Bij het vallen van de duisternis was er nog steeds geen winnaar aan te wijzen, maar de raksasa's waren nachtdieren en bleven in de duisternis dan ook gewoon doorvechten. Ze hakten met al hun krachten in op de legers van de apen en deden zich te goed aan hun bloed. Rama was niet van plan zomaar op te geven en riep zijn overdonderde troepen weer tot de orde, waarna hij zo'n krachtige tegenaanval uitvoerde dat de raksasa's een veilig heenkomen zochten. Er kwamen echter nog steeds nieuwe golven van raksasastrijders uit de poorten van de stad en allemaal stormden ze op Rama af, die onophoudelijk zijn pijlen stond af te schieten.

Rama en Laksmana ernstig gewond (Ram. VI 44-51)

Op dat moment mengde de oudste zoon van Ravana, Indrajit, zich met zijn toverkunsten in de strijd. Verscholen in een dikke, donkere wolk begon hij pijlen af te vuren op Rama en Laksmana en alle apen die om hen heen stonden werden getroffen en vielen dood neer. Ook Rama en Laksmana konden weinig uitrichten tegen die onzichtbare vijand en zwaar gewond vielen ze even later op de grond neer.

De aanvoerders van de apen kwamen verslagen om de gevallen broers heen staan, terwijl Indrajit triomfantelijk terugging naar de stad om daar zijn vader te vertellen wat hij had gepresteerd.

Ravana was erg trots op zijn zoon en liet hem dat blijken ook. Direct stuurde hij een aantal raksasavrouwen naar Sita om haar te vertellen dat Rama en zijn broer verslagen en gedood waren. Sita werd op een wagen gezet en naar het slagveld gevoerd, zodat ze Rama kon zien liggen. Zijn lichaam was bedekt met bloed en pijlen en naast hem lag de trouwe Laksmana, al evenzeer toegetakeld.

Sita begon zo smartelijk te huilen dat de raksasavrouw die haar begeleidde, zelfs medelijden met haar kreeg en tegen haar zei: 'Het is niet zo erg als het lijkt, vrouw. Rama en Laksmana zijn niet dood, ze zijn alleen maar bewusteloos. Over niet al te lange tijd zullen ze hun ogen weer openen en opstaan. Ze zullen de strijd voortzetten en die ook winnen en u zult zich weer gelukkig bij Rama kunnen voegen! Geloof me, ik spreek de waarheid. Luister maar, de apen laten nog steeds strijdlustige kreten horen en dat zouden ze niet doen als ze echt hun aanvoerder hadden verloren. En kijk, ze zijn Rama en Laksmana aan het verzorgen. Het komt allemaal weer goed.' Troostend streelde de raksasavrouw het haar van Sita, die nu zachter was gaan huilen. Toen reden ze terug naar het hof van de koning.

Rama was inmiddels alweer bijgekomen en hoewel hij nog heel zwak was, draaide hij zich om naar Laksmana, die naast hem lag. Toen hij zag hoe levenloos het lichaam van zijn broer erbij lag, begon hij luidkeels te jammeren. De goede raksasa Vibhisana kwam verheugd op Rama's stemgeluid afgerend, maar de apen dachten dat hij Indrajit was en verschrikt stoven ze alle kanten op. Hun angst voor die machtige vijand was ontzettend groot. Hij had immers vele dappere strijders van het apenleger om het leven gebracht.

Rama was al uitgeput en zeer bedroefd om zijn overleden broer, maar toen hij zag hoe ontmoedigd en angstig zijn troepen waren, wilde hij helemaal de strijd opgeven. Ook Vibhisana had weinig vechtlust meer. Alleen Sugriva was niet wanhopig. Hij troostte Rama en probeerde hem gerust te stellen. Hij had van een aap die veel afwist van geneeskrachtige kruiden, gehoord dat er op hoge bergen een kruid groeide dat zelfs de doden weer tot leven kon wekken. Hij zou Hanumat erop uitsturen om dat kruid te zoeken.

Ze waren nog aan het overleggen toen er plotseling een felle storm opstak, die de golven huizenhoog opzweepte en de bergen op hun grondvesten deed schudden. De apen keken verschrikt omhoog en zagen een enorme vogel dichterbij komen. Hij leek wel een vlammend vuur en bij zijn nadering vielen de pijlen uit de lichamen van de gewonden. Hij landde vlak naast de gewonden en beroerde vriendelijk hun gezicht. Op wonderbaarlijke wijze waren de helden op slag genezen van hun wonden en hadden ze zelfs meer dan hun vroegere kracht en schoonheid teruggekregen.

Rama vroeg aan de grote vogel die het wonder had verricht wie hij was. De vogel antwoordde: 'Ik ben uw vriend en toen mij ter ore kwam dat de betoverde pijlen van Indrajit u uw macht hadden ontnomen, ben ik zo snel mogelijk naar u toe gekomen om u te helpen. Laat dit een les voor u zijn. U kunt de raksasa's in het open veld niet vertrouwen. Ze strijden met list en tovenarij. Vraag uzelf niet af hoe het kan dat ik uw vriend ben. Alles zal duidelijk worden als de strijd eenmaal gestreden is. En ik verzeker u dat u de overwinning zult behalen en Sita weer veilig met u mee terug zult kunnen nemen.'

Toen hij dit gezegd had, groette hij de broers en de apenaanvoerders als afscheid en voortgedreven door de wind vloog hij weer weg. De apen hadden door dit voorval nieuwe moed gekregen en begonnen luid en strijdlustig te brullen, zo luid dat het in het paleis en de hele stad van Ravana te horen was.

Nieuwe aanvallen van de raksasa's (Ram. VI 51-60)

Spionnen van Ravana ontdekten al snel wat de oorzaak was van de vreugde bij de apen. Het bericht dat de beide broers nog in leven waren, maakte Ravana woedend. Hij gaf de somber ogende Dhumraksa het bevel de vijand opnieuw aan te vallen met een groot leger, maar Dhumraksa had geen succes. Hij werd door Hanumat verpletterd met een rotsblok en zijn volgelingen vluchtten terug binnen de veilige muren van de stad.

De volgende die het mocht proberen was Vajradamstra, een raksasa met enorm grote, sterke tanden. Maar ook hij probeerde het tevergeefs. Hij werd doodgeslagen door Angada, de zoon van Valin.

De volgende krachtige raksasa-aanval werd geleid door Akampana, die als onoverwinnelijk werd beschouwd, maar Hanumat voerde met zijn hele leger een tegenaanval uit en wist hem te verslaan.

Toen stuurde Ravana zijn machtigste aanvoerder Prahasta op de vijand af, gesteund door een geweldige troepenmacht. De strijd die volgde, kostte vele raksasa's en apen het leven. Op een gegeven moment trok de hoofdman van de apen, Nila, een boom met wortel en al uit de grond en dreigend raasde hij daarmee in de richting van Prahasta. Nila werd verscheidene keren geraakt door een pijl van de raksasa-aanvoerder, maar hij ging door en wist met zijn enorme wapen de boog van Prahasta in tweeën te breken. In het persoonlijke gevecht dat zich toen ontspon, bestreden de beide leiders elkaar met hun nagels en hun tanden. Nila wist uiteindelijk een groot en zwaar rotsblok te pakken te krijgen, waarmee hij zijn vijand het hoofd insloeg.

Toen de raksasatroepen in de gaten kregen dat hun aanvoerder verslagen was, vluchtten ze halsoverkop terug naar de stad.

Toen Ravana hoorde dat Prahasta was gesneuveld en dat hij dus opnieuw een nederlaag had geleden, riep hij driftig: 'Tot nu toe heb ik me buiten deze strijd gehouden omdat de vijand minderwaardig was, maar nu zal ik persoonlijk mijn gevallen vrienden wreken!'

Hij klom op zijn strijdwagen en omgeven door een grote menigte raksasa's en begeleid door trommels en trompetten reed hij naar het slagveld. Zijn manschappen zagen eruit als donkere onweerswolken en hun ogen waren fel als bliksemschichten.

Ze deden zo'n krachtige uitval naar het leger van Rama dat het in tweeën werd gespleten. Ravana werd overmoedig en beval zijn leger te blijven waar het was, zodat hij alleen naar voren kon gaan. De eerste aanval kwam van Sugriva, die hem een enorm rotsblok naar zijn hoofd slingerde, maar Ravana sloeg het blok met gemak van zich af en trof Sugriva vervolgens zo vaak met zijn pijlen dat die het bewustzijn verloor en neerviel. Andere apenleiders probeerden de taak van Sugriva over te nemen, maar geen van hen kon Ravana verslaan. De raksasakoning velde de ene na de andere aap met zijn pijlen. Onder zijn slachtoffers bevonden zich ook Hanumat en de moedige Nila.

Ravana's strijdwagen rukte verder en verder op en op een gegeven moment was voor Laksmana de maat vol. Hij vroeg Rama of hij de brutale raksasakoning tot staan mocht brengen en mocht vernietigen. Rama knikte instemmend. Laksmana stormde vervolgens op Ravana af en in het tweegevecht dat volgde, liepen beiden vele wonden op. Het was tenslotte Laksmana die het onderspit moest delven, toen hij getroffen werd door een vlammende pijl van zijn vijand.

Ravana wilde zijn lichaam mee terugnemen als trofee, maar toen hij het probeerde op te tillen, kreeg hij het niet voor elkaar, hoe ontzettend sterk hij ook was. Laksmana had namelijk vlak daarvoor ingezien dat hij een deel was van Vishnu zelf. Die gedachte had hem zoveel kracht gegeven dat hij onbeweeglijk kon blijven liggen. Hanumat zag wat er gebeurde, en kwam Laksmana dadelijk te hulp. Hij sloeg Ravana met zo'n geweldige kracht voor zijn hoofd dat die bewusteloos achterover viel in zijn strijdwagen. Vervolgens tilde Hanumat het lichaam van Laksmana op en bracht het terug naar Rama.

Rama wilde niets liever dan zijn broer wreken. Vanaf de schouders van Hanumat, waarop hij geklommen was, viel hij de inmiddels herstelde Ravana woedend aan. Hij wist zijn strijdwagen en zijn kroon te vernielen en uiteindelijk verwondde hij hem zo diep dat Ravana al zijn krachten voelde wegglijden. Rama zag dat de machtige raksasa niet langer in staat was te vechten en zei: 'U hebt goed en dapper tegen mij gestreden, maar ga nu terug naar uw paleis, want op dit moment kunt u mij geen tegenstand meer bieden. De volgende keer dat wij vechten, zal ik u laten zien dat ik uw meerdere ben!'

De reus Kumbhakarna (Ram. VI 60-68)

De reusachtige broer van Ravana, Kumbhakarna, was na zijn korte ontwaken alweer in diepe slaap verzonken. Hij sliep altijd maanden achter elkaar en werd alleen af en toe wakker om te eten. Ravana wist echter dat zijn broer, als hij wakker was, de beste strijder van zijn volk was. Dus stuurde hij een paar raksasa's naar de reus om hem te wekken.

Kumbhakarna lag in zijn hol en zijn lichaam stonk naar vet en bloed. Zijn ranzige adem klonk regelmatig en de raksasa's wisten dat het geen zin had hem zomaar te wekken. Ze moesten eerst een grote hoeveelheid voedsel voor hem bij elkaar zien te krijgen. IJverig sleepten ze herten en buffels, warme rijst en kruiken met bloed naar het hol. Toen de voorraad groot genoeg was, probeerden ze hem wakker te maken.

Ze schreeuwden zo hard ze konden, bliezen op hoorns en sloegen op trommels, maar het enige effect was dat er vogels van schrik dood neervielen. Kumbhakarna sliep onverstoord verder. Hoe ze hun stem ook verhieven en hoe ze ook met knotsen op hem inbeukten, hij werd niet wakker. Gefrustreerd en boos begonnen ze zijn oren vol te gieten met water, maar na duizend kruiken had hij zich nog steeds niet bewogen. Ook de verwondingen die ze hem toebrachten met speren en knuppels hadden geen enkel resultaat.

Ten einde raad zochten en vonden ze een kudde olifanten, die ze op de vlucht joegen in de richting van het hol van Kumbhakarna. En dat had effect. Langzaam deed de reus zijn ogen open en begon te gapen, wat een ware orkaan op het eiland veroorzaakte. De eerste gedachte die in hem opkwam, was dat hij honger had en toen hij zag hoeveel voedsel er voor hem lag, viel hij gulzig op het eten en drinken aan.

Toen Kumbhakarna zich redelijk te goed had gedaan, vroegen de raksasa's hem of hij mee wilde gaan naar Ravana, omdat die hem nodig had. In het paleis aangekomen werd de reus door zijn broer op de hoogte gebracht van het verloop van de strijd. Hoewel hij zich alweer slaperig begon te voelen, dwong hij zichzelf wakker te blijven en beloofde de raksasa's dat hij hen zou helpen. Vol trots zei hij dat hij een grote hoeveelheid apenbloed en apenvlees zou veroveren en dat hij zelf het bloed van Rama en Laksmana zou drinken.

Toen Kumbhakarna vervolgens door de stad naar de poort liep, leek hij wel een wandelende berg, zo groot en massief was hij. Eenmaal buiten de poort brulde hij zijn strijdkreet en dat deed hij zo hard, dat het honderdvijftig kilometer verderop op het strand nog nabulderde. Zijn afschuwelijke aanblik joeg de apen zo'n angst aan, dat ze als waanzinnigen op de vlucht sloegen. Angada, de zoon van Valin, had de grootste moeite zijn troepen weer bij elkaar te krijgen, maar uiteindelijk lukte het hem toch.

De apen pakten alles wat er binnen hun bereik lag, stenen, bomen en rotsblokken, en slingerden die zo hard ze konden naar Kumbhakarna. De reus had echter zo'n geweldig sterk lichaam dat alles wat hem raakte direct in stukken brak of versplinterde. Ongehinderd door de aanvallen van de apen liep hij tussen hun gelederen door en om zich heen graaiend kreeg hij vele apen te pakken, die hij meteen verslond. Het bloed en het vet van de ongelukkige beesten droop langs zijn kin. Hij achtervolgde de apen als een bosbrand, alles verterend wat in zijn buurt kwam.

De apen vluchtten terug naar hun dam in het water. Alleen de aanvoerders bleven waar ze waren, en gingen door met hun aanvallen tegen de reus. In dichte drommen renden ze om hem heen, maar één voor één versloeg hij hen. Hanumat was één van de vele dappere slachtoffers.

Op een gegeven moment sloeg Kumbhakarna de apenkoning Sugriva bewusteloos. Hij wilde hem triomfantelijk mee terugnemen naar de stad, maar Sugriva kwam net op tijd weer bij kennis en sneed de reus zijn oren en zijn neus af, waardoor hij de kans kreeg te ontsnappen. Toen stelde de gewonde Laksmana zich voor de geweldenaar op, klaar voor de strijd. Maar Kumbhakarna wilde zijn energie niet verspillen aan een minderwaardige broer en vroeg Laksmana waar Rama was.

Laksmana wees hem waar hij Rama kon vinden, waarna de reus hem meteen aanviel. Rama kon echter ontsnappen aan zijn vlugge greep en met zijn pijlen schoot hij de armen, de benen en tenslotte het hoofd van de enorme raksasa af. De overgebleven romp rolde als een loodzwaar rotsblok van het strand de zee in, waardoor er zulke hoge golven ontstonden dat het leek of er een orkaan woedde.

De val van Indrajit (Ram. VI 68-91)

De dood van zijn geweldige broer trof Ravana diep, maar hij bleef nieuwe troepen de stad uitsturen, onder leiding van kundige aanvoerders. Al hun pogingen waren echter tevergeefs. Onder de manschappen die sneuvelden waren vele zonen van Ravana, hoewel aan de kant van de vijand de verliezen ook groot waren.

Uiteindelijk was Indrajit de enige zoon van Ravana die nog in leven was, maar Indrajit zat niet bij de pakken neer. 'Zolang ik nog in leven ben, mag u niet bedroefd of wanhopig zijn, vader,' zei hij. 'Ik zal voor u de vijand overwinnen!' Toen droeg hij een groot offer op. Om de offerplaats legde hij al zijn wapens en nadat hij de offerboter op het vuur had gegooid, schonk hij een pikzwarte geit aan de gewijde vlammen. Het vuur bleef helder toen dat het offerdier verzwolg, en er kwam geen rook vanaf. Dat was voor Indrajit een teken dat hij zeker de overwinning zou behalen.

Na dit gunstige voorteken maakte hij zich gereed en trok naar het slagveld. Met een toverspreuk had hij zich onzichtbaar gemaakt en hij had het gevoel dat hij onoverwinnelijk was. Onvermoeibaar vuurde hij zijn raksasa's aan en ze maakten talloze slachtoffers onder de apen. Indrajit zelf wist opnieuw Rama en Laksmana te treffen met zijn betoverde pijlen. Ontdaan van al hun krachten vielen de beide broers op de grond neer. Indrajit juichte triomfantelijk en trok zich weer terug binnen de sterke muren van de stad.

In de wijde omtrek van Lanka was de aarde bedekt met de lichamen van doden en gewonden. Die nacht liepen Vibhisana en Hanumat over het slagveld rond om te kijken of ze voor de gewonden nog iets konden doen. Hanumat was zo ontdaan door de aanblik van al die ellende, dat hij een heilige eed zwoer dat hij de geneeskrachtige kruiden te pakken zou krijgen die op de top van de Kailasa groeiden. Hij zette zich af en vloog er door de lucht naartoe. Hij zocht en zocht op de bergtop, maar zag de kruiden nergens. Ze hielden zich schuil.

Hanumat gaf echter niet op en pakte gewoon de hele top van de berg. Die nam hij mee terug naar zijn legerkamp. De geur die van de kruiden afkwam, was al voldoende om de gewonden te genezen en hun nieuwe kracht te geven. Ook Rama en Laksmana stonden volledig hersteld weer op. Toen hij zag dat hij in zijn opzet was geslaagd, bracht Hanumat de top terug naar de berg waar hij thuishoorde.

De volgende dag wisten de apen 's avonds Lanka in brand te steken en hoewel Ravana herhaaldelijk troepen op de vijand afstuurde, kon hij Rama en de zijnen niet verslaan. Toen ging Indrajit zich echter weer met de strijd bemoeien en omdat hij onzichtbaar was, had hij meer succes dan zijn voorgangers.

Op een gegeven moment zagen de apen iets verschrikkelijks gebeuren. Ze zagen hoe Indrajit Sita aan haar haren vasthield op zijn strijdwagen en hoe hij haar sloeg en uiteindelijk doodde. Hanumat kon die aanblik nauwelijks verdragen en haastte zich naar Rama toe om hem op de hoogte te brengen van het afschuwelijke nieuws. Toen Rama hoorde dat zijn innig geliefde Sita, degene om wie deze hele strijd ontstaan was, door Indrajit was gedood, viel hij als een omgezaagde boom ter aarde.

Vibhisana zag dat er iets niet in orde was, en kwam naar Rama toe. Laksmana vertelde hem waarom Rama zo geschokt was en toen zuchtte Vibhisana opgelucht. 'Maak u geen zorgen, Rama. Indrajit heeft Sita niet echt vermoord. Dat was alleen maar gezichtsbedrog. Indrajit gebruikt die toverkunst om u en uw manschappen voorlopig uit het veld te slaan, zodat hij tijd heeft om de offers op te dragen die hij nodig heeft om zijn tover-kracht te behouden. U hoeft niet bedroefd te zijn. U kunt beter opstaan en zo snel mogelijk de offers van Indrajit proberen te verijdelen!'

Rama riep een groot leger bijeen en met Laksmana, Hanumat en Vibhisana als aanvoerders ging hij achter Indrajit aan. Ze wisten hem in te halen, waarna een zwaar gevecht begon. Uit-eindelijk kwamen Indrajit en Laksmana tegenover elkaar te staan en lange tijd bestookten ze elkaar met alle wapens die ze hadden. Laksmana was tenslotte de sterkste. Met een goddelijk wapen sloeg hij het hoofd van Indrajit eraf, waarna de romp levenloos op de grond viel. De raksasa's verloren hun laatste restje moed en vluchtten massaal terug naar de stad.

De apen namen Laksmana op hun schouders en maakten een triomftocht over het slagveld. De wijze Susena liet hem aan een wonderkruid ruiken, waardoor zijn wonden snel genazen. Alle belangrijke, machtige raksasa's waren nu verslagen. Alleen Ravana zelf bleef nog over.

Ravana's dood (Ram. VI 91-113)

De koning van de raksasa's kon de klap nauwelijks verdragen toen hij hoorde dat nu ook zijn laatste en dierbaarste zoon was omgekomen. 'De hemel en de aarde zijn bedroefd om jouw dood,' jammerde hij. 'Jij had niet eerder mogen sterven dan ik. Nu moet ik voor jou de dodenoffers opdragen en heb ik nie-mand meer die dat voor mij kan doen!' Ravana werd vervuld van wraakgevoelens en de woede won het van het verdriet. Schreeuwend sprong hij overeind. 'Sita heeft dit allemaal op haar geweten! Ik zal haar vanavond nog vermoorden en het zal geen gezichtsbedrog zijn als ik dat doe!'

Hij stormde naar het park met de Asokabomen en een schare van doodsbange dienaren volgde hem op de voet. Een zeer moedig man uit zijn gevolg kwam echter naar voren om hem tegen te houden, net voor hij zich aan Sita vergreep. 'Sla liever de hand aan uw vijanden dan aan haar,' zei hij. 'Als Rama een-maal dood is, wordt ze vanzelf uw vrouw.' Rama zag in dat hij gelijk had en liep terug naar zijn paleis.

Onderweg passeerde hij vele huizen en overal hoorde hij vrouwelijke raksasa's jammeren om hun gevallen echtgenoten. Velen gaven hem de schuld daarvan, omdat hij met zijn domme vrouwenroof de oorlog op zijn hals had gehaald. Tandenknarsend beval hij de leiders hun overgebleven manschappen te verzamelen. 'Rama en Laksmana hebben vandaag voor het laatst de zon zien opkomen,' zei hij overmoedig. 'Ik zal me op hen wreken voor al mijn onderdanen die de dood hebben gevonden.'

Alle raksasa's die nog in staat waren te vechten, werden bij elkaar geroepen en Ravana zelf stelde zich aan hun hoofd. Het indrukwekkende leger trok door de poorten de stad uit, maar toen het op het slagveld aankwam, trokken er donkere wolken voor de zon. Een regen van bloed viel neer en de dieren in de lucht en op het veld lieten angstaanjagende kreten horen. Enorme golven rolden op het strand en de aarde trilde onder hun voeten. Ravana sloeg geen acht op deze kwade voortekenen en stormde strijdlustig op zijn vijanden af.

Vele apen werden op brute wijze door hem vermoord, maar ze hielden stand en stuk voor stuk werden de aanvoerders van Ravana's leger verslagen.

Op een gegeven moment kwam Ravana voor een beslissende strijd tegenover de broers Rama en Laksmana te staan. Laksmana was de eerste die naar voren stormde om Ravana aan te vallen, maar de raksasakoning sloeg hem terug en richtte al zijn aandacht en kracht op Rama.

Onafgebroken vlogen de pijlen over en weer. De pijlen van Rama leken wel vijfkoppige slangen en als ze afgeschoten werden, maakten ze een sissend geluid. Ravana's pijlen daarentegen hadden koppen van tijgers en leeuwen en opengesperde muilen van wolven. Rama verweerde zich daartegen met pijlen die als bliksemschichten en meteoren waren.

Plotseling zag Ravana zijn broer Vibhisana staan, die naar de kant van de vijand was overgelopen, en woede welde in hem op. Toen hij een dodelijke pijl naar hem afschoot, ging Laksmana beschermend voor zijn bondgenoot staan en de pijl trof geen doel.

'Laksmana, omdat u mijn zoon hebt vermoord, zal ik u nu doden!' riep Ravana. Hij wierp een speer naar Laksmana, die diep in zijn borst drong en Laksmana het bewustzijn deed verliezen. Bloedend viel hij op de grond.

Rama schrok zo van deze aanblik dat alle strijdlust hem verging. Met tranen in zijn ogen liet hij zijn armen, met daarin de boog en de pijlen, moedeloos hangen. Toen herwon zijn woede het echter van zijn verdriet en kwam zijn vechtlust in alle hevigheid terug. 'Vandaag,' zei hij, 'zal ik doen waarvoor ik geboren ben: vandaag zal ik de macht van de raksasa's breken!'

Hanumat was ondertussen weer naar de top van de Kailasa in het Himalayagebergte gegaan en opnieuw had hij de hele top opgepakt en meegenomen. Ook deze keer was de geur van de kruiden genoeg om Laksmana te genezen en met hernieuwde kracht sprong hij overeind om Rama bij te staan. Luidkeels spoorde hij hem aan alles te geven wat hij had en Ravana ten onder te brengen.

Te voet viel Rama zijn vijand aan, want hij had geen strijdwagen tot zijn beschikking. De goden zagen dat en vonden dat niet rechtvaardig. Dus gaf Indra hem zijn eigen wagen, vol met allerlei krachtige wapens en met Matali als wagenmenner.

Een goddelijke glans straalde van Rama af toen hij de wagen van de dondergod besteeg en daarmee opnieuw de raksasakoning aanviel. Ravana had een grote hoeveelheid giftige pijlen op Rama afgevuurd, die als slangen op zijn hoofd neerdaalden, maar Rama reageerde snel. De pijlen die hij de lucht in stuurde, waren betoverd en veranderden in roofvogels die de slangen van Ravana opvraten.

Toen alle goden zich aan de kant van Rama schaarden, kreeg hij zo'n kracht dat zijn gewelddadige, feilloos treffende aanvallen de wagenmenner van Ravana op de vlucht deden slaan. Ravana hield zijn laffe dienaar echter tegen en stuurde hem weer op Rama af.

Toen schoot de heilige Agastya Rama te hulp. Hij fluisterde Rama een hymne voor de zon in zijn oor, die hij voor de zonnegod moest zingen om hem te eren, zodat hij door het machtige hemellichaam gesteund zou worden.

Rama volgde de raad van Agastya op en hervatte gesterkt de strijd tegen Ravana, maar nog altijd was niet duidelijk wie er zou gaan winnen. Rama wist wel keer op keer één van de tien hoofden van de raksasakoning af te hakken, maar er groeide steeds weer een nieuw hoofd aan, dus was het resultaat gering.

Een hele dag en een hele nacht duurde het gevecht voort. Uiteindelijk raadde Matali Rama aan de pijl van Brahma te gebruiken, de pijl die hij van Agastya had gekregen. De vlijmscherpe punt was gemaakt met behulp van zon en vuur en de schacht bestond uit materiaal van de bergen Meru en Mandara. Rama sprak een aantal heilige spreuken uit over het wapen en legde de pijl toen op zijn boog. Hij mikte, schoot en trof Ravana midden in zijn hart. Dodelijk gewond viel de koning van de raksasa's neer.

De raksasa's schreeuwden van angst en ontzetting. Nu ze hun koning kwijt waren, wisten ze niet hoe gauw ze zich uit de voeten moesten maken.

Aan de kant van de apen klonk echter gejuich op en Rama werd geprezen door iedereen, zelfs door de goden. Vanuit de stralend blauwe hemel daalde een regen van bloemen neer op het slagveld. Er stond een zacht briesje en de golfjes kabbelden vrolijk op het strand. Eindelijk was datgene waarvoor de grote god Vishnu in Rama op aarde was geboren, volbracht.

Vibhisana was de enige die droevig was. Hij rouwde om de dood van zijn broer, die hij ondanks alles had liefgehad. Rama liep naar hem toe en zei troostend tegen hem: 'Hij is als een held in de strijd gesneuveld. Treur niet, men kan gewoon niet altijd overwinnen. Hij heeft vele krijgers overwonnen en joeg zelfs de god Indra op de vlucht, maar nu heeft hij zelf de dood gevonden. Wees niet langer bedroefd. Kom, we moeten de dodenoffers voor hem opdragen. Nu hij dood is, bestaat er geen haat of vijandschap meer tussen hem en mij. Laat dat een troost voor u zijn.'

Uit de poorten van de stad Lanka stroomden vele raksasavrouwen jammerend naar buiten, naar het lichaam van hun koning. Mandodari, de eerste vrouw van Ravana, was het meest bedroefd van allemaal en het lukte niemand haar te troosten.

Rama had inmiddels een grote brandstapel gemaakt en met plechtig ceremonieel werd het lijk van Ravana verbrand. Toen de goden terugkeerden naar de hemel, gingen de vrouwen, nog steeds huilend, terug naar de stad.

Vibhisana volgde Ravana op als koning van Lanka en hij werd door Rama en Laksmana plechtig ingehuldigd.

Sita's verstoting en rechtvaardiging (Ram. VI 113-119)

Rama stuurde Hanumat erop uit om Sita voor hem te zoeken en haar te vertellen wat er die laatste dagen was gebeurd. Hanumat was blij dat hij dat voor Rama kon doen, en haastte

231

zich naar het park met de Asokabomen, waar hij Sita de laatste keer had gezien, bewaakt door de vrouwelijke raksasa's.

Toen Sita zag dat Hanumat eraan kwam, sprong ze verheugd op. Het nieuws van de dood van Ravana en de overwinning van Rama klonk haar als muziek in de oren en blij gaf ze Hanumat het bericht mee terug dat ze niets liever wilde dan haar echtgenoot terugzien.

Bij het horen van de wens van zijn geliefde vrouw sprongen Rama de tranen in de ogen. Hij vroeg aan Vibhisana of hij Sita bij hem wilde brengen, nadat ze de mogelijkheid had gekregen zich op te frissen en mooi aan te kleden. Sita was het liefst meteen naar Rama gegaan, maar omdat hij wilde dat ze eerst een bad zou nemen, deed ze dat, waarna ze zich prachtig aankleedde. Vol ongeduld ging ze vervolgens in de draagstoel zitten die Rama voor haar gestuurd had.

Vibhisana ging vast vooruit om Rama te vertellen dat ze eraan kwam, en om de apen en de raksasa's die nieuwsgierig bij elkaar stonden, te verdrijven. Rama en Sita moesten elkaar ongestoord kunnen terugzien, vond hij.

Rama was het daar echter niet mee eens. Hij wilde dat Sita te voet de laatste meters naar hem zou overbruggen. 'Een vrouw mag zich in oorlog of gevaar, bij een svayamvara en bij de huwelijksplechtigheid in het openbaar vertonen en in deze situatie is er sprake van gevaar. Ze kan dus gewoon naar me toe komen voor het oog van alle anderen. Ik zal haar beschermen.'

Vibhisana gehoorzaamde hem en leidde Sita naar haar echtgenoot. Toen ze voor hem stond, keek ze hem nederig, maar bewonderend en liefdevol aan. Haar ogen waren vochtig, maar de tranen waren van vreugde en niet van verdriet. Haar gezicht glansde als het maanlicht.

Rama riep echter onbeheerst en wanhopig uit: 'Met hulp van Hanumat en Sugriva heb ik je gevonden en heb ik de belediging die mij door Ravana was aangedaan, gewroken. Maar jij, mijn geliefde vrouw, bent bezoedeld. Jij hebt bij een andere man in huis gewoond, hij heeft je aangeraakt en begerig naar je gekeken. De overwinning die ik op mijn vijand heb behaald, is niet voldoende om dat ongedaan te maken. Ik heb geen andere keus dan jou te verstoten. Je zult een andere man moeten kiezen. Misschien wil je de vrouw worden van Laksmana, Bharata, Sugriva of Vibhisana.'

Deze vlijmscherpe woorden van Rama had Sita absoluut niet

verwacht en ze deden haar zo'n ontzettende pijn dat ze stond te trillen op haar benen. Zo kende ze haar Rama niet en ze begon te huilen van pijn en schaamte.

'Waarom zeg je zulke wrede dingen over mij?' vroeg ze. 'Ik ben toch niet uit vrije wil naar Ravana toe gegaan? Hij heeft mijn lichaam misschien aangeraakt, maar over mijn hart had hij niets te zeggen. Mijn hart is altijd trouw gebleven aan jou. Rama, we zijn zo lang samen geweest, weet je dan nog niet hoezeer mijn hart aan jou toebehoort? En waarom heb je Hanumat gestuurd om mij te halen als je me toch niet wilde terugnemen? Waarom heb je eigenlijk die oorlog gevoerd met zulke machtige legers, waarom heb je zoveel krijgers voor je laten sneuvelen op het slagveld? Je voelt je gekwetst en je bent jaloers, als de eerste de beste hersenloze man van de straat. Weet je dan niet meer dat ik op wonderbaarlijke wijze uit de aarde geboren ben, dat ik altijd zonder zonden heb geleefd en dat ik je zo trouw de wildernis in ben gevolgd tijdens je ballingschap?'

Rama keek naar de grond en fronste zijn wenkbrauwen, maar zei niets.

Met een van verdriet vertrokken gezicht zei Sita toen tegen Laksmana: 'Lieve Laksmana, ik ga nog liever dood dan dat ik blijf leven terwijl Rama zo over me denkt. Maak alsjeblieft een brandstapel voor mij gereed!'

Laksmana verschoot van kleur en keek zijn broer vragend aan, maar Rama bleef somber voor zich uit kijken en zweeg nog steeds. Met tranen in zijn ogen begon Laksmana toen aan het oprichten van een brandstapel, zoals Sita gevraagd had. Toen het doodsaltaar hoog genoeg was, liep Sita vol eerbied om Rama heen, met haar ogen naar de grond. Ze bad hardop: 'Vuur, u bent mijn toevlucht nu Rama mij ten onrechte beschuldigt. Als ik inderdaad nooit ontrouw aan Rama ben geweest, in daden noch in gedachten, wees me dan genadig en bescherm me tegen uw vlammen, zodat hij kan zien dat ik de waarheid heb gesproken.'

De vlammen laaiden hoog op en voor het oog van de vele aanwezigen stortte Sita zich er middenin. Iedereen begon luid te jammeren, want Sita was niet meer te zien in het zinderende vuur.

Rama reageerde echter nog altijd niet. Star bleef hij naar de grond kijken, maar dat ging zelfs de goden te ver. Ze kwamen naar hem toe en smeekten hem Sita niet langer te wantrouwen. 'Waarom behandelt u haar zoals een gewone sterfelijke man een gewone vrouw zou behandelen?' vroegen ze. 'U weet toch wat u aan Sita hebt? Weet u dan niet wie u zelf bent?'

'Natuurlijk wel,' antwoordde hij. 'Ik ben immers Rama, de zoon van Dasaratha. Waar zou ik anders vandaan zijn gekomen?'

Brahma antwoordde: 'Inderdaad ja, maar eigenlijk bent u Narayana[60], de god die een knots en een werpschijf als wapens heeft. U beheerst zowel het heden als het verleden en de toekomst, zowel schepping als vernietiging, zowel overwinning als vergeving en zelfbeheersing. U openbaart uzelf in de hele schepping, u bent in alle dieren en mensen, in het water, de aarde en de lucht. Ik, Brahma, ben uw hart en Sarasvati[61] is uw tong. Wanneer u uw ogen dicht hebt, valt de duisternis van de nacht en wanneer u ze opendoet, begint de dag. U bent Vishnu en uw geliefde Sita is Laksmi[62]. Nu Ravana verslagen is, is uw taak volbracht en kunt u terugkeren naar de hemel.'

Op dat moment was in de vlammen van de brandstapel Sita te zien. Ze werd ondersteund door Agni, de vuurgod, en ze was ongedeerd. Haar haren, haar kleren en de bloemen van haar krans waren ongeschonden. Agni zelf liep met haar naar Rama en zei: 'Kijk, Rama, uw Sita is ongedeerd gebleven in het vuur. U kunt er dus op vertrouwen dat ze de waarheid heeft gesproken. Ze is u nooit ontrouw geweest, niet met woorden en zelfs niet in gedachten. Ravana heeft van alles geprobeerd, maar haar hart wilde alleen maar u. Wees niet langer jaloers en gekwetst, want ik zweer u dat u daar geen reden toe hebt. Neem haar terug, want ze is onbesmet en vol liefde voor u.'

Rama's ogen lichtten op en begonnen te stralen toen hij deze woorden van Agni hoorde. 'Ik heb nooit gedacht dat Sita me echt ontrouw was geweest, maar voor de ogen van het volk moest ik dat bewijzen. Ik kon haar niet zomaar terugnemen, want dan zou ik de wetten van mijn volk hebben overtreden en uiteindelijk zouden de mensen dat niet hebben geaccepteerd. Maar al die tijd heb ik geweten dat Sita's hart alleen aan mij

---

[60] Narayana: Vishnu.
[61] Sarasvati: de godin van de rede en de welsprekendheid.
[62] Laksmi: de godin van het geluk en de schoonheid, de echtgenote van Vishnu.

behoorde, ik wist dat ze niet zou vallen voor de woorden en daden van Ravana. En nu kan ook het volk er niet meer aan twijfelen of Sita wel onbezoedeld is, want het bewijs is geleverd. Sita hoort bij mij, zoals de zonnestralen bij de zon. Hoe zou ik haar kunnen verstoten?' Toen omarmde hij Sita en kuste haar voor de ogen van alle aanwezigen.

Rama gezegend door de goden en zijn vader (Ram. VI 119-121)

De goden kwamen van de hemel naar de aarde om te delen in de feestvreugde. Ook de overleden koning Dasaratha kwam met hen mee. Hij riep Rama bij zich op zijn wagen en zei: 'Ik mis je zo erg dat ik zelfs in de hemel niet helemaal gelukkig kan zijn. De listige woorden van Kaikeyi zitten me nog steeds dwars. Maar nu heb je mijn belofte voor mij vervuld en ben ik eindelijk verlost van alle schuld. Wat een verrassing was het om vandaag te horen dat je in feite Narayana bent, op aarde geboren om Ravana te doden. Kausalya zal zo blij zijn als ze hoort dat je je vijand hebt verslagen! Iedereen die je op de troon van Ayodhya zal zien zitten, is een gezegend mens. Je ballingschap is voorbij. Van nu af aan zul je over Ayodhya heersen, samen met je broers, en ik hoop dat je nog lang en gelukkig zult leven!'
Rama smeekte zijn vader Kaikeyi te vergeven. 'Ze was slechts een werktuig van het lot. Neem alstublieft de vloek terug die u over haar en haar zoon hebt uitgesproken en waarmee u haar verstoten hebt!'
'Goed,' zei Dasaratha, 'het zal gebeuren zoals je het wilt.' Toen richtte hij zich tot Laksmana en sprak ook over hem zijn zegen uit. Hij was blij dat Laksmana zo trouw was aan Rama, en hoopte dat hij dat altijd zou blijven en hem net als de goden eerbiedig zou dienen. Tenslotte zei hij tegen Sita: 'Wees niet boos op Rama dat hij u aanvankelijk niet wilde terugnemen. Hij deed wat hij moest doen, en dat heeft ook u voordeel gebracht. U hebt vandaag immers veel eerbied geoogst onder de goden en de mensen. Ik hoef me dan ook geen zorgen te maken dat u van uw man zult blijven houden en hem zult eren als een god!'
Nadat hij dit alles had gezegd, nam Dasaratha afscheid en keerde hij terug naar de hemel.

Toen nam Indra het woord. 'Rama,' zei hij, 'u mag me om een gunst vragen.'

'God van de donder,' antwoordde Rama, 'in dat geval smeek ik u om alle apen die op het slagveld zijn omgekomen, het leven terug te geven, zodat ze weer verenigd kunnen worden met hun vrouwen en kinderen. Ze hebben zo dapper voor mijn zaak gevochten. Geef hun genoeg voedsel en drinken voor de rest van hun leven, waar ze ook mogen zijn.'

'Ik zal uw wens vervullen,' knikte Indra. Het volgende moment begonnen overal op het slagveld de apen hun ogen weer te openen. Verbaasd keken ze om zich heen, zich afvragend wat er gebeurd was.

De goden gaven Rama het advies naar Ayodhya terug te gaan en daar de regering op zich te nemen. Toen namen ze afscheid en keerden ze terug naar de hemel.

Rama's tocht door de lucht naar Ayodhya (Ram. VI 121-127)

Vibhisana, de nieuwe koning van Lanka, bood zijn vrienden aan nog enige tijd bij hem in zijn paleis te blijven, maar Rama kon niet wachten om naar huis terug te keren en bedankte vriendelijk voor het aanbod. Toen Vibhisana hem echter zijn wagen Puspaka te leen gaf, accepteerde Rama die maar al te graag.

Rama vroeg Vibhisana alle apen een royale beloning te geven voor hun inzet, waarna het immense leger ontbonden kon worden. De apen wilden echter niet naar hun huizen terugkeren, maar gingen liever met Rama mee om hem naar zijn hoofdstad te begeleiden. Ook de apenkoning Sugriva en Vibhisana wilden hem nog niet verlaten en dus klommen allen de volgende morgen aan boord van de wonderbaarlijke strijdwagen Puspaka.

De wagen was reusachtig groot. Er waren twee verdiepingen en vele, vele kamers met ramen. Van binnen en van buiten was de wagen mooi beschilderd en als versiering hingen overal vlaggen en vaandels. Puspaka steeg op en vloog op eigen kracht door het luchtruim, daarbij een mooi, zingend geluid makend. Ver beneden hen schoof het landschap voorbij en de passagiers herkenden alle plaatsen waar ze op hun lange reis langsgekomen waren.

'Kijk toch eens hoe mooi de stad Lanka daar ligt op de berg-

K. Venkatappa

Rāma's terugkeer

kam van Trikuta,' zei Rama tegen Sita. 'Bijna net zo mooi als de huizen van de goden op de toppen van de Kailasa! En kijk, daar is het vreselijke slagveld waar zoveel doden zijn gevallen, en iets verderop ligt de dam die de apen hebben gebouwd om op het eiland te komen. Gelukkig wordt de kust van Lanka nu weer aangedaan door vele schepen. Dadelijk komen we boven Kiskindha, de hoofdstad van de apen. Het ligt prachtig, helemaal ingesloten door de bergen. Daar heb ik Valin overwonnen, waardoor Sugriva op de troon kwam.'

'Kunnen we daar niet stoppen, zodat ook de vrouw van Sugriva en de andere apenvrouwen bij ons aan boord kunnen komen?' vroeg Sita. 'Dan kunnen ze met ons meegaan op deze schitterende reis naar Ayodhya!'

Het volgende moment zakte de wagen al naar de aarde en daar werden de apenvrouwen met hun mannen verenigd. Toen steeg de wagen weer op en vloog verder.

Op een gegeven moment zagen ze de top van de berg Rsyamuka, de berg waar Rama voor het eerst in contact was gekomen met de apenaanvoerders en waar hij een bondgenootschap met hen had gesloten. Ze vlogen over het mooie Pampameer, waar Rama zo vreselijk bedroefd was geweest omdat hij Sita verloren had, en over het woud waar de gier Jatayu Sita met zijn leven had verdedigd. Ook zagen ze het hutje bij de Godavari, waar ze lange tijd zo gelukkig hadden geleefd, en het Dandakawoud met de Citrakutaheuvel, waar ze bezoek hadden gekregen van Bharata en Kausalya, die hen mee terug hadden willen nemen naar huis. Ze vlogen over de rivier de Yamuna en over de Ganges.

Toen kwam eindelijk de stad Ayodhya in zicht. Ze herkenden de torens en de paleizen en iedereen was opgetogen. De raksasa's en de apen keken hun ogen uit. Ze vonden de vaderstad van Rama prachtig.

Rama stuurde Hanumat vooruit om Bharata op de hoogte te stellen van zijn komst. Hanumat ging op zoek en vond hem eenzaam in een kluizenaarshut, bleek van het vasten, maar gezond en stralend van geest. De sandalen van Rama stonden voor hem, de sandalen voor wie hij tijdelijk de regering op zich had genomen. Toen hij hoorde dat Rama eindelijk was thuisgekomen, kende zijn vreugde geen grenzen. Hij vroeg Hanumat hem alles te vertellen wat er met zijn broers en Sita was gebeurd sinds hij hen voor het laatst had gezien op de heuvel van Citrakuta. De aap deed dat maar al te graag.

Vervolgens gaf Bharata bevel de stad te versieren om Rama welkom te heten en hij beval offers op te dragen met muziek en bloemen. Toen liep hij de stad uit, Rama tegemoet, samen met zijn broer Satrughna en hun moeders Kausalya en Sumitra en alle inwoners van Ayodhya. Hun geduld werd niet al te zwaar meer op de proef gesteld, want al snel naderde Rama op de wonderbaarlijke wagen en een luid gejuich steeg op. De wagen kwam naar beneden en iedereen kon instappen om gezamenlijk terug te gaan naar Ayodhya. Rama sloot zijn geliefde broer in zijn armen en begroette zijn oude moeder Kausalya vol eerbied.

Rama's intocht en koningswijding (Ram. VI 127-128 en VII 37-43)

De goddelijke hemelwagen landde bij de kluizenaarshut waar Bharata de jaren van Rama's ballingschap had doorgebracht. Iedereen stapte uit. Toen gaf Bharata de heerschappij over het rijk terug aan Rama, samen met de liefdevol bewaarde sandalen.
'Bij deze geef ik u datgene terug waar ik tijdelijk de zorg over heb gedragen. Uw manschappen zijn inmiddels al vertienvoudigd. Het zal een zware taak zijn om dit rijk te regeren nu het zo groot is geworden, maar u bent daar als geen ander geschikt voor. Ik zal alles in het werk stellen om te zorgen dat uw officiële kroning morgen kan plaatsvinden.'
Rama en Laksmana lieten hun gevlochten haren afscheren en baadden zich uitgebreid. Toen kleedden ze zich weer op koninklijke wijze. Ook Sita werd mooi aangekleed en opgesmukt met prachtige sieraden. Intussen waren priesters bezig met de voorbereidingen voor de plechtige wijding.
Zodra iedereen klaar was, klom Rama op een wagen. Bharata zelf was de wagenmenner, Satrughna hield het koninklijke zonnescherm boven Rama's hoofd en Laksmana en Vibhisana hadden staarten van jaks in hun handen waarmee ze de hitte van hem wegwuifden. Een grote stoet olifanten volgde de wagen, met Sugriva op een majestueuze olifant voorop. En zo kwam Rama na veertien jaren van ballingschap opnieuw zijn stad Ayodhya binnen. De mensenmenigte juichte hem enthousiast toe en van alle kanten klonk muziek.

De stoet trok door de stad en stopte voor het paleis. Rama en Sita stapten uit de wagen en namen plaats op hun gouden troon. Vasistha, de heilige priester, doopte zijn handen in vier gouden kruiken waarin het water van de vier wereldzeeën zat, en besprenkelde daarmee het hoofd van Rama. Zo werd hij dan eindelijk tot koning gewijd.

De hele onsterfelijke wereld was verheugd. De goden waren blij, de gandharva's zongen en de nimfen dansten. Overal op aarde kwamen jonge planten en kruiden te voorschijn en aan de bomen ontloken bloesems, die later een overvloed aan vruchten zouden geven.

Rama zelf was ook gelukkig en vrolijk en hij bleef maar geschenken uitdelen. De brahmanen kregen goud, juwelen, paarden en koeien. Angada, de zoon van Valin, schonk hij een goddelijke ketting van goud met edelstenen en aan Sita gaf hij vele mooie gewaden en sieraden. Eén van de sieraden was een kostbare parelketting.

Sita nam de ketting in haar handen en keek naar Rama. Vervolgens keek ze naar Hanumat, de trouwe aap. Rama zag wat ze wilde doen, en knikte ten teken dat hij het ermee eens was. Toen liep Sita naar de apenaanvoerder, die in de oorlog blijk had gegeven van zoveel moed en nederigheid, en hing de zacht glanzende parelketting om zijn harige nek. De enorme aap leek nu wel een berg waaromheen wolkjes zweefden die door de maan werden beschenen.

Ook de rest van het apenleger kreeg allerlei geschenken en toen waren de feestelijkheden voorbij. De apen keerden terug naar hun eigen rijk en ook Vibhisana ging terug naar zijn eiland Lanka.

Voor Rama en het rijk dat hij regeerde, volgde een periode van geluk en voorspoed. Er heersten geen ziekten, er was geen criminaliteit en leugens werden niet verteld. De mensen voelden niets dan liefde voor elkaar en voor hun koning, en de aarde bracht een overvloedige oogst voort.

De gelukkigste van iedereen was Rama zelf. Elke ochtend besteedde hij aandacht aan regeringszaken, terwijl Sita zich aan haar religieuze verplichtingen wijdde. 's Middags liepen ze met z'n tweeën door de parken en genoten van elkaar en van de omgeving.

Sita voor de tweede keer verstoten (Ram. VII 43-50 en 66)

Op een dag vroeg Rama aan zijn raadslieden wat de mensen nu eigenlijk over hem zeiden. De raadslieden antwoordden dat de mensen niets dan bewondering voor hem hadden en hem nog altijd prezen om zijn heldendaden. Rama voelde echter dat ze hem niet de hele waarheid vertelden, en vroeg hun dringend hem toch alles mee te delen wat ze over hem hadden gehoord.
Toen vatte één van de raadslieden moed en zei: 'De mensen zijn weleens verbaasd dat u Sita weer naast u als vrouw hebt aanvaard, hoewel ze maandenlang in het paleis van Ravana heeft doorgebracht en daar ongetwijfeld ook door hem is aangeraakt. Ze denken nu dat zij zelf ook de fouten van hun vrouwen door de vingers kunnen zien omdat u daartoe het voorbeeld hebt gegeven.'
Bedroefd hoorde Rama de woorden van de man aan. Hij stuurde zijn adviseurs weg en liet zijn broers bij hem komen. Die schrokken van het sombere gezicht van Rama en de tranen in zijn ogen wekten bange vermoedens bij hen.
Rama vertelde wat hij die ochtend van zijn raadslieden had gehoord, en voegde daaraan toe: 'Ik vind het afschuwelijk te horen dat ze zo over mij denken. Sita heeft haar zuiverheid immers bewezen toen ze ongedeerd van de brandstapel kwam. Maar dat mijn volk mijn beslissing over Sita afkeurt, is meer dan ik kan verdragen. Ik kan niet toestaan dat mijn naam te grabbel wordt gegooid. En dus, Laksmana, geef ik je een opdracht mee en die mag je niet in twijfel trekken. Sita heeft mij een tijd geleden gevraagd of ze bij de asceten die aan de Ganges wonen op bezoek mocht gaan. Ik wil dat je haar morgen naar de hut van de heilige Valmiki brengt. Dat is haar eigen wens. Probeer niet me hiervan te weerhouden, dat zou ik beschouwen als een beëindiging van onze vriendschap!'
Toen draaide Rama zijn gezicht weg, want hij wilde niet dat zijn broers zijn tranen zouden zien. Zuchtend en steunend van zwaar verdriet liep hij terug naar zijn eigen kamers.
Laksmana liet de volgende dag een wagen inspannen en ging Sita halen. 'Rama heeft me gevraagd je naar de heilige mannen aan de Ganges te begeleiden, want dat wilde je zo graag,' zei hij tegen haar.
Vol enthousiasme pakte Sita snel wat spullen en geschenken bij elkaar en zonder kwade vermoedens klom ze op de wagen die

al gereedstond. Het vertrek uit Ayodhya ging gepaard met allerlei slechte voortekenen, maar Sita had daar niets van in de gaten. De volgende dag kwamen ze 's middags aan bij de oever van de heilige rivier de Ganges en op dat moment stortte Laksmana in. Dikke tranen rolden over zijn wangen. 'Waarom huil je?' vroeg Sita bezorgd. 'Je hebt Rama eergisteren nog gezien. Mijn liefde voor hem is zelfs nog groter dan de jouwe, maar ik mis hem blijkbaar toch niet zoveel als jij. Kom, we moeten de rivier over. Nog even en dan zijn we bij de kluizenaars. Als ik hun mijn geschenken heb gegeven, kunnen we direct weer terug naar huis. Ik verlang immers ook naar mijn man, naar zijn mooie ogen en stoere borst, ook al ben ik nog niet zo lang van hem weg.'

Toen ze de overzijde van de rivier hadden bereikt, kon Laksmana niet langer wachten met zijn wrede boodschap. Zonder haar recht in de ogen te durven kijken zei hij tegen haar: 'Ik vind het erg moeilijk te zeggen wat ik nu moet zeggen. Ik vraag je bij voorbaat om vergiffenis, want ik zal je erg pijn doen met mijn woorden. Daarom zal ik het kort houden: Rama wil niet dat je terugkomt, want de burgers zijn niet overtuigd van je zuiverheid. Ik heb de opdracht gekregen je hier achter te laten. Wees niet boos op Rama. Hij zelf twijfelt absoluut niet aan je trouw aan hem en ik ook niet. Maar toch wil hij dat jij hier blijft. Je zult veilig zijn bij Valmiki. Blijf de goden eerbiedigen en vergeet je geliefde Rama niet, dan zul jij ook hier geluk vinden.'

Sita zakte bewusteloos op de grond. De woorden van Laksmana hadden haar getroffen als een mokerslag. Toen ze even later weer bijkwam, begon ze te jammeren. 'Welke vreselijke zonde heb ik in mijn vorige leven begaan dat ik nu moet boeten voor iets wat ik niet heb gedaan? Ik kan het niet verdragen van Rama gescheiden te zijn. Toen ik tijdens onze ballingschap in het woud moest leven, kon ik dat aan, want toen was Rama bij me. Maar deze keer zal het anders zijn, deze keer zal mijn ballingschap zo ontzettend eenzaam zijn. En als er mensen komen die aan me vragen wat ik heb misdaan, wat moet ik dan zeggen? Ik zou haast nog liever in het water van de Ganges verdrinken, maar daarmee zou ik een vloek over het geslacht van Rama brengen.' Toen herstelde ze zich enigszins. 'Laksmana, doe wat Rama je gezegd heeft. Groet hem van mij als je terug bent in het paleis en zeg hem dat ik begrijp waarom hij mij verstoot. Ik weet dat hij overtuigd is van mijn zuiverheid en dat hij dit alleen doet om het volk geen reden te geven tot zedenverval. Ik zal gehoorzamen aan zijn wens, hij is mijn meester en mijn god. Ik ben niet treurig om mijn lot, maar ik ben treurig om het volk, dat blijkbaar Rama's oordeel niet vertrouwt. Ga nu gauw, Laksmana, en vertel Rama wat ik je gezegd heb.'

Laksmana stak de rivier opnieuw over en toen hij uit het zicht verdwenen was, liet Sita zich op de grond zakken en begon ze eindelijk te huilen.

Een paar kinderen van de kluizenaars zagen haar zo zitten. Ze gingen naar de oude Valmiki om hem te vertellen dat ze bij de rivier een vrouw hadden gezien die zat te huilen. Zo snel zijn benen hem konden dragen ging de heilige naar Sita. Hij probeerde haar te troosten en te kalmeren. Toen nam hij haar mee naar de kluizenarij en liet haar over aan de zorg van de vrouwen die daar waren.

Een paar maanden later schonk Sita het leven aan twee gezonde zoontjes, Kusa en Lava[63]. De jongens groeiden op tot intelligente, rechtvaardige kinderen en kregen les van de heilige Valmiki, die hun voorlas uit het epos dat hij over het leven van hun vader Rama had geschreven.

Het paardenoffer (Ram. VII 91-96)

In de jaren dat zijn kinderen groter werden, regeerde Rama zijn rijk op een goede manier, maar zonder vreugde. Zijn heerschappij was wijs en rechtvaardig en zijn burgers kenden voorspoed en geluk, maar hij zelf kon zonder Sita niet gelukkig zijn.

Toen raadde Laksmana zijn broer aan een paardenoffer te brengen in het Naimisawoud. Rama besloot die raad op te volgen. Direct werd begonnen met de voorbereidingen. Laksmana ging naar Sugriva om hem en alle apen uit te nodigen en ook koning Vibhisana en zijn raksasa's kregen een uitnodiging. Tenslotte vroeg Laksmana ook alle vorsten en brahmanen te komen.

Een gitzwart paard werd losgelaten en Laksmana en enkele

---

[63] Kusa en Lava: de namen van de jongens zijn afgeleid van het woord Kusilava, dat 'bard' betekent. Het was namelijk de gewoonte dat een bard tijdens het paardenoffer oude verhalen voordroeg.

priesters achtervolgden het waar het liep. Ondertussen kwamen alle gasten van heinde en verre naar de offerplaats toe. Voor alle bezoekers werd een passend onderkomen gebouwd en aan alle wensen die de mensen hadden, werd voldaan. Het was het rijkste en prachtigste offerfeest dat er sinds mensenheugenis was gehouden.

Ook Valmiki kwam om de plechtigheid bij te wonen en hij had zijn leerlingen met zich meegenomen. Hij nam zijn intrek in één van de rustige priesterwoningen en vroeg om vruchten en water voor hem en zijn jongens.

De zonen van Sita, Kusa en Lava, waren met Valmiki meegekomen en de oude man riep hen bij zich. 'Ik wil dat jullie naar Rama gaan en dat jullie daar het *Ramayana* gaan zingen zoals jullie het van mij hebben geleerd. Als de dag ten einde loopt, moeten jullie stoppen en de volgende morgen weer verdergaan, net zolang tot jullie het hele verhaal hebben verteld. De vruchten die ik jullie nu geef, zullen jullie voedsel zijn tijdens het zingen. Geschenken van toeschouwers mogen jullie niet aannemen, want wij geven niets om rijkdom. Mocht er iemand zijn die vraagt wie jullie zijn, geef dan het volgende antwoord: "Wij zijn leerlingen van Valmiki." Wees vooral eerbiedig tegenover Rama, hij is de vader van al zijn onderdanen en de meester van alle schepselen.'

Opgewekt vertrokken de broers de volgende morgen in alle vroegte en toen ze bij Rama waren aangekomen, begonnen ze met de voordracht van het epos. Rama was onder de indruk van hun lied en riep alle vorsten, brahmanen, geleerden en kunstenaars bij elkaar om te komen luisteren.

Iedereen bewonderde de beide jongens die daar zo mooi stonden te zingen, en men verbaasde zich erover dat ze zo ontzettend op hun koning leken. Ze waren net Rama in zijn jongensjaren, vond men.

Toen de avond viel, stopten de broers hun gezang en Rama riep enthousiast uit: 'Wie zijn jullie? Laat me jullie achttienduizend goudstukken geven, jullie hebben zo prachtig gezongen!'

Maar de jongens wezen dat aanbod vriendelijk van de hand. 'De mensen die in de bossen leven geven niets om goud of zilver.'

'Jullie antwoord bevalt me,' zei Rama instemmend. 'Maar vertel me eens, van wie hebben jullie dit verhaal geleerd?'

'De heilige Valmiki heeft dit epos gecreëerd en hij heeft het ons bijgebracht,' antwoordden ze. 'We zullen morgen verdergaan met de voordracht, dus u kunt nog langer naar ons luisteren als u wilt. Het zal nog wel een aantal dagen duren voor we aan het einde gekomen zijn.'

Dag in dag uit zongen de zonen van Sita met hun hele ziel en zaligheid het *Ramayana* voor de bewonderende kring van toeschouwers, die er geen genoeg van konden krijgen. Toen ze op een gegeven moment het slot van het epos hadden gezongen, was Rama er inmiddels achter gekomen dat de jongens zijn zonen moesten zijn. Hij omhelsde zijn zonen innig en ontroerd. Het gemis van Sita deed hem nu meer pijn dan ooit tevoren. Hij stuurde zo snel mogelijk een bode naar Valmiki met het bericht dat hij wilde dat Sita de mogelijkheid zou krijgen zich publiekelijk van alle blaam te zuiveren.

Sita's terugkeer en dood (Ram. VII 96-99)

De volgende morgen kwam iedereen weer bij elkaar en toen iedereen zijn zitplaats had gevonden, kwam Valmiki naar voren in de kring. Sita liep nederig achter hem aan, met ogen die vol tranen stonden. Uit het publiek steeg een verheugd geroezemoes op toen de koningin herkend werd.

Valmiki begon met luide stem de koning toe te spreken: 'Zoon van Dasaratha, jaren geleden hebt u uw geliefde echtgenote verstoten, hoewel u wist dat zij niets had misdaan. U voelde zich echter gedwongen door het volk, dat meende dat Sita niet rein kon zijn als ze zo'n lange tijd bij de raksasakoning Ravana had doorgebracht. Ik wil vandaag laten zien dat ze werkelijk zo zuiver is als ze zegt dat ze is, maar eerst wil ik u nog vertellen dat deze tweelingbroers uw zonen zijn. Ze heten Kusa en Lava. Ik sta ervoor in dat hun moeder geen enkele zonde heeft begaan in het rijk van Ravana. Als er wel onzuiverheid in haer mocht zijn, zal ik alle kracht en macht verliezen die ik met mijn voortdurende ascese heb verkregen.'

Rama bleef naar Sita kijken en zei: 'Ik zelf weet ook dat Sita geen enkele blaam treft, en ik erken bij deze de twee jongens Kusa en Lava als mijn zonen. Maar laat Sita nu zelf tegenover het volk dat hier aanwezig is, bewijzen dat ze onschuldig is.'

Een zacht briesje stak op en met droefheid in haar stem begon Sita te praten. 'Moeder aarde, als ik inderdaad, zoals ik steeds heb gezegd, nooit ontrouw ben geweest aan Rama, noch in lichaam, noch in geest, en als het waar is dat ik altijd met heel mijn hart voor Rama's welzijn heb gebeden, splijt dan open en neem mij terug in uw schoot!'

En voor de ogen van alle aanwezigen gebeurde het: de aarde spleet open en een hemelse troon kwam te voorschijn. De godin van de aarde pakte Sita op en plaatste haar op de door heilige slangen gedragen troon, waarna Sita in de diepte van de aarde verdween en de aarde zich weer sloot.

De goden begonnen lofzangen voor Sita te zingen en de sterfelijken die het wonderbaarlijke schouwspel hadden gezien, voelden niets dan eerbied voor haar en brachten haar hulde.

Rama was de enige die was blijven zitten en zijn gezicht was getekend door diepe droefheid. Ook voelde hij woede, omdat hij zo blij was geweest met de gedachte dat Sita bij hem zou terugkomen en ze nu voor zijn ogen was verdwenen. Zijn woede was zelfs zo groot dat hij het liefst de hele aarde wilde vernielen, als hij Sita maar terugkreeg.

Maar Brahma sprak hem troostend toe: 'U hoeft niet verdrietig te zijn, Rama, want u bent de god Vishnu en in de hemel zult u weer met Sita samen zijn!'

Rama's einde (Ram. VII 90-111)

Rama gaf alle vorsten, brahmanen, apen en raksasa's royale geschenken en liet hen de volgende morgen naar huis terugkeren. Nu Sita definitief uit zijn leven verdwenen was, kende hij geen vreugde meer. Hij gaf opdracht een gouden standbeeld van haar te maken. Toen dat klaar was, zette hij het naast zich als hij religieuze plichten te vervullen had, zodat haar geest dan één met hem kon worden. Het volk van Rama kende niets dan voorspoed en geluk, maar Rama zelf was eenzaam en miste Sita. Zo gingen duizenden jaren voorbij. Zijn broers Bharata en Satrughna hadden inmiddels ieder hun eigen rijk gesticht, maar Laksmana was bij Rama gebleven en liet zijn zonen regeren over de landen die hij had veroverd. De weduwen van Dasaratha waren al overleden en in de hemel met hun man herenigd.

Toen brak de dag aan dat Rama bezoek kreeg van de Tijd. De Tijd had het uiterlijk van een asceet en vroeg of hij Rama onder vier ogen kon spreken. Degene die het zou wagen hen te storen, zou ter plekke dood neervallen. Rama stemde toe en

Laksmana bleef voor de deur staan om ervoor te zorgen dat het gesprek volstrekt privé zou blijven.

Zodra de deur achter hen gesloten was, bekende de asceet dat hij de Tijd was, en zei: 'U was op aarde geboren met als levenstaak de koning van de raksasa's te verslaan en die taak hebt u vervuld. Vervolgens had u elfduizend jaar te leven onder de mensen en die jaren zitten er nu op. Wat wilt u liever? Op aarde blijven en over de mensen regeren, of teruggaan naar de hemel en daar over de goden regeren?'

Rama was opgelucht dat hij niet langer op de aarde hoefde te blijven en koos ervoor naar de hemel terug te keren.

Ondertussen was er een heilige het paleis binnengekomen. Het was Durvasas en hij had weinig goeds in de zin. Hij eiste koning Rama te spreken, maar Laksmana hield hem tegen voor de deur. Toen begon Durvasas te dreigen dat hij hun hele geslacht zou vervloeken als hij niet onmiddellijk naar binnen zou mogen. Laksmana besloot hem bij Rama te gaan aandienen, ook al wist hij dat hij dat met de dood moest bekopen.

Rama stond Durvasas vriendelijk te woord en gaf de heilige, die duizend jaar had gevast, te eten. Toen moest hij zijn broer verstoten, ook al brak zijn hart terwijl hij dat deed, maar hij had geen keus. Zo was het immers afgesproken met de Tijd.

Laksmana liep met gebogen hoofd naar de rivier de Sarayu, waarin hij zichzelf even later verdronk. Vanuit de hemel begonnen bloemen te vallen en Indra kwam hem persoonlijk halen om naar de hemel te gaan. Laksmana was ook een deel van Vishnu geweest en de goden waren blij dat dat deel weer bij hen terug was.

Nu had Rama geen enkele reden meer om te leven. Als zijn opvolger wees hij Bharata aan, maar die bedankte voor de eer. 'Het lijkt me beter als u Kusa en Lava tot uw opvolgers aanwijst,' zei hij, nadat hij in allerijl naar Rama toe was gekomen. 'En laat Satrughna ook naar het paleis komen. Dan kunnen we met z'n drieën tegelijk uit dit leven stappen.'

Rama stemde daarmee in. Toen de boodschapper onderweg was, kreeg Sugriva lucht van wat er te gebeuren stond. Samen met vele apen kwam ook hij naar Ayodhya om met de drie broers de laatste reis te maken. Omgeven door hun vrouwen, vrienden en raadslieden liepen ze de stad uit en alle burgers, dieren en vogels van het rijk volgden hen naar de oever van de Sarayu.

Daar stonden Brahma en alle goden op hen te wachten en terwijl er bloemen uit de hemel vielen, zei Brahma tegen Rama: 'Wees gezegend, Vishnu, god die boven alle woorden en gedachten staat. U kunt samen met uw broers de hemel binnengaan!'

Toen ging Rama's gedaante over in die van Vishnu en onder gejuich van de goden trad hij de hemel binnen, gevolgd door zijn broers. Iedereen die Vishnu gevolgd was in de dood, mocht van Brahma ook in de hemel blijven.

En hier eindigt de wijze Valmiki het *Ramayana*.

Uit de Brahmana-*literatuur*

Inleiding

De verhalen uit de *Brahmana*-literatuur stammen ongeveer uit de tijd van 800 tot 500 voor Christus, de periode die volgde op de tijd waarin de Veda's ontstonden. In de verhalen is dan ook veel terug te vinden van de Veda-teksten. De heilige rituelen waarbij die teksten van belang waren, worden behandeld en zowel van de teksten als van de rituelen wordt de oorsprong verklaard. Die oorsprong ligt vaak in één of andere oude sage of vertelling en zo komt het dat de *Brahmana*-literatuur gevuld is met allerlei al dan niet aannemelijke of betekenisvolle verhalen.

De *Upanishads*, de poëtisch-filosofische bespiegelingen over het onzichtbare, worden ook tot de *Brahmana's* gerekend. Ze zijn echter wat later ontstaan dan de *Brahmana's* zelf, waarin de nadruk voornamelijk ligt op de ceremoniële handelingen en het offer. In de *Upanishads* zijn de filosofische overwegingen het belangrijkst. Het einddoel van de *Upanishads* is de vereniging met de Alziel, dat van de *Brahmana's* een gelukkig leven na de dood.

Het eerste verhaal dat dadelijk volgt, is een samenvatting van het *Satapatha-brahmana*, het *Brahmana* van de honderd paden dat oorspronkelijk uit honderd hoofdstukken bestaat en dat de 'witte Yajurveda' verklaart.

Het tweede verhaal is afgeleid van de *Kathopanishad*, een *Upanishad* die bij het *Taittiriya-brahmana* hoort, waarin de 'zwarte Yajurveda' wordt verklaard.

Puruvaras en Urvasi (Satapatha-brahmana II.5.1, 1-17)

De nimf Urvasi was verliefd geworden op de zoon van Ida, Puruvaras. Toen ze met hem trouwde, zei ze tegen hem: 'Ik wil dat u me drie keer per dag omhelst, maar u mag me nooit beminnen als ik daar geen zin in heb en ik wil u nooit naakt zien. Ik ben een speciale vrouw en ik wil op een speciale manier behandeld worden.'

Ze bleef lange tijd bij hem en op een gegeven moment raakte ze zwanger.

Toen vonden de gandharva's dat het genoeg was. 'Urvasi is al zolang bij de mensen geweest, we moeten haar weer terug zien te krijgen.'

Urvasi sliep in een bed waaraan een ooi en twee lammetjes waren vastgebonden en de gandharva's besloten één van die lammetjes mee te nemen. Urvasi werd wakker en toen ze merkte dat het beestje weg was, was ze erg verdrietig. Ze snapte niet hoe het kon zijn weggeroofd als er toch zoveel dappere mannen in het land waren om haar te verdedigen. Dat zei ze ook tegen Puruvaras, die naast haar lag.

Die nacht haalden de gandharva's ook het tweede lammetje weg. Weer beklaagde Urvasi zich tegenover Puruvaras dat blijkbaar niemand dapper genoeg was om haar en haar bezittingen te beschermen.

Puruvaras begon zich af te vragen hoe het kon dat de beide diertjes ongestraft waren weggeroofd. Zonder er verder bij na te denken sprong hij poedelnaakt uit bed. Op datzelfde moment slingerden de gandharva's een bliksemschicht naar de aarde en kon Urvasi haar echtgenoot duidelijk zien, zonder kleren aan. Een tel later verdween ze, zonder een spoor achter te laten.

Toen Puruvaras in het slaapvertrek terugkwam, kon hij zijn vrouw dan ook nergens meer vinden.

Waanzinnig van verdriet zwierf hij door Kuruksetra en hij kwam uit bij de lotusvijver die de Anyatahplaksa werd genoemd. Hij liep langs de oevers en zag daar zwanen zwemmen, die in werkelijkheid nimfen waren. Urvasi was één van hen en ze herkende haar echtgenoot. 'Kijk, hij is de man met wie ik zolang ben samengeweest,' zei ze tegen de andere nimfen.

'Dan kunnen we ons aan hem wel in onze eigen gedaante laten zien,' zeiden ze. Daar stemde Urvasi mee in en even later waren de zwanen veranderd in nimfen.

Puruvaras herkende Urvasi onmiddellijk en zei: 'Blijf alsjeblieft even hier, mijn lieve, hardvochtige vrouw. We moeten even praten en als we deze kans niet grijpen, krijgen we daar spijt van.'

Maar Urvasi antwoordde: 'Dat interesseert me niet meer. Ik

ben nu uit je leven verdwenen. Ga terug naar huis, ik ben net zo ongrijpbaar als de wind.'

'Als dat je wens is,' reageerde Puruvaras, 'zal ik me vandaag nog in een afgrond storten. De enige rust die ik nu nog kan vinden, is immers in de schoot van de dood en laat de wolven mijn sterfelijk omhulsel dan maar verslinden.'

'Nee, Puruvaras,' zei Urvasi, 'zo mag je niet denken. Zoek de dood niet op en laat je niet door wolven verslinden. De harten van vrouwen zijn nu eenmaal onberekenbaar en op hun vriendschap kan nooit iemand rekenen. Maar in die vier jaren die ik in mijn menselijke gedaante bij jou heb gewoond, heb ik iedere dag een heel klein beetje boter gegeten en dat kan ik nu goed merken.'

Ze kreeg namelijk medelijden met hem. 'Luister,' zei ze, 'vandaag precies over een jaar moet je hier bij me terugkomen. Dan zullen we voor één nacht weer samen zijn. Je zoon zal dan inmiddels ook geboren zijn.'

Precies een jaar later kwam Puruvaras inderdaad terug. Op de plaats waar hij haar de vorige keer had gezien, stond nu een paleis van goud en hij was de enige die er binnen mocht komen. Urvasi kwam naar hem toe en zei: 'Morgen zullen de gandharva's een wens voor jou vervullen. Bedenk maar vast wat die wens zal worden.'

'Ik wil dat jij mijn wens bedenkt,' antwoordde Puruvaras.

'Goed dan,' zei Urvasi. 'Vraag dan of jij één van de onzen mag worden.'

De volgende dag kwamen de gandharva's inderdaad naar hem toe met het bericht dat hij een wens mocht doen die zij zouden vervullen.

'Ik wil één van de uwen worden,' zei Puruvaras, maar dat bleek niet zo eenvoudig te zijn.

'Om één van de onzen te zijn moet u de heilige vorm van het vuur kennen dat wordt gebruikt bij het brengen van een offer, en dat kent u als mens nog niet.'

Puruvaras kreeg van de gandharva's een schaal mee met daarin het vuur en daar moest hij mee offeren tot hij één van de hunnen was.

Met de schaal in zijn hand en zijn zoontje aan zijn zij ging hij naar het woud, waar hij het vuur neerzette. Toen bracht hij zijn zoontje naar het dorp en alleen keerde hij terug naar de plaats waar hij het vuur had achtergelaten. Toen hij daar aankwam, waren het vuur en de schaal echter verdwenen. Uit het vuur was een vijgenboom ontstaan en de schaal was veranderd in een mimosa[64], die de vijgenboom omstrengelde.

Puruvaras ging terug naar de gandharva's om hun te vragen wat hij nu moest doen. 'U moet een jaar lang rijstebrij koken,' antwoordden ze, 'en die moet u laten opeten door vier offerpriesters. Van de vijgenboom die is ontstaan moet u steeds drie stukken hout nemen. Die stukken moet u met boter bestrijken en aansteken en al die tijd moet u versregels opzeggen waarin de woorden "brandhout" en "boter" voorkomen. Het vuur dat daaruit ontstaat, zal het heilige vuur zijn dat u zoekt. Maar wat u nog beter kunt doen, is het bovenste wrijfhout[65] van de vijgenboom nemen en het onderste wrijfhout van de mimosa. Uit die twee zal het heilige vuur ontstaan. Maar het allerbeste wat u kunt doen, is zowel het bovenste als het onderste wrijfhout van de vijgenboom nemen, dan zult u het heilige vuur verkrijgen.'

Puruvaras volgde de aanwijzingen die hem gegeven waren precies op. Toen hij met het vuur dat op die manier was ontstaan geofferd had, werd hij een gandharva en was hij eindelijk weer bij zijn geliefde Urvasi.

Naciketas en Yama (Kathopanishad)

Er leefde eens een zeer vroom man. Al zijn bezittingen gaf hij weg aan de priesters die voor hem de offers opdroegen.

Deze man had een zoon, Naciketas. Naciketas zag dat zijn vader alles, tot en met het vee, weggaf aan de brahmanen en vroeg toen: 'Vader, wanneer ben ik aan de beurt om weggegeven te worden en wie zal mijn nieuwe eigenaar worden?'

Zijn vader antwoordde niet en Naciketas moest zijn vraag drie keer herhalen. Uiteindelijk werd zijn vader boos: 'Goed dan, ik zal u aan de dood geven!'

---

[64] Mimosa: Sami, plant die zich vaak om een asvattha (vijgenboom) slingert. De asvattha is dan een onderdeel van de Sami, net zoals het vuur een onderdeel is van de aardewerken schaal.

[65] Wrijfhout: door het tegen elkaar wrijven van twee stukken hout wordt het vuur voor een offer verkregen. Alleen door middel van deze zgn. vuurboor ontstaat een vuur dat rein is.

'Als ik voor Yama verschijn, samen met al die anderen die voor hem zullen verschijnen, wat zal hij dan met me doen?' vroeg Naciketas zich af.

Toen het moment daar was en Naciketas in de verblijfplaats van Yama was aangekomen, kreeg hij de opdracht daar drie nachten te blijven. Yama was namelijk niet aanwezig en zou pas over drie dagen terugkomen. Na die drie dagen zei Yama tegen Naciketas: 'Al die drie dagen en nachten dat u hier was, hebt u niets te eten gekregen. Dat wil ik goedmaken en daarom mag u drie gunsten van mij vragen.'

'Dank u wel,' zei Naciketas. 'In dat geval zou ik u willen vragen dat mijn vader niet langer boos op mij is, zodat hij vriendelijk tegen me is als ik weer terugkeer naar de aarde.'

'Het zal gebeuren zoals u vraagt,' antwoordde Yama.

'De tweede gunst die ik zou willen vragen, is dat u mij het hoge altaar leert kennen dat de weg naar de hemel opent,' zei Naciketas. 'Ik wil namelijk de onsterfelijkheid bemachtigen, want dan hoef ik me niet langer zorgen te maken om eten, drinken, gevaar of ouderdom.'

Yama knikte en beschreef het altaar aan hem. Hij vertelde van welke stenen het gebouwd moest worden, hoeveel het er moesten zijn en hoe de stenen geplaatst moesten worden. 'Dit altaar zal de naam "Naciketa-altaar" krijgen en iedereen die erop offert, zal naar de hemel gaan,' voegde hij eraan toe. 'Nu mag u uw derde gunst vragen.'

'Ik zou graag uitleg van u willen over een vraagstuk dat mij dwarszit,' zei Naciketas. 'Ik begrijp namelijk niet hoe het kan dat iemand die overleden is volgens sommigen nog bestaat en volgens anderen niet. Het antwoord op dat vraagstuk is de derde gunst waar ik u om vraag.'

'Zelfs de goden hadden hier vroeger geen antwoord op,' antwoordde Yama. 'Het is een heel ingewikkelde materie. U kunt me alles vragen, een groot nageslacht, vele kudden vee, grote hoeveelheden goud, mooie vrouwen en zelfs de hele aarde, maar vraag me niet wat sterven is.'

Maar Naciketas wilde dat niet. 'Alle dingen die u noemde zijn vergankelijk. Het hele leven is slechts van korte duur. Op het moment dat u aan ons verschijnt, zijn al die materiële zaken van geen enkel nut meer. Nee, ik blijf bij mijn eerdere wens. Ik wil weten wat er gebeurt na het sterven!'

Toen zei de doodsgod: 'Wat voor een mens goed is, vindt hij

niet altijd aangenaam. Iemand die zich richt op wat goed voor hem is, is gezegend boven iemand die het aangename nastreeft. Iemand die het goede boven het aangename verkiest, is een wijs persoon, maar iemand die voor het aangename kiest, is dom en hebzuchtig. Naciketas, u bent volgens mij een wijs man, want u verkiest kennis boven genot. Een dwaas zou nooit nadenken over wat er na zijn dood zou gebeuren, en daarom heb ik over dwaze mensen zoveel macht.

Iemand die nadenkt over de Alziel, die de Alziel zelfs begrijpt, zo iemand is groot en wijs. Zo iemand zal de Alziel in zijn eigen ik herkennen en genot en pijn ver achter zich laten.

Een ziel is een atoom van de Alziel en kent geen geboorte of dood. Een ziel is eeuwigdurend. Slechts het lichamelijke omhulsel kan sterven, een ziel niet. De Alziel is groter dan groot en tegelijkertijd kleiner dan klein en in ieder schepsel is hij aanwezig.

Iemand die geen wensen heeft en geen pijn of verdriet kent, zal door de hand van de schepper de grootsheid van de Alziel zien. Hij zal weten dat de lichaamloze Alziel in alle lichamen huist, dat de Alziel het onveranderlijke en het veranderlijke is, en die wetenschap zal hem niets dan vreugde brengen.

Het zijn niet kennis, begrip of geleerdheid die de deur openen naar de Alziel. De Alziel kiest degene die hem mag vinden. Maar hij kiest slechts iemand uit die zijn eigen boosheid achter zich heeft gelaten, die rustig is en zichzelf kan beheersen.

Als er zuiver water bij zuiver water wordt gegooid, blijft de substantie hetzelfde en zo zal ook de Alziel niet veranderen als de ziel van een wijs iemand in hem opgaat.'

Toen Yama klaar was met zijn uitleg over Naciketas' vraagstuk, vond Naciketas de schepper Brahma en werd hij bevrijd uit de macht van de dood.

Vishnu

Inleiding

We hebben het al eerder over de hindoese drie-eenheid gehad, waarvan Vishnu de tweede persoon is. Er is een bepaalde sekte, de sekte van de vishnuïeten, die hem boven de andere twee personen, Brahma (de schepper) en Shiva (de vernietiger), vereert.

De verhalen waarin wordt verteld over het ontstaan van de wereld en over de afkomst van goden en mensen, zijn de *Purana's*. Deze *Purana's* zijn vaak vooral gewijd aan Vishnu. De meest omvangrijke daarvan is het *Bhagavatapurana*, dat zo'n 18.000 sloka's telt. De titel van het *Purana* betekent: het *Purana* ter ere van de heer, dat wil zeggen, ter ere van Vishnu.

Het *Bhagavatapurana* is nog niet zo heel erg oud. Het dateert ongeveer uit de 13e eeuw na Christus. Hoewel het nog betrekkelijk jong is, zijn er zeer oude ideeën en verhalen in terug te vinden. De bewerker van het gedicht was een zeer vroom hindoe en miste dus een bepaalde scherpte van begrip. Daardoor kon het gebeuren dat allerlei religieuze en filosofische theorieën, die tegenstrijdig aan elkaar zijn of onderling totaal geen verband houden, in het *Purana* naast elkaar zijn geplaatst. De eenheid wordt echter bewaard door de bedoeling van het gedicht: Vishnu verheerlijken. In het *Purana* wordt veel aandacht besteed aan verhalen over vereerders van Vishnu en aan de vele menselijke en dierlijke gedaanten waarin Vishnu op aarde zou zijn geboren om te helpen het kwaad te bestrijden.

Het eerste van de verhalen in dit hoofdstuk is van onbekende oorsprong, maar geeft een vriendelijker en levendiger beeld van het verhaal dan zoals dat in het *Bhagavata-* of het *Vishnupurana* vermeld staat.

Het tweede verhaal en het verhaal over Krishna, de belangrijkste incarnatie van Vishnu, zijn beide ontleend aan het *Bhagava-tapurana.*

Dhruva[66]

Dhruva was de oudste zoon van een koning en zijn belangrijkste echtgenote Suniti. Er was echter ook een jongere vrouw van wie Dhruva's vader erg veel hield en die dus veel invloed op hem kon uitoefenen. De jongere vrouw was erg jaloers en kon Suniti en Dhruva niet uitstaan. Ze wist het voor elkaar te krijgen dat Suniti en haar zoon door de koning verbannen werden en eenzaam aan de rand van het woud in een hutje verder moesten leven.

Toen Dhruva zeven jaar oud was vroeg hij op een dag aan zijn moeder wie zijn vader eigenlijk was. Suniti gaf hem eerlijk antwoord en toen de jongen haar vroeg of hij naar zijn vader mocht gaan, gaf ze haar toestemming. Vol goede moed ging Dhruva op weg.

De koning was maar wat blij toen hij zijn zoon terugzag, en verheugd nam hij hem op zijn knie. Op dat moment kwam echter de jaloerse koningin binnen en toen de koning zag hoe boos haar ogen werden, zette hij Dhruva gauw weer op de grond.

Dhruva was erg gekwetst door dit laffe gebaar van de koning en zonder nog een woord te zeggen liep hij droevig het paleis uit.

Weer terug bij zijn moeder was het enige wat hij vroeg: 'Moeder, is mijn vader de machtigste man op aarde of is er nog iemand machtiger dan hij?'

'Je vader is niet de machtigste man, mijn zoon,' antwoordde de koningin, terwijl haar ogen een verbaasde en bezorgde uitdrukking kregen. 'De god met de lotusogen is veel machtiger dan hij. Die god heeft alle macht in handen.'

'Waar zou ik die god kunnen vinden?' vroeg Dhruva op serieuze toon. 'Ik wil hem iets vragen.'

Suniti werd bang dat ze haar zoon zou verliezen. 'De god met de lotusogen woont in het diepst van het woud, waar ook de beren en de tijgers zijn,' vertelde ze.

Die nacht stond de jongen stiekem op. Zijn moeder lag nog te

---

[66] Dhruva: de 'vaststaande', de poolster.

256

slapen, maar hij maakte zich klaar om de almachtige god te gaan zoeken. Hij bleef nog even bij de slaapplaats van zijn moeder staan en zachtjes zei hij: 'God met de lotusogen, ik vertrouw mijn moeder toe aan uw bescherming!' Toen liep hij naar de deur van de hut, waar hij nogmaals stil bleef staan, dit keer met de woorden: 'God met de lotusogen, ik vertrouw mezelf aan u toe!'

Toen liep hij dapper het woud in. Kilometer na kilometer stapte hij voort. Hij sloeg geen acht op afstanden en vermoeidheid, noch op eventuele gevaren. Zijn voetstappen kenden geen aarzeling.

Na een tijdje ontmoette hij de zeven wijzen, die elke avond aan de hemel fonkelden als het zevengesternte. Hij trof hen aan terwijl ze diep verzonken waren in religieuze gedachten. Na hen attent te hebben gemaakt op zijn komst vroeg hij hun hoe hij bij de god met de lotusogen moest komen.

Ze wezen hem verder en Dhruva kwam terecht in het diepst van het woud, waar hij bleef wachten. Een tijger kwam naar hem toe gelopen, maar Dhruva was niet bang. Hij bleef staan waar hij stond en vroeg: 'Bent u degene naar wie ik op zoek ben?' De tijger keek hem niet-begrijpend aan en liep toen arrogant heupwiegend bij hem vandaan. Het volgende dier dat hem een bezoek bracht, was een beer. Ook aan de beer vroeg Dhruva of hij degene was die hij zocht, maar de beer reageerde niet en liep weer weg.

Zwijgend bleef de jongen staan, in het rotsvaste vertrouwen dat de god met de lotusogen aan hem zou verschijnen. Uiteindelijk kwam de heilige Narada naar hem toe en hij zei tegen Dhruva dat hij op de plek waar hij nu stond, moest gaan zitten. Achter elkaar moest hij dan een gebed opzeggen dat Narada hem zou leren, en daarbij mocht hij zijn aandacht en toewijding aan de god niet laten verslappen. Als hij deze aanwijzingen van Narada trouw zou opvolgen, zou hij de god met de lotusogen zeker vinden.

En daar, in het hart van het woud, zit Dhruva nu nog steeds. De poolster, de 'vaststaande', straalt precies boven zijn hoofd en alle sterren draaien om hem heen. De god met de lotusogen heeft hij inderdaad gevonden. Hij vond hem in zijn eigen hart.

De olifant en de krokodil (Bhag. purana VIII 2 en 3)

Er was eens een olifant die met zijn hele kudde van vrouwtjes en jongen door het woud liep. De wilde dieren roken hem al van verre en sloegen angstig op de vlucht. Alleen de herten en de hazen schrokken niet van hem en gingen doodgemoedereerd een stapje opzij, want ze wisten dat hij hun geen kwaad zou doen. Het was een erg hete dag en om de kudde olifanten hing een zwerm bijen. De logge poten van de kolossen deden de berg waar ze op liepen schudden op zijn grondvesten.

Plotseling rook de mannetjesolifant een zweem van lotusgeur in het briesje dat van het meer kwam. Zonder te aarzelen stormde hij, gevolgd door zijn vrouwtjes en jongen, in de richting van het water.

Met zijn slurf zoog hij gulzig grote hoeveelheden van het verkwikkende water naar binnen en toen zijn dorst gelest was, ging hij zijn grote, warme lichaam wassen. Ook zijn vrouwtjes en jongen gaf hij een fijne douchebeurt, zoals het een goede vader betaamt. Hij ging zo op in zijn bezigheid dat hij niet merkte dat er een groot gevaar dichterbij kwam.

Het volgende moment werd hij bij zijn poot gegrepen door een woedende krokodil. De olifant verdedigde zich zo goed als hij kon tegen de onverwachte aanval, maar kon niet voorkomen dat hij door de krokodil werd meegesleurd. De achtergebleven vrouwtjes begonnen klaaglijk te brullen. Verscheidene pogingen werden ondernomen om hem uit de bek van het watermonster te bevrijden, maar alles was tevergeefs.

De strijd tussen de olifant en de krokodil duurde duizend jaar voort. Soms vochten ze in het water, soms op het land. De olifant begon langzaam zijn krachten te verliezen, maar de krokodil daarentegen leek steeds een beetje sterker te worden.

De olifant was radeloos en in zijn wanhoop begon hij tot Vishnu te bidden en hem om hulp te vragen. Het duurde niet lang voor Vishnu inderdaad verscheen, gezeten op zijn vogel Garuda.

Met een ruk trok de machtige god de beide dieren, die in hun worsteling verstrengeld waren, uit het water. Toen doodde hij de krokodil en was de vrome olifant gered.

Krishna

Krishna's geboorte (Bhag. purana X 1-5)

Aan de rivier de Yamuna lag een stad, Mathura genaamd, waar een meisje woonde dat Devaki heette. Ze was een telg van het zeer vrome Yadu-geslacht en haar vader Ugrasena was een koning. Haar broer Kamsa was een buitenbeentje in de familie, want hij was voortgekomen uit de verkrachting van één van de vrouwen van Ugrasena door een raksasa.

Het meisje Devaki zou gaan trouwen met de goede prins Vasudeva. Toen de dag van hun huwelijk was aangebroken, stapte ze op een mooie wagen die haar naar haar nieuwe woonplaats zou brengen. Kamsa voelde plotseling een golf van genegenheid voor zijn zus opkomen en zonder te aarzelen greep hij zelf de teugels van de paarden. Tijdens hun tocht werden ze begeleid door vele schitterende wagens, olifanten, paarden en ook door tweehonderd jonge slaven. Ugrasena had dit alles meegegeven als geschenk voor zijn geliefde dochter.

Opgewekt trok de stoet voort, maar toen hoorde Kamsa plotseling een geheimzinnige stem: 'Idioot, u doet uw zus nu wel uitgeleide, maar u moet weten dat haar achtste kind u later zal doden!'

Kamsa werd woedend en wilde zijn zus direct van het leven beroven. Hij stortte zich op haar en had zijn zwaard al in de aanslag, toen prins Vasudeva hem van zijn schaamteloze daad weerhield door hem vast te pakken. 'U wilt uw zuster toch niet doden op de dag van haar huwelijk?' zei Vasudeva. 'Ze is uw oudste bloedverwante. Heb medelijden met haar in plaats van boos op haar te zijn. Kijk toch eens hoe ze daar verdrietig en hulpeloos op de grond zit!'

Maar Kamsa was te boos om voor rede vatbaar te zijn. Hij was niet van zijn afschuwelijke voornemen af te brengen.

Vasudeva's gedachten tolden in het rond om een oplossing te bedenken. 'Ik moet haar redden, ook al zou dat ten koste gaan van mijn eventuele toekomstige zonen. Misschien sterft Kamsa, de heetgebakerde wildebras, bovendien wel voor die tijd.' En zo kwam het dat hij zijn aanstaande zwager het volgende voorstel deed: 'De stem vertelde u dat u door één van de zonen van Devaki gedood zult worden en niet door Devaki zelf. Luister goed, als u van haar zonen gevaar te vrezen hebt, dan zal ik hen u in handen geven zodra ze geboren zijn. Maar dan moet u Devaki vanaf nu met rust laten.'

Kamsa voelde zich gerustgesteld door dit voorstel en ging ermee akkoord. Hij liet Devaki weliswaar in leven, maar was zo achterdochtig dat hij zowel haar als Vasudeva in het paleis opsloot en hen aan hun voeten vastbond. Steeds als Devaki een zoon baarde, werd het kindje door Kamsa vermoord. Bovendien gooide hij zijn vader Ugrasena in de gevangenis, want hij voelde niets dan haat voor het hele geslacht van Yadu, waaruit de man die ooit het einde van zijn leven zou betekenen, geboren moest worden. Toen zijn vader van het toneel verdwenen was, kon hij zich meester maken van de regering.

Vasudeva had al een vrouw uit een eerder huwelijk en deze Rohini was naar een groep herders gevlucht om aan de woeste Kamsa te ontkomen. In Gokula, waar het herdersvolk woonde, had Rohini haar intrek genomen bij een zeer gastvrij echtpaar, Nanda en Yasoda. Toen Devaki in verwachting was van haar zevende kind, stuurde de god Vishnu de droomgodin naar haar toe. De droomgodin haalde het kindje uit haar buik en plaatse dat in de buik van Rohini. Bij de herders kwam het kindje toen ter wereld en het kreeg de naam Balarama. Kamsa was er intussen van overtuigd dat zijn zus een miskraam had gehad.

Devaki werd voor de achtste keer zwanger en deze keer wilde Vishnu zelf in haar kind op aarde geboren worden. Kamsa zag welke zachte gloed Devaki begon uit te stralen en dacht: 'Als ze zo straalt, zal dit het kind zijn waarin Vishnu geboren wordt, en zijn doel kan niet anders zijn dan mij ten onder te brengen, want zo is het voorspeld.'

Hij durfde zijn zus echter niet om het leven te brengen. In plaats daarvan wachtte hij het moment af waarop het kind ter wereld zou komen. Dan zou hij het vernietigen, was zijn plan. Hij liet extra bewakers plaatsen bij de vertrekken van zijn ongelukkige zus en zwager.

De nacht was kalm en stil, er stonden miljoenen sterren aan de hemel en de wereld ademde een vredige sfeer. De rivieren kabbelden zachtjes voort, in de vijvers dreven lotusbloemen die hun kelken steeds verder openden, het gezang van vogels weerklonk en een fris geurend briesje wakkerde de heilige vuren van de brahmanen aan.

In het midden van die nacht werd Vishnu geboren en terwijl de gandharva's zongen en de nimfen dansten, lichtte de avondster stralend op in het duister. In zijn goddelijke gedaante, met vier armen en een knots, een werpschijf en een lotuskelk in zijn handen, verscheen hij voor Vasudeva en Devaki. Hij had een geel gewaad aan en droeg prachtige sieraden en hij was imposant als een dreigende donderwolk. Ze herkenden hem onmiddellijk en vielen eerbiedig voor hem op hun knieën. Eerst sprak hij hen bemoedigend toe, zodat ze hun kwelling zouden kunnen volhouden, en toen veranderde hij ter plekke in een pasgeboren kindje.

Vasudeva nam het kindje in zijn armen en wilde de kamer uitgaan om het te redden uit de handen van Kamsa. Toen hij bij de deur kwam, ging die vanzelf open. Alle grendels en kettingen waren er vanaf gevallen en de bewakers voor de deur waren in slaap gevallen. Ook alle inwoners van de stad lagen in diepe slaap en Vasudeva werd bovendien beschermd door de regen en de duisternis. Niemand zag hem gaan en hij kon veilig de stad uitkomen. Toen hij de onstuimige rivier de Yamuna overstak, werden alle golven ogenblikkelijk kalm en zo wist hij de overkant te bereiken, waar het volk van de herders woonde.

Diezelfde nacht had Yasoda een dochtertje gekregen waarin de droomgodin was geïncarneerd. Vasudeva ging haar woning binnen en trof de herdersvrouw daar slapend met haar baby aan. Ongemerkt verwisselde hij de beide kleine kindjes en met het meisje in zijn armen bereikte hij zonder verdere problemen het paleis. Hij gaf het kindje aan Devaki en deed toen zijn kettingen weer om zijn voeten.

Eén voor één ontwaakten de bewakers in het paleis van Kamsa uit hun diepe slaap. Ze hoorden een huilend kinderstemmetje uit de kamer van Devaki en zo snel ze konden gingen ze naar Kamsa om hem te vertellen dat er een baby was geboren.

Kamsa liet hen uitpraten en kwam toen plotseling overeind. Met angst in zijn stem zei hij zacht: 'Nu is mijn dood geboren.' Wankelend liep hij naar de kamer van zijn zus, verward voor zich uit mompelend.

Devaki zag hem binnenkomen en smeekte hem haar kindje geen kwaad te doen. 'Het is een meisje deze keer, Kamsa, je hoeft haar niet te vermoorden! Je hebt al mijn andere kinderen al van me weggenomen, laat me dit meisje alsjeblieft houden!'

Maar Kamsa was woedend en niet tot kalmte te manen. Met een ruk greep hij het kindje weg uit de handen van Devaki. Hij pakte het beet bij de voetjes en gooide het met al zijn kracht tegen een steen.

En kijk, daar steeg het lijfje op in de lucht en veranderde in de achtarmige droomgodin, de jonge zus van Vishnu. 'Welke dwaas bent u dat u probeert mij te doden?' vroeg ze. 'Degene die u ten onder zal brengen is immers al geboren!'

Dodelijk geschrokken staarde Kamsa naar de goddelijke verschijning. Vol ontzag begreep hij dat het geen zin had Vasudeva en Devaki nog langer opgesloten te houden, en daarom liet hij hen vrij.

De volgende ochtend riep hij direct zijn adviseurs bij elkaar. Al die raadslieden waren boze raksasa's en toen hij hun vertelde wat de droomgodin had gezegd, gaven ze hem de volgende raad: 'U moet alle kinderen die jonger zijn dan tien dagen laten doden. Het is duidelijk dat de goden de strijd met ons zijn aangegaan, en dus zullen wij ons verdedigen. De tegenaanval is voor ons de beste strategie. We moeten alles vernietigen wat hun eredienst in stand houdt. De brahmanen die uit de Vedateksten lezen, de priesters die de offers opdragen, de offerdieren zelf, al die schepselen moeten uit de weg worden geruimd.'

Kamsa stuurde een groot leger op pad om alle vereerders van Vishnu te vernietigen. De raksasavrouw Putana kreeg de opdracht alle kinderen die nog geen tien dagen oud waren om het leven te brengen.

Het monster Putana (Bhag. purana X 5-7)

Ondertussen was het hele volk van de herders erg verheugd omdat de oude herder Nanda op zijn leeftijd nog een zoon had gekregen. Iedereen kwam langs om het kindje te zien en Yasoda, de moeder, te feliciteren. Ook Rohini, de andere vrouw van Vasudeva, kreeg samen met haar zoontje Balarama veel aandacht van de bezoekers.

De periode waarin de herders hun schatting aan de koning van

262

Mathura moesten gaan betalen, was juist aangebroken. Toen ze in de hoofdstad waren aangekomen en hun schatting hadden afgedragen, kwam Vasudeva naar Nanda toe. Hij feliciteerde hem met de geboorte van zijn zoon en informeerde of Yasoda en het kind het goed maakten. Ook vroeg hij hoe het met zijn vrouw Rohini en haar zoontje was, en hij vroeg de herder of hij op beiden wilde letten alsof het zijn eigen vrouw en kind waren. Tenslotte waarschuwde hij Nanda dat hij Mathura zo snel mogelijk moest ontvluchten en terug moest gaan naar zijn eigen land Gokula. 'Er zijn namelijk voortekenen die op onheil wijzen!' legde hij uit. De herders namen zijn waarschuwing serieus en keerden haastig terug naar Gokula.

In de tijd dat de mannen in Mathura waren, was Putana met haar vreselijke opdracht in het herdersland aangekomen. Haar eigen uiterlijk had ze verruild voor dat van een mooie, charmante vrouw met prachtige kleren en sieraden. Terwijl ze tussen de woningen van de herders doorliep, had ze een glimlach om haar lippen. Toen kwam ze bij de woning van Nanda en daar zag ze het onschuldige mensenkindje liggen achter wie de machtige Vishnu schuilging.

Vishnu herkende de boze vrouw die binnenkwam, en deed zijn ogen dicht. Putana pakte het goddelijke kindje op, maar ze zag zijn ware wezen niet, net als een slang die ze voor een stuk touw zou aanzien.

Yasoda en Rohini voelden zich vereerd dat zo'n mooie vrouw in hun woning op bezoek kwam en zonder een woord te zeggen keken ze toe hoe ze het kindje in haar armen nam.

De boze Putana legde haar borst bloot en wilde het kindje te drinken geven, want in haar borst had ze geen melk, maar een giftig vocht. Vishnu doorzag haar list echter en in plaats van te drinken greep hij haar borsten zo hard beet met zijn handen, dat hij niet alleen het melkachtige vocht, maar ook haar levensgeesten naar buiten perste.

De heks begon ijselijk te gillen. 'Laat los, hou op, ik kan niet meer!' Ze sloeg en schopte wild met haar armen en benen en draaide met haar ogen en haar hele lichaam raakte bedekt met zweet. Haar afschuwelijke kreten waren zo luid dat de hele aarde begon te beven en zelfs de sterren in de hemel begonnen te trillen. Op een gegeven moment viel de kwade demon op de grond. Haar haren zaten in de war, ze was buiten adem en haar borst was gekneusd.

Een tel later nam ze haar eigen gedaante weer aan. In haar opengesperde bek blonken akelig lange hoektanden, haar neusgaten leken wel spelonken in een berg en haar borsten waren massief als rotsen. Met haar touwachtige rode haren zag ze er afgrijselijk uit. Haar ogen lagen diep in haar gezicht, ze had enorme heupen en een holle buik, die eruit zag als een uitgedroogd meer.

Bij de aanblik van haar lijk begonnen de aanwezige herders en herderinnen te rillen van afschuw. Op de borst van het vreselijke monster zat het kindje echter heel onschuldig te spelen.

Ze gristen het jongetje van de boze demon weg en spraken allerlei toverspreuken over hem uit om hem te ontdoen van alle kwade invloeden. Toen nam Yasoda hem weer over en legde hem aan haar eigen borst. Na een tijdje viel het kindje voldaan in slaap.

Niet lang daarna kwamen de herders terug uit Mathura, waar ze schatting hadden betaald. Het grote lijk dat ze zagen liggen wekte hun afschuw en verbazing. 'Vasudeva had ons al gewaarschuwd,' zeiden ze. 'Hij moet werkelijk een ziener zijn!'

Met bijlen hakten ze het lijk in stukken, die ze op verschillende brandstapels verbrandden. De rook die ervan afkwam droeg een aangename geur met zich mee, want al het kwade dat Putana in zich had, had Krishna uit haar borsten geknepen.

Nanda omhelsde zijn zoontje innig en kuste hem zacht op zijn hoofdje. Een groot geluksgevoel ging door hem heen.

Kinderstreken (Bhag. purana X 7-11)

De ceremonie waarbij het pasgeboren kindje ritueel gebaad werd, was een groot feest. Van heinde en verre waren brahmanen toegestroomd om het jongetje te zegenen en aan allen gaf Yasoda royale geschenken. Ze deed erg haar best een goede gastvrouw te zijn voor iedereen die aanwezig was.

Op een gegeven moment was Krishna zo moe dat zijn oogjes dichtvielen. Ze legde hem te slapen onder een wagen waar kannen melk en potten boter op stonden.

Een tijdje lag hij zoet te slapen, maar toen werd hij wakker. Hij had honger en begon te huilen om zijn moeder, maar door het lawaai van de vele mensen hoorde ze hem niet. Het kleine kindje begon te spartelen en dat deed het zo wild, dat zijn zachte voetje de hele kar omverschopte. De lading van de kar viel op de grond en de kannen en potten braken in stukken.

Het geraas van de omvallende kar had de aandacht van de omstanders gewekt en geschrokken liepen de herders en herderinnen op het kindje af. Ze vroegen zich af hoe de kar had kunnen omvallen, en informeerden bij de kinderen die daar in de buurt aan het spelen waren. 'Hij heeft de kar met zijn voetje omvergeschopt,' antwoordden ze, maar de volwassenen konden dat niet geloven.

Yasoda kon geen andere verklaring bedenken dan dat kwade machten zich hadden laten gelden, en ze liet een aantal brahmanen bezwerende toverspreuken over haar nog altijd huilende kindje uitspreken. Toen pakte ze hem op en gaf hem te drinken, waardoor hij weer rustig werd.

Op een andere dag was de kleine Krishna vrolijk aan het spelen, toen er plotseling een wervelwind kwam. Deze wervelwind was in werkelijkheid een raksasa en die pakte hem op en nam hem mee de lucht in.

De wervelwind joeg ook wolken van stof op die de hele omgeving verduisterden, en de mensen konden elkaar en zichzelf nauwelijks nog zien. Yasoda zag haar zoontje nergens meer en het idee dat ze hem kwijt zou zijn ontnam haar alle kracht, zodat ze op de grond zakte. Na een tijdje ging de wind liggen en kwamen de andere herdersvrouwen haar helpen zoeken. Ze konden de kleine Krishna echter nergens vinden en gezamenlijk begonnen de vrouwen te jammeren.

Intussen vloog de raksasa verder met het kind om zijn hals. Zijn buit werd steeds zwaarder en hij kon er niet mee verder vliegen. Het kind van zich afschudden lukte echter ook niet. De kleine handjes hadden hem bij zijn keel beet en knepen die dicht. De raksasa voelde de krachten uit zich wegstromen en toen zijn ogen uit hun kassen begonnen te puilen, stortte hij neer en verloor het leven. Het kind daarentegen was ongedeerd.

De herderinnen kwamen bezorgd aangerend, maar het ventje zat bij het lijk van de raksasa te spelen alsof er niets was gebeurd. Opgelucht brachten ze hem terug naar zijn moeder.

Tijdens zijn eerste jaren bracht Krishna veel tijd door met het zoontje van Rohini, Balarama. Ze hielden kruipwedstrijdjes en speelden samen in de modder, wat hun moeders tot wanhoop dreef. Toch pakten ze de kinderen altijd weer liefdevol op, hoe vies ze ook waren. Vertederd keken ze dan toe hoe ze lagen te drinken met een glimlach op hun gezichtjes.

Terwijl de kinderen buiten aan het spelen waren, keken Yasoda en Rohini vrolijk toe. Als de jongetjes zich vastpakten aan een koeienstaart en zich door het gras heen en weer lieten slepen, waren de moeders wel bezorgd, maar moesten ze toch lachen. Ze hadden hun handen vol aan hun zoontjes, die voortdurend met gevaarlijke dingen wilden spelen, zoals slangen, vuur of doornstruiken.

Toen de jongetjes op een gegeven moment leerden lopen, was Krishna voortdurend samen met Balarama en de andere kleine kinderen van het herdersdorp op onderzoek uit. Ze haalden veel kwajongensstreken uit. Ze lieten de kalveren los, snoepten stiekem van de verse melk van de koeien en meer van dat soort dingen. Als er helemaal niets te doen was, richtte Krishna zijn aandacht op de andere kinderen en dan kon hij ze net zolang plagen tot ze begonnen te huilen. De andere moeders kwamen wel eens bij Yasoda om zich over hem te beklagen, maar Yasoda lachte dan maar wat. Ze hield veel te veel van hem om hem een standje te geven.

Op een dag kwamen een paar kinderen naar Yasoda toe om haar te vertellen dat Krishna, die met Balarama en een groep andere kinderen aan het spelen was, aarde had gegeten.

Yasoda liep naar Krishna en gaf hem deze keer wel een berisping, want aarde eten was erg ongezond. 'Wat ben je ook voor rare jongen dat je aarde eet! Weet je dan niet dat dat slecht voor je is? En vertel me niet dat het niet waar is, want je vriendjes hebben het je met eigen ogen zien doen.'

Maar Krishna sputterde tegen. 'Ik heb echt geen aarde gegeten, moeder. Kijk maar in mijn mond!'

Yasoda keek in zijn opengesperde mond en wat ze daar zag, sloeg haar met stomme verbazing. Ze zag het complete heelal, het luchtruim met de zon, de maan en de sterren en de aarde met alles wat daarop was. Ze wist niet wat ze ervan moest denken. 'Droom ik soms?' vroeg ze zich af. 'Of ben ik gek aan het worden? Is mijn zoontje misschien niet een normaal kind, maar heeft hij iets bijzonders?'

Ze nam hem op haar schoot, knuffelde hem en gaf hem een kus op zijn voorhoofd. Over haar eigen voorhoofd liepen diepe denkrimpels.

Op een dag was Yasoda aan het karnen, terwijl ze de liedjes

zong die over de kwajongensstreken van Krishna waren bedacht. Krishna kwam het huis binnen en had zo'n dorst dat hij geen geduld had om te wachten tot zijn moeder klaar was met karnen. Hij wilde meteen bij haar drinken en dus greep hij de karnstok vast, zodat ze wel met karnen moest stoppen. Ze ging zitten, zette hem op haar schoot en liet hem bij haar drinken. Ze had echter melk op het vuur staan en was bang dat die zou overkoken, dus zette ze hem weer op de grond.

Krishna was daar erg boos over. Hij pakte de stenen stamper die vlak bij hem lag, en sloeg daarmee de karnton kapot. Toen rende hij weg, met de verse boter in zijn handen.

Yasoda kwam terug en toen ze zag dat de karnton kapot was, wist ze onmiddellijk dat dat het werk van Krishna moest zijn. Hoewel ze boos was over de ravage, moest ze toch wel om hem lachen. Ze ging hem zoeken en vond hem op het voetstuk van de grote houten vijzel, waar hij met zijn boter zat. Hij zat met zijn rug naar haar toe gekeerd. Ze probeerde hem zonder geluid te maken van achteren te naderen, maar dat was tevergeefs. Krishna hoorde haar, draaide zijn hoofd om en zag dat ze een stok in haar hand had. Toen vluchtte hij weg en Yasoda ging hem achterna.

Zelfs voor zeer heilige mannen was het lastig Krishna te vangen, maar uiteindelijk kreeg Yasoda hem toch te pakken. Ze draaide hem met een ruk naar zich toe, maar toen ze de angst in zijn ogen las, gooide ze haar stok weg. Ze pakte een touw en wilde hem daarmee aan de vijzel binden, maar het touw was net te kort. Ze vond een ander touw dat ze aan het eerste vastknoopte, maar het was nog steeds net te kort. Het maakte niet uit hoeveel stukjes ze eraan vastknoopte, het touw bleef te kort. De herderinnen die het schouwspel stonden te volgen, vonden het bijzonder grappig en ook Yasoda zelf moest erom lachen. Ze zwoegde door en het zweet droop haar van het gezicht. Uiteindelijk vond Krishna dat zijn moeder genoeg geleden had en maakte hij zichzelf vast aan de vijzel.

Met deze daad liet Krishna zien dat hij weliswaar luisterde naar wat zijn toegewijde dienaren hem te zeggen hadden, maar dat hij zelf degene was die uiteindelijk de beslissing nam en dat iedereen dus aan hem onderworpen was.

Een andere keer was Yasoda weer bezig met huishoudelijke taken en was Krishna buiten aan het spelen. Hij zag twee grote bomen, die in werkelijkheid omgetoverde godenzonen waren.

Die godenzonen waren namelijk dronken geweest en hadden zich erg onbeschoft gedragen en als straf daarvoor waren ze in bomen veranderd. Ze konden alleen van hun vloek bevrijd worden als ze aangeraakt werden door Krishna.

Het toeval wilde dat Krishna daar juist liep, de zware vijzel nog steeds achter zich aan slepend. Hij herkende de godenzonen in de enorme bomen, ging tussen hen in staan en wist ze met een ruk allebei tegelijk te ontwortelen. De beide bomen vielen met veel gedonder en geraas op de grond, waarna er twee mannen uit te voorschijn kwamen. De beide godenzonen dankten Krishna eerbiedig en huldigden hem. Toen stuurde Krishna hen weg.

Even later kwamen Nanda en de andere herders aangelopen om te zien waar dat enorme lawaai vandaan was gekomen. Verbaasd zagen ze de twee reusachtige bomen ontworteld op de grond liggen. Toen de kinderen tegen hen zeiden dat dit het werk van Krishna was en dat er twee mannen uit de boom te voorschijn waren gekomen, geloofde niemand hen. Nanda keek naar Krishna en toen hij zag dat hij de zware vijzel achter zich aan sleepte omdat hij daaraan vastgebonden was, begon hij vreselijk te lachen en bevrijdde hem van zijn last.

Jongensspelen in Vrndavana (Bhag. purana X 11-13)

Door alle wonderlijke gebeurtenissen vonden de herders het niet langer veilig in Gokula voor henzelf en hun gezin. Het was begonnen met die afschuwelijke vrouw die had geprobeerd Krishna te ontvoeren, en toen was die kar omgevallen waar Krishna onder lag. Daarna was er een plotselinge wervelwind gekomen die Krishna had meegenomen en voor de anderen het zicht had verduisterd, en nu waren er weer die bomen die van het ene moment op het andere ontworteld op de grond lagen, met als enige verklaring dat Krishna dat gedaan had.

De herders overlegden met elkaar wat hun te doen stond, en besloten naar het woud te gaan dat Vrndavana heette. Ze pakten al hun bezittingen in en laadden die op wagens en zo gingen ze, de kudden vee voor zich uit drijvend, op reis naar hun nieuwe land.

In het Vrndavanawoud was het leven goed voor de herders. Alles was er in overvloed en het hele jaar door groeide er meer dan voldoende gras voor het vee. Krishna en Balarama hadden de leeftijd bereikt dat ze voor de kalveren moesten zorgen, samen met hun vriendjes. Ze namen de dieren mee naar de grasrijke plekken in het woud en terwijl de dieren graasden, speelden zij met de andere kinderen. Ze sneden fluitjes van riet, deden of ze stieren waren die met elkaar vochten en deden wedstrijdjes in het imiteren van diergeluiden.

Op een dag hadden ze de kalveren meegenomen naar een vijver met grasrijke oevers. Ze lieten de kalveren drinken en lesten daarna zelf hun dorst. Terwijl ze zo gebukt aan het water zaten, viel hun oog op een enorme kraanvogel. In werkelijkheid was de vogel echter een boze raksasa en hij viel Krishna aan. Met zijn geweldige snavel slokte hij hem in één keer naar binnen.

De andere kinderen konden alleen maar naar de vogel staren, verlamd als ze waren van pure ontzetting. Krishna daarentegen ging meteen tot actie over. In de maag van de kraanvogel maakte hij zich zo heet dat het dier hem onmogelijk binnen kon houden, en ongedeerd werd hij er weer uitgegooid. Maar de kraanvogel viel hem nogmaals aan en Krishna kon maar net op tijd de boven- en ondersnavel van het dier beetpakken. Zonder enige inspanning, zo leek het, scheurde hij de bek van de vogel uit elkaar, waarna er een regen van bloemen uit de hemel viel om hem te eren.

Balarama en de andere kinderen konden niet geloven wat ze zojuist hadden gezien, maar waren erg blij dat Krishna het afschuwelijke beest had verslagen. In triomf namen ze hem mee terug naar het dorp. Eenmaal daar aangekomen deden ze uitgebreid verslag van de wonderbaarlijke heldendaad die Krishna had verricht.

Op een andere dag waren de herdersjongens helemaal verdiept in hun spel. Ze waren in het bos aan het fluiten op hun zelfgemaakte fluitjes en diergeluiden aan het nadoen. Ze renden achter de schaduw van een vlucht vogels aan, paradeerden statig als flamingo's en treiterden een stel jonge apen. Ze trokken gekke bekken tegen hun spiegelbeeld in het water en lachten zo hard dat het echode.

De boze demonen die hen hoorden en zagen, konden het niet verdragen dat ze zo vrolijk waren. Agha, één van de demonen, veranderde zichzelf in een reusachtige slang van anderhalve kilometer lengte. Als hij zijn bek opendeed, verdween zijn bovenkaak in de wolken. Zijn tanden leken wel vlijmscherpe bergspitsen en zijn mondholte was als een geweldige, duistere grot. Zijn adem was zo scherp dat hij leek te snijden, en van zijn ogen straalde een glans als van een bosbrand. Dit monster ging nu voor de spelende jongens staan.

De jongens keken op en begonnen grapjes te maken. 'Moet je nu eens kijken. Die afgrond en die spitsen en verderop die bosbrand, je zou haast zeggen dat het een enorme slangenbek was! Kom op, laten we de kalveren meenemen en naar binnen gaan!' Zonder enige angst voor gevaar liepen ze naar binnen, maar Krishna ging niet met hen mee. De slang hield zijn bek nog steeds wijd opengesperd, want het was Krishna die hij wilde vangen.

Krishna twijfelde. Hij voelde dat er gevaar dreigde en wilde niet doorlopen, maar als hij niet mee naar binnen ging, zou hij zijn vrienden en het vee misschien niet kunnen redden. Tenslotte nam hij een beslissing en voorzichtig stapte hij de grot binnen. Het volgende moment sloot de slang zijn monsterachtige muil. Hij was ervan overtuigd dat hij zijn prooi te pakken had, maar Krishna was in de keel terechtgekomen en daar begon hij zich uit te zetten. Hij werd groter en groter en het monster kon geen lucht meer krijgen. Zijn ogen begonnen uit zijn kop te puilen en uiteindelijk barstte hij uit elkaar.

De andere jongens en de kalveren hadden intussen het bewustzijn verloren, maar Krishna riep hen weer terug tot leven met de wonderbaarlijke blik in zijn ogen. Ongedeerd en blij konden ze terugkeren naar huis. Op de plaats waar de dode slang lag, was een buitengewoon helder vuur ontstaan, dat in Krishna was opgegaan. De demon was namelijk gezuiverd van zijn zonden toen hij door Vishnu was aangeraakt, en toen kon hij opgaan in zijn schepper.

Nog lange tijd daarna gebruikten de kinderen het uitgedroogde slangenlijf als schuilplaats bij hun spelletjes.

De dans op Kaliya (Bhag. purana X 13-17)

De tijd ging voorbij en Balarama en Krishna werden mooie, sterke jongemannen. Ze hadden nu niet langer de zorg over de kalveren, maar moesten op de grote kudden koeien letten.

Op een dag ging Krishna zonder zijn broer met de andere herders naar de rivier de Yamuna. Met het verfrissende water lesten mens en dier hun dorst, maar enkele seconden nadat ze het hadden gedronken, vielen ze dood neer op de oever. Gelukkig kon Krishna ook deze keer iedereen weer tot leven wekken met de wonderbaarlijke blik in zijn ogen.

Het water moest vergiftigd zijn door een of ander monster. Vlak bij de rivier woonde inderdaad een gruwelijk serpent, Kaliya, en dat beest had zijn gif in het water gespoten. Het gif was zelfs zo sterk dat een vogel die op die plaats over de rivier vloog, dood neerviel en dat de door de wind meegevoerde gifdeeltjes de planten op de oever kapotmaakten.

Krishna had een tijdje om zich heen gekeken en daardoor ontdekt op welke manieren het gif kon werken. Dus klom hij op een hoge boom die over de rivier hing. Van daaruit liet hij zich in het water van de Yamuna vallen om het monster te jennen.

Met een geweldige plons landde hij in de stroom en de giftige golven die daardoor ontstonden, plensden over de oevers heen. Kaliya was woedend dat zijn rust op die manier werd verstoord, en vloog op Krishna af. Hij beet hem met zijn scherpe, giftige tanden en kronkelde zich wurgend om hem heen.

De andere herders vielen in doodsangst op hun knieën en de dieren van de kudde loeiden klaaglijk. Met verschrikte ogen bleven ze Krishna's strijd met het monster volgen.

Nanda en de overige herders en herderinnen die thuis waren gebleven, hadden ondertussen onheilspellende voortekenen gezien en zo snel ze konden volgden ze de verse sporen van Krishna en zijn troep herders in de richting van de rivier.

Toen ze bij de Yamuna aankwamen, zagen ze Krishna onbeweeglijk liggen in het water met een reusachtige slang om zijn lichaam gekronkeld. Iedereen werd verlamd van schrik. Alleen Balarama was niet bang. Hij wist hoe sterk zijn broer was, en glimlachte.

Krishna zag de herders op de oever en merkte hoe ontzettend bang en verdrietig ze waren. Toen vond hij dat het spelletje met de slang lang genoeg had geduurd. Hij maakte zichzelf groter en groter en deed daardoor het monster zo vreselijk pijn dat het zijn wurgende omhelzing verslapte. De kammen van de slang waren opgezwollen van woede en sissend spoot het zijn gif over Krishna uit. De vlammende ogen van het beest bleven hem voortdurend aankijken en in de afschuwelijke bek was de glimmende, venijnige tong te zien.

Maar Krishna werd niet in het minst aangetast door het gif en treiterend en zonder angst sprong hij om het monster heen. De enorme slang bewoog zijn kop naar alle kanten om Krishna te kunnen volgen, totdat hij daarmee al zijn krachten had verspeeld.

Op dat moment sprong Krishna boven op zijn nek en daar begon hij te dansen. Zijn voeten verdrukten de afschuwelijke kop van het dier, terwijl hij werd aangemoedigd door de muziek en het gezang van hemelse muzikanten en andere goddelijke wezens. Onvermoeibaar ging hij door met zijn vernietigende dans. Het monster kreeg geen kans om zijn gifspuitende kop op te richten, want steeds werd die kop weer naar beneden getrapt door Krishna. Het bloed spatte uit de bek en de neusgaten van het serpent en uiteindelijk bleef het bewegingloos liggen. Het leven vloeide uit hem weg en al die tijd ging Krishna nog door met zijn woeste dans.

Toen kwamen de vrouwen van het monster Kaliya uit de rivier te voorschijn en ze smeekten Krishna of hij genade wilde hebben met hun echtgenoot. Krishna hoorde hen aan en schopte het bewusteloze beest toen van zich af.

Na een tijdje was de slang weer enigszins op krachten gekomen en vol eerbied wendde hij zich naar Krishna-Vishnu: 'Schepper, ik vraag u om vergeving voor mijn onbezonnen daad. Die woede en boosaardigheid zijn voor ons slangen echter onbedwingbaar, dat hebt u zelf zo geschapen. Wat kan ik doen om het goed te maken?'

'Vertrek naar het grote water van de zee, samen met uw vrouwen, kinderen en alle leden van uw geslacht,' antwoordde Krishna. 'Dan hebben de mensen en de koeien van het rivierwater geen gevaar meer van u te duchten. Ik weet dat u naar deze rivier gevlucht bent uit angst voor mijn vogel Garuda, maar ik zeg u nu dat die u geen kwaad meer zal doen. U draagt immers mijn voetafdruk op uw kop. Keer daarom terug naar het eiland Ramanaka, waar u vandaan gekomen bent.'

Het giftige monster gehoorzaamde het bevel van Krishna zonder aarzelen en gevolgd door zijn hele geslacht verdween hij uit de rivier de Yamuna. Vanaf toen was het water van die rivier weer even zuiver en verfrissend als altijd.

Het bedwingen van de brand (Bhag. purana X 19-21)

Het gebeurde eens dat de herders zo verdiept waren in hun spel, dat ze niet in de gaten hadden dat hun kudden afdwaalden. De koeien struinden door het woud en kwamen terecht in een rietbos, waar ze vast kwamen te zitten. Ze konden de weg terug niet meer vinden, ze hadden dorst en begonnen angstig te loeien.

De herders hadden inmiddels in de gaten gekregen dat hun kudden verdwenen waren, en volgden haastig het spoor van platgetrapt gras en afgebroken takken.

Ze waren al geruime tijd aan het zoeken voor ze eindelijk het geluid van hun angstige koeien hoorden. Al snel zagen ze de beesten tussen het hoge riet. Krishna begon hen te roepen met zijn geweldige stem en van alle kanten kwamen ze naar hem toe. Maar toen vloog plotseling overal het riet in brand, zodat alle mensen en dieren daar opgesloten werden. Doodsbang wendden de herders zich tot Krishna voor hulp. Hij had zich immers al vaker uit schijnbaar verloren situaties gered.

Krishna riep: 'Doe uw ogen dicht en wees niet langer bang!'

Gehoorzaam deden de herders hun ogen dicht. Nadat Krishna zich ervan had verzekerd dat ze het allemaal hadden gedaan, zoog hij de brand in zijn geheel op. De herders mochten hun ogen weer opendoen en toen ze rondkeken, zagen ze dat het vuur helemaal verdwenen was. Krishna had hen alweer weten te redden en ze begrepen dat hij geen gewone sterveling kon zijn.

Opgelucht en blij liepen ze terug naar hun dorp. Krishna, die op zijn fluit speelde, ging voorop. Het verhaal van het wonder dat Krishna had verricht, werd in geuren en kleuren verteld aan de vrouwen en kinderen. De liefde en bewondering die de vrouwen voor Krishna koesterden, werden nog groter.

Krishna en de herderinnen (Bhag. purana X 21)

Elke ochtend trokken de herders er met hun kudden op uit en in de verte konden de vrouwen dan nog de wonderlijke klanken van Krishna's fluit horen. Hun gesprekken gingen alleen maar over hem. Ze hadden zelfs graag zijn fluit willen zijn, omdat hij die aan zijn lippen hield. Ze spraken over de tedere blik in zijn ogen en over hun verlangen hem te liefkozen.

'Hoor nu toch eens wat voor prachtige klanken hij aan zijn fluit ontlokt,' zeiden ze. 'Zelfs de pauwen dansen trots op de tonen van zijn muziek. De gazellen met hun zachte ogen zijn niet bang voor hem en komen om hem heen staan, de koeien houden op met grazen en de kalfjes houden op met drinken om naar zijn klanken te luisteren. Met zijn fluit kalmeert hij de rivieren en het lijkt wel alsof het water dat om zijn voeten kabbelt, hem kust. De wolken beschermen hem tegen de felle stralen van de zon en zegenen hem met een bloemenregen.'

En zo ging het elke dag. Als Krishna de kudde mee uit grazen nam, fantaseerden de vrouwen over hem. Als hij terug was in het dorp, plaagde hij hen regelmatig en haalde vele schaamteloze streken uit[67].

Krishna's overwinning op Indra (Bhag. purana X 24-26)

Het was herfst toen Krishna op een keer zag dat Nanda en de overige herders bezig waren met de voorbereidingen voor een offerplechtigheid. Hij ging naar hen toe en vroeg Nanda voor welke god het offer bedoeld was.

'We willen aan Indra gaan offeren,' antwoordde Nanda. 'Hij is immers de god van de donder en zíjn wolken voorzien de aarde van regenwater. Met dit offer willen we hem bedanken dat zijn regendruppels voor zo'n goede oogst hebben gezorgd.'

Krishna wilde echter het liefst de trots van Indra breken en zei: 'Dat de wolken hun regen op aarde laten vallen, heeft niets met Indra te maken. Dat doen ze vanzelf. De enigen aan wie wij dank verschuldigd zijn, zijn onze koeien, de brahmanen en de berg waarop we wonen. We zouden het offer dat jullie aan het voorbereiden zijn, beter tot hen kunnen richten.'

De herders dachten na en vonden dat Krishna gelijk had. De offergaven droegen ze op aan de brahmanen en aan de koeien, en samen met hun kudden maakten ze een rondgang om de berg om daarmee de berg te eren.

Krishna wilde het vertrouwen van de herders nog laten toenemen en dus veranderde hij zichzelf in een reusachtige gedaante en zei: 'Ik ben de god die in deze berg woont.' Daarna at hij

---

[67] Een van die streken was dat Krishna de kleren weghaalde van de vrouwen die aan het baden waren.

een deel van de offergave op. Al die tijd stond hij ook nog in zijn eigen gedaante tussen de herders en samen met hen eerde hij de berggod.

Toen Indra echter zag dat de offergaven die voor hem waren bedoeld aan andere godheden werden gegeven, voelde hij een grote woede in zich opkomen. Hij gaf aan wolken en stormen de opdracht de herders en hun kudden te vernietigen. Het volgende moment werd Vrndavana geteisterd door geweldige stortregens. Felle rukwinden joegen de regen en hagel met grote snelheid rond en de hemel werd verlicht door voortdurende bliksemflitsen. De zware donderslagen deden de aarde trillen. De aarde werd ondergedompeld in een grote hoeveelheid water en er was geen verschil meer te zien tussen hoog en laag.

De herders en hun koeien kwamen in paniek naar Krishna en smekend vroegen ze hem: 'Alstublieft, Krishna, doe iets om ons te beschermen tegen de woede van Indra!'

Met één hand tilde Krishna toen de berg Govardhana in zijn geheel op en alsof de berg gewichtloos was, hield hij hem omhoog. 'Kom allemaal beschutting zoeken onder deze berg en neem de dieren van de kudden mee,' zei hij tegen de herders en herderinnen. 'Hieronder zullen jullie geen last hebben van de regen en de wind. Vertrouw op mij, ik zal de berg niet laten vallen!'

Iedereen schuifelde bijeen onder de grote berg en samen met de kudden waren ze nu veilig voor de toorn van Indra. Zeven dagen lang duurde het noodweer en al die tijd hield Krishna de berg beschermend boven het volk.

Na zeven dagen riep Indra zijn wolken en bliksemschichten terug en gaf hij op. Eindelijk brak de zon weer door en konden de mensen en dieren weer onder de berg vandaan komen. Zachtjes zette Krishna de Govardhana weer terug op zijn oude plaats.

Ook voor deze wonderbaarlijke daad werd Krishna geëerd door goden en mensen.

Krishna's liefdesspelletjes (Bhag. purana X 28-34)

Op een mooie herfstnacht had Krishna zin om met de herderinnen wat plezier te maken. In de maneschijn liep hij naar het bos, waar hij zoete deuntjes begon te fluiten. Het duurde niet lang voor de vrouwen wakker werden van de lieflijke klanken en zo snel ze konden slopen ze naar het woud, waar ze door hun geliefde Krishna naartoe werden geroepen. Alles lieten ze achter om naar hem toe te gaan, om door hem omhelsd te worden. Ze wisten niet beter dan dat Krishna een aardse sterveling was, maar omdat hij in werkelijkheid Vishnu was, werd de vrouwen hun zonde niet aangerekend.

Toen ze zich bij hem hadden gevoegd, zei Krishna: 'Wat komen jullie doen? Het is gevaarlijk 's nachts door het woud te zwerven. Ga snel terug naar huis, naar jullie echtgenoten. Dat jullie het prachtige woud in de maneschijn hebben gezien, is al genoeg. Keer terug, jullie weten toch dat het een zonde is je echtgenoot ontrouw te zijn?'

Aangeslagen door zijn strenge toon sloegen de herderinnen hun ogen neer. Verlegen tekenden ze figuren op de grond en over hun wangen rolden tranen.

Krishna zag dat en begon de vrouwen glimlachend te liefkozen. De herderinnen waren hun verdriet op slag vergeten en waanden zich de mooiste vrouwen op aarde.

Krishna merkte welke roes en welke hoogmoed hij bij de vrouwen losmaakte, en van het ene moment op het andere was hij uit hun midden verdwenen. Hij gaf hun even tijd om weer te kalmeren.

Het verdriet sloeg opnieuw toe toen de vrouwen merkten dat hun minnaar was verdwenen, en wanhopig begonnen ze hem in het woud te zoeken. Ondertussen deden ze hem na in zijn bewegingen, in zijn stem en in zijn glimlach en op die manier beeldden ze de vele wonderbaarlijke gebeurtenissen uit die er in zijn leven hadden plaatsgevonden.

Ze waren zo wanhopig dat ze tijdens hun dwalingen door het woud zelfs aan de bomen en de dieren vroegen of ze de zoon van Nanda misschien hadden gezien. Na lang zoeken vonden ze eindelijk voetsporen van hem en haastig begonnen ze die te volgen. Even later zagen ze dat er naast zijn voetsporen ook de voetafdrukken van een vrouw stonden. In paniek vroegen ze elkaar wie die vrouw kon zijn. 'Ze moet wel een bijzondere vrouw zijn als hij ons verlaat om met haar alleen te zijn,' bedachten ze. 'Wie is ze in vredesnaam? Kijk, hier houden haar sporen plotseling op. Dan zal hij haar hier wel gedragen hebben. En hier zijn z'n voetsporen maar half te zien, zou hij op zijn tenen hebben gestaan om bloemen voor haar te plukken?'

De geliefde met wie Krishna op dat moment door het woud dwaalde, was Radha[68]. Zij was zijn uitverkoren minnares. Radha was daar erg trots op. 'Als hij alle herderinnen heeft achtergelaten om met mij alleen te zijn, moet ik wel de mooiste vrouw zijn die er bestaat!' dacht ze.

Ze wilde testen hoeveel macht ze over hem had, en begon te klagen: 'Mijn voeten doen zo'n pijn, ik kan niet meer verder lopen. Wil je me niet dragen? Je kunt me meenemen naar waar je maar wilt!'

'Kom maar op mijn schouder zitten,' antwoordde Krishna, maar zodra hij dat gezegd had, was hij verdwenen. Radha begon te huilen en te roepen, maar hij kwam niet terug.

Na een tijdje zagen de herderinnen, die nog altijd naar Krishna aan het zoeken waren, haar daar zitten. Radha vertelde wat haar door Krishna was aangedaan, waarna de vrouwen haar in hun midden opnamen. Samen gingen ze door met zoeken, tot de eerste tekenen van de nieuwe dag aan de horizon gloorden. Toen keerden ze terug naar de Yamuna, naar de plaats waar ze met Krishna hadden samengezeten. Onderbroken door snikken en zuchten zongen ze daar lofliederen ter ere van hem en ze bleven wachten tot hij terug zou komen.

Even plotseling als hij verdwenen was, was hij weer terug. Om zijn lippen lag een glimlach en hij zag er schitterend uit.

Allemaal tegelijk stonden de vrouwen op. Geluk stroomde door hun lichamen nu ze hun geliefde weer terughadden. Krishna nam hen mee naar een eiland dat midden in de rivier de Yamuna lag en door de maan beschenen werd. Daar danste hij de reidans met de vrouwen. Hij stond in het midden en blies op zijn fluit. De vrouwen dansten in een kring om hem heen. Op datzelfde moment was hij echter ook aanwezig tussen elke twee vrouwen in en alle vrouwen voelden dat hij hun hand vasthield en waanden zich alleen met hem.

De dans was wild, de vrouwen zongen luid en vol passie liefkoosden ze hun minnaar Krishna. De vrouwen bleven dansen, maar Krishna werd moe en had het warm en hij liet zich in het water zakken. Zonder aarzelen gingen de vrouwen achter hem aan het water in en lachend spetterden ze hem nat. Toen liep

---

[68] Radha: de uitverkoren minnares van Krishna. Haar naam wordt in het *Bhagavatapurana* niet genoemd, maar is hier voor de duidelijkheid wel opgenomen.

Krishna naar een groepje geurige struiken en daar speelde hij met zijn vrouwen als een olifant met zijn wijfjes.

Elke herfstnacht die door de maan werd verlicht, ging hij er met de vrouwen op uit en hij liefkoosde hen de hele nacht door. En elke ochtend gingen de vrouwen met tegenzin terug naar huis, onrustig en vervuld van Krishna.

De herders hadden nooit in de gaten dat hun vrouwen waren weggeweest, en dus waren ze niet boos op Krishna. Overdag bleef Krishna de afschuwelijkste monsters verslaan, zodat niemand eronder leed.

De reis naar Mathura (Bhag. purana X 36, 38, 39)

In Mathura regeerde nog altijd de slechte Kamsa. Op een dag werd hij toegesproken door een stem uit de hemel: 'U hebt de kinderen van Vasudeva en Devaki weliswaar gedood, maar daarmee hebt u niet bereikt wat u wilde bereiken. Het zevende en achtste kind van hen zijn nog in leven. Het zijn de jongens die beschouwd worden als zonen van Nanda en Yasoda, een echtpaar van het herdersvolk dat in het Vrndavanawoud leeft. Die achtste zoon, Krishna, zal degene zijn die u ten onder brengt.'

Kamsa werd radeloos van woede en angst toen hij deze woorden hoorde, en opnieuw gooide hij Devaki en haar man Vasudeva in de gevangenis. Tijdens een spoedoverleg met zijn raadslieden werd het volgende besloten: Kamsa zou een worstelwedstrijd organiseren waar hij de mannen van het herdersvolk ook voor zou uitnodigen. Bij die wedstrijd zouden de worstelaars van Kamsa dan zorgen dat de beide broers werden verslagen.

Een paar dagen later arriveerde er een bode bij het herdersvolk. Toen Nanda en de andere herders hoorden van wie de uitnodiging kwam en wat de inhoud ervan was, voelden ze zich krachteloos worden van angst. Toch namen ze de uitnodiging aan, ze moesten wel. Nadat ze voldoende spullen hadden ingepakt en geschenken hadden verzameld, vertrokken ze in een stoet naar Mathura. Ook Balarama en Krishna waren van de partij.

De vrouwen en meisjes die achterbleven, waren zo bedroefd om het vertrek van Krishna dat ze hun voorzichtigheid vergaten en ongecontroleerd begonnen te jammeren over de minnaar die hen verliet. 'Kijk, daar gaat hij, op weg naar een nieuwe liefde.

We hebben alles aan hem gegeven, maar hoe zouden wij het kunnen opnemen tegen de mooie vrouwen van Mathura? We moeten hem tegenhouden, zonder hem kunnen we niet leven!'

Toen de mannen bij het eerste ochtendgloren vertrokken, liepen de vrouwen nog lange tijd achter de wagens aan. Hun snikken en zuchten konden Krishna echter niet overhalen te blijven en uiteindelijk gaven ze het op. Niet lang daarna was hij uit het zicht verdwenen.

Krishna te Mathura (Bhag. purana X 41-42)

Bij aankomst in Mathura trokken Balarama en Krishna er meteen op uit om de stad te bekijken en te bewonderen. De poort waardoor ze de stad binnenkwamen, was van glashelder kristal en met open mond bleven ze ernaar staan kijken. De muren waren van koper en de paleizen, de tuinen en de parken waren stuk voor stuk bijzonder indrukwekkend. De daken en de koepels waren overvloedig versierd met allerlei edelstenen en in de vensters en op de pleinen die met mozaïeken waren belegd, zaten duiven en pauwen.

Overal waar Krishna kwam, liepen de vrouwen hun huizen uit en vanaf de balkons strooiden ze bloemen over hem en zijn broer uit.

Onderweg ontmoetten ze een man die een grote stapel gewaden van de koning droeg. Die had hij gewassen en opnieuw geverfd en Krishna zei tegen hem: 'Mijn broer en ik zouden die gewaden graag willen hebben. Als u ze aan ons geeft, zult u rijkelijk beloond worden.'

De man had echter geen idee wie hij tegenover zich had en neerbuigend zei hij: 'Wat denken jullie wel? Dat ik deze kostbare gewaden aan zwervers als u zou geven? Maak dat je wegkomt, stelletje dwazen!'

Krishna werd woedend toen hij de beledigende woorden van de man hoorde. Hij strekte zijn vinger naar hem uit, raakte licht zijn voorhoofd aan en met een doffe klap viel het hoofd van de man op de grond.

Balarama en Krishna pakten de schitterende kleren op en namen die mee naar de andere herders, zodat ook die mooi gekleed konden gaan. Vervolgens gingen ze naar Sudaman, een bloemenkoopman die hen met grote eerbied ontving. Hij had namelijk de god Vishnu herkend in de man die tegenover hem stond, en van zijn mooiste bloemen maakte hij voor alle herders frisgeurende kransen.

'U mag een gunst van me vragen,' zei Krishna tegen Sudaman en Sudaman antwoordde: 'Dan vraag ik van u dat ik onvoorwaardelijk trouw mag blijven aan de ziel van al het leven en dat ik de vriend mag zijn van alles en iedereen!'

Krishna gaf hem wat hij vroeg en bovendien nog de zegening van een groot nageslacht, een lang leven in gezondheid en veel roem. Toen vertrok hij weer met zijn broer en zijn volgelingen.

Een tijdje later ontmoette Krishna een jonge vrouw die een mand met geparfumeerde oliën droeg. Ze had een mooi gezicht, maar haar lichaam was mismaakt. 'Wie bent u en waar brengt u die overheerlijke geuren naar toe, mooie vrouw?' vroeg Krishna haar. 'Zou u ze aan mij en mijn broer willen geven? U zult er rijkelijk voor beloond worden.'

'Ik ben slechts een slavin, maar ik heb met mijn oliën grote bekendheid gekregen,' antwoordde de vrouw. 'En natuurlijk wil ik de geuren aan u geven. Het lijkt me dat u het wel waard bent.'

Ze pakte de flessen met de heerlijk geurende oliën en goot die in één keer over de beide broers heen, zodat hun huid ervan ging glimmen.

Krishna beloonde haar door haar mismaakte, kromme lichaam recht te buigen. Met zijn voeten hield hij haar voeten op hun plaats en met twee vingers onder haar kin rekte hij haar op en maakte haar recht.

Voor de worstelwedstrijd was er een grote boog opgesteld. Er stonden nog bewakers voor, maar op de dag van de wedstrijd zouden de deelnemers op die boog kunnen proberen hoe sterk ze waren. Krishna sloeg echter geen acht op de bewakers en liep naar de boog. De tegenwerpingen van de bewakers deden hem niets en met het grootste gemak wist hij de boog te spannen. Hij had zelfs zoveel kracht in zijn handen dat de boog met een enorme knal in tweeën brak. De hemel en de aarde schudden ervan en Kamsa voelde de trillingen in zijn paleis.

De bewakers vielen Krishna aan om hem te bestraffen voor zijn brutaliteit, maar Krishna en Balarama pakten allebei een helft van de kapotte boog en sloegen daarmee hun tegenstanders het hoofd in.

Ze slenterden nog een tijdje door de mooie stad, vol bewondering voor haar schatten, en gingen toen terug naar hun kamp even buiten de stad. De avond was al gevallen en nadat ze wat gegeten hadden, gingen ze op hun slaapmatten liggen voor een goede nachtrust.

In zijn paleis lag Kamsa echter nog lang wakker. Uiteindelijk viel hij toch in slaap, maar hij werd achtervolgd door afschuwelijke nachtmerries. Zo droomde hij dat hij mensen omhelsde die lijken bleken te zijn, hij droomde dat hij vergif had gedronken, dat zijn hele gevolg hem in de steek had gelaten en dat hij zonder kleren, gezalfd met sesamolie en met een krans van rode nardusbloemen[69] door de stad liep. Hij werd al vroeg weer wakker, nog vermoeider dan toen hij was gaan slapen, en de slaap kwam niet meer terug.

De worstelwedstrijd. Kamsa's dood (Bhag. purana X 42-46)

Toen de ochtend eindelijk was aangebroken, beval Kamsa de wedstrijd die dag doorgang te laten vinden. De laatste hand werd gelegd aan het strijdperk, de muziek begon te spelen en van alle kanten kwamen de toeschouwers aangelopen. Onder die toeschouwers waren ook Nanda en zijn herders. Voor de leden van het koninklijk hof waren speciale plaatsen vrijgehouden en daar gingen Kamsa en de zijnen zitten. Als laatsten kwamen de deelnemende worstelaars het strijdperk binnen.

Toen Krishna en Balarama het feestterrein op wilden lopen, werden ze bij de poort tegengehouden door een enorme olifant. Kamsa had opdracht gegeven die daar neer te zetten, zodat hij Krishna kon verpletteren als die binnen wilde komen. Maar Krishna liet zich niet zo makkelijk imponeren. 'Ga eens opzij, kornak,' zei hij tegen de man die het dier bereed. 'Als u dat niet doet, zal ik u en uw olifant met één slag van het leven beroven!'

De kornak was echter ook niet snel onder de indruk en spoorde zijn reusachtige dier aan Krishna aan te vallen. De olifant stormde naar voren en pakte Krishna beet met zijn sterke slurf. Krishna maakte zich echter wat kleiner en wist zich onder de slurf uit te werken. Tussen de poten van het dier bleef hij staan.

---

[69] Sesamolie werd gebruikt om lijken mee te zalven, zodat ze langer bewaard konden worden, en rood is de kleur van de dood.

De olifant kon zijn tegenstander nu niet meer zien en woedend begon hij te trompetteren. Hij rook Krishna onder zich en probeerde hem met zijn slurf te pakken. Maar Krishna was slim. Hij glipte onder de olifant vandaan, greep de staart van het dier beet en sleepte hem daaraan over een afstand van vijfentwintig boogschoten mee. Tevergeefs probeerde de olifant aan zijn greep te ontsnappen. Toen begon Krishna het beest te treiteren. Hij sloeg hem op zijn voorhoofd, huppelde voor zijn grote hoofd heen en weer, liet zich dan vallen en sprong weer weg. De olifant werd blind van woede en met zijn slagtanden sloeg hij in alle richtingen waar hij zijn vijand vermoedde. De kornak vuurde hem driftig aan en plotseling kwam het enorme dier recht op Krishna af. Maar Krishna kende geen angst. Hij liep het dier gewoon tegemoet, pakte hem bij de slurf en slingerde hem met schijnbaar groot gemak op de grond. Hij zette zijn voet op de kop van de olifant, trok één van de slagtanden eruit en sloeg daarmee zowel de olifant zelf als zijn berijder en bewakers dood.

Balarama pakte de andere slagtand van de dode olifant en met die wapens kwamen ze tenslotte toch het strijdperk binnen.

Kamsa vroeg hun zich te meten met zijn eigen worstelaars. Krishna en Balarama stelden voor dat ze tegen mannen van hun eigen leeftijd en lichaamsontwikkeling zouden strijden. Daar was men het echter niet mee eens. 'Jullie hebben net een reusachtige olifant geveld en zijn slagtanden uitgerukt. Jullie mogen tegen de sterkste mannen vechten!'

De vrouwelijke toeschouwers slaakten angstige gilletjes toen de sterkste en beroemdste worstelaars zich voorbereidden op de strijd. De jeugdige broers leken niet tegen die krachtpatsers opgewassen en ook Nanda en Yasoda maakten zich grote zorgen.

Krishna en Balarama waren echter zo sterk en vaardig dat ze hun tegenstanders al heel snel hadden overmeesterd en gedood. Toen ze vijf worstelaars van de koning hadden uitgeschakeld, sloeg de rest in doodsangst op de vlucht.

Het publiek begon enthousiast te juichen, maar Kamsa keek nors voor zich uit. Hij gebaarde woedend naar de muzikanten dat ze moesten ophouden met spelen en riep: 'Volk van Mathura, jaag deze vreselijke zonen van Vasudeva de stad uit! Dood aan Vasudeva zelf en aan mijn vader Ugrasena, dood aan iedereen die op de hand is van die ellendelingen Krishna en Balarama!'

Krishna kon deze belediging niet over zijn kant laten gaan en met één sprong was hij op de tribune van de koning. Nu koning Kamsa zijn vijand zo dicht tegenover zich zag staan, bekroop hem een onbehaaglijk gevoel en hij greep naar zijn zwaard en schild. Maar Krishna pakte hem beet zoals Vishnu's vogel Garuda een slang zou beetpakken. Aan zijn haren slingerde hij Kamsa de arena in, waarbij de statige kroon van zijn hoofd vloog. Krishna nam een sprong achter hem aan en ging boven op hem zitten en terwijl alle aanwezigen het konden zien, verscheurde hij zijn vijand zoals een leeuw dat zou doen.

De toeschouwers slaakten voortdurend luide kreten van bewondering. Koning Kamsa, die zijn hele leven had gevuld met Vishnu-Krishna, met zijn haat en vrees voor hem, werd nu met Vishnu verenigd.

De acht broers van Kamsa waren echter woedend op Krishna omdat hij hun geliefde broer van hen had weggenomen, en wraakzuchtig stortten ze zich op hem. Balarama kwam met een ijzeren staaf tussenbeide en versloeg hen allemaal, brullend als een leeuw.

Uit de hemel klonken trommels en er daalde een regen van bloemen neer op Krishna. De goden zongen zijn lof, iedereen was blij en de godinnen dansten.

De enigen die huilden waren de vrouwen van de gesneuvelden en Krishna kon hen slechts met moeite troosten.

De lijken van de negen broers werden plechtig verbrand en toen konden Krishna en Balarama hun ouders Vasudeva en Devaki uit hun gevangenschap bevrijden. Vasudeva en Devaki wisten echter dat hun zonen van goddelijke oorsprong waren, en waren bang om hen te omhelzen.

Krishna begreep wat hun dwarszat en begon zacht en menselijk tegen hen te praten. Uiteindelijk begonnen Vasudeva en Devaki te huilen en toen trokken ze hun zonen bij zich op schoot. Tranen liepen over hun wangen en ze bleven Krishna en Balarama maar strelen en knuffelen.

Zodra hij zich van zijn ouders had kunnen losmaken, bevrijdde Krishna ook de oude koning Ugrasena, de vader van zijn moeder Devaki, en gaf de heerschappij over het rijk weer aan hem.

Vervolgens bedankten Devaki en Vasudeva Nanda en Yasoda voor alles wat ze voor hun zonen hadden gedaan, en toen kon het herdersvolk terugkeren naar Vrndavana. Uiteraard beloofden ze dat ze op bezoek zouden komen.

Krishna en Balarama gingen niet mee terug met het herders-volk. Ze bleven in Mathura wonen, in hun vaderstad.

Het verlangen van de herderinnen (Bhag. purana X 46-48)

In Vrndavana hadden de vrouwen het erg moeilijk, want ze misten Krishna. Op een gegeven moment stuurde Krishna een boodschapper die moest proberen hen te troosten, maar de vrouwen gaven hem de kans niet en begonnen de boodschapper allerlei verwijten te maken over Krishna. 'Hij heeft u niet voor ons gestuurd, maar voor zijn ouders. Van ons heeft hij alleen gehouden zolang hij er zelf beter van werd. Hij hield van ons zoals de bijen van de bloemen houden. Bij de volgende bloem is hij de vorige alweer vergeten.'
De pijn van hun gekwetste trots werd echter al snel verzacht door hun liefde voor hem en ze vroegen de boodschapper of Krishna nu in Mathura woonde. 'Heeft hij het nog weleens over het herdersvolk, over het huis waarin en de mensen bij wie hij is opgegroeid? Heeft hij het nog weleens over ons?'
Toen vertelde de boodschapper welk bericht Krishna hun had gestuurd. 'Ik ben het wezen van de zielen en ik moet gehoor-zaam zijn aan de wensen van iedereen die mij dient en trouw is, en daarom zal ik nooit werkelijk van jullie gescheiden zijn. Dat ik ver van jullie weg ben, is omdat jullie dan moeite moeten doen om aan mij te denken, om mij met jullie gedachten te naderen, maar het is wel mogelijk.'
De woorden van Krishna brachten vreugde in de harten van de herderinnen. Ze waren blij dat het zo goed met hem ging. Toch begonnen ze de bode weer vragen te stellen. 'Heeft hij voor andere vrouwen dezelfde gevoelens als voor ons? Denkt hij nog weleens aan de nachten die we gezamenlijk doorbrachten in het woud? Zou hij ooit nog bij ons terugkomen nu hij zijn vijanden heeft overwonnen en in zijn eigen koninkrijk hier ver vandaan door andere vrouwen wordt bemind? Wilt u hem deze bood-schap van ons overbrengen: "Meester, u bent degene die ons volk kan beschermen en die onze ellende verzacht. Kom alstu-blieft terug en verdrijf onze pijn!"'
Met groot respect voor de liefde van de vrouwen voor Krishna keerde de bode terug naar Mathura.

Oorlog (Bhag. purana X 50)

De weduwen van Kamsa waren intussen teruggegaan naar hun vader, de koning van de Magadha's, en ze hadden hem verteld wie er verantwoordelijk was voor de dood van hun echtgenoot. De koning was zo bedroefd en boos over het lot van zijn dochters dat hij drieëntwintig legers bij elkaar riep om de stad en het hele volk van de Yadava's te vernietigen.

Krishna zag hoe zijn stad Mathura door de toegestroomde legers werd omsingeld, maar in plaats van bang of boos te zijn was hij blij. Hij verheugde zich erop opnieuw een groot aantal kwade zielen van de wereld te laten verdwijnen. Samen met zijn broer Balarama bereidde hij zich voor op de strijd. Met slechts een klein aantal manschappen traden ze buiten de poort van de stad.

Hun gezichten waren ijselijk kalm en dat bleven ze ook terwijl ze hun vijanden stuk voor stuk vernietigden. Alleen de koning van de Magadha's werd door hen gespaard, want ze wilden dat hij nieuwe troepen zou verzamelen om daarmee nogmaals hun stad aan te vallen, zodat ook die troepen weggevaagd konden worden.

En inderdaad riep de koning van de Magadha's nieuwe manschappen bijeen en dat deed hij zelfs zeventien keer. Maar alle zeventien keren werden zijn legers tot de laatste man verslagen. Toen stelde ook een andere vorst, de koning van de Yavana's, zijn manschappen op tegen Mathura. Zijn leger telde dertig miljoen krijgers.

Krishna overlegde de situatie met zijn broer. 'Als onze aandacht wordt opgeslokt om het leger van de Yavana's te bestrijden, zal onze stad weerloos zijn tegen een eventuele nieuwe aanval van de koning van de Magadha's. Het lijkt me het beste als we de burgers allemaal naar een plaats brengen waar ze veilig zijn.'

Krishna liet daarom midden in de zee een stad ontstaan die groot en sterk was en brede straten met mooie gebouwen had. Hij noemde de stad Dvaraka en hij bracht het hele volk van Mathura er naartoe. Pas toen hij zich ervan had overtuigd dat zijn onderdanen veilig waren, richtte hij zijn aandacht op de strijd tegen de koning van de Yavana's.

Krishna's huwelijk met Rukmini en andere vrouwen (Bhag. purana X 52-55, 58, 61, 74)

Krishna wist zowel de koning van de Yavana's als de koning van de Magadha's te verslaan en toen keerde hij terug naar Dvaraka, waar zijn volk op hem wachtte.

Op een dag kreeg hij daar bezoek van een brahmaan. Deze brahmaan had een boodschap van de prinses van Vidarbha, die Rukmini heette. Deze vrouw had een dringend verzoek. 'Koning Krishna, ik zou met niemand anders dan met u willen trouwen, maar morgen zal ik worden weggegeven aan de vorst van de Cedi's, Sisupala. Kom alstublieft om mij met geweld te ontvoeren, zodat ik aan dat huwelijk kan ontsnappen!'

'Ik heb ook vaak aan Rukmini gedacht en zou graag met haar willen trouwen,' antwoordde Krishna op het bericht van de brahmaan. 'Ik zal doen wat ze van me vraagt.'

Hij aarzelde geen seconde en liet een wagen klaarmaken met zijn beste vierspan en samen met de brahmaan overbrugde hij de afstand naar Kundina, de hoofdstad van de Vidarbha's, in een nacht.

In Kundina waren alle voorbereidingen voor het huwelijk tussen Sisupala en de prinses al getroffen. De vader van Rukmini wist wel dat zijn dochter het liefst met Krishna zou trouwen, maar hij was zwak en omdat zijn oudste zoon wilde dat Sisupala zijn zwager werd, had hij besloten zijn dochter toch aan Sisupala te geven.

Rukmini zag haar huwelijksdag met angst en beven tegemoet. Onrustig wachtte ze op de terugkomst van de brahmaan die ze met haar boodschap naar Krishna had gestuurd. Eindelijk zag ze de brahmaan naar zich toe komen en aan zijn manier van lopen kon ze al zien dat hij goed nieuws had. 'Maakt u zich geen zorgen meer,' zei hij. 'Krishna is hier om u mee te nemen!'

Toen de oude koning hoorde dat Krishna en Balarama in de stad waren aangekomen om de huwelijksplechtigheid bij te wonen, bracht hij hun allerlei geschenken. De burgers begonnen opgewonden te praten toen ze de mooie Krishna zagen. 'Niet Sisupala, maar Krishna zou een waardige echtgenoot zijn voor onze prinses!'

Rukmini ging voor de plechtigheid nog een offer brengen aan de godin Ambika. Vergezeld van de vrouwen van haar vader en haar dienaressen en onder toeziend oog van goed bewapende krijgers liep ze naar het heiligdom.

Ze droeg het offer op en bad ondertussen in stilte: 'Wees gegroet, Ambika, genadige godin. Ik smeek u, zorg dat Krishna mijn echtgenoot wordt!'

Leunend op één van haar dienaressen kwam ze terug uit het heiligdom. Ze zag er schitterend uit. Terwijl ze liepen kon ze alleen maar aan Krishna denken. Met haar linkerhand streek ze haar lange haren aan de kant en blozend keek ze naar de aanwezige vorsten. Toen zag ze plotseling Krishna staan. Hij kwam op haar af en voor het oog van alle aanwezigen tilde hij haar op zijn wagen. Hij zette zijn paarden aan tot een vlotte draf en reed weg.

De andere vorsten waren woedend over zijn brutaliteit en voelden zich vernederd. In volle wapenrusting zetten ze de achtervolging in. Krishna wist hen echter al snel op de vlucht te jagen, geholpen door zijn volgelingen. Alleen Rukmini's broer hield stand en daagde Krishna uit. Hij kon Krishna echter geen werkelijke tegenstand bieden en alleen omdat zijn aanstaande bruid het vroeg, spaarde Krishna hem het leven. Om zijn overwinning toch duidelijk te maken, bond hij zijn zwager vast en schoor hem zijn baard en hoofdhaar af. Toen de man op deze manier vernederd was, liet Krishna hem gaan.

Samen met Rukmini reed hij terug naar Dvaraka, waar de huwelijksplechtigheid plaatsvond, keurig volgens alle regels. De hele stad was in een vreugdevolle stemming, want men vond dat Krishna zich geen betere vrouw dan Rukmini kon wensen. Uit hun huwelijk werd een zoon geboren, Pradyumna, een incarnatie van de god van de liefde.

Op een dag ging Krishna naar Indraprastha om een bezoek te brengen aan de Pandava's. Aan de oever van de Yamuna zag hij een prachtige vrouw. Deze vrouw was een dochter van de zonnegod en heette Kalindi. Hij nam haar mee terug naar Dvaraka en trouwde met haar.

In de jaren daarna trouwde hij nog met duizenden andere vrouwen, waaronder Mitravinda, Satya, Bhadra, Kaikeyi en Laksmana. Al zijn vrouwen stonden even hoog in aanzien en allen waren ze erg mooi. Hij was voortdurend bij elk van zijn vrouwen omdat hij evenveel lichamen aannam als hij vrouwen had, en dus waren ze allemaal gelukkig en dienden ze hem met vreugde.

Toen hij op een dag de kroning van Yudhisthira bijwoonde,

versloeg Krishna de man die vroeger ook naar de hand van Rukmini had gedongen, Sisupala[70].

Krishna's vriend (Bhag. purana X 80-81)

Krishna's dierbaarste vriend was een zeer wijze brahmaan die zich had weten los te maken van de begeerte naar alle materiële zaken. Samen met zijn vrouw had hij zich van alles ontzegd. Ze waren broodmager en gingen gekleed in lompen.

De vrouw vond het echter heel moeilijk om deze armoede te dragen en ze vroeg aan haar man: 'Wil jij niet eens met Krishna gaan praten? Eén van zijn vrouwen is de godin van rijkdom en geluk en hij is zo hulpvaardig. Hij zal je zeker rijk kunnen maken.'

De brahmaan bedacht dat het al een rijkdom was Krishna alleen maar te zien en hij besloot inderdaad naar hem toe te gaan. 'Hebben we nog iets in huis dat we hem als geschenk kunnen geven?' vroeg hij aan zijn vrouw.

Er was niets, maar de vrouw leende vier handjes rijst van andere brahmanen en die rijst bond ze in een oud lapje als geschenk voor Krishna.

Terwijl de man onderweg was naar Dvaraka met zijn bundeltje rijst, vroeg hij zich bezorgd af wat hij moest doen om bij Krishna te mogen komen. Hij had zich echter geen zorgen hoeven maken. Toen hij in het gezelschap van andere brahmanen aankwam bij de vertrekken van Krishna's vele vrouwen, viel Krishna's oog direct op hem. Hij kwam overeind van het bed waar hij lag met zijn geliefde vrouw Rukmini, rende naar de brahmaan en omhelsde hem. Krishna was zo ontroerd door het weerzien met zijn oude vriend dat de tranen hem over de wangen liepen. Hij gaf de brahmaan een zetel en waste en zalfde eerbiedig zijn voeten. Rukmini wuifde hem koelte toe en zorgde ervoor dat er geen vliegen op het hoofd van de armoedige brahmaan gingen zitten.

De omstanders konden hun ogen niet geloven toen ze zagen dat Krishna de onverzorgd ogende brahmaan zo hartelijk en eerbiedig ontving.

Krishna ging naast de heilige man zitten en pakte zijn hand

---

[70] Zie blz. 286

vast. Ze haalden herinneringen op aan de tijd dat ze als jonge jongens bij dezelfde leermeester woonden. Ze wisten nog welke verzen ze daar geleerd hadden, en herhaalden die samen en vele gebeurtenissen van toen passeerden de revue.

Nadat ze lange tijd hadden gepraat vroeg Krishna aan zijn vriend: 'Wat heb je daar voor geschenk in je handen? De grootte van een geschenk interesseert mij niet. Wat voor mij belangrijk is, is of het met een gelovig hart wordt gegeven.'

Deze woorden hadden de schaamte bij de brahmaan weg moeten nemen, maar de man boog zijn hoofd en vond het toch ongepast de grote held Krishna zo'n klein geschenk als een zakje rijst aan te bieden. Krishna kon echter de harten van alle mensen doorzien en hij doorzag ook nu dat zijn vriend niet uit hebzucht gekomen was, maar dat hij er was om aan de wens van zijn vrouw te voldoen. Krishna besloot dat de brahmaan een grote rijkdom had verdiend.

Hij pakte het zakje rijst dat de brahmaan in zijn hand hield en vroeg: 'Wat is dit? Hoe wist je dat ik dat zo lekker vond? Hier zal ik eens goed van gaan genieten!' Hij voegde de daad bij het woord en stopte een beetje rijst in zijn mond. Als hij de kans had gehad zou hij zelfs nog een hap genomen hebben, maar Rukmini hield hem tegen. 'Uw vriend heeft u al meer dan genoeg laten genieten. Het lijkt me dat hij het wel verdiend heeft van alle vreugden in dit en een volgend leven verzekerd te zijn!'

Krishna zorgde ervoor dat de brahmaan een rijkelijke maaltijd kreeg voorgeschoteld. Daarna mocht hij de nacht in het paleis doorbrengen. De brahmaan voelde zich alsof hij in de hemel was beland.

De volgende morgen nam hij met veel liefde afscheid van zijn goddelijke vriend Krishna en ging terug naar huis. Hij had Krishna nergens om gevraagd en had ook niets van hem gekregen, maar toch werd hij overspoeld door een gevoel van groot geluk. Hij voelde zich bevoorrecht dat zijn vriend zo'n hoog, goddelijk wezen was en dat hij door hem zo hartelijk was ontvangen. 'Krishna heeft vast gedacht dat hij mij niet rijk moest maken omdat ik dan alleen nog maar aan mijn rijkdom zou denken en niet meer aan hem. Daarom is hij zo goed geweest mij niets te geven,' bedacht hij.

Verdiept in zijn gedachten kwam hij in de buurt van zijn huis. Toen hij zijn ogen opsloeg, zag hij echter dat de omgeving was veranderd. Zijn huis werd omringd door prachtige parken vol zingende vogels. Tussen de bomen was de glinstering te zien van vele vijvers vol lotuskelken en waterlelies en overal liepen mannen en vrouwen rond in kostbare gewaden. 'Wat is hier aan de hand? Wie woont hier? Ben ik soms verkeerd gelopen?' vroeg de brahmaan zich verward af. Maar de mooie mannen en vrouwen kwamen op hem af en verwelkomden hem met muziek en zang. Toen zag hij zijn vrouw haastig naar hem toe komen en ze was zo mooi als de godin van de schoonheid zelf.

Hij begreep nog steeds niet goed wat er was gebeurd, maar met een gelukzalig gevoel omhelsde hij haar en nam haar mee naar hun woning. Dikke zuilen vol edelstenen ondersteunden het dak en hij zag ivoren rustbanken en gouden zetels staan, voorzien van zachte kussens. De wanden waren van doorzichtig kristal en er brandden heldere lampen.

Ondanks al die pracht en rijkdom die hem plotseling ten deel was gevallen, bleef de brahmaan kalm. 'Dit alles is vast door Krishna geregeld,' zei hij. 'Zijn rijkdom is onuitputtelijk en hij deelt er met gulle hand van uit. Hij meende wat hij zei toen hij me vertelde dat een klein geschenk van een vriend in zijn ogen van onschatbare waarde was. Dat kleine beetje rijst bezorgde hem inderdaad ongekende vreugde. Ik zal in alle dagen dat ik op aarde ben, hem mijn liefde, mijn toewijding en mijn volledige onderworpenheid betonen!'

Van toen af aan genoot de wijze brahmaan samen met zijn vrouw van al zijn rijkdom, zonder er echter bezeten van te raken. Hij was altijd bereid er onmiddellijk weer afstand van te doen.

Hij bleef mediteren en het duurde niet lang voor hij de band van zijn ziel met het materiële volledig had verbroken. Toen steeg zijn ziel op en werd in de hemel met Vishnu verenigd.

Vernietiging van de Yadava's (Bhag. purana XI 1, 30)

In de jaren daarna wist Krishna de vriendschap van de Pandava's te winnen en met hun hulp zuiverde hij de aarde van vele slechtgezinde koningen. Toch wist hij dat zijn doel op aarde nog niet was bereikt. 'De Yadava's, mijn eigen volk, moeten nog vernietigd worden. Het probleem is alleen dat ze mij om bescherming hebben gevraagd, en dus kan ik mij niet tegen hen keren. Wat ik moet doen, is in hun gelederen een twist laten ontstaan waardoor ze allemaal weggevaagd zullen worden, als bamboestengels door het vuur. Dan zal mijn taak volbracht zijn en kan ik terugkeren naar de hemel.'

Een aantal heilige mannen was eens op bezoek geweest bij Krishna. Toen de mannen na dat bezoek door de stad liepen, kwamen ze een groepje jongens tegen die een grapje met hen wilden uithalen. Eén van de jongens vermomde zich als een vrouw die zwanger was, en vroeg aan de asceten of hij een meisje of een jongen ter wereld zou brengen. De asceten hadden echter in de gaten dat er de draak met hen werd gestoken, en woedend zeiden ze: 'Wat deze "vrouw" zal voortbrengen, is een knots die haar nageslacht zal vernietigen!'

Ze trokken de jongen zijn vrouwenkleren uit en tot hun schrik vonden ze onder die kleren een ijzeren knots. Vervuld van angst brachten ze de knots naar de raad van de koning, waar ze bevend vertelden wat er was gebeurd.

De oude koning Ugrasena sloeg met een slag de knots tot fijn pulver, dat hij in de zee gooide. Er was echter een klein stukje ijzer dat heel was gebleven, en dat stukje werd opgeslokt door een vis. De vis werd gevangen. Bij het schoonmaken werd het stukje ijzer in zijn ingewanden gevonden. De jager die het vond, maakte er een pijlpunt van.

Aan de hemel en op de aarde begonnen zich onheilspellende voortekenen te vertonen. 'Het lijkt me het beste dat de vrouwen en kinderen en de ouden van dagen een veilig heenkomen zoeken,' zei Krishna. 'Ik zal met de overgebleven strijdbare mannen naar de rivier de Sarasvati gaan om daar offers op te dragen en de godenbeelden te eren. Dan kunnen we misschien de boze voortekenen verdrijven.'

De mannen van de Yadava's gehoorzaamden Krishna en staken per schip de zee over. Toen gingen ze met wagens naar de Sarasvati.

Met de grootste toewijding volgden ze alle aanwijzingen en bevelen van Krishna op, maar ze werden verblind door het noodlot en begonnen bedwelmende dranken te drinken. Ze namen er zoveel van dat hun hersenen erdoor werden aangetast, en dronken als ze waren begonnen ze met elkaar te ruziën. De ruzie liep hoog op en uiteindelijk gingen de mannen elkaar met wapens te lijf. De wapens werden vernietigd, maar de mannen rukten handenvol gras uit de grond. Op wonderbaarlijke wijze werden de grashalmen tot ijzer in hun handen en die ijzeren halmen gebruikten ze als nieuwe wapens om elkaar mee aan te vallen. Ze vielen zelfs Balarama en Krishna aan en die verdedigden zichzelf door de mannen te vernietigen.

Zo vonden al die krijgers de dood, ten prooi gevallen aan hun onderlinge woede.

Het einde van Krishna en zijn broer (Bhag. purana XI 30-31)

Op de goddelijke broers na was het geslacht van de Yadava's nu van de aardbodem verdwenen en dus was Krishna's taak op aarde volbracht, evenals die van Balarama.

Balarama ging als eerste. Hij ging op het strand zitten en liet zijn ziel vertrekken om verenigd te worden met de Alziel.

Krishna zag dat zijn broer niet langer onder de mensen was, en ging aan de voet van een vijgenboom zitten. Zijn menselijke gedaante had hij verruild voor zijn goddelijke met de vier armen en hij had een vurige schittering over zich.

Op een gegeven moment kwam er een man langs. Het was de jager die van het stukje ijzer uit de vis een pijlpunt had gemaakt. Het oog van de jager viel op de voet van Krishna, maar hij zag die aan voor de kop van een gazelle. Hij legde zijn pijl aan, schoot en doorboorde de voet van Krishna.

Hij liep af op wat hij dacht dat zijn prooi was. Toen pas zag hij welke vergissing hij had begaan. Bevend wierp hij zich op zijn knieën voor de goddelijke Vishnu en smeekte hem om vergeving voor zijn fout. 'Wees niet bang,' zei Vishnu tegen de jager. 'U hebt slechts uitgevoerd wat ik heb gewenst. Sta op, u kunt naar de hemel gaan, naar de plaats waar de deugdzame zielen verblijven.'

Het volgende moment naderde er een gouden wagen uit de hemel. De jager stapte in en steeg op naar het hiernamaals.

Op een wagen die het vaandel van Garuda droeg, steeg toen ook Krishna op naar de hemel. Hij had zijn trouwe wagenmenner op aarde achtergelaten en hem de volgende boodschap meegegeven: 'Vertel de vrouwen en de ouden van dagen dat de mannen allemaal ten onder zijn gegaan in een onderlinge strijd en dat ik ben teruggekeerd naar de hemel. Zorg dat iedereen vertrekt uit Dvaraka, want de stad zal door de zee verzwolgen worden nu ik er niet meer ben. Neem iedereen, ook mijn ouders, mee naar Indraprastha, waar ze beschermd zullen worden door Arjuna.'

En toen was Krishna voorgoed verdwenen. De goden ontvingen hem met muziek en zang en bedolven hem onder een regen van bloemen.

Het nieuws van de wagenmenner werd met grote ontsteltenis aangehoord. De ouders van Krishna konden de pijn om het verlies van hun zoon niet verdragen en stierven van smart. De duizenden vrouwen van Krishna verkozen allen op de brandstapel hun leven voor hem te geven.

Dvaraka werd, zoals Krishna had voorspeld, verzwolgen door het water van de zee.

Shiva

Shiva, of Rudra, is de derde god van de hindoese drie-eenheid en wordt door de sekte van de shivaïeten boven de andere verheven. Het gebied in Voor-Indië waar hij werd vereerd, was zeer uitgebreid en ook zijn echtgenote stond in zeer hoog aanzien. Die echtgenote had verschillende namen waaronder ze werd aanbeden, zoals Sati, Devi, Uma en Kali.

De vorm waarin Shiva wordt aanbeden in zijn heiligdommen is een *linga*, een teken, een voorwerp van steen. In één van de verhalen over Shiva verschijnt hij namelijk als een vlammende zuil aan Brahma en Vishnu en daarvan is het linga afkomstig.

De *Purana's* die aan Shiva zijn gewijd, zijn minder bekend en bovendien niet zo toegankelijk.

De verhalen die in dit boek over Shiva zijn opgenomen, hebben niet altijd even duidelijke bronnen. De eerste verhalen zijn qua inhoud wel algemeen bekend in Europa, maar de verhalen van 'Shiva's visvangst' tot aan 'Manasa Devi' komen uit *Tamilpurana's* en andere Tamil-teksten. Het verhaal over Manasa Devi zoals dat in dit boek is opgenomen, is gebaseerd op een vooral in Bengalen populaire versie.

Shiva's oppermacht

Op een dag vroegen goden en heiligen aan Brahma waarom Shiva boven hem en Vishnu werd gesteld en waarom hij in de vorm van het linga werd vereerd. Brahma antwoordde door het volgende verhaal te vertellen.

Het was in de nacht van Brahma[71], toen alles wat had bestaan

---

[71] Zie algemene inleiding, blz. 15.

was opgelost in een diep en onverbroken zwijgen, dat ik de ziel van het heelal, de grote Vishnu, zag. De alwetende god met zijn duizend ogen zat te rusten op de rug van de duizendkoppige slang Ananta[72], die op de vormeloze wateren dreef.

Ik had niet in de gaten wie ik tegenover me had, dus strekte ik mijn hand uit naar het eeuwige wezen en raakte het aan. 'Wie bent u?' vroeg ik. 'Vertel het me.'

De god met de lotusogen keek me slaperig aan en zei toen met een glimlach: 'Gegroet, mijn kind, vader van de schepping!'

Ik vond zijn woorden erg beledigend en antwoordde: 'Hoe durft u mij een kind te noemen, alsof ik een leerling ben en u mijn leermeester? Ik ben de oorzaak van zowel schepping als vernietiging. Ik heb talloze werelden geschapen en ben de bron en ziel van alles wat bestaat. Waarom gebruikt u zulke dwaze taal tegen mij?'

'Weet u dan niet wie u tegenover u hebt?' antwoordde Vishnu. 'Ik ben de schepper, de onderhouder en de vernietiger van alle werelden. Ik ben de eeuwige bron en het enige middelpunt van het heelal. U bent uit mijn lichaam geboren!'

Er ontspon zich een heftige woordenstrijd tussen ons daar op de wateren, maar op een gegeven moment verscheen er een prachtig linga, een zuil van vuur, voor ons. Het vuur was heel krachtig, nog veel krachtiger dan dat waarmee het heelal verteerd wordt. Het was onbeschrijflijk.

Vishnu en ik waren compleet overrompeld door de talloze vlammen. Vishnu zei tegen mij: 'Ik wil weten waar dit vuur vandaan komt. Help me dat te onderzoeken. Ik zal de voet van de zuil uitgraven. Als u dan omhoogklimt naar de hoogste top?'

Het volgende moment had hij de gedaante aangenomen van een luid knorrend, geweldig groot everzwijn met scherpe, blinkende slagtanden en machtige poten. Het zwijn begon aan zijn graafwerk en bleef daar duizend jaren verwoed mee doorgaan, maar nog steeds had het de voet van de zuil niet gevonden.

Ikzelf had ondertussen de gedaante aangenomen van een witte zwaan met heldere ogen en enorme vleugels en ik vloog zo snel als gedachten kunnen gaan. Ik vloog steeds verder omhoog, duizend jaren lang, maar ik kon de top van de zuil niet vinden. Tenslotte vloog ik terug naar beneden en daar trof ik Vishnu,

---

[72] Ananta: 'eindeloos'.

die zojuist uit de diepte omhoog was gekomen. Net als ik was hij vreselijk vermoeid.

Toen vertoonde Shiva zich aan ons en we begrepen dat hij het was die ons met zijn toverkrachten om de tuin had geleid. We vielen eerbiedig voor hem op de knieën en Vishnu zei: 'Onze ruzie heeft toch een doel gehad, want nu bent u gekomen om haar te beëindigen.'

Shiva gaf Vishnu ten antwoord: 'U hebt gelijk als u zegt dat u de schepper, onderhouder en vernietiger van de werelden bent. Uw taak zal zijn om de wereld in stand te houden. Maar ik ben de ongedeelde Oppergod, in mij zijn zowel Brahma, Vishnu als Rudra verenigd en ik creëer, houd in stand en vernietig. Laat in uw hart voor Brahma niets dan liefde zijn, want in toekomstige tijden zult u hem uit u geboren zien worden. Dat zal ook het moment zijn dat ik nogmaals voor jullie beiden verschijn.' Toen hij dit gezegd had, was er van de grote god niets meer te zien.

Sinds die dag wordt Shiva vereerd in de vorm van het linga.

Sati

In de ontstaansperiode van al het leven was er een stamhoofd dat Daksa heette en van goddelijke afkomst was. Hij was getrouwd met Prasuti, wier vader Manu was. Prasuti kreeg van Daksa zestien dochters en het jongste van die zestien meisjes kreeg de naam Sati. Zij zou later de echtgenote van Shiva worden.

Daksa zag dat huwelijk tussen Sati en Shiva eigenlijk helemaal niet zitten. Hij koesterde een wrok tegen Shiva, omdat hij wist wat voor slechte reputatie hij had als het om de zeden ging, en ook omdat Shiva ooit tijdens een feest Daksa zijn eerbewijzen had onthouden. Daksa had Shiva toen vervloekt en gezegd dat hij zijn deel van de offers aan de goden niet meer zou krijgen. Shiva had echter een brahmaan aan zijn kant en die brahmaan sprak over Daksa een tegenvloek uit dat hij alleen van materiële dingen zou genieten en slechts uiterlijk de godsdienst zou bedrijven en ervaren. Bovendien zou hij een geitenkop krijgen.

Ondanks zijn tegenzin kon Daksa niet anders dan het huwelijk tussen Sati en Shiva aanvaarden. Hij had namelijk een svayamvara voor haar georganiseerd, waarop hij alle vorsten behalve Shiva had uitgenodigd. Sati had geen van de aanwezige kandidaten geschikt bevonden en in pure wanhoop had ze haar krans in de lucht gegooid. Daarbij had ze geroepen dat ze hoopte dat Shiva zou komen om de krans uit de lucht te pakken. Wat niemand verwachtte, gebeurde toch. Van het ene op het andere moment had Shiva daar gestaan en de krans lag al om zijn hals. Toen moest Daksa het huwelijk dus wel accepteren. Shiva had zijn kersverse bruid meegenomen naar de Kailasaberg, waar hij woonde.

Die Kailasaberg was zeer ver verwijderd van de woonplaats van Daksa. Hij lag zelfs nog achter de besneeuwde toppen van de Himalaya. Op de Kailasaberg leefde Shiva als een vorst, met goden en heiligen als dienaren, maar de meeste tijd bracht hij door in de gedaante van een bedelaar die over de berg ronddwaalde, in het gezelschap van zijn in lompen geklede echtgenote Sati. Het kwam ook voor dat hij aanwezig was bij afschuwelijke rituelen op lijkverbrandingsplaatsen, en dan dansten er boze geesten om hem heen.

Op een dag begon Daksa aan de voorbereidingen voor een groot paardenoffer. Hij nodigde alle goden voor dat offer uit, behalve Shiva. De belangrijkste offers zouden aan Vishnu worden opgedragen.

Sati keek toe hoe alle goden vertrokken en vroeg aan haar man: 'Waar gaat die stoet van goden naartoe, heer van mijn hart? Kijk, Indra gaat voorop.'

Shiva antwoordde dat haar vader Daksa een paardenoffer zou gaan opdragen en dat de goden daarheen onderweg waren.

Verbaasd vroeg Sati waarom hij zelf dan niet daar naartoe ging. Shiva legde uit dat hij dat niet deed omdat de andere goden hadden besloten dat hij niet mocht deelnemen aan de offergaven.

Sati werd boos en riep: 'Het zou toch niet mogen gebeuren dat juist jij daarvan wordt uitgesloten? Jij bent de god die aanwezig is in ieder schepsel, jij stijgt boven alle andere machten en gedachten uit. Wat kan ik doen, welke martelingen moet ik mijzelf opleggen, zodat jij wel mag deelnemen aan de offerplechtigheid?'

Shiva voelde zich gevleid door haar grote liefde en glimlachte naar haar. 'Dit paardenoffer is voor mij niet zo belangrijk. Alleen een offer van degenen die de hymnen van de Samadeva zingen is voor mij van werkelijke waarde. Alleen zij die het offer van de ware wijsheid aan mij brengen, zijn mijn priesters en bij zo'n offer is geen brahmaan nodig die de ceremonie moet leiden. Aan die offers neem ik wel deel en die offers zijn de enige die werkelijk belangrijk zijn.'

'Het is niet moeilijk een vrouw gerust te stellen,' antwoordde Sati, 'maar ik zou graag naar mijn vader gaan om deze plechtigheid toch bij te wonen, als je dat goed vindt.'

'Maar je hebt geen uitnodiging gekregen,' reageerde Shiva.

'Dat maakt niet uit. Hij is mijn vader, bij hem mag ik toch altijd zonder uitnodiging op bezoek komen?'

'Goed dan,' stemde de grote Shiva toe. 'Ga dan maar. Maar het zal onheil oproepen. Jouw vader Daksa zal in jouw tegenwoordigheid een belediging aan mijn adres uitspreken.'

Sati nam die waarschuwing met zich mee en vertrok naar het huis van haar vader. Toen ze daar aankwam, werd ze weliswaar ontvangen, maar niet met eerbetoon, omdat ze op de stier van Shiva reed en de kleren droeg van een bedelaarsvrouw.

Sati begon haar vader onmiddellijk verwijten te maken dat hij Shiva niet met het respect behandelde dat hij verdiende. Dat maakte Daksa woedend. Hij begon te vloeken en schold Shiva uit voor asman, bedelaar en koning van de boze geesten.

Sati wist haar kalmte te bewaren en zei tegen haar vader: 'Wat bezielt u toch? U bent de enige die zulke dingen over Shiva zegt. Hij is de vriend van iedereen. Zelfs de goden aanbidden hem. Zij weten wat hij doet, maar kijken daar doorheen en zien de grote god die hij werkelijk is. Ik kan deze beledigingen over mijn echtgenoot niet accepteren. Als een vrouw iets dergelijks hoort, moet ze haar oren dichthouden met haar handen en wegrennen zo hard ze kan, of, als ze sterk genoeg is, moet ze zichzelf van het leven beroven. En dat laatste zal ik doen, want ik kan het idee niet langer verdragen dat ik geboren ben uit het zaad van iemand als u.'

Het daaropvolgende moment kwam bij Sati het inwendige vuur naar buiten en levenloos viel ze neer voor de voeten van haar vader.

Shiva's woede

Shiva kreeg het vreselijke nieuws te horen van de heilige Narada. Van pure woede rukte hij zichzelf een pluk haar uit zijn hoofd en smeet die op de grond. Uit de haren ontstond de afschuwelijke demon Virabhadra, wiens lijf zo lang was dat het tot de hemel reikte. De demon zag er donker uit en had duizend armen, drie ogen waar een onheilspellende gloed in lag, en vlammend haar. Om zijn hals lag een krans van doodskoppen en hij had de beschikking over de vreselijkste wapens. Nederig maakte hij een buiging voor Shiva en zei dat hij tot zijn dienst stond om te doen wat Shiva verlangde.

'Ik wil dat u het leger aanvoert dat ik erop uitstuur om het offer van Daksa te vernietigen,' beval Shiva. 'U hoeft nergens bang voor te zijn, ook niet voor de brahmanen, want u bent uit mij ontstaan en dus een deel van mij.'

Virabhadra vertrok als een razende storm met zijn leger naar de offerplechtigheid van Daksa. Daar aangekomen vernielden de krijgers alles wat hun voor de voeten kwam, zoals de offerschalen en de offergaven, en ze schreeuwden allerlei beledigingen naar de priesters. Virabhadra zelf was degene die tenslotte het hoofd van Daksa eraf sloeg. Toen liep hij over Indra heen, brak de staf van Yama en joeg de goden naar alle kanten op de vlucht. Vervolgens keerde hij terug naar de Kailasaberg, waar hij Shiva in diep gepeins aantrof. Shiva dacht echter niet aan de gebeurtenissen die hadden plaatsgevonden.

De grote afwezigen op het offerfeest waren Brahma en Vishnu geweest, want zij hadden wel voorzien wat er zou gaan gebeuren. De goden die door Virabhadra op de vlucht waren gejaagd, kwamen nu naar Brahma toe en vroegen hem om raad. Brahma zag geen andere oplossing dan dat iedereen zich zou verzoenen met Shiva, want Shiva had de macht het hele universum te vernietigen als hij dat wilde. Brahma zelf ging ook met de goden mee naar de Kailasa.

Shiva zat in de nachtegalentuin en was nog steeds diep in gedachten. Hij zat onder een heel hoge seringenboom die met zijn takken tot ver in de omtrek reikte.

Brahma liep naar Shiva toe en vroeg hem of hij vergeving wilde schenken aan Daksa en of hij de wonden van de goden en heiligen wilde genezen die Virabhadra had veroorzaakt. Als hij dat gedaan zou hebben, zouden ze de offerplechtigheid alsnog laten doorgaan, alleen deze keer met deelname van Shiva zelf.

'Ach,' antwoordde Shiva, 'Daksa beschouw ik nog als een kind en een kind kan men zijn zonden niet aanrekenen. Zijn eigen hoofd kan ik hem echter niet teruggeven, want dat is verbrand. In plaats daarvan zal ik hem een geitenkop geven en de wonden van de goden zal ik laten genezen.'

De goden waren dankbaar dat Shiva zich zo zachtmoedig op-stelde, en met z'n allen woonden ze de offerplechtigheid bij. Daksa had inmiddels zijn geitenkop gekregen en ontving Shiva met alle denkbare eerbewijzen. Toen ook Vishnu op zijn vogel Garuda was aangekomen, kon de ceremonie ongestoord door-gang vinden.

Na afloop gingen alle goden terug naar waar ze vandaan kwa-men. Shiva keerde terug naar zijn woonplaats op de Kailasa en verzonk daar opnieuw in diep gepeins.

Uma

Toen Sati stierf, kwam ze in het lichaam van een dochter van het Himalayagebergte terug op aarde. Haar naam was Uma. Ganga, de riviergodin, was een oudere zus van haar.

Zelfs toen ze nog kind was, was het hart van Uma al vervuld van liefde voor Shiva. Vaak liep ze in de stilte van de nacht naar het linga om daar bloemen en vruchten te offeren aan haar god. Op een dag voorspelde een god haar dat ze later de vrouw van Shiva zou worden.

Toen Uma's vader dat hoorde, groeide de trots in zijn hart en hij deed wat hij kon om ervoor te zorgen dat de voorspelling uitkwam. Shiva was echter verzonken in diepe overpeinzingen. Alle pogingen van Uma's vader om hem wakker te krijgen, waren tevergeefs. De grote god had absoluut niet in de gaten wat er om hem heen gebeurde. Zelfs toen Uma zijn dienares werd en ervoor zorgde dat het hem aan niets ontbrak, zag hij haar niet staan. Uma kon zijn hart nog niet binnendringen.

In die periode was er een afschuwelijke demon actief. Hij heette Taraka en was zowel goden als mensen tot last door de wisse-ling van de seizoenen in de war te schoppen en de offers te ver-storen. De goden konden weinig tegen de demon ondernemen, want Taraka had ooit door ascese zijn macht gekregen en die macht kwam van Brahma zelf. De goden gingen dan ook naar Brahma voor hulp, maar Brahma weigerde hen te helpen, want door de demon te vernietigen zou hij zijn eigen macht verloo-chenen. Hij deed hun echter wel een belofte. Hij voorspelde namelijk dat uit de vereniging van Shiva en Uma een zoon zou worden geboren die later Taraka zou verslaan.

Indra besloot de hulp te vragen van Kamadeva, de minnegod. Die was daar maar al te zeer toe bereid. De vrouw van Kamadeva was Hartstocht en zijn vriend was Lente en met zijn drieën vertrokken ze naar de woonplaats van Shiva op de Kailasaberg. Op de berg was de lente aangebroken. De sneeuw was langzaam overgegaan in smeltwater, aan de bomen begonnen knoppen te groeien en de vogels en de dieren waren druk in de weer met het vinden van een partner. Alleen Shiva zat onbeweeglijk, nog altijd diep in gedachten.

De minnegod Kamadeva was even uit het veld geslagen toen hij zag hoe diep de meditatie van Shiva was, maar toen hij daarna naar Uma keek en zag hoe mooi ze was, kreeg hij nieuwe hoop. Hij wachtte geduldig tot er een moment kwam waarop Shiva's aandacht even wat minder op zijn innerlijke wereld was gericht en Uma naar hem toe liep om hem te eren. Toen pakte hij zijn boog, maar juist toen hij een liefdespijl naar Shiva wilde schieten, kreeg de grote god hem in het oog. Shiva werd woedend en slingerde een vuurstraal naar de minnegod, wiens lichaam volledig tot as verteerde. Sindsdien werd Kamadeva Ananga genoemd, wat 'lichaamloze' betekent.

Shiva vertrok van de Kailasaberg en toen kwam het Himalayagebergte, de vader van Uma, zijn dochter daar weghalen.

Hartstocht had ondertussen van schrik haar bewustzijn verloren. Toen ze weer bijkwam, werd ze overmand door het verdriet om haar gestorven heer en ze begon onbeheerst te huilen. Op dat moment klonk er een stem, die troostend tegen haar begon te praten. 'U hoeft niet bedroefd te zijn, uw minnaar leeft nog. Op de dag dat Shiva met Uma zal trouwen, zal hij aan Kamadeva zijn lichaam teruggeven, bij wijze van huwelijkscadeau aan Uma.'

Sinds Shiva haar zo in de steek had gelaten, haatte Uma het dat ze zo mooi was. Want wat deed schoonheid ertoe als degene van wie ze hield haar niet wilde liefhebben? Ze besloot een kluizenaarsleven te gaan leiden. Ze ontdeed zich van al haar sieraden, hulde zich in boomschors en ging op een eenzame berg wonen. Daar wijdde ze haar gedachten uitsluitend en alleen aan Shiva en legde ze zichzelf kwellingen op die Shiva zouden behagen.

Op een dag kwam er een jonge brahmaan bij haar op bezoek, die veel bewondering had voor haar onwrikbare liefde voor de god Shiva. Toch kon hij niet begrijpen waarom ze zichzelf zo kwelde omwille van iemand die haar niet zag staan, terwijl ze zo jong en mooi was dat ze iedere andere man om haar vinger zou kunnen winden. Uma vertelde hem wat haar allemaal was overkomen, en legde uit dat ze geen andere manier dan zelf-kwelling wist om Shiva voor zich te winnen, nu ook de minne-god haar niet meer kon helpen.

De jonge brahmaan probeerde haar ervan te overtuigen dat ze moest ophouden naar Shiva te verlangen. Hij vertelde haar over Shiva's slechte zedelijke reputatie en dat hij rondzwierf op plaatsen waar lijken werden verbrand. Hij vertelde hoe Shiva een giftige slang om zijn hals had geslagen en de huid van een pas gevilde olifant om zijn lendenen droeg. Tenslotte herinnerde hij Uma eraan dat Shiva erg arm was en dat niemand eigenlijk wist waar hij vandaan kwam.

Het enige effect dat deze verhalen op Uma hadden, was dat ze boos werd en voor haar geliefde op de bres sprong. Ze riep de brahmaan toe dat niets haar liefde voor de grote god aan het wankelen zou kunnen brengen, zelfs niet als al die verhalen die over hem de ronde deden waar zouden zijn.

Op dat moment veranderde de jonge brahmaan van gedaante. Hij deed zijn vermomming af en bleek niemand minder dan Shiva zelf te zijn. Nu hij had gehoord hoeveel Uma van hem hield, schonk hij haar eindelijk zijn liefde.

Dolgelukkig ging Uma naar haar vader om hem te vertellen welk wonder was geschied. Onmiddellijk werd begonnen met de voorbereidingen van het huwelijk.

Op de dag van het huwelijk maakten Shiva en Uma, samen met Brahma, Vishnu en een groot gevolg, triomfantelijk een ronde door de Himalayastad. De burgers wierpen zoveel bloemen naar hen toe dat ze er tot hun enkels doorheen liepen. Na de plechtigheid nam Shiva zijn vrouw mee naar zijn woonplaats op de Kailasaberg en zoals voorspeld kreeg de minnegod die-zelfde dag nog zijn lichaam terug.

Voor Shiva en Uma volgden vele gelukkige jaren in het Hima-layagebergte, maar op een dag kwam er een bode van de go-den. De bode was de vuurgod en hij bracht het misprijzen van de andere goden over dat er nog geen zoon uit het huwelijk was geboren. De goden wisten immers dat er een mannelijke nakomeling zou komen die de boze demon Taraka moest ver-slaan.

Na deze boodschap gaf Shiva zijn vruchtbare zaad aan de

vuurgod, die het vervolgens in de Ganges gooide. De heilige rivier bewaarde het zaad, tot op een dag in alle vroegte de Pleiaden van een bad in zijn wateren kwamen genieten. Tijdens het baden vonden ze het zaad en ze maakten een nestje van riet, waarin ze het zaad legden. En daar, in dat nestje, ontstond het goddelijke kind Kumara. Later zou Kumara de god van de oorlog worden, maar eerst nog werd het door zijn ouders Shiva en Uma gevonden. Zij namen hem mee naar de Kailasa en zorgden ervoor dat hij daar gezond en gelukkig opgroeide.

Kumara werd een sterke jongeman en op een dag vroegen de goden om zijn hulp bij het bestrijden van de demon Taraka. Kumara kreeg een groot leger onder zich, dat hij leidde zoals het een veldheer van de goden betaamde. Hij versloeg Taraka en zorgde er zo voor dat de vrede terugkeerde op de aarde en in de hemel.

Shiva en Uma kregen nog een zoon, Ganesa, en hij werd de god van de wijsheid, die voor alle problemen een oplossing wist te bedenken. Uma was erg trots op hem. Op een dag nodigde ze de planeet Sani (Saturnus) uit naar haar zoon te komen kijken. Sani had echter een blik vol vuur en toen hij zijn ogen op Ganesa richtte, werd Ganesa's hoofd verteerd tot as. Uma schrok ontzettend. Ze ging wanhopig naar Brahma om hem om raad te vragen. 'Stuur een dienaar weg met de opdracht dat hij het eerste schepsel dat hij op zijn pad tegenkomt het hoofd moet afslaan,' antwoordde Brahma. 'Dat hoofd zal het hoofd van Ganesa worden.'

Uma ging terug en gaf de afschuwelijke opdracht aan een betrouwbare dienaar. De dienaar vertrok. Het eerste schepsel dat hij ontmoette, was een olifant. Hij hief zijn zwaard en hakte met een geweldige slag het hoofd van het kolossale dier af. Toen bracht hij de olifantenkop naar Uma, die de kop op de romp van haar zoon zette. En zo is het gekomen dat Ganesa geen mensenhoofd, maar een olifantenkop heeft.

Uma's spelletje

Op een dag was Shiva opnieuw in diep gepeins verzonken op zijn Kailasaberg. Om hem heen waren prachtige wouden waar vele vogels, dieren en nimfen huisden. Shiva had de schaduw van een bosje opgezocht en overal was de geur van frisse bloemkelken te ruiken. Hemelse muziek weerklonk, afgewisseld met het gezoem van ijverige bijen. De berg straalde door de macht van Shiva's ascese.

Om zijn lendenen had Shiva het vel van een tijger gebonden en zijn schouders had hij bedekt met de huid van een leeuw. Zijn halssnoer werd gevormd door een giftige slang. Zijn haar droeg hij in vlechten en zijn baard had een groene kleur gekregen.

Op een gegeven moment kwam Uma naar hem toe, in dezelfde kledij als haar echtgenoot. Achter haar aan kwamen de dienaren van Shiva. Uma droeg een kruik met water dat op heilige plaatsen was verzameld, en de godinnen van de heilige rivieren volgden haar. Overal waar ze haar voeten neerzette, groeiden prachtige bloemen en om haar heen hing een zoete, verleidelijke geur. Ze was vrolijk en wilde een spelletje spelen met Shiva. Ze ging achter hem staan en hield haar welgevormde handen voor zijn ogen.

Het volgende ogenblik verminderde het licht van de zon en alle levendige activiteit die er even tevoren nog heerste, verdween. Mens en dier krompen angstig in elkaar.

Gelukkig duurde deze verduistering niet lang, want Shiva had nog een derde oog midden in zijn voorhoofd en daaruit straalde een helder licht dat als tweede zon fungeerde. Het licht uit dat nieuwe oog was echter zo sterk en fel dat alle wouden van de Himalaya erdoor verschroeid werden. De dieren sloegen op de vlucht en zochten bescherming bij Shiva. De vlammen laaiden steeds hoger op tot ze zelfs tot aan de hemel reikten, en verteerden stukje bij beetje de bergen en alles wat erop groeide.

Uma's vader, het Himalayagebergte, verkeerde in doodsnood en Uma kon het niet langer aanzien. Smekend viel ze voor Shiva op haar knieën en vroeg hem het vuur dat haar vader verzengde te laten ophouden. De grote god zag hoe diep de smart van zijn geliefde vrouw was. Hij besloot haar smeekbede te verhoren. Hij richtte een genadige blik op de bergen en van het ene moment op het andere was de Himalaya weer als vanouds, alsof er nooit een vuur had gewoed. De bomen stonden weer in bloei en de vogels en de dieren waren niet langer bang.

'Heilige meester van al het geschapene,' zei Uma tegen haar echtgenoot, 'wat gebeurde er dat je derde oog te voorschijn kwam? Waarom zond je een vuurstraal naar de bergen om die te verteren? En waarom heb je even later alle schade die het vuur had aangericht ongedaan gemaakt?'

'Dat het licht van de zon verduisterd werd, kwam omdat je je handen voor mijn ogen hield,' antwoordde Shiva. 'Ik creëerde toen een derde oog waarmee ik de schepping wilde bewaren. Alleen bleek het licht dat daaruit straalde te sterk en te verzengend en daardoor ontstond het vuur. Dat ik vervolgens alle schade heb hersteld, heb ik voor jou gedaan!'

Shiva's visvangst

Op een dag gaf Shiva aan Uma uitleg over de heilige Veda-teksten. Hij was juist bij een zeer ingewikkelde passage gekomen, toen hij opkeek en zag dat Uma er met haar gedachten helemaal niet bij was. Hij vroeg haar of ze hem nog een keer kon zeggen waar ze het zojuist over hadden gehad. Uma keek hem verschrikt aan. Ze kon het niet voor hem herhalen, want ze had haar aandacht er niet bij gehad.
Shiva was erg boos en teleurgesteld. 'Blijkbaar ben je toch niet geschikt om getrouwd te zijn met een heilige kluizenaar. Ik zal je op aarde geboren laten worden in een vissersvrouw. Als vrouw van een visser zul je namelijk nooit verveeld worden met het lezen van heilige teksten.'
Het volgende moment was Uma van de Kailasaberg verdwenen. Shiva trok zich weer terug in zijn diepe overpeinzingen, maar dat ging hem niet zo gemakkelijk af als anders. Hij moest steeds aan Uma denken en bleef onrustig. Uiteindelijk moest hij tegenover zichzelf toegeven dat zijn beslissing misschien wat ondoordacht was geweest. 'Uma is toch mijn vrouw! Ik kan haar toch niet op aarde laten leven en zeker niet als vissersvrouw,' zei hij bij zichzelf.
Hij riep zijn dienaar Nandi, die hij de opdracht gaf naar de aarde te gaan in de gedaante van een enorme haai. Die haai moest de vissers het leven zuur maken door hun netten kapot te maken en de bootjes lek te slaan of om te gooien.
Toen Uma als klein meisje op aarde werd geboren, werd ze gevonden door de hoofdman van de vissers, die haar adopteerde en haar de naam Parvati gaf. Ze had het goed bij zijn gezin en werd een zeldzaam mooie vrouw. Er was geen jonge visser die niet met haar wilde trouwen.
Juist toen Parvati de huwbare leeftijd had bereikt, begon de haai het vissersvolk steeds vaker en steeds erger lastig te vallen.

De hoofdman besloot dat de visser die de enorme haai zou weten te vangen, met zijn pleegdochter zou mogen trouwen. Dat was precies zoals Shiva het gepland had. Hij veranderde zijn goddelijke gedaante in dat van een knappe jonge visser en verzon het verhaal dat hij afkomstig was uit Mathura. Hij had zogenaamd gehoord van de streken van de haai en bood aan te helpen het dier te vangen. Hij wierp zijn net uit. Op wonderbaarlijke wijze zwom de haai er meteen in.

De vreugde van de vissers was groot nu de gevaarlijke plaaggeest uit de weg was geruimd. Zoals beloofd mocht de jonge visser uit Mathura nu trouwen met Parvati.

Op dat moment gooide Shiva zijn vermomming af en toonde zich in zijn ware gedaante. Hij zegende de pleegvader van Parvati op allerlei manieren en keerde toen terug naar de Kailasaberg, samen met zijn geliefde Uma.

Tijgerklauw

Aan de oever van de Ganges woonde eens een brahmaan die erg geleerd was. Zijn zoon bezat zeldzame gaven en buitengewone lichamelijke en geestelijke krachten. Toen de jongen oud genoeg was, ging hij in de leer bij zijn vader.

Zijn vader leerde hem alles wat hij hem leren kon. Toen gaf hij hem zijn zegen en zei: 'Als er nog meer is wat ik voor jou kan doen, zeg je het maar.'

Eerbiedig knielde de zoon voor zijn vader neer en zei: 'Ik zou graag willen weten wat voor een kluizenaar de hoogste deugd is die hij kan betrachten.'

'Het hoogste wat een kluizenaar kan doen,' antwoordde zijn vader, 'is Shiva vereren.'

'Waar zou ik Shiva het beste kunnen vereren?' vroeg de zoon.

'Zijn wezen is in het hele heelal terug te vinden,' zei de vader, 'maar op bepaalde plaatsen is zijn aanwezigheid groter, net zoals de Alziel in bepaalde personen duidelijker te herkennen is. Het belangrijkste heiligdom van Shiva is Tillai[73]. Het linga is daar namelijk van zuiver licht.'

De jonge asceet ging op weg en liep in de richting van het zui-

---

73 Tillai: een andere naam voor Chitambaram, dat vroeger een wildernis was waar Tillaibomen groeiden.

den. Hij had een lange reis voor de boeg. Op een gegeven moment zag hij een prachtig meer waar vele lotusbloemen in dreven. Aan de oever van dat meer stond een linga onder een vijgenboom. Hij knielde erbij neer en drukte zijn gezicht op de grond om zijn meester te eren. Elke dag offerde hij Shiva bloemen en water en diende hij hem trouw als een echte priester. Een klein eindje bij het meer vandaan bouwde hij een hutje voor zichzelf. In het woud richtte hij een tweede linga op.

Het bleek echter nog niet zo eenvoudig de diensten in de beide heiligdommen zo te vervullen als hij dat wilde. De bloemen die hij vond in de vijvers, in de velden en aan de struiken waren namelijk niet mooi genoeg in zijn ogen. Voor de dagelijkse diensten wilde hij alleen de gaafste bloemknoppen gebruiken en die waren alleen te vinden in de kruinen van de hoge woudbomen. Het maakte niet uit hoe vroeg hij aan zijn werk begon. Voordat hij genoeg bloemen had weten te verzamelen, was altijd al meer dan de helft verwelkt in de felle zon. In het donker naar de bloemen zoeken had geen zin, want dan kon hij niet zien welke bloemen de mooiste waren.

De wanhoop dat hij zijn meester niet op volmaakte wijze kon dienen, werd steeds groter. Smekend om hulp viel hij voor Shiva op zijn knieën. Met een vriendelijke glimlach om zijn lippen verscheen de god aan hem en hij stond zijn dienaar een gunst toe. De jonge asceet had als enige wens dat hij snel genoeg in de bomen kon klimmen om de mooiste bloemen te verzamelen voor Shiva's eredienst. Dus vroeg hij zijn god of hij hem scherpe ogen wilde geven en tijgerpoten met sterke klauwen in plaats van zijn eigen handen en voeten. Shiva gaf hem waar hij om vroeg. Sindsdien droeg de jongeman de naam van Tijgerklauw.

Oogofferaar

In het bos leefde in vroegere tijden eens een opperhoofd, dat niets anders deed dan jagen. Overal in het woud kon men zijn honden horen blaffen en zijn dienaren horen schreeuwen. De god die hij vereerde was Subrahmanyan, de god van de bergen in het zuiden. Deze god wilde graag geofferd worden met sterke drank, hanen en pauwen en de offerfeesten moesten groot en wild zijn.

Het opperhoofd nam altijd zijn zoon mee op jacht. De jongen

had als bijnaam de Stoere. Het opperhoofd voedde hem op alsof hij het jong van een tijger was. Met de jaren werd het opperhoofd steeds zwakker en toen hij vond dat de tijd rijp was, droeg hij zijn gezag over aan de Stoere.

Ook de Stoere deed weinig anders dan jagen. Op een dag ving hij een groot everzwijn in zijn netten. Het beest wist echter te ontsnappen en rende weg zo snel als zijn poten hem konden dragen. De Stoere ging het zwijn achterna, samen met twee dienaren. Na een lange, slopende jacht moest het dier van uitputting opgeven en de Stoere hakte hem in twee stukken.

Toen de rest van het jachtgezelschap hem had ingehaald, stelde men voor te rusten en ondertussen het zwijn te braden. In de buurt was echter geen water te vinden en dus liepen ze verder. De Stoere droeg het everzwijn op zijn schouders.

Plotseling viel het oog van de jagers op de Kalaharti, de heilige heuvel waar op de top een beeld van de godheid stond met gevlochten haar. Eén van de dienaren stelde voor naar die top te gaan om te bidden.

De Stoere, nog steeds met het zwijn op zijn schouder, knikte instemmend en begon de heuvel op te klimmen. Hij merkte echter dat hoe hoger hij kwam, des te lichter het zwijn werd. Verbaasd gooide hij de buit op de grond. Hij wilde erachter komen hoe dit wonder in elkaar stak en rende vast vooruit.

Het duurde niet lang voor hij een stenen linga zag waarin Shiva's hoofd was uitgehakt. De aanblik van het beeld raakte hem tot diep in zijn ziel en op slag veranderde zijn hele karakter. De zaden van zijn liefde voor de god moesten al in zijn ziel aanwezig zijn geweest, maar plotseling was nu zijn hele wezen vervuld van de god. Eerbiedig en hartstochtelijk kuste hij het beeld, alsof het een verloren zoon was die hij had teruggevonden.

Het hoofd van de god was nog vochtig van een wateroffer en er lag een krans van bladeren omheen. Eén van de dienaren van de Stoere was inmiddels dichterbij gekomen. Hij zei tegen zijn opperhoofd dat dat gedaan moest zijn door een oude brahmaan, die hier al woonde in de tijd dat de vader van de Stoere nog opperhoofd was.

De kortgeleden nog zo wilde jager kreeg de behoefte zelf zijn god te dienen. Zo snel hij kon, liep hij terug naar het kamp dat zijn volgelingen hadden opgeslagen. Hij vond het moeilijk het beeld daar op de top achter te laten, maar hij wilde gedeelten van het zwijn aan Shiva offeren. Hij koos de malste stukjes uit, proefde even om te zien of ze inderdaad goed waren, en legde ze op een schaal van bladeren. In zijn mond zoog hij een beetje water van de rivier op en haastig klom hij opnieuw naar de top van de heuvel. Zijn dienaren keken hem verbaasd na. Ze konden niets anders bedenken dan dat hij krankzinnig was geworden.

Zodra de Stoere weer terug was bij het beeld van Shiva, besprenkelde hij het met het water uit zijn mond en droeg hij het offer van zwijnenvlees op. De wilde bloemen die hij in zijn haar droeg, legde hij als een krans om het beeld heen. Ondertussen smeekte hij Shiva of hij zijn gaven wilde aanvaarden.

Ook toen de zon was ondergegaan bleef de Stoere de wacht houden bij het beeld. Zijn boog hield hij gespannen met een ingekerfde pijl. De volgende ochtend trok hij erop uit om te jagen op nieuwe offergaven voor de god.

Terwijl de Stoere op jacht was, kwam de oude brahmaan, die de god daar al jarenlang had geëerd, voor zijn ochtenddienst naar het beeld. Hij droeg heilige kruiken met zuiver water en had verse bloemen bij zich en voortdurend prevelde hij rituele gebeden. Toen hij dichterbij kwam en zag dat iemand vlees en onrein water aan de god had geofferd, viel hij van schrik en afschuw voor het beeld op de grond. Hij begreep niet hoe de god had kunnen toestaan dat zijn heiligdom zo werd geschonden. De oude brahmaan zag het doden van levende schepselen namelijk als een vreselijke zonde en het eten van vlees was het ergste wat iemand kon doen. Dat het beeld was aangeraakt door de mond van een man was een bezoedeling die nauwelijks was te herstellen, en dat het de mond van een bosjager moest zijn geweest, bezorgde hem helemaal rillingen van afschuw. De ruwe, onbehouwen bosjagers vond hij een volk van lagere orde.

De oude man besefte echter dat hij de dagelijkse dienst toch moest vervullen. Dus zuiverde hij het beeld zo goed als hij kon. Precies zoals de *Purana's* dat voorschreven, volbracht hij de eredienst. Hij zong de toepasselijke hymnen, liep zijn ronde om het heiligdom en ging toen terug naar zijn kluizenaarshut.

Een paar dagen lang werden er op deze manier twee diensten per dag gehouden bij het beeld. Elke ochtend bracht de brahmaan zijn offer van frisse bloemen en zuiver water en elke avond kwam de jager om vlees aan de god te offeren.

Het vorige opperhoofd, de vader van de Stoere, dacht dat zijn zoon zijn verstand had verloren en probeerde met hem te praten. Elke poging om de Stoere over te halen mee terug te gaan naar hun dorp was echter tevergeefs. Tenslotte konden de bosjagers niet anders dan hem op de heuvel achterlaten bij zijn dierbare beeld.

De brahmaan vond het vreselijk dat het heiligdom zo werd geschonden. Hij smeekte Shiva zijn beeld tegen de diensten van de bosjager te beschermen. Op een nacht verscheen Shiva in een droom aan de brahmaan en zei: 'U klaagt dat mijn beeld bezoedeld wordt door de offers van vlees en onrein water, maar ik ben er blij mee. De bosjager die dat vlees aan mij opdraagt en mij water uit zijn mond schenkt, heeft namelijk nooit geleerd hoe een heilige offerdienst gehouden moet worden. Zijn ziel was wild, maar is nu slechts vervuld van mij. Zijn onwetendheid heeft er bovendien juist voor gezorgd dat ik zo plotseling in zijn hart kon binnendringen. Zijn offers, die u zo minderwaardig en beledigend vindt, zijn gegeven met oprechte liefde. Morgen zal ik u tonen dat hij mij inderdaad trouw is toegewijd.'

De volgende avond verborg de brahmaan zich achter het heiligdom en Shiva zorgde ervoor dat de oude man niet te zien was. Hij wilde laten zien hoeveel de Stoere van hem hield. Daarom liet hij uit het rechteroog van het beeld bloed stromen.

De Stoere was juist bezig zijn offer van vlees aan het beeld te brengen. Toen hij het bloed zag, schrok hij ontzettend. 'Mijn meester, wie of wat heeft u deze wond bezorgd?' riep hij uit. 'Wie heeft uw heiligdom geschonden? Dat moet zijn geweest toen ik weg was om te jagen voor u, toen ik er niet was om u te bewaken!' Hij draaide zich om en begon in het woud te zoeken naar de dader, maar hij kon niemand vinden. Toen keerde hij terug naar het beeld en probeerde met heilzame kruiden ervoor te zorgen dat het bloeden ophield, maar zijn pogingen hadden geen succes.

Koortsachtig zocht hij naar een oplossing. Plotseling herinnerde hij zich iets wat een dokter ooit tegen hem had gezegd: gelijk geneest gelijk. Hij bedacht zich geen seconde en pakte een pijl met een scherpe punt. Daarmee stak hij zijn eigen rechteroog uit en drukte dat op het bloedende rechteroog van het beeld. Onmiddellijk werd het bloeden gestelpt, maar nu begon er bloed uit het linkeroog te stromen.

Heel even wist de Stoere niet wat hij moest doen, maar toen besefte hij dat hij dezelfde geneeswijze nog een keer kon toepassen. Hij pakte opnieuw de pijl en richtte hem op zijn linkeroog.

Met zijn voet wees hij de plaats aan waar hij dat linkeroog aanstonds in het beeld moest plaatsen. Zonder zijn linkeroog zou hij immers niets meer kunnen zien.

Toen vond Shiva dat de Stoere zijn trouw en toewijding wel genoeg had bewezen, en met een hand van het beeld hield hij de hand van de Stoere tegen waarmee hij de pijl in zijn oog had willen stoten. 'Zo is het genoeg,' zei Shiva tegen hem. 'Ik zal u meenemen naar de Kailasa en vanaf dit moment zal uw plaats altijd naast mij zijn.'

De brahmaan moest zijn mening over de wilde bosjager nu wel herzien. Hij had geleerd dat rituele reinheid overtroffen kan worden door de kracht van de liefde.

De Stoere kreeg van de vereerders van Shiva een nieuwe naam: de Oogofferaar.

Manikka-vasagar en de jakhalzen

In de omgeving van Madura werd de heilige Manikka geboren. Op zestienjarige leeftijd wist hij al alles van de brahmaanse wetenschappen van die tijd. Zijn specialisme waren de gewijde geschriften van de shivaïeten.

Al snel kreeg ook de koning berichten over de geleerdheid en scherpzinnigheid van Manikka. Hij liet hem bij zich komen en gaf hem de positie van eerste minister.

Aan het hof van de koning leefde Manikka als Indra in de hemel en tussen de andere hovelingen straalde hij als de maan tussen de sterren. Hij kon gebruik maken van paarden en olifanten wanneer hij maar wilde, zijn kleren waren koninklijk en er werd voortdurend een zonnescherm boven zijn hoofd gehouden. Het kwam er eigenlijk op neer dat de wijze koning de regering volledig aan hem overliet.

Gelukkig bleef de jonge eerste minister heel gewoon onder alle macht en pracht die hem ten deel vielen. Zijn opvatting was dat al die materiële geneugten zijn ziel nooit verlossing zouden brengen. Waar hij naar zocht, was de uitweg uit de kringloop van wedergeboorten en om die te bereiken moest zijn ziel afstand nemen van alle uiterlijkheden. Als hij keek naar het zwoegende volk, dat geen uitzicht had op verlossing uit de ellendige levenskringloop, werd hij overspoeld door een gevoel van diep medelijden. Hij deed trouw de dingen die van hem verwacht werden als eerste minister en als regeerder, maar zijn ziel verlangde niets anders dan verenigd te worden met Shiva. Elke dag bleef hij hopen dat hij iemand zou tegenkomen die hem zou kunnen leren hoe hij de verlossing kon bereiken. Hij sprak met vele shivaïetische leermeesters, maar geen van hen kon hem de bevredigende uitweg wijzen.

Op een dag verscheen er een bode aan het hof, die wist te vertellen dat er een lading van vele prachtige paarden was aangekomen in een nabijgelegen koninkrijk. De koning wilde graag een aantal van die mooie paarden kopen en dus stuurde hij Manikka met een grote hoeveelheid geld naar de havenstad waar de paarden waren gearriveerd.

Met een groot gevolg van krijgers en onder veel uiterlijk vertoon vertrok Manikka niet lang daarna naar het naburige koninkrijk.

Intussen had Shiva het plan opgevat in de gedaante van een menselijke leermeester op aarde een leerling te zoeken die hem kon helpen bij het bekeren van het zuiden en bij het in ere houden van de Tamil-taal. In de buurt van de haven ging hij onder een boom met vele breed uithangende takken zitten, omringd door een groot aantal van zijn dienaren, die de gedaante hadden aangenomen van Shiva-heiligen. De bomen in zijn omgeving begonnen spontaan te bloeien en de vogels begonnen prachtige liederen te zingen.

Op weg naar de haven kwam Manikka met zijn gevolg in de buurt van de boom waar Shiva onder zat, en plotseling hoorde hij er goddelijke gezangen. Hij stuurde één van zijn mannen in de richting van de prachtige muziek om te kijken wat daar aan de hand was. Even later kwam de man terug om te vertellen dat daar onder een boom een heilige leermeester zat, omringd door vele volgelingen. 'De leermeester lijkt wel enigszins op Shiva zelf,' voegde hij er nog aan toe.

Manikka aarzelde geen seconde en liep vol eerbied op de wijze man af, die inderdaad Shiva zelf moest zijn, met zijn stralende extra oog.

Manikka begon allerlei vragen te stellen over de goddelijke leer die de meester en zijn volgelingen aanhingen, en al snel kwam hij tot bekering. Huilend knielde hij neer voor de voeten van de wijze en op dat moment liet hij alle materiële, wereldse zaken voor wat ze waren. Zijn inwijding werd plechtig gevierd en hij kreeg de status van 'levend-verloste', dat wil zeggen een ziel die al verlost is uit de levenskringloop, maar nog wel gevangen zit in een menselijk lichaam. Manikka gooide witte as over zich heen en droeg zijn haar vanaf toen in vlechten, zoals elke Shiva-asceet. Het geld dat hij bij zich had om paarden voor zijn koning mee te kopen, gaf hij aan zijn leermeester en aan diens groep van volgelingen.

De krijgers die hem tijdens zijn reis hadden begeleid, zagen dit alles met verbazing gebeuren. Hun verbazing sloeg echter om in woede, toen ze zagen dat Manikka zomaar het geld van hun koning aan vreemden weggaf. Ze liepen naar hem toe en zeiden tegen hem dat hij niet het recht had het bezit van zijn koning aan een ander te geven, maar Manikka maakte een afwijzend gebaar. 'Ik maak me niet langer druk om dergelijke materiële zaken,' zei hij en met deze woorden stuurde hij hen weg.

De stoet van krijgers kon weinig uitrichten en besloot terug te gaan naar Madura. Daar vertelden de krijgers aan de koning wat er was voorgevallen. De koning was natuurlijk woedend toen hij hoorde wat Manikka met zijn geld had gedaan. Hij stuurde een bode naar hem toe met het bevel dat hij onmiddellijk moest terugkeren naar het hof.

Manikka was echter niet onder de indruk van het bevel en zei tegen de bode dat hij de koning het volgende moest meedelen: 'Shiva is vanaf nu mijn enige koning. Zelfs de boden van de dood zouden mij niet kunnen overhalen hem te verlaten.'

Shiva vond echter dat Manikka toch maar beter naar het hof in Madura kon gaan. Hij hoefde nergens bang voor te zijn, want hij kon zijn koning vertellen dat de paarden die hij had gewenst spoedig zouden arriveren.

Manikka-vasagar volgde de raad van Shiva op en aanvankelijk vertrouwde de koning hem op zijn woord dat de paarden zouden komen. Na een paar dagen werd de koning echter toch wantrouwig en twee dagen voordat Manikka had gezegd dat de paarden zouden worden afgeleverd, besloot hij zijn voormalige minister in de gevangenis te laten gooien.

Shiva had alles zien gebeuren en liet zijn leerling niet in de steek. Hij zocht een grote groep jakhalzen en liet die een gedaanteverwisseling ondergaan tot schitterende paarden. Een aantal minder belangrijke goden veranderde hij in knechten die de paarden begeleidden, en zelf nam hij het uiterlijk aan van een koopman. Zo kon hij de paarden netjes bij de nieuwe eigenaar afleveren.

Toen de paarden aan het hof arriveerden, zag de koning in dat hij fout was geweest. Hij bood zijn verontschuldigingen aan Manikka aan en liet hem onmiddellijk vrij uit de gevangenis. De paarden kregen een plaatsje in de koninklijke stallen en de als begeleiders vermomde goden verlieten de stad. Er leek geen vuiltje aan de lucht te zijn.

Maar nog voor het ochtendgloren klonk in de stad een afschuwelijk gehuil. De nieuwe paarden hadden hun eigen gedaante van jakhals weer teruggekregen en waren nu bezig de echte paarden in de stallen tot prooi te maken.

De koning realiseerde zich dat hij door Manikka was beetgenomen, en gooide hem opnieuw in de gevangenis. Hij martelde zijn voormalige minister door hem op het heetst van de dag met een zware steen op zijn rug rondjes te laten lopen.

Manikka wanhoopte niet. Hij bad tot Shiva om hulp en die hulp kreeg hij ook. Shiva zorgde ervoor dat de rivier de Ganges buiten zijn oevers trad, zodat de hele stad onder water kwam te staan.

Toen besefte de koning pas dat hij een dwaas was geweest om te denken dat hij het tegen Shiva kon opnemen. Hij bevrijdde zijn minister nogmaals uit de gevangenis en gaf hem volledig eerherstel. Manikka kreeg de opdracht een dam te bouwen die de stad tegen toekomstige overstromingen moest beschermen.

De koning wilde het liefst dat zijn minister de regering van het rijk weer op zich zou nemen, maar de heilige Manikka bedankte voor de eer. Hij ging liever terug naar de plaats waar hij zijn god Shiva voor het eerst had gezien.

Shiva had nu het doel bereikt dat hij zichzelf had gesteld, en dus steeg hij op naar de hemel. Manikka-vasagar belastte hij met de taak zijn leer en geloof over heel Tamilakam te verspreiden.

De rest van zijn levensjaren op aarde besteedde de heilige Manikka aan het zingen van lofliederen voor Shiva en daarbij trok hij van stad naar stad. Zijn naam Manikka-vasagar stamt uit die periode, want die naam betekent: wiens woorden als robijnen zijn.

Uiteindelijk arriveerde hij in de stad Chitambaram, de stad waar ook de heilige Tijgerklauw ooit had gewoond. In Chitambaram was elke dag de dans van Shiva te zien. Daar bleef Manikka tot het moment dat hij met zijn god werd verenigd.

Die vereniging met Shiva kwam op een merkwaardige wijze tot stand. Manikka-vasagar was op een dag in een felle discussie verwikkeld met een paar boeddhistische heidenen uit Ceylon, toen er een eerbiedwaardig uitziende man op hem afkwam. Manikka kende de man niet, maar de man vroeg of hij de gezangen die Manikka altijd zong mocht opschrijven. Manikka vond dat goed en de man maakte lustig aantekeningen terwijl hij zong. De onbekende gelovige was in werkelijkheid Shiva zelf en hij schreef de gezangen op om ze in de hemel aan de goden te laten horen.

De volgende morgen vonden de gelovigen in de tempel van Shiva, naast zijn beeltenis, een bundel waarin alle verzen van Manikka, ongeveer duizend in getal, verzameld waren. Shiva zelf had er zijn handtekening onder gezet. Zo snel ze konden gingen de gelovigen naar Manikka om hem om een verklaring voor het gebeurde te vragen.

Manikka ging de groep gelovigen voor naar het beeld van Shiva en eenmaal daar aangekomen zei hij: 'Dit is de betekenis van het wonder.' Met deze woorden versmolt hij met de beeltenis van zijn god en meester en was hij voorgoed van de aardbodem verdwenen.

De dans van Shiva

Op een dag hoorde Shiva dat er een sekte van tienduizend mensen woonde in het Taragamwoud. De sekteleden hadden in zijn ogen nogal vreemde opvattingen. Ze geloofden namelijk dat zielen geen meester hadden, dat ze slechts goede daden hoefden te doen om zalig te worden en dat het heelal eeuwig was.

Shiva vond dat het tijd was deze mensen te leren wat de waarheid was. Hij nam de gedaante aan van een ronddwalende asceet en Vishnu vergezelde hem in de gedaante van een mooie vrouw, de echtgenote van de asceet. Samen kwamen ze aan bij de groep mensen in het woud.

Toen de mannelijke sekteleden de mooie vrouw zagen, verloren ze meteen hun hart aan haar en de vrouwen werden allemaal verliefd op de asceet. De oplaaiende emoties zorgden voor heel wat beroering onder de kluizenaars.

De situatie was echter zo wonderlijk dat de kluizenaars het vermoeden kregen dat er bovennatuurlijke krachten aan het werk waren. Ze overlegden met elkaar en besloten een vervloeking uit te spreken over de beide vreemdelingen. Maar hoeveel vervloekingen ze ook verzonnen, geen enkele had ook maar de geringste uitwerking op de asceet en zijn vrouw.

Tenslotte ontstaken ze een heilig vuur, waaruit een afschuwelijke tijger te voorschijn sprong die het op Shiva had gemunt. Shiva was echter niet onder de indruk en bleef glimlachen. Kalm en beheerst pakte hij het beest beet en met zijn pink ontdeed hij het van zijn huid, die hij vervolgens om zijn schouders legde. De kluizenaars toverden toen een enorme slang te voorschijn, maar ook die werd eenvoudig door Shiva gedood en werd als een sieraad om zijn hals gehangen. De kluizenaars ondernamen een laatste poging door een boze dwerg, die gewapend was met een grote knots, te toveren. De dwerg had echter geen schijn van kans. Shiva duwde hem met zijn voet op de grond en begon vervolgens triomfantelijk te dansen. De kluizenaars zagen in dat hun krachtsinspanningen tevergeefs waren geweest. De snelle dans van de asceet en de aanblik van de goden die uit de geopende hemel op hen neerkeken, zorgden ervoor dat hun laatste verzet gebroken werd. Ze knielden neer voor de triomf van Shiva en bekeerden zich tot zijn leer.

Parvati, de vrouw van Shiva, kwam op de witte stier naar de aarde en samen met haar ging de machtige god terug naar zijn woonplaats op de Kailasaberg.

Vishnu en zijn dienaar, de slang Ananta, bleven geïmponeerd en in een roes achter. Vooral Ananta wilde niets liever dan de vurige dans van Shiva nogmaals aanschouwen. Vishnu bemerkte het verlangen van zijn dienaar en besloot Ananta van zijn plichten te ontheffen. De zoon van Ananta zou de taken van zijn vader overnemen. Ananta was nu vrij om naar de Kailasaberg te gaan, waar hij op aanraden van Vishnu zichzelf zou versterven om zodoende de gunst van de grote god te winnen.

De heilige slang met zijn duizend koppen vertrok naar het noorden, waar hij afstand deed van al het aardse en Shiva op de nederigst mogelijke wijze diende.

Na een tijdje besloot Shiva de standvastigheid van zijn volgeling te testen. In de gedaante van Brahma, gezeten op zijn zwaan, ging hij naar Ananta toe. 'Ananta, u hebt uzelf nu wel genoeg ontzegd. Ik zal u een hoge plaats in de hemel geven, waar u kunt genieten van het bovenaardse,' zei hij vriendelijk.

Maar Ananta antwoordde: 'Een hoge plaats in de hemel is niet waarnaar ik verlang. Het enige wat ik wil, is voor eeuwig de mystieke dans van Shiva aanschouwen!'

Alle pogingen van Brahma om hem over te halen waren tevergeefs. De slang bleef bij zijn besluit zich te versterven. Hij was zelfs bereid die levenswijze ook in volgende levens vol te houden, net zolang tot hij de vervulling van zijn wens had bereikt. Toen wierp Shiva zijn vermomming af en toonde zich in zijn ware gedaante. Ook Parvati verscheen naast hem, gezeten op de witte stier.

Shiva legde zijn hand op de kop van Ananta en bracht zijn nieuwe leerling de oude wijsheden bij. Hij vertelde hem dat Maya, dat wil zeggen begoocheling, ten grondslag lag aan het heelal en dat het heelal bedoeld was als plaats voor eindeloze incarnaties en goede en slechte daden. 'Ik ben de eerste oorzaak van het heelal, de begoocheling is de stoffelijke oorzaak en Parvati, die de belichaming is van mijn energie, is de werktuiglijke oorzaak. Ik heb twee kanten, een zichtbare en een onzichtbare kant, maar daarboven staat mijn ware gedaante, mijn gedaante van glans en licht. Ik ben de ziel van alles wat bestaat en met mijn dans kan ik scheppen, onderhouden en vernietigen. Mijn dans zorgt ervoor dat zielen een lichaam krijgen, en kan die zielen vervolgens bevrijden. Mijn dans kent geen einde en in het middelpunt van het heelal, in Chitambaram, zal uw wens om mijn dans te zien vervuld worden. Het slangenlichaam dat u nu hebt, zult u verruilen voor een menselijk lichaam. In het Tillaiwoud zult u een bosje vinden met het allerheiligste linga, waar mijn dienaar Tijgerklauw voor zorgt. U zult bij hem gaan wonen in zijn kluizenaarshut, tot het moment komt dat u samen met hem de dans opnieuw zult aanschouwen.'

Manasa Devi

Shiva had bij een mooie aardse vrouw een dochter gekregen. Ze heette Manasa Devi en had de bijnaam Padma, wat 'lotusgodin' betekent. Uma, haar stiefmoeder, duldde haar niet bij zich in de buurt en dus was Manasa gedwongen op aarde te gaan wonen, samen met Neta, een andere dochter van Shiva.

Manasa was de koningin van de goddelijke slangen. Ze wilde niets liever dan vereerd worden als een godin. Om dat te bereiken moest ze ervoor zorgen dat Chand Sadagar, een rijke en machtige koopman uit Champaka Nagar, haar goddelijke eer zou bewijzen.

Ze deed haar uiterste best hem zover te krijgen, maar het hart van de koopman was gewijd aan Shiva zelf en hij zag het als verraad als hij opeens zijn eerbied zou betuigen aan een goddelijke slangenkoningin.

Even buiten de stad had Chand een schitterende tuin, een paradijsje op aarde, en iedere avond ging hij daar zitten om de bloemen te bewonderen en de frisse lucht in te ademen.

Uit wraaklust stuurde Manasa slangen naar de tuin, die met hun vlammende tongen alles wat er bloeide in de as legden. Chand beschikte echter over toverkracht. Shiva had hem de macht gegeven om iets wat dood was gegaan weer tot leven te wekken. Zonder al te veel moeite kon hij zijn tuin dus in de oude staat herstellen.

Toen nam Manasa de gedaante aan van een lieftallig meisje. Ze was zo stralend blank dat de maan erbij verbleekte. Toen Chand haar zag, verloor hij onmiddellijk zijn hart aan haar. Ze wilde zijn liefde echter niet beantwoorden, tenzij hij zijn toverkracht aan haar zou geven. Chand was verblind door zijn liefde en gaf haar waar ze om vroeg. Het volgende moment was het mooie meisje verdwenen. In haar eigen gedaante vertoonde Manasa Devi zich vervolgens aan Chand en zei: 'Dat u zojuist uw toverkracht hebt weggegeven, heeft niets te maken met het toeval, maar is u ingegeven door bovenaardse krachten. Als u mij goddelijke eer bewijst, zal uw toverkracht u worden teruggegeven.'

Chand zwichtte echter niet voor haar chantage en Manasa strafte hem door zijn tuin nogmaals te vernielen. Gelukkig kreeg Chand hulp van een vriend, die een groot tovenaar was. Deze man maakte de bomen en bloemen in Chands tuin weer net zo mooi als tevoren.

Manasa liet dat niet op zich zitten en vermoordde de tovenaar met een list. Daarna vernielde ze de prachtige tuin voor de derde keer en nu was de schade onherstelbaar.

Ze gaf een paar slangen de opdracht één voor één alle zes de zonen van Chand te vermoorden. Telkens als één van de jongens was gedood, zei Manasa tegen Chand: 'Als u mij nu de eer bewijst die mij toekomt, zal alle schade hersteld worden.' Maar Chand bleef weigeren. Hij bleef op Shiva vertrouwen, hoe groot het offer ook was dat hij daarvoor moest geven.

Toen moest hij op een verre handelsreis. Hij ging met een vloot schepen en alles verliep naar wens. Hij wist goede zaken te doen en ook de terugreis ging voorspoedig. Toen de thuishaven al in zicht was, werden zijn schepen echter overvallen door een hevige storm. Chand begon Uma, Shiva's echtgenote, om bescherming te smeken. Geërgerd ging Manasa naar haar vader Shiva om hem te vragen daar een stokje voor te steken. 'Uma heeft mij al uit de hemel verstoten. Is ze nu dan nog niet tevreden? Moet ze zich dan per se in al mijn zaken mengen?'

Shiva liet zich overhalen door de woorden van zijn dochter en zei tegen Uma: 'Ik wil dat jij onmiddellijk met mij meegaat, Uma, want anders...'

'Anders wat?' vroeg Uma.

'Laat maar zitten. Ik wil alleen dat je een beetje redelijk bent, liefste. Manasa heeft er toch eigenlijk wel recht op dat ze voor één keer haar gang mag gaan, niet dan? We hebben tot nu toe nooit veel ouderlijke aandacht aan haar geschonken. Gun haar dan voor deze ene keer wat ze wil.'

Uma gaf toe en volgde Shiva. Het schip van Chand zonk en Chand zelf dreef rond op de woeste golven. Het was niet Manasa's bedoeling hem te laten verdrinken en dus gooide ze haar lotuskroon als reddingsboei in de zee. Chand pakte het voorwerp beet, maar toen hij zag dat het de kroon van Manasa was, liet hij de kroon direct weer gaan. Nooit zou hij om zijn leven te redden hulp van Manasa aannemen.

Manasa zag haar plannen in duigen vallen en gaf de golven de opdracht Chand naar de oever te dragen. De plaats waar Chand eindelijk weer vaste grond onder zijn voeten voelde, was vlak bij een stad die hij wel kende. In die stad woonde namelijk een oude vriend van hem. De vriend ontving hem hartelijk en Chand kon rustig van zijn ontberingen herstellen. Toen kwam hij er echter plotseling achter dat zijn vriend Manasa vereerde, want naast zijn huis stond een tempel voor haar. Hij bleef geen seconde langer bij zijn vriend en liet zelfs alle kleren achter die hij van hem had gekregen.

Als een bedelaar smeekte hij om wat voedsel en ging toen voor een bad naar de rivier. Manasa stuurde een muis om het beetje rijst dat Chand bij elkaar had gebedeld op te eten, terwijl Chand zich aan het wassen was. Nu was het enige voedsel dat Chand nog overhad een paar rauwe bananenschillen, die op de oever waren achtergelaten door kinderen.

Chand werd maaier en dorser bij een familie van brahmanen, maar Manasa zorgde ervoor dat zijn gedachten en handelingen verstoord werden, zodat hij zijn werk steeds verprutste. Het duurde niet lang voor hij door zijn baas ontslagen werd. Lange tijd zwierf Chand rond, maar eindelijk kwam hij weer aan in Champaka Nagar. Zijn haat jegens Manasa Devi was in die tijd alleen maar groter geworden.

Twee nimfen uit de hemel van Indra waren goede vriendinnen van Manasa en ze besloten haar een handje te helpen bij haar pogingen Chand voor zich te winnen. Eén van de nimfen liet zichzelf geboren worden als een zoon van Chand en de ander kwam op aarde als de dochter van Saha, een kennis van Chand uit Nichhani Nagar.

Bij Chands thuiskomst na zijn ellendig verlopen reis wachtte hem een aangename verrassing. Zijn vrouw had hem een mooie, gezonde zoon geschonken, die de naam Laksmindara kreeg.

Laksmindara groeide voorspoedig op en bereikte de leeftijd dat hij wilde trouwen. In de wijde omtrek was er geen mooier meisje te vinden dan Behula, de dochter van de rijke koopman Saha. Haar lotusachtige gezicht werd omlijst door prachtige, lange lokken. Haar ogen glansden als die van een gazelle en haar stem klonk als die van een kokila, een Indische nachtegaal. Ze kon dansen als geen ander. Zij en Laksmindara werden erg verliefd op elkaar.

Door sterrenwichelaars was voorspeld dat Laksmindara zijn huwelijksnacht niet zou overleven, omdat hij door een slang zou worden gebeten. De vrouw van Chand wilde echter niets liever dan dat haar zoon zou trouwen. Ze dwong Chand de voorbereidingen voor het huwelijk te treffen. Chand deed dat met grote tegenzin, want hij wist dat Manasa zou komen om het geluk te verstoren.

Hij liet een huis bouwen voor zijn zoon dat helemaal van staal was. Er mocht zelfs geen kiertje in komen waar een speld door zou kunnen, en om het huis zette hij krijgers met getrokken zwaarden op wacht. In de tuin om het huis liet hij ichneumons[74] en pauwen los, de aartsvijanden van slangen.

De man die met de bouw van het huis was belast, werd door Manasa onder dreigementen bevolen dat hij toch een kleine opening in een muur moest laten omdat anders hij en zijn hele gezin de dood zouden vinden. Hoewel de man in eerste instan-

---

[74] Ichneumon: op de bunzing lijkende civetkat, die de eieren van krokodillen en slangen eet.

tie niet aan de chantage wilde toegeven, kreeg de angst toch de overhand en dus zorgde hij dat er een haarfijn openingetje in de muur kwam. Het kiertje verborg hij door er wat fijn kolengruis in te stoppen.

Op de dag van het huwelijk volgden de boze voortekenen elkaar op. Laksmindara liet de krans van zijn hoofd vallen en toen het huwelijk was voltrokken, veegde Behula per ongeluk het huwelijksteken weg dat op haar voorhoofd was aangebracht. Zo leek het alsof haar man al was overleden.

Na de plechtigheden gingen Laksmindara en Behula met z'n tweeën naar hun stalen huis. Behula voelde zich erg verlegen en duldde Laksmindara nauwelijks in haar buurt. Laksmindara drong niet aan. Hij was erg moe van de lange periode van vasten en van alle festiviteiten en het duurde niet lang of hij viel in slaap. Hoewel Behula ook ontzettend vermoeid was, bleef ze wakker. Ze ging naast Laksmindara op bed zitten en keek naar hem terwijl hij sliep. Ze vond het wonderbaarlijk dat zo'n lieve man haar echtgenoot was geworden.

In haar ooghoeken zag ze plotseling een opening ontstaan in de stalen wand. Door die opening gleed een grote slang naar binnen. Een aantal van de slangen die Manasa tot haar beschikking had, kon zich namelijk heel ver uitrekken. Ze werden dan zo dun dat ze door de kleinste kier konden schuiven. Behula bewaarde haar kalmte en gaf de slang een beetje melk te drinken. De aandacht van de slang verslapte toen ze aan het drinken was. Op dat moment kon Behula een strik om zijn kop gooien, waarmee ze de slang verstikte. Op dezelfde manier doodde ze ook de twee volgende slangen die zich door de kier naar binnen wurmden.

Op een gegeven moment kon Behula echter niet langer weerstand bieden aan de vermoeidheid. Haar pogingen om haar ogen open te houden hadden steeds minder succes. Uiteindelijk kreeg de slaap haar vast in zijn greep en over Laksmindara's voeten zakte ze onderuit.

Dat was het moment waarop de slang Kal-nagini had gewacht. Deze slang was ook degene die de vernielingen in Chands tuin had aangericht. Nu sloop hij het huis van Laksmindara binnen om hem te bijten. De scherpe tanden van de slang haalden Laksmindara met een schreeuw uit zijn slaap. Ook Behula schrok wakker en kon nog juist de staart van de slang door het kiertje zien verdwijnen.

Toen de moeder van Laksmindara de volgende ochtend kwam kijken hoe het met het kersverse bruidspaar stond, zag ze tot haar ontzetting dat haar zoon dood in bed lag. Behula zat naast hem en liet haar tranen de vrije loop. Behula vertelde hoe haar man gebeten was door een slang. Laksmindara's moeder kon dat aanvankelijk nauwelijks geloven. Toen ze echter de drie slangen zag liggen die met een strik waren gedood, besefte ze dat Behula de waarheid had gesproken.

Behula was doof voor alle troostende woorden. Het enige waaraan ze kon denken, was dat ze te verlegen was geweest om Laksmindara te geven waarom hij had gevraagd en waar hij als haar man recht op had. Het vervulde haar met enorme spijt.

In die dagen was het de gewoonte dat mensen die door een slangenbeet om het leven waren gekomen niet verbrand werden, maar op een vlot werden gelegd dat op een rivier werd losgelaten. Wellicht had men de vage hoop dat de overledene tijdens zijn tocht gevonden zou worden door een wonderdokter of een slangenbezweerder en dat die hem dan nog zou kunnen genezen.

Voor Laksmindara werd ook zo'n vlot gemaakt. Toen zijn lichaam erop was gelegd, ging Behula ernaast zitten. Ze deed de plechtige gelofte dat ze het lichaam van haar man niet in de steek zou laten totdat ze iemand had gevonden die hem weer tot leven kon wekken.

De omstanders dachten dat Behula van verdriet haar verstand had verloren, en ze deden wat ze konden om haar van haar voornemen af te houden. Maar Behula was onvermurwbaar en zei tegen haar schoonmoeder: 'In onze bruidskamer brandt nog steeds de lamp en ik zeg u, moeder, dat ik hoop heb dat mijn man levend bij me terugkomt zolang die lamp haar licht nog laat schijnen. Huil niet meer, moeder, maar doe de deur van de bruidskamer dicht en let op de lamp.'

Toen zwaaide Behula en ze dreef weg op het vlot, zittend naast haar dode echtgenoot. Ze liet Champaka Nagar achter zich en kwam langs het huis van haar vader. Daar stonden haar vijf broers haar langs de oever op te wachten en ook zij probeerden haar ervan te overtuigen dat ze het lichaam moest achterlaten. 'Het is vreselijk dat je nu al weduwe bent,' riepen ze, 'maar als je bij ons terugkomt, zullen wij voor je zorgen. Wij kunnen je vast heel gelukkig maken!' Maar ook naar haar broers luisterde Behula niet. Ze riep hun toe dat ze nergens liever wilde zijn dan naast haar echtgenoot en dat ze zonder hem niet zou kunnen leven. Zo gleed ze uit het zicht van haar verdrietige broers.

Na een tijdje begon het dode lichaam van Laksmindara op te zwellen en te ontbinden, maar Behula liet zich daar niet door verdrijven. Ze vergat haar eigen ellende bij het zien van het onvermijdelijke verval van haar echtgenoot. Het vlot dreef langs vele dorpen, maar overal dachten de burgers dat de vrouw die naast het lichaam zat gek moest zijn geworden. Behula bad onophoudelijk tot Manasa Devi, maar de slangenkoningin gaf Laksmindara niet zijn leven terug. Wel zorgde ze ervoor dat storm of krokodillen het vlot niets konden doen, en gaf ze kracht en moed aan Behula.

Behula's vastberadenheid wankelde nog altijd niet. Omdat ze een bovenmenselijke kracht in zich voelde stromen, raakte ze er steeds meer van overtuigd dat haar daad van liefde niet zonder resultaat kon blijven. Er waren wel momenten dat ze droomde van boze geesten die haar schrik aanjoegen of van goede geesten die haar wilden verleiden tot een rustig en veilig leven, maar zodra die dromen voorbij waren, was haar overtuiging nog onaangetast. Hardop bleef ze bidden voor het leven van haar man.

Zes lange maanden gingen voorbij en toen liep het vlot aan de grond. Precies op die plaats langs de rivier woonde Neta, de halfzuster van Manasa. Ze was kleren aan het wassen, maar ze had een stralenkrans om haar hoofd en daaraan kon Behula zien dat ze geen gewone sterfelijke vrouw was. Naast de vrouw speelde een leuk ventje, dat haar echter voortdurend lastigviel bij het werk. Op een gegeven moment was het geduld van de vrouw op. Ze pakte het kind ruw beet en kneep het de keel dicht, net zolang tot het ophield met spartelen. Onbekommerd legde de vrouw het levenloze lichaampje achter zich neer en ging verder met wassen.

Toen de avond viel, liet ze een paar druppels water op het kindje vallen en op wonderbaarlijke wijze deed het jochie zijn ogen open en glimlachte naar zijn moeder. Het leek wel of hij alleen maar had liggen slapen.

Behula had dit alles met stomme verbazing aangezien en ze sprong aan land om voor de vrouw te knielen en haar te smeken haar te helpen. Neta kreeg medelijden met de onbekende jonge vrouw en besloot haar mee te nemen naar de hemel, zodat ze daar haar verhaal zou kunnen doen aan de goden. Misschien zouden de goden haar dan willen helpen.

De goden vroegen Behula of ze voor hen wilde dansen. Dat deed ze zo mooi dat de goden haar beloofden dat ze Laksmindara het leven zouden teruggeven. Bovendien deden ze haar de belofte dat ze Chand alles zouden teruggeven wat hij verloren had. Manasa Devi stemde daarmee in, mits Behula ervoor zou zorgen dat haar schoonvader zich zou bekeren en Manasa zou gaan aanbidden en vereren. Behula beloofde plechtig dat voor haar te zullen doen.

Dolgelukkig voer Behula met haar springlevende echtgenoot terug naar Champaka Nagar. Onderweg kwamen ze nogmaals langs de ouders van Behula, maar tijd om daar een lang bezoek te brengen hadden ze niet. Ze gingen zo snel mogelijk door naar huis, waar Behula moest zorgen dat Manasa's wens werd vervuld.

Ze vermomde zichzelf als straatveegster en de eersten van de familie die ze tegenkwam, waren de zusjes van Laksmindara die water kwamen halen. Behula gaf de meisjes een schitterende waaier, waarop alle leden van de familie van Chand waren afgebeeld. Ze vertelde hun dat ze een straatveegster was die Behula heette, dat ze de dochter was van Saha, ook een straatveger, en dat ze getrouwd was met Laksmindara, de zoon van de straatveger Chand. Ze vroeg de meisjes of ze de waaier aan hun moeder wilden laten zien met de vraag of ze die misschien voor veel geld wilde kopen.

Zo snel ze konden gingen de meisjes met de waaier naar huis en ze vertelden hun moeder dat ze die gekregen hadden van de straatveegster Behula. Geschrokken liep de moeder naar het stalen huis en toen ze daar de deur opendeed, zag ze tot haar verrassing dat de lamp, die een jaar geleden was aangestoken, nog altijd stond te branden.

Meteen rende ze naar de oever van de rivier, waar ze haar zoon met Behula zag, levend en ongedeerd. 'Gelukkig bent u meteen gekomen, moeder,' zei Behula tegen haar. 'We kunnen namelijk niet naar huis komen voordat Chand zijn verzet tegen Manasa Devi opgeeft en haar als een godin vereert en aanbidt. Wilt u hem die boodschap brengen?'

De moeder vertelde haar echtgenoot wat Behula had gezegd en toen moest Chand zijn nederlaag wel erkennen. Op de elfde dag van diezelfde maand, toen de maan aan het afnemen was, bracht hij Manasa Devi een goddelijk offer. De bloemen gaf hij weliswaar met zijn linkerhand en hij draaide zijn ogen weg van

Khitindra Nāth Mazumdar

Manasā Devī

haar beeltenis, maar voor Manasa was het genoeg. Ze gaf hem alles terug wat ze hem had afgenomen, en ook Chands vriend, de tovenaar, gaf ze zijn leven terug.
Vanaf die dag werd Manasa Devi erkend als een echte godin met recht op goddelijke eerbewijzen.

Boeddha

Vanuit het hindoese perspectief is het boeddhisme een heidens geloof. Het boeddhisme ontstond waarschijnlijk in de 6e eeuw voor Christus, toen een man uit het Gautamageslacht het systeem uitdacht en verspreidde. Die man heette Siddhartha, maar zijn volgelingen noemden hem later Boeddha, wat 'de verlichte' betekent.

In de letterlijke zin van het woord kan het boeddhisme geen godsdienst worden genoemd, want een god wordt er niet in erkend. Het is meer een filosofische levensbeschouwing, die gebaseerd is op de ontkenning. Hoe die ontkenning in elkaar zit, wordt hieronder uitgelegd.

Het boeddhisme gaat ervan uit dat de waarneembare werkelijkheid niet *is*, maar *wordt*. Het enige wat altijd blijft, is het *nirvana*, het niets. Het hoogste doel is verlost te worden uit de kringloop van wedergeboorten, de *samsara*, en dan op te gaan in het nirvana.

Het boeddhisme kent geen ziel, geen persoonlijke ziel en geen Alziel. Doordat bepaalde elementen tijdelijk worden samengevoegd, ontstaan bijvoorbeeld goden en mensen. Het schijnbeeld van het lichaam verdwijnt na de dood. Van een mens blijft alleen de som van zijn goede en slechte daden over, zijn *karma*. Dit karma resulteert in een nieuwe combinatie van elementen, waaruit een nieuw bestaan voortkomt, dat afhankelijk van het karma meer of minder verheven en gelukkig is. Er is een rangorde in de levensvormen, waarin de god (in de betekenis van een vorst in de hemel) bovenaan staat, gevolgd door de mens, de demon, het spook, het dier en de bewoner van de hel.

Wanneer iemand de wetten van Boeddha, die vooral zachtheid tegenover mens en dier voorstaan, nauwkeurig opvolgt, kan hij tot die wijsheid en dat inzicht komen waardoor hij afstand neemt van alles. Als iemand zich weet los te maken van bestaansdrang, van haat en van liefde, van vreugde en van verdriet, zal er na zijn dood geen karma overblijven. Dan is hij bij wijze van spreken al tijdens zijn bestaan in het nirvana opgegaan.

Het boeddhisme predikt zachtheid en zelfbeheersing, maar de ideeën over het hiernamaals zijn haast vermoeiend te noemen, omdat het nirvana zo moeilijk te bereiken is. In Voor-Indië waaide de belangstelling voor het boeddhisme al snel weer over, maar in Achter-Indië, zoals in Tibet, in China, in Japan en op Ceylon, kreeg het talrijke aanhangers.

Over Boeddha zelf weten we weinig. Hij is waarschijnlijk rond 480 voor Christus overleden. De verhalen die in dit boek zijn opgenomen, zijn verhalen van zijn aanhangers over zijn leven en de levens die hij daarvoor had geleid.

Wat verder nog belangrijk is om te weten over het boeddhisme, is dat de boeddhisten geloven dat er vier Boeddha's zijn geweest en dat er nog een vijfde zal komen. Al die Boeddha's predikten dezelfde verlossingsleer. De meest bekende en vereerde Boeddha is Gautama Boeddha. Hij is ook de Boeddha aan wie de verhalen in dit boek zijn gewijd.

De taal waarin de oudste heilige boeken van het boeddhisme zijn geschreven, evenals een aanzienlijk deel van de literatuur over Boeddha, is het Pali, een taal die veel op het Sanskriet lijkt. De eigennamen in de verhalen zijn dan ook allemaal opgenomen in de Pali-vorm.

Hoe Sumedha de toekomstige Boeddha werd

Lang, lang geleden leefde er een wijze, rechtvaardige en rijke brahmaan in de stad Amara. De ellendige kringloop van wedergeboorten hield zijn gedachten behoorlijk bezig en op een dag riep hij uit: 'Er moet een manier zijn om uit die cyclus verlost te worden. Vanaf nu zal ik er alles aan doen om die bevrijding van het bestaan te vinden!'

De brahmaan trok naar het Himalayagebergte, waar hij in een hutje van bladeren ging wonen en grote wijsheid kreeg.

Op een dag zou Dipankara, een bekende Boeddha, aankomen in de buurt van Sumedha's kluizenaarshut en de mensen waren bezig de weg voor hem vrij te maken.

Sumedha besloot hen te helpen en toen de Boeddha dichterbij

was gekomen, ging Sumedha voor hem in de modder liggen. 'Als ik op dit moment al het kwaad uit mijzelf ban, zou ik in het nirvana kunnen opgaan,' dacht hij, terwijl hij daar zo lag. 'Maar dat zou wel egoïstisch zijn. Ik wil liever alles leren wat er te leren valt, zodat ik een heleboel mensen de ware leer kan bijbrengen en hen met mij mee kan nemen naar de veilige oever voorbij de zee van wedergeboorten.'

Dipankara bezat de gave van alwetendheid. Terwijl hij bij Sumedha bleef staan, zei hij tegen de omstanders: 'Deze man zal over een paar eeuwen net zo'n Boeddha zijn als ik!' Hij kon de mensen ook vertellen waar hij geboren zou worden, wie zijn familieleden zouden zijn, wie zijn leerlingen zouden worden en onder welke boom hij de verheven Boeddhastaat zou bereiken.

Alle aanwezigen verheugden zich over deze woorden, want ze wisten nu dat ze, als ze in dit leven niet in het nirvana zouden opgaan, tenminste in een ander leven nog een kans zouden krijgen. Dan zou immers deze Boeddha zijn leer verkondigen en alle Boeddha's predikten dezelfde ware leer.

De natuur bevestigde de voorspelling van Dipankara. De bomen begonnen plotseling vrucht te dragen, het water in de rivieren stond een tijdje stil en uit de hemel daalde een regen van bloemen neer.

'Het enige wat u moet doen, is voorwaarts blijven gaan,' zei Dipankara tegen Sumedha. 'Dat u een Boeddha zult worden, daar bestaat geen twijfel over!'

Sumedha richtte zich vanaf toen volledig op de boeddhistische deugden. Hij volgde trouw alle voorschriften op, verloochende zichzelf en was mild tegenover anderen. Hij betoonde wijsheid, moed, geduld, vastberadenheid en welgezindheid en hij bleef trouw aan de waarheid. Zijn gemoedsgesteldheid was altijd hetzelfde, hij was onverschillig tegenover wat er om hem heen gebeurde. De rest van zijn leven bracht hij op deze manier door in het woud waar hij zich had teruggetrokken.

Na zijn dood werd hij nog talloze keren opnieuw op aarde geboren. Hij kreeg het lichaam van een mens, een god en een dier, maar altijd bleef hij zich richten op zijn uiteindelijke doel.

Men zegt dan ook dat er op de hele aarde geen plekje is waar Boeddha zijn leven niet heeft opgeofferd voor de mensen. De dingen die hij in een aantal van zijn bestaansvormen meemaakte, volgen hieronder.

De olifant met de zes slagtanden

In één van zijn levens werd de toekomstige Boeddha geboren als de zoon van een olifant die een kudde van achtduizend koninklijke olifanten leidde. Het leefgebied van de olifanten lag in het Himalayagebergte vlak bij een groot meer. Het water van het meer was helder en in het midden lag een krans van witte en gekleurde waterlelies. Op de velden rond het meer groeiden pompoenen, rijst, suikerriet en bananen. De velden werden omsloten door een bamboebos en dat bos werd weer omsloten door een cirkel van hoge bergen. Op de noordoostelijke oever van het meer stond een grote vijgenboom en aan de westkant opende zich een enorme gouden grot. Deze grot was een prima schuilplaats voor de olifanten als het regenseizoen was aangebroken. Als het te heet werd, konden ze onder de vijgenboom de aangename schaduw opzoeken.

De olifant waarin de toekomstige Boeddha huisde, had twee vrouwtjes, Cullasubhadda en Mahasubhadda. Op een dag maakte hij samen met hen een wandeling en bij een boom aangekomen hielden ze halt. De toekomstige Boeddha schudde de boom heen en weer en aan de kant waar Cullasubhadda stond, viel een regen van dorre takjes, bladeren en rode mieren neer. Mahasubhadda stond aan de andere kant en kreeg alleen maar groene bladeren en bloemen over zich heen. Een andere keer kreeg de toekomstige Boeddha van één van de olifanten een lotuskelk met zeven bladeren en die prachtige bloem gaf hij aan Mahasubhadda.

Cullasubhadda vatte deze voorvallen op als een grove belediging en ze begon een wrok te koesteren tegen haar mannetjesolifant. Op een dag droeg de olifant een offer van bloemen en vruchten op en gaf hij vijfhonderd volgelingen van Boeddha te eten. Cullasubhadda droeg bij aan het offer en bad dat ze in een volgend leven een prinses zou worden die zou trouwen met de koning van Benares. Dan zou ze namelijk in staat zijn er een dienaar op uit te sturen met de opdracht de olifant neer te schieten met een giftige pijl.

Niet lang daarna werd Cullasubhadda ziek en stierf. Waar ze om had gebeden, gebeurde ook: ze werd herboren als prinses en trouwde met de koning van Benares. De wrok uit haar vorige leven was haar bijgebleven en ze verzon een list om de olifant te laten vermoorden.

Ze ging op haar bed liggen en deed of ze ernstig ziek was. De koning hoorde dat zijn vrouw onwel was geworden, en ging snel naar haar toe. 'Wat is er toch dat je er zo verlept uitziet?' vroeg hij bezorgd. 'Het lijkt wel of je door een groot beest onder de voet bent gelopen.'

'Ik ben zo ziek omdat ik een wens heb die ik nooit zal kunnen vervullen,' antwoordde de koningin mismoedig.

'Dan beloof ik je bij deze dat ik elke wens van jou zal vervullen,' zei de koning plechtig.

De koningin vroeg hem alle zestigduizend jagers uit het rijk te verzamelen. Toen ze allemaal aanwezig waren, vertelde ze hun dat ze in een droom een prachtige witte olifant met zes slagtanden had gezien. Ze wilde die slagtanden zo graag hebben, dat ze zou sterven als ze ze niet zou krijgen. Ze liet haar ogen over de jagers gaan en koos een ruwe kerel uit die slecht bekend stond. Hem belastte ze met de taak de slagtanden voor haar te bemachtigen. Ze legde hem uit hoe hij bij het meer moest komen waar het hoge wezen in zijn olifantenlichaam leefde. Als beloning stelde ze hem vijf dorpen in het vooruitzicht, mits hij zijn taak goed zou volbrengen.

De jager was ondanks de beloofde vergoeding niet erg gelukkig met zijn opdracht, maar toen de koningin hem vertelde dat in haar droom haar wens in vervulling was gegaan, durfde hij het toch aan.

De koningin gaf hem alles wat hij op zijn reis dacht nodig te hebben, waaronder natuurlijk wapens en een goede valhelm. Toen ging hij op weg.

Hij trok door de diepe wildernis van het Himalayagebergte en kwam in streken waar nooit eerder mensen waren geweest. Na een lange reis die zeven jaar, zeven maanden en zeven dagen duurde en die een aaneenschakeling was van problemen en vermoeienissen, kwam hij aan bij de grote vijgenboom. De toekomstige Boeddha en zijn kudde olifanten leefden daar nog steeds vreedzaam en zonder zorgen.

De jager vermomde zich als kluizenaar en ging in een kuil zitten die hij in de grond had gegraven. Hij dekte de opening boven zijn hoofd goed af, op een klein stukje na waar hij net een pijl doorheen kon schieten.

Op een gegeven moment liep de olifant langs de kuil van de jager en de jager schoot zijn giftige pijl zonder aarzelen in het kolossale lichaam van de olifant. De olifant werd dol van pijn en woede en stormde op de jager af om hem te doden, maar toen zag hij dat de jager een kluizenaar was. De man droeg immers het kleed dat voor heiligheid en priesterlijke waardigheid stond.

De olifant vond direct zijn zelfbeheersing terug en vroeg de jager waarom hij was gekomen om hem te doden.

De jager antwoordde dat de koningin van Benares hem had gestuurd om een droom van haar in vervulling te doen gaan. De toekomstige Boeddha prikte door dat verhaal van de koningin heen en begreep wat er werkelijk achter zat. Hij gaf de jager toestemming hem zijn slagtanden af te nemen. Maar de jager was niet zo handig en de olifant was wel erg groot. Dus deed hij de olifant alleen maar pijn door hem in zijn bek te snijden. Het lukte hem niet de slagtanden van de olifant weg te zagen. Toen nam de olifant met zijn slurf de zaag van de jager over en haalde zelf zijn slagtanden eraf. Hij gaf ze aan de man die voor hem stond en zei: 'Mijn tanden zijn mij niets waard in vergelijking tot mijn wijsheid. Ik hoop dat ik door deze goede daad de alwetendheid verkrijg!'

Voor de jager vertrok, gaf de olifant hem nog de toverkracht om de terugreis in zeven dagen in plaats van zeven jaren te volbrengen. Toen gaf het grote dier de geest. De andere olifanten legden zijn lichaam op een brandstapel en lieten het in de vlammen opgaan.

Terug in Benares gaf de jager de tanden aan de koningin. 'Hebt u de olifant gedood?' vroeg ze aan hem.

'Ja, koningin,' antwoordde de jager. 'U kunt gerust zijn. De olifant leeft niet meer.'

De koningin legde de slagtanden op haar schoot en staarde ernaar. Ze brachten herinneringen boven aan een ander leven, een leven waarin de drager van de slagtanden haar geliefde was geweest, en plotseling werd ze overmand door een groot verdriet. Haar hart brak en diezelfde dag nog liet ze het leven.

Eeuwen later werd ze opnieuw geboren als een boeddhistische non uit Savatthi. Op een dag ging ze met een paar andere nonnen luisteren naar een rede van de Boeddha. Ze keek naar zijn gezicht, dat een bepaalde vrede uitstraalde, en ze kreeg het gevoel dat ze hem kende. Toen besefte ze dat hij lang geleden, in het lichaam van een olifant, haar man was geweest en een gevoel van blijdschap doorstroomde haar. Maar vervolgens herinnerde ze zich ook dat zij degene was geweest die verantwoordelijk was voor zijn dood. De tranen begonnen haar over de wangen te stromen.

De Boeddha zag haar en glimlachte en toen iemand hem vroeg waarom hij lachte, vertelde hij het bovenstaande verhaal. Velen van de aanwezigen kwamen toen tot bekering. De arme non werd in een later leven een heilige.

De boomgodheid

In Benares regeerde lang geleden koning Brahmadatta. Hij was geïnteresseerd in de bouwkunst en op een dag kreeg hij een plan. 'Als ik om me heen kijk, zie ik dat de paleizen altijd gestut worden door een heleboel zuilen. Ik wil de eerste koning zijn die een paleis bouwt dat maar door één zuil wordt ondersteund!'

Hij riep zijn bouwkundigen bijeen en gaf hun de opdracht een schitterend paleis te bouwen dat slechts op één zuil rustte. 'Dat zullen we doen,' zeiden de mannen en ze liepen het woud in om hout te zoeken.

In het woud kwamen ze een boom tegen die zo lang en zo mooi recht was, dat hij uitermate geschikt was om een heel paleis te dragen. Het bleek echter onmogelijk de boom door het dichte bos over zo'n grote afstand naar de stad te brengen. Met lege handen keerden ze naar de koning terug en vroegen hem om raad.

'Het maakt me niet uit hoe jullie het doen,' zei de koning, 'als jullie maar zorgen dat die boom hier zo snel mogelijk komt.'

De bouwkundigen peinsden en piekerden, maar konden geen enkele manier bedenken om de boom naar de stad te krijgen. 'Kijk dan of er in het park in de stad een geschikte boom staat,' adviseerde de koning.

De bouwkundigen deden wat de koning had gezegd en vonden inderdaad een mooie, statige boom met een lange, rechte stam. Deze boom stond bij de burgers van de stad en bij de koninklijke familie in hoog aanzien, maar de koning gaf toch zijn toestemming de boom te vellen.

Eerst gingen de bouwkundigen de boomgod vertellen dat zijn woonplaats zou worden omgehakt, zodat hij op tijd uit de boom kon vertrekken. Ze droegen verzoeningsoffers van bloemen en takken aan hem op en zeiden tegen de boom: 'De koning heeft opdracht gegeven over zeven dagen deze boom om te hakken. Mocht er in deze boom een godheid wonen, laat hem dan een andere woonplaats zoeken en laat hij de schuld niet op ons leggen!'

De godheid van de boom was niemand minder dan de toekomstige Boeddha zelf. 'Als deze mannen mijn boom omhakken, zal ik daarbij omkomen,' zei hij tegen zichzelf. 'En als ik omkom, zullen alle jonge boompjes die om mij heen staan en waarin verschillende godheden van mijn eigen geslacht huizen, ook vernietigd worden. Vooral de dood van mijn kinderen is iets wat ik niet zou kunnen verdragen. Ik zal alles in het werk stellen om hun levens te redden.'

Die nacht om twaalf uur ging de boomgod naar het slaapvertrek van de koning, waar hij met zijn hemelse stralen de hele kamer verlichtte. 'Wie bent u?' stamelde de koning geschrokken. 'Ik kan zien dat u een goddelijk wezen bent, en het lijkt me dat u bedroefd bent.'

'Men noemt mij de geluksboom,' antwoordde de boomgod. 'Ik word al zestigduizend jaar door de mensen vereerd. Al die tijd ben ik gespaard gebleven. De mensen bouwden vele huizen en paleizen, maar mij hebben ze steeds laten staan. Ik smeek u, koning, laat mij blijven waar ik ben en doe mij niets!'

De koning schudde somber zijn hoofd. 'U bent de enige boom die geschikt is om mijn paleis te dragen. Uw stam is lang en recht genoeg. Maar laat u troosten door de gedachte dat u ook in mijn paleis nog zeer lange tijd door de mensen bewonderd en vereerd zult worden.'

'Goed,' zei de boomgod, 'als het dan niet anders kan. Maar mag ik u dan één gunst vragen? Als u mij omhakt, wilt u dan eerst mijn top afhakken, dan mijn middelstuk en als laatste mijn wortel?'

De koning keek hem niet-begrijpend aan. 'Het is toch veel pijnlijker als u deel voor deel gedood wordt?' vroeg hij. 'Wat wilt u bereiken door op die manier gekapt te worden?'

'De reden die ik daarvoor heb, zijn mijn nakomelingen,' antwoordde de geluksboom. 'In de schaduw van mijn boom zijn ze ontsproten. Als ik in mijn geheel gekapt zou worden, zou ik hen in mijn val allemaal verpletteren en dat wil ik voorkomen.'

De woorden van de boomgod wekten ontroering en bewondering in de koning op. Eerbiedig groette hij hem en zei: 'God van de geluksboom, uw bezorgdheid voor uw nageslacht heeft me diep geraakt. Wees niet meer bang, ik zal u sparen!'

De volgende dag deelde de koning op aanraden van de boom-god vele geschenken uit aan zijn volk en tot aan zijn dood was hij een onberispelijk heerser.

Het haasje in de maan

De toekomstige Boeddha werd ook een keer geboren als een haasje dat in het woud leefde. Het haasje had vriendschap gesloten met een aap, een jakhals en een otter, drie wijze die-ren, en hij hield vaak preken voor anderen. Hij probeerde de dieren duidelijk te maken dat het belangrijk was aalmoezen te geven en de vastendagen in ere te houden.

Het was tijdens één van die vastendagen dat het haasje tegen zijn drie vrienden zei: 'Jullie zelf mogen geen voedsel tot je nemen, maar als iemand anders om jullie voedsel komt vragen, moeten jullie het aan die ander geven.'

De vangst van de otter bestond die dag uit vis, de jakhals had vlees gevonden en de aap had in de mangoboom wat vruchten geplukt. Het haasje zelf lag in zijn leger te piekeren. Het gras dat hij at, kon iemand anders niet tot voedsel dienen en over graan en vlees beschikte hij niet. Toen besloot hij dat als iemand hem om zijn voedsel zou vragen, hij zijn eigen lichaam zou geven.

Sakka's[75] troon in de hemel werd helemaal warm van dit gedenkwaardige besluit van het haasje. Hij besloot zelf naar de aarde af te dalen om de deugd van het haasje op de proef te stellen.

Hij veranderde zichzelf in een brahmaan en ging eerst naar de otter om hem om voedsel te vragen. Zonder aarzelen bood de otter hem zijn vis aan. Toen vroeg de brahmaan de jakhals en de aap om hun voedsel en ook zij gaven hem zonder omwegen hun vlees en fruit. Maar Indra weigerde hun voedsel aan te nemen. Hij zou er de volgende dag wel voor terugkomen.

Tenslotte kwam hij bij het haasje en toen hij het om voedsel vroeg, was het haasje buitengewoon blij dat het zichzelf kon weggeven. 'Brahmaan, vandaag zal ik iets geven wat ik nog nooit eerder heb gegeven,' zei het diertje. 'Verzamel wat hout om een vuur te maken en vertel me wanneer het brandt.'

---

75 Sakka: Sakra in het Sanskriet, oftewel Indra.

Sakka deed wat het haasje gezegd had. Toen het vuur brandde, sprong het haasje, de toekomstige Boeddha, in het vuur en terwijl het dat deed, stroomde er een groot gevoel van geluk door zijn hart. Groot was zijn verbazing echter toen hij merkte dat het vuur helemaal niet heet was en hem niet verbrandde. 'Wat heeft dit te betekenen?' vroeg het haasje aan de brahmaan. 'Waarom word ik niet door dit vuur verbrand?'
Toen vertelde Sakka wie hij in werkelijkheid was, en legde uit dat hij de edelmoedigheid van het haasje op de proef had willen stellen.
'Dat had u niet hoeven doen,' reageerde het haasje. 'Wie mij ook op de proef zou stellen, niemand zou mij erop kunnen betrappen dat ik iets met tegenzin zou geven, zelfs niet als het om mijn eigen lichaam ging.'
'Moge uw edelmoedigheid over de hele wereld beroemd worden!' wenste Sakka. Hij pakte een berg en kneep die uit en met het sap uit de berg tekende hij het haasje op de maan. Nu nog is het haasje daar te zien[76].
Toen keerde Sakka terug naar de hemel en kon het haasje ongedeerd terugkeren naar zijn plekje in het bos.

Santusita

In het lichaam van de milde koning Vessantara had de toekomstige Boeddha een lange regering gevoerd. Het was zijn voorlaatste incarnatie en na zijn dood steeg hij op naar de Tusitahemel. Normaal gesproken blijft een toekomstige Boeddha tussen twee levens in niet lang in de hemel, omdat hij vol ongeduld is zijn roeping te volbrengen. Maar deze keer, voordat hij voor de laatste keer als mens geboren zou worden, bleef de toekomstige Boeddha toch een lange tijd in de Tusitahemel. Zo kreeg hij de naam Santusita.
Eindelijk vond hij dat het tijd was geworden voor zijn laatste menselijke bestaan op aarde.
In de stad Kapilavatthu regeerde in die tijd koning Suddhodana. Suddhodana was de koning van de Sakya's en zijn vrouw heette Maha Maya. Op een nacht had Maha Maya een merk-

---

[76] Het woord dat de hindoes voor 'maan' gebruiken, is Sasin of Sasanka, wat 'met de haas' of 'met het teken van de haas' betekent.

waardige droom, waarin ze naar het Himalayagebergte werd gedragen door de goden van de vier windstreken. Eenmaal daar aangekomen werd ze door de vrouwen van de windgoden gewassen en ritueel gereinigd.

Toen verscheen in haar droom de toekomstige Boeddha aan haar. Sommige overleveringen zeggen dat hij eruit zag als een wolk die door de maan werd beschenen, andere dat hij de gedaante had van een witte olifant. Hij liep naar Maha Maya toe en maakte drie ronden om haar heen. Op dat moment verdween Santusita uit de hemel en nam hij zijn intrek in Maha Maya's schoot.

Tegelijkertijd gebeurden er allerlei grote wonderen. De tienduizend sferen trilden, het vuur in de hel doofde, overal begonnen spontaan muziekinstrumenten te spelen, het water in de rivieren hield op te stromen en alle bomen en struiken begonnen plotseling te bloeien.

De volgende dag riep de koning een vergadering bijeen van vierenzestig wijze brahmanen en hij vroeg hun de droom van zijn vrouw te verklaren. De brahmanen spraken lange tijd met elkaar en kwamen tot de conclusie dat de droom had aangekondigd dat de koningin een zoon zou baren die later Boeddha of wereldbeheerser zou worden.

Tijdens de negen maanden van haar zwangerschap werd Maha Maya beschermd door de goden van de vier windstreken en nog veertigduizend andere godheden. Haar lichaam was doorschijnend geworden, zodat iedereen het kind in haar schoot kon zien groeien.

Toen de tijd was gekomen dat het kind geboren kon worden, ging Maha Maya in een draagstoel van goud naar haar ouders. Toen ze even halt hield in het Lumbinipark om te rusten, werd zonder problemen en zonder pijn de Boeddha geboren.

Brahma pakte het kind als eerste op en gaf het toen door aan de goden van de vier windstreken, die het weer doorgaven aan de edelen die Maha Maya begeleidden. Toen wrong het kind zich plotseling uit hun handen en ging op de grond staan. Waar de voeten van de Boeddha de aarde voor de eerste keer raakten, schoot een lotusboom uit de grond op.

De latere vrouw van de Boeddha, Yasodhara, zag op dezelfde dag het levenslicht, evenals zijn latere paard Kanthaka, zijn toekomstige wagenmenner Channa en Ananda, de jongen die later de meest geliefde leerling van de Boeddha zou worden. Ook het zaadje van de boom waaronder de Boeddha de verlichting zou vinden, ontkiemde op die dag.

Siddhattha's bewaking

Toen het jongetje vijf dagen oud was, kreeg het de naam Siddhattha. Zijn moeder overleed twee dagen later.

Toen Siddhattha de twaalfjarige leeftijd had bereikt, overlegde de koning met de brahmanen over zijn toekomst. De brahmanen voorspelden dat de jongen een asceet zou worden en dat hij daartoe zou besluiten als hij in aanraking was gekomen met ouderdom, ziekte, dood en een zekere kluizenaar.

De koning was niet erg gecharmeerd van het idee dat zijn zoon een Boeddha zou worden, hij zag hem liever als een wereldbeheerser. Hij stelde dan ook alles in het werk om ervoor te zorgen dat zijn zoon de vier verschijningen die de brahmanen hadden genoemd niet zou zien. Hij schonk zijn zoon drie paleizen. De dienaren kregen de opdracht alleen maar voor vreugde en vermaak te zorgen. Ze mochten met geen woord over dood of pijn reppen.

De koning was bovendien van mening dat het voor zijn zoon moeilijker zou worden het koninklijk hof achter zich te laten als hij getrouwd was. Daarom ging hij zo onopvallend mogelijk een vrouw voor Siddhattha zoeken.

Hij liet een aantal mooie sieraden maken en gaf die aan zijn zoon om ze uit te delen aan de edele jonge vrouwen in zijn land. Op die manier wilde hij erachter komen welke vrouw in Siddhattha's hart een plaatsje kon veroveren.

Vele jonge vrouwen kwamen naar het hof om van de prins een sieraad in ontvangst te nemen. Net toen de sieraden allemaal vergeven waren, kwam Yasodhara naar het paleis. Ze was de dochter van de minister Mahanama en ook zij was gekomen voor een kleinood van de prins. Siddhattha keek haar aan en verdronk in haar ogen en hij besloot haar zijn eigen zegelring, die van grote waarde was, te geven.

De koning kreeg dit natuurlijk te horen en stuurde onmiddellijk een bode naar zijn minister om de hand van zijn dochter te vragen, zodat ze met Siddhattha kon trouwen.

Yasodhara was echter van adel en bij de adel van de Sakya's was het gebruikelijk dat mooie jonge vrouwen alleen aan strijdvaardige mannen werden gegeven. De man die in de wapenspelen de overwinning wist te behalen, kreeg het meisje tot echtgenote. 'Ik ben bang dat uw zoon erg zachtaardig is opgevoed en niet in staat zal zijn in het boogschieten of worstelen te overwinnen,' liet Mahanama aan de koning berichten.

De koning besloot een wedstrijd te houden waarin zijn zoon met andere jonge edelen zou strijden om de hand van Yasodhara. De eerste onderdelen van de wedstrijd bestonden uit letterkunde en wiskunde, daarna volgden het boogschieten en andere lichamelijke vaardigheden. Alle jongemannen lieten zich van hun beste kant zien, maar Siddhattha stak toch met kop en schouders boven hen uit. Met zijn heilige boog, die door niemand anders gespannen kon worden, behaalde hij de overwinning in het boogschieten en hij was ook de beste in het zwaardvechten, het paardrijden en het worstelen.

Mahanama moest zijn ongelijk bekennen en schonk hem de hand van zijn dochter Yasodhara. Siddhattha leidde een heerlijk leven met haar in het vreugdevolle paleis dat hij van zijn vader had gekregen, beschermd tegen pijn en dood. Het paleis was omgeven door een grote tuin met een driedubbele muur en de poorten daarvan werden bewaakt door vele sterke krijgers.

De goden zagen dit alles met lede ogen aan. Ze vonden dat het grote wezen zijn tijd verdeed zolang hij in het plezierige paleis verbleef, en dat hij zijn levenstaak moest aanvaarden. Ze stuurden een gedachte het heelal in: 'De tijd is gekomen om een begin te maken,' en ook de geest van Siddhattha ving die gedachte op.

Vanaf dat moment zag hij alles anders. De liederen die gezongen werden en de dansen die gedanst werden, vervulden hem niet langer met plezier, maar met het gevoel dat al die dingen vergankelijk en ijdel waren. Hij kreeg het verlangen de wereld buiten het paleis te gaan verkennen en dus riep hij zijn wagenmenner Channa bij zich en zei dat hij in de stad wilde rondrijden.

Dienaren brachten de koning op de hoogte van de plannen van zijn zoon, waarna de koning opdracht gaf de stad schoon te maken en te versieren. Hij verbood de oude of zieke mensen uit hun huizen te voorschijn te komen.

De maatregelen die hij had getroffen, waren echter niet genoeg. Toen Siddhattha door de stad reed, kwam er een god naar hem

toe die de gedaante van een zieke, oude man had aangenomen. De oude man kon nauwelijks nog lopen of ademhalen.
'Wat is dat voor iemand?' vroeg Siddhattha verbaasd aan zijn wagenmenner.
'Dat, mijn prins, is een oude man,' antwoordde Channa.
'Ik begrijp niet wat u daarmee bedoelt,' reageerde de prins. Channa legde hem geduldig uit dat de oude man zijn lichamelijke krachten tijdens zijn leven had verbruikt en dat hij over niet al te lange tijd zou sterven.
'Maar is dat een uitzondering of overkomt dat uiteindelijk iedereen?' vroeg Siddhattha.
'Ieder mens zal op een dag oud worden en sterven,' antwoordde Channa.
Siddhattha was door deze woorden zozeer uit het veld geslagen dat hij zijn rondrit door de stad staakte en terugkeerde naar zijn paleis. Daar bleef hij lange tijd nadenken over wat hij die dag had gezien. Hij vroeg zich af of er niet een manier was om aan het lot van de aftakelende jeugd te ontkomen.
Een paar dagen later maakte de prins nogmaals een rit door de stad. Op dezelfde weg waar hij de vorige keer de zwakke, oude man had ontmoet, zag hij nu een ernstig zieke man. De derde keer dat hij door de stad reed, trof hij een lijk aan langs de weg en de vierde keer ontmoette hij een bedelmonnik. Hij bleef lang met de monnik praten, die hem vertelde dat hij kluizenaar was geworden om afstand te nemen van alle vreugde en ellende, van alle liefde en haat, in de hoop verlossing te vinden voor zijn ziel.
Siddhattha betoonde de monnik zijn eerbied en ging toen diep onder de indruk terug naar het hof. Hij zocht zijn vader op en vroeg hem smekend toestemming het hof te verlaten om net als de monnik een kluizenaar te worden. 'Alle materiële, wereldse dingen hebben toch geen echte betekenis, vader,' zei hij. 'Ik wil me terugtrekken uit de wereld om erachter te komen wat werkelijk belangrijk is.'
Zijn woorden schokten de oude koning zozeer dat hij begon te huilen. Hij zette twee keer zoveel bewakers bij de poorten en zorgde voor twee keer zoveel vermaak in de paleizen, in de hoop dat hij zo zijn zoon van zijn besluit kon afhouden.

Siddhattha's vertrek

Juist toen Siddhattha het verlangen had gekregen het hof te verlaten, baarde zijn vrouw Yasodhara hem een zoon. Het kindje kreeg de naam Rahula. De liefde voor zijn zoon was echter niet sterk genoeg om het brandende verlangen in Siddhattha's hart te blussen.

In de nacht nadat Rahula ter wereld was gekomen, drongen de goden er bij Siddhattha in een droom op aan dat hij vertrok. Siddhattha gehoorzaamde. Hij wierp een laatste blik op zijn vrouw, die nietsvermoedend met zijn zoontje in haar armen lag te slapen, en verliet het slaapvertrek. Voorzichtig liep hij door het paleis naar de oostelijke uitgang. Bij de poort sloeg hij zijn ogen op naar de sterren in de hemel en smeekte alle Boeddha's om hulp en bescherming.

Sakka, de goden van de vier windstreken en vele andere godheden daalden neer uit de hemel en maakten een grote kring om Siddhattha heen. 'Het moment is aangebroken waarop u een begin gaat maken met het zoeken naar de hoogste levenswet!' zongen ze hem toe.

Dat alle goden gekomen waren om hem in zijn besluit bij te staan, gaf Siddhattha het laatste beetje moed dat hij nodig had om daadwerkelijk alles achter zich te laten.

Hij gaf zijn wagenmenner Channa opdracht zijn paard Kanthaka te zadelen. Toen het paard zo mooi en levendig voor hem stond, speet het Siddhattha wel dat dit de laatste keer zou zijn dat hij het zou bestijgen. Toen hij stevig in het zadel zat, werden de hoeven van Kanthaka door de goden van de grond gehouden, zodat hij zonder geluid te maken naar buiten zou kunnen gaan. Telkens als ze een poort van één van de drie muren naderden, ging de poort automatisch en geruisloos open. En zo, omringd door vele goddelijke wezens, liet Siddhattha zijn leven aan het hof achter zich.

Onderweg probeerde Channa nog altijd zijn prins op zijn voornemen te laten terugkomen, want hij zag hem, net als de koning, veel liever wereldbeheerser worden. Maar Siddhattha wist nu met zekerheid dat hij het hoogste inzicht zou verkrijgen. Niets, zelfs de meest afschuwelijke dood niet, kon hem nog op zijn schreden doen terugkeren.

Voor de laatste keer sprong hij uit het zadel van Kanthaka. Tegen Channa zei hij dat hij het dier thuis moest brengen.

Channa moest dan ook aan koning Suddhodana de boodschap overbrengen dat er geen reden was tot droefheid, maar dat hij eerder blij moest zijn omdat zijn zoon zou ontdekken hoe de wereld verlost kon worden van de eeuwige kringloop van wedergeboorten en van alle ellende en pijn. 'Ik heb mijzelf al weten te bevrijden van de liefde die bestaat tussen mensen die tot dezelfde familie behoren,' zei Siddhattha. 'Maar nu moet u Kanthaka naar huis brengen.'

Het kostte nog enige overredingskracht Channa te laten vertrekken, maar uiteindelijk gehoorzaamde hij zijn meester. Hij viel op zijn knieën en kuste de voeten van zijn prins en ook Kanthaka liet zich niet onbetuigd. Het trouwe paard likte Siddhattha over zijn wang als teken van afscheid en toen aanvaardden ze eindelijk de terugweg.

In zijn eentje liep Siddhattha verder, maar na een tijdje kwam hij een godheid tegen die zichzelf als jager had vermomd. Hij vroeg om de kleren van de jager, in ruil voor zijn eigen koninklijke gewaden, zodat hij er wat meer zou uitzien als een asceet die afstand had genomen van de wereldse dingen. Hij ontmoette ook nog een god die zich uitgaf voor kapper, en die man schoor zijn hoofd kaal.

Tenslotte kwam hij aan bij een kluizenarij. De brahmanen die er woonden verwelkomden hem met eerbied. Van deze mannen koos Siddhattha degene met de grootste geleerdheid uit om zijn leermeester te worden. Toen de wijze brahmaan hem een tijdlang had onderwezen in zijn wereldbeschouwing, ontdekte Siddhattha dat zijn meester weliswaar de zielen van zijn leerlingen naar de hemel kon wijzen, maar dat hij niet in staat was de totale verlossing uit de wedergeboorten te verschaffen.

'Wat is de mensheid toch dom,' verzuchtte hij. 'De mensen zijn bang voor de dood en verheugen zich over een geboorte!'

Siddhattha's omzwervingen

Siddhattha besefte dat hij in deze kluizenarij niet verder zou komen. Hij besloot naar de beroemde wijze Alara te gaan. De andere brahmanen zagen zijn vertrek met lede ogen aan.

Ook Alara had echter een wereldbeschouwing die onvolledig was. Siddhattha vertrok opnieuw. 'Waar ik naar zoek, is een wereldbeschouwing die niet is gebaseerd op het zijn of het nietzijn, op het eeuwige of het tijdelijke. Ik zoek een systeem waarin men niet praat over de idee van het oneindige, maar waarin men die idee van binnen voelt,' legde hij zijn leermeester uit.

Hij liet de hut van Alara achter zich en reisde naar Rajagaha, de stad waar koning Bimbisara regeerde. Hij werd er hartelijk ontvangen en Bimbisara probeerde hem over te halen in zijn stad te blijven, maar dat vond Siddhattha geen goed idee. Hij trok weer verder en kwam terecht in een dorpje vlak bij Gaya. In het bos even buiten het dorpje trok hij zich terug. Het enige voedsel dat hij tot zich nam was een paar gierstkorrels per dag. Hij werd mager, er kwamen rimpels in zijn huid en zijn ogen begonnen er hol uit te zien. De mensen die hem tegenkwamen, werden overspoeld door een gevoel van vrees en ontzag.

Koning Suddhodana bleef al die tijd regelmatig contact houden met zijn zoon door middel van boden en al die tijd bleef hij hem smeken terug te komen. De boden kwamen hem ook in het bos bij Gaya opzoeken en daar vonden ze hem meer dood dan levend.

Siddhattha was echter niet van zijn eens genomen besluit af te brengen en zei tegen de boodschappers: 'Mocht ik hier in dit bos sterven aan mijn zelfkwellingen voordat ik het volmaakte inzicht heb gekregen, neem dan mijn beenderen mee naar Kapilavatthu. Vertel de mensen daar dat het de beenderen zijn van een man die gestorven is omdat hij volhardde in het nastreven van zijn doel.'

Maar hoe langer zijn zelfkwellingen duurden, des te minder voelde de prins zich verlicht door wijsheid. Hij zag in dat het beter was dat hij zijn lichaam weer zou gaan voeden.

Een godheid had een meisje uit het dorp, Sujata, de opdracht gegeven de heilige kluizenaar te eten te geven. Ze deed haar uiterste best om er een bijzondere maaltijd van te maken. Ze verzamelde de melk van duizend koeien en gaf die te drinken aan vijfhonderd andere koeien. Die vijfhonderd koeien ging ze melken om er weer tweehonderdvijftig andere koeien van te voeden en zo ging ze door tot ze op een gegeven moment nog maar vijftien koeien overhad. In de melk van deze vijftien koeien kookte ze rijst, waardoor een bijzonder zuivere en smakelijke maaltijd ontstond.

Toen Siddhattha in het dorp kwam om de mensen om een beetje eten te vragen, gaf Sujata hem op een gouden schaal haar rijstepap.

Hij nam de schaal mee en zette hem neer aan de oever van de rivier, omdat hij zich eerst wilde wassen. Toen hij de rivier in liep, bleek de stroom echter sterker te zijn dan hij had verwacht, en hij werd hulpeloos meegesleurd. Het zag ernaar uit dat hij in de rivier zou verdrinken, maar hij werd gered door een godheid die in een grote boom aan de oever van de rivier woonde. De boomgod had hem met zijn lange arm uit het water getrokken en Siddhattha kon ongedeerd terugkeren naar zijn schaal met eten.

Toen hij gegeten had, gooide hij de gouden schaal in de rivier, waar het voorwerp werd gevonden door een slangenvorst. Toen de slangenvorst de schaal echter wilde meenemen naar zijn paleis, stak Sakka daar een stokje voor. Hij nam de gedaante aan van een roofvogel en rukte in zijn vlucht de schaal weg van de slang. Toen gaf hij de schaal een plaatsje in de Tusitahemel.

Siddhattha was inmiddels alweer verder getrokken en kwam steeds dichter bij de heilige boom waaronder ook eerdere Boeddha's het volmaakte inzicht hadden verworven. Hij liep op het bospad dat naar de boom leidde, toen er plotseling honderden vlinders boven zijn hoofd drie keer een cirkel maakten. Ze bleven hem volgen en ook andere dieren, zoals pauwen, vogels en viervoeters, kwamen naar hem toe. De stoet werd gesloten door godheden, slangen en demonen.

Vlak naast het bospad woonde een zeer oude slangenvorst. Siddhattha was niet de eerste Boeddha die hij langs zag komen, maar toen Siddhattha voorbijliep, begon de slang allerlei lofliederen voor hem te zingen. Ook de vrouw van de slang en haar vele slangenmeisjes zorgden voor een warm welkom. Ze wapperden met vlaggen, strooiden bloemen op zijn pad en zongen hem toe. De bomen die langs het pad stonden werden door de goden versierd, evenals de boom der kennis zelf, zodat de toekomstige Boeddha er zonder omwegen naartoe geleid zou worden.

Terwijl hij zo voortliep met al die vriendelijke wezens om zich heen, kwam plotseling de gedachte in hem op dat de boze geest Mara ook aanwezig zou zijn bij zijn overwinning. Door aan Mara te denken waarschuwde hij hem onbewust dat hij de boom der kennis naderde.

Mara riep zijn leger bij elkaar, dat uit allerlei afschuwelijke wezens bestond. Sommige van zijn krijgers hadden honderdduizend monden, andere hadden tongen van vuur en weer andere dronken bloed. Bovendien waren de krijgers allemaal tot de tanden toe gewapend met speren, bogen, knotsen en andere wapens en strijdlustig ging de hele bende op weg naar de boom der kennis.

De boom der kennis

Het gezicht van de toekomstige Boeddha begon te glanzen als goud toen hij de boom in het oog kreeg. Hij ging in de schaduw van de boom zitten met zijn gezicht naar het oosten en zei tegen zichzelf dat hij er niet meer weg zou gaan voor hij inzicht had gekregen in de volmaakte levenswet.

Mara had ondertussen de gedaante aangenomen van een bode en de aarde schudde op haar grondvesten toen hij kwam aanrijden om Siddhattha een onheilstijding uit Kapilavatthu te brengen. Hij vertelde dat de neef van Siddhattha, Devadatta, de regering op gewelddadige wijze van Suddhodana had overgenomen en dat hij het volk hardhandig onderdrukte. Hij richtte een smeekbede tot Siddhattha, zogenaamd uit naam van zijn volk, om terug te keren en de orde te komen herstellen.

Siddhattha kwam echter tot de conclusie dat de Sakya-edelen uit zwakheid de begeerte en boosaardigheid van Devadatta verdroegen. Die wetenschap sterkte hem des te meer in zijn besluit zich te richten op iets hogers en beters dan het wereldse.

De godin die in de boom der kennis huisde, wilde Siddhattha steunen bij zijn voornemen en liet edelstenen voor zijn voeten vallen. De andere aanwezige boomgodheden deden er nog een schepje bovenop door hem te omgeven met de prachtigste bloemen en de heerlijkste geuren.

Maar ook Mara liet zich niet onbetuigd. Hij gaf zijn drie bloedmooie dochters de opdracht met alle middelen die ze nodig achtten de toekomstige Boeddha te verleiden. Ze voerden een prachtige dans uit voor de ogen van Siddhattha en met hun zachte, zoete stemmen zongen ze er verleidelijke liederen bij.

Siddhattha vertrok echter geen spier. Noch zijn lichaam, noch zijn geest was onder de indruk van het verleidelijke spel.

Toen probeerden de meisjes hem met argumenten over te halen. Ze wilden hem laten zien dat hij een veel te moeilijke weg koos en dat hij op een heel gemakkelijke manier zoveel meer vreugde zou kunnen vinden, als hij zich maar aan hen overgaf.

Maar Siddhattha was zo standvastig als de berg Meru. 'Waarom zou ik jullie vorm van vreugde, die immers maar van korte duur is, verkiezen boven het eeuwige geluk?' zei hij.

De dochters van Mara moesten toen wel inzien dat hun pogingen tevergeefs waren. Ze wensten hem toe dat hij het doel waarnaar hij zozeer verlangde, zou bereiken en dat hij voor de hele wereld de weg naar de verlossing zou vinden. Toen lieten ze hem achter in de schaduw van de boom.

Mara's nederlaag

Mara besloot toen maar zelf zijn overredingskracht te gebruiken, maar ook hij had geen succes. In uiterste wanhoop riep hij zijn leger bijeen om de aanval in te zetten. De afschuwelijke monsters lieten onaardse kreten horen en de zon werd door hun aanwezigheid verduisterd. Maar toen ze klaar gingen staan om hun speren naar de toekomstige Boeddha te gooien, bleven hun armen steken. Alle kracht vloeide weg uit hun lichaam en hoe bloeddorstig hun geest ook was, ze waren niet in staat Siddhattha ook maar een haartje te krenken. De wapens die hem hadden moeten doden, vielen als bloemen voor zijn voeten neer.

Machteloos keek Mara toe hoe ook deze poging mislukte. Hij besloot het met zijn werpschijf te gaan proberen. Deze werpschijf was zo gevaarlijk dat zelfs de berg Meru ermee doormidden gespleten had kunnen worden, maar de schijf weigerde de toekomstige Boeddha kwaad te doen. De schijf bleef boven zijn hoofd hangen als een bloemenkrans.

Mara's woede bereikte een kokend hoogtepunt. Dreigend liep hij naar Siddhattha toe en beval hem weg te gaan. De prins bleef echter zitten waar hij zat en zei: 'Dat ik hier zit, heb ik verdiend tijdens de vele eeuwen van mijn levens. Wie bent u om mij van deze plaats weg te sturen, terwijl u zelf in uw leven niets hebt verdiend?'

'Ik heb meer verdiend dan u!' blufte Mara. 'Mijn hele leger is daarbij mijn getuige!' En inderdaad vielen al zijn krijgers hem luidkeels bij. Hun gebrul klonk als het rollen van de branding van een ruwe zee.

'Uw leger heeft als getuige weinig waarde, want het is niet objectief,' zei de toekomstige Boeddha. 'Het lijkt me beter dat we dezelfde vraag stellen aan één enkele en onpartijdige getuige.'

346

Hij bracht zijn hand te voorschijn uit de plooien van zijn oranjekleurige gewaad en raakte daarmee de aarde aan. Toen vroeg hij de aarde of zij wilde getuigen wie de grootste verdienste had opgebouwd, hij zelf of Mara.

Het volgende moment kwam de aardgodin te voorschijn en zei krachtig: 'Ik getuig hierbij dat Siddhattha de meeste verdiensten in zijn levens heeft opgebouwd!'

De krijgers van Mara's leger wisten niet hoe snel ze zich uit de voeten moesten maken, en ze haastten zich terug naar de hel. Mara bleef achter en knielde eerbiedig neer voor de toekomstige Boeddha. Nadat hij hem als zijn meerdere had erkend, ging hij zo snel mogelijk weg. De schaamte over zijn mislukte aanslagen was hem te veel geworden. De toekomstige Boeddha zou nu spoedig het volmaakte inzicht krijgen en duizenden schepselen de weg wijzen naar het nirvana.

Het volmaakte inzicht

Toen Mara zijn nederlaag moest erkennen, was de avond nog niet gevallen. Onder de boom der kennis zat Siddhattha in diepe overpeinzing en terwijl het langzaam donkerder werd, begon in zijn hart het licht van de kennis te schijnen, het licht waarnaar hij zo had verlangd.

Toen er tien uren waren verstreken, kon hij alle wezens die ooit hadden bestaan duidelijk en helder zien. Nog eens tien uur later kreeg hij het inzicht van de goden en daardoor vielen alle afstanden weg. Vervolgens verwierf hij de kennis over het hoe en waarom van de cyclus van wedergeboorten en bij het aanbreken van de nieuwe dag was hij een Boeddha, de hoogste die bestond, de volmaakt verlichte.

De boodschap dat er een nieuwe Boeddha was gekomen, werd over het hele universum uitgedragen door zeskleurige stralen die van het lichaam van de Boeddha kwamen. Toen hief hij zijn eigen overwinningszang aan:

Menig bestaan heb ik doorlopen
Steeds zoekende, steeds vruchteloos,
Naar de oorzaak van de dwingende greep
Van de voortdurende, ellendige wedergeboorte.

Oorzaak van de greep, ik heb u gevonden.
U zult geen huis meer bouwen,
Uw kracht is gebroken.
Het dak van uw daden is slechts een losse bedekking
  geworden,
de geest is losgekomen.
En zo komt aan uw gulzigheid een eind.

De Boeddha bleef nog zeven dagen verzonken in zijn overpeinzingen, toen opende hij zijn ogen en bleef de volgende zeven
dagen kijken naar de boom der kennis. De daarop volgende
zeven dagen wandelde hij op een pad van goud dat de goden
voor hem hadden gemaakt en dat leidde naar een gouden
paleis. In dat paleis bleef hij nog eens zeven dagen en kreeg hij
te zien wat hem nog restte tijdens zijn bestaan op aarde. Bovendien werd hij onderwezen in de zedenleer die hij zou gaan prediken. De week daarop kreeg hij onder de boom Ajapala een
voorproefje van het nirvana en de zesde week bracht hij door
in de schuilplaats van de slangenvorst Mucalinda bij het gelijk-
namige meer. De zevende week tenslotte verbleef hij in een bosje van Nyagrodhabomen.

De kooplieden

Negenenveertig dagen waren verstreken sinds hij de rijstepap
had gegeten die Sujata hem had gegeven.
Door het woud reisden twee kooplieden met hun karavaan. De
kooplieden hadden tijdens hun vorige levens al het verlangen
gehad de Boeddha met een geschenk te eren. Een bosgodin die
in hetzelfde woud woonde, was in een vorig leven een familielid
van de kooplieden geweest en wilde hen nu helpen bij het vervullen van hun wens. Ze zorgde ervoor dat hun wagens kwamen vast te zitten in de modder, waarna de kooplieden zoen-
offers begonnen te brengen aan de god van wie ze dachten dat
hij hun ongeluk had veroorzaakt. Op dat moment maakte de
bosgodin zich zichtbaar voor de mannen en vertelde hun dat de
Boeddha niet ver van hen vandaan was. Ze gaf hun het advies
hem een spijsoffer te brengen en maakte toen de wagens los uit
de modder.
De kooplieden kregen een groot gevoel van geluk over zich en

wilden de Boeddha een offer van honing brengen. De Boeddha had echter geen schalen of potten waarin hij de honing kon bewaren, want de gouden schotel van Sujata had hij in de rivier gegooid. Toen kwamen de goden van de vier windstreken met elk een schaal van smaragd, maar de Boeddha vond die veel te mooi en te kostbaar en wilde ze niet aannemen. Toen veranderden de goden de schalen in stenen en van die vier stenen maakte de Boeddha één schaal, waarin hij de honing in ontvangst nam. Hij bedankte de kooplieden voor hun geschenk en onderwees hen een tijdje in zijn leer. De beide kooplieden kregen bij hun vertrek een haarlok van de Boeddha als kostbaar aandenken.

Benares

Het was inmiddels acht weken geleden dat de Boeddha zijn inzicht had gekregen. Terwijl hij onder de Ajapalaboom zat, piekerde hij over het feit dat de leer ingewikkeld werd gemaakt omdat de mensen zoveel boosheid en dwaasheid in zich hadden. Hij bedacht dat het misschien beter zou zijn de leer niet te verkondigen aan mensen die de materie toch niet konden begrijpen.
Brahma bemerkte dat de Boeddha twijfelde, en riep dat de wereld zou vergaan. De goden van de wind en de regen en vele andere godheden herhaalden deze woorden, zodat de boodschap snel verspreid werd. Brahma ging naar de Boeddha en zei tegen hem: 'Het is moeilijk het inzicht van een Boeddha te verwerven. U hebt het gekregen omdat u aan de mensen de verlossing uit de levenscyclus zou verkondigen. Houd u nu aan uw belofte en vertel de mensen over de ware leer, zodat het heilige doel bereikt wordt, wijze man!'
De Boeddha zag in dat Brahma gelijk had, en keek uit naar de eerste mens aan wie hij zijn leer zou kunnen onderwijzen. De twee leerlingen die hij vroeger had gehad, waren al overleden en dus besloot hij naar Benares te gaan. Daar zou hij aan de vijf kluizenaars met wie hij vroeger gezamenlijk kwellingen had ondergaan, zijn leer kunnen verkondigen.
De kluizenaars zagen hem al van verre aankomen en zeiden: 'Kijk, het is Siddhattha! Hij is weer net zo sterk en mooi als hij vroeger was, dus zal hij wel geen asceet meer zijn. Dan zullen

we hem ook niet tegemoet gaan, al zullen we hem wel een zit-plaats aanbieden omdat hij van koninklijke afkomst is.'

De Boeddha kon echter hun gedachten lezen. Zijn hart begon liefde en vriendelijkheid naar hen uit te stralen en de kluizenaars werden door die krachtige liefde naar hem toe getrokken. Weerloos stonden ze op en eerbiedig liepen ze op hem af. Ze wasten zijn voeten en toen ze vroegen hoe het met hem ging, vertelde hij hun dat hij sinds kort een Boeddha was.

De lucht was vervuld van blijdschap omdat de leer van de Boeddha nu voor het eerst onderwezen zou worden. De Boeddha werd gehuldigd door de avond, die in de gedaante van een mooie vrouw aan hem verscheen. De bergen dansten en bogen voor hem en uit alle werelden stroomden wezens toe om de Boeddha te horen preken. De toehoorders kwamen in zulke grote aantallen, dat iedereen dicht op elkaar werd gedrukt. Honderdduizend goden namen slechts één vierkante millimeter in beslag. De enorme menigte veroorzaakte veel rumoer, maar toen de hemelbeheersers aankondigden dat de Boeddha zijn preek zou beginnen, werd alles en iedereen plotseling stil.

De prediking van de Boeddha

De Boeddha haalde diep adem en begon. Het onderwerp van zijn eerste rede was dat een kluizenaar zich moest ontdoen van twee dingen: kwade begeerten en zelfkwellingen. Alle toehoorders hadden het idee dat hij in hun eigen taal tegen hen sprak. Zelfs de dieren begrepen alles. Na die eerste preek richtten vele goddelijke wezens zich op de verlossing zoals de Boeddha die verkondigde. De Boeddha wist nog vele andere schepselen die naar hem kwamen luisteren tot bekering te brengen.

Ook koning Suddhodana kreeg te horen dat zijn zoon een Boeddha was geworden. Hij stuurde boodschappers naar hem toe met de uitnodiging naar Kapilavatthu te komen voor een bezoek. De edele afgezanten hoorden hem echter prediken en bleven bij hem als zijn volgelingen. Hetzelfde gebeurde met de volgende gezantschappen die de koning stuurde.

Uiteindelijk gaf hij de uitnodiging mee aan de zeer betrouwbare Kaludayi, die vroeger als kind nog een speelkameraadje van de Boeddha was geweest. Maar ook deze Kaludayi werd een volgeling van de Boeddha en vergat een tijdlang zijn boodschap.

Pas toen het lente werd en de wereld weer groen werd, herinnerde hij de Boeddha aan Kapilavatthu. 'Uw vader verlangt er zo naar u weer terug te zien, evenals de koninklijke vrouwen,' zei hij.

De Boeddha besefte dat het inderdaad tijd werd dat hij weer een bezoek bracht aan zijn vaderstad, en ging op weg.

Vergezeld van twintigduizend leerlingen, allemaal priesters, verscheen de Boeddha in Kapilavatthu. De Sakya-edelen wilden hem in eerste instantie geen eer bewijzen, maar de Boeddha toonde hun zijn macht. Hij steeg op in de lucht en liet water uit zijn lichaam stromen, dat over de hele wereld iedereen besprenkelde. Ook deed hij uit zijn lichaam een vuur ontstaan dat zich tot in alle uithoeken verspreidde, maar met zijn vlammen niets beschadigde. Hij verrichtte nog andere wonderen en toen betuigde Suddhodana hem zijn eer. 'Mijn Siddhattha, u bent nu mijn heer en mijn Boeddha. Nooit zal ik u meer mijn kind kunnen noemen, hoewel ik toch uw vader ben. Al zou ik u mijn koninkrijk ten geschenke geven, het zou voor u minder waard zijn dan stof. Het enige wat ik kan doen is u mijn eerbied betuigen en u hulde brengen en dat zal ik dus doen.'

Toen maakte de koning een diepe buiging voor de Boeddha en de Sakya-edelen volgden zijn voorbeeld.

De dag daarna liep de Boeddha door de stad om aalmoezen te vragen. Overal waar zijn voeten de aarde raakten, ontsproot een lotusbloem, die weer verdween zodra hij voorbij was. Uit zijn ogen straalde een helder licht en uit alle huizen kwamen de mensen te voorschijn om de wonderen te aanschouwen. Dat een heilige om aalmoezen vroeg, was in die tijd nog ongebruikelijk en de mensen waren dan ook erg verbaasd dat ze de Boeddha dat zagen doen.

Yasodhara, de vrouw van Siddhattha, hoorde dat de Boeddha langs zou komen, en kwam uit het paleis naar buiten. Zonder dat hij het kon horen, zei ze: 'Siddhattha, je hebt in de nacht dat onze zoon Rahula werd geboren een koninkrijk opgegeven, maar kijk eens wat voor koninkrijk je ervoor in de plaats hebt gekregen!'

Toen Suddhodana hoorde dat de Boeddha om aalmoezen had gevraagd, keurde hij dat af en zei dat ook tegen de heilige. Maar Boeddha antwoordde: 'Wat ik deed, was niet fout. In mijn geslacht is dat een gebruikelijke gang van zaken.' Met 'zijn geslacht' bedoelde hij de Boeddha's die hem waren voorgegaan.

Vervolgens gaf hij ook zijn vader onderricht in de ware leer en zo werd Suddhodana één van zijn volgelingen.

Yasodhara's vertroosting

De koning stelde voor Yasodhara te laten komen, zodat ook zij de Boeddha eer zou kunnen bewijzen, maar de Boeddha wilde zelf naar haar paleis gaan. Onderweg daar naartoe zei hij tegen de twee mannen die met hem meegingen, beide leerlingen van hem: 'Yasodhara heeft in haar hart veel verdriet om mij en haar hart zal breken als ze dat verdriet er niet uit kan laten. Probeer haar dus niet tegen te houden als ze zich wanhopig aan mijn voeten klemt. Uiteindelijk zal ook zij een volgelinge van mijn leer worden.'

Men berichtte Yasodhara dat de Boeddha naar haar toe kwam. Onmiddellijk sneed ze haar haren af en trok eenvoudige gewaden aan. Omringd door vijfhonderd vrouwen kwam ze hem tegemoet. De aanblik van de man die jaren geleden hun huwelijk had verruild voor het kluizenaarsleven, vulde haar hart met een grote liefde. Ze vergat dat ze slechts een vrouw was, en gooide zich voor zijn voeten neer. De tranen stroomden over haar wangen terwijl ze zijn voeten omklemd hield, maar toen schoot haar te binnen dat ook haar schoonvader in de buurt was. Ze stond eerbiedig op en deed een paar passen terug.

De koning begon zijn zoon te vertellen dat Yasodhara hem in al die jaren trouw was blijven liefhebben. 'Ze heeft u steeds gevolgd in wat u deed. Als u uw hoofd had kaalgeschoren, deed zij dat ook. Net als u heeft ze armoedige kleren aangetrokken en net als u heeft ze haar hoeveelheid voedsel sterk verminderd. Wat ze at, at ze uit een aarden kom en ze heeft nooit zelfs maar overwogen opnieuw te trouwen. Vergeef haar daarom haar impulsieve daad van daarnet!'

De Boeddha antwoordde dat hij haar haar vrijpostigheid niet kwalijk had genomen. Hij vertelde dat Yasodhara in een vorig leven al had gehoopt dat ze ooit de vrouw van een Boeddha zou mogen worden. Hij vertelde hoe trouw en behulpzaam ze al die eeuwen was geweest, en zijn woorden wisten grote troost te brengen in het hart van de prinses.

Niet lang daarna werd Rahula monnik in de orde van de Boeddha, maar Yasodhara werd daar niet in toegelaten. Het zou nog vele jaren duren voor de Boeddha een orde van boeddhistische nonnen stichtte, maar toen die er eenmaal was, was Yasodhara één van de eerste nonnen die zich daarbij aansloot. Twee jaar eerder dan de Boeddha overleed ze en werd ze opgenomen in het nirvana.

Het bezoek van de Boeddha aan de Tavatimsahemel

Op een dag besloot de Boeddha een bezoek te brengen aan de Tavatimsahemel, waar hij uiteindelijk drie maanden zou blijven. Sakka wilde zijn eigen troon aan de Boeddha afstaan, maar was bang dat de tweeëntwintig kilometer hoge troon veel te groot zou zijn voor de Boeddha, die slechts een lengte had van vier meter. Zijn angst bleek echter ongegrond. Toen de Boeddha de troon naderde, kromp de troon vanzelf ineen tot de juiste hoogte. De breedte veranderde echter niet, maar ook dat was geen probleem, want als door een wonder kon de Boeddha zijn gewaad zover naar beide kanten uitstrekken dat de hele troon bedekt was. De troon leek nu wel een preekgestoelte dat speciaal voor de Boeddha was gemaakt. Vanaf die plaats verkondigde de Boeddha zijn ware leer aan talloze goden en goddelijke wezens en velen van hen bekeerden zich.

Op de dag dat de Boeddha weer naar de aarde zou teruggaan, liet Sakka drie ladders uit de hemel neerdalen. Twee ladders waren van goud en één was van zilver. Sakka ging de Boeddha voor op de ene gouden ladder, die sporten had van goud, zilver en allerlei edelstenen, en via de andere gouden ladder daalden de goden af naar de aarde. De zilveren ladder werd gebruikt door de overige goddelijke wezens en zo kwam de Boeddha weer thuis in zijn kluizenarij.

De Boeddha voorkomt een oorlog

Vlak bij Kapilavatthu lag de stad Koli en tussen de beide steden in stroomde de rivier de Rohini, waarin een dam was gebouwd. Die dam zorgde ervoor dat de bevolking van de steden haar velden voldoende nat kon houden, maar op een keer heerste er zo'n lange droogte dat er in de rivier maar een heel klein stroompje overbleef. De mannen van beide steden vonden nu dat dat laatste restje water hun toekwam, en vanaf de beide oevers stonden ze luidruchtig op elkaar te schelden. De vorsten kregen het verhaal, zelfs nog een beetje aangedikt, ook te horen en verklaarden elkaar de oorlog.

Het duurde niet lang voordat op de oevers de legers van de Sakya's en de Koli's verzameld waren, maar op dat moment kreeg de Boeddha in de gaten dat er iets aan de hand was. Zichtbaar voor iedereen kwam hij door de lucht naar het riviertje toe en de Sakya's vielen onmiddellijk eerbiedig voor hem op hun knieën. De Koli's volgden even later hun voorbeeld.

'Waarom zijn jullie hier bijeengekomen?' vroeg de Boeddha. 'Wordt er soms een waterfeest gehouden?'

De aanvoerders van de beide legers antwoordden hem dat dat niet het geval was, maar dat ze elkaar de oorlog hadden verklaard.

'Maar waarom dan?' vroeg de Boeddha verbaasd.

Het vreemde was dat de koningen het eigenlijk niet precies wisten. Dus vroegen ze het aan hun bevelhebbers. Maar ook die konden geen antwoord op de vraag geven en raadpleegden weer de mensen onder hen. Uiteindelijk werd de vraag aan de mannelijke burgers gesteld en die vertelden dat de ruzie begonnen was om het laatste restje water in de rivier.

'Mag ik jullie dan vragen wat de waarde van water is?' zei de Boeddha. De mannen antwoordden dat water nauwelijks waarde had. 'En wat zijn mensen waard?' vroeg de Boeddha verder. De mannen gaven hem ten antwoord dat mensen van zeer grote waarde waren. 'Dan begrijp ik niet waarom jullie iets zo waardevols als een mensenleven willen opofferen voor iets van zo weinig waarde als water,' reageerde de Boeddha.

Toen de heilige man het zo simpel stelde, zagen de legers van beide partijen in dat wat ze van plan waren geweest, erg dwaas en zinloos was en beiden trokken ze hun oorlogsverklaring in.

De toelating van vrouwen

Toen koning Suddhodana overleed, sprak zijn weduwe Prajapati tegenover de Boeddha de wens uit dat er een orde van nonnen zou worden gesticht. Samen met vijfhonderd andere vrouwen, die alleen waren achtergebleven toen hun mannen tot de monniksorde van de Boeddha waren toegetreden, wilde zij namelijk non worden. Maar tot drie keer toe werd haar verzoek door de Boeddha geweigerd. Een vierde keer vragen durfde ze niet en teleurgesteld ging ze terug naar huis.

De andere vrouwen lieten het er echter niet bij zitten en besloten doortastend op te treden. Ze sneden hun haren af, trokken armoedige kleren aan en gingen te voet naar de kluizenarij van de Boeddha. De vrouwen waren echter niet veel gewend omdat ze altijd een zeer beschermd leven hadden geleid. Het duurde niet lang voor ze aan het eind van hun krachten waren. Uitgeput en dodelijk vermoeid kwamen ze aan bij de woonplaats van de Boeddha.

Toen Prajapati opnieuw vroeg of ze toegelaten mochten worden tot de orde van de Boeddha, nam Ananda, één van de leerlingen van de Boeddha, het voor de vrouwen op. Hij vond dat ze het verdiend hadden na zoveel ontberingen, maar de Boeddha bleef hardnekkig weigeren. 'Kan een vrouw die tot de orde is toegelaten de verlossing soms niet bereiken?' vroeg Ananda.

'Vrouwen kunnen het nirvana net zo goed bereiken als mannen,' antwoordde de Boeddha.

'Dan staat dat dus niets in de weg,' ging Ananda door. 'En hebt u zelf niet ooit eens gezegd dat vrouwen op een dag ook non van uw orde zouden kunnen worden?'

De Boeddha moest toegeven dat hij dat eens had gezegd, en begreep dat hij niet langer kon weigeren. Hoewel hij bang was dat de toelating van vrouwen voor zijn tegenstanders een goede aanleiding zou zijn om kwaad over hem te spreken, besloot hij uiteindelijk toch een nonnenorde te stichten.

Devadatta's aanslagen

Niet iedereen stond positief tegenover de Boeddha. De brahmaanse filosofen voerden vaak ellenlange felle discussies met hem en ook zijn neef Devadatta stond vijandig tegenover hem. Devadatta was in vorige levens al geen vriend van hem geweest en stond hem nu zelfs naar het leven.

Devadatta had grote krachten gekregen door zelfkwellingen en vele meditaties, maar zijn inborst was kwaad en daarom leidden die krachten hem niet tot zijn verlossing, maar tot zijn ondergang.

Hij trok naar het hof van de koning van Sewet, vergezeld van vijfhonderd volgelingen, en kreeg er de steun van prins Ajatasattu. Hij werd een invloedrijk man en spoorde Ajatasattu aan zijn vader Bimbisara te vermoorden, zodat hij de regering zou kunnen overnemen. De aanslag mislukte echter. Toen besloot Ajatasattu zijn vader te laten verhongeren en meteen toen Bimbisara gestorven was, nam hij de touwtjes in handen.

Devadatta maakte daarvan gebruik door Ajatasattu te vragen om vijfhonderd boogschutters, zodat hij de Boeddha zou kunnen doden. Hij koos uit deze vijhonderd boogschutters eenendertig man die hij uiteindelijk echt zou meenemen op zijn moordtocht. Eén van die mannen kreeg de opdracht de Boeddha te doden en twee anderen moesten daarna die ene om het leven brengen. Nog eens vier anderen moesten vervolgens die twee het zwijgen opleggen, enzovoort. De laatste zestien man zou Devadatta zelf vermoorden om ervoor te zorgen dat niemand behalve hij zelf van de zaak zou afweten.

De Boeddha was echter allang op de hoogte van Devadatta's kwade plannen en hij was niet bang. Toen de boden hem kwamen bezoeken met de heimelijke opdracht hem te vermoorden, onderwees hij hen in de ware leer en maakte hen tot zijn volgelingen.

Devadatta was woest en besloot de aanslag dan maar zelf te plegen. Hij ging op een hoge rotswand staan en wachtte tot de Boeddha daaronder zou passeren. Op het juiste moment gooide hij een geweldig groot rotsblok naar beneden, maar het sloeg op de grond te pletter zonder de Boeddha noemenswaardig letsel toe te brengen.

Devadatta moest iets nieuws bedenken en kwam op het idee zijn woeste olifant Nalagiri te gebruiken. Normaal kreeg het enorme dier elke dag acht maten arak te drinken, maar nu gaf Devadatta hem het dubbele daarvan. Hij liet de waarschuwing uitgaan dat niemand zich op straat mocht begeven omdat er een nietsontziende olifant los rondliep. De Boeddha negeerde de waarschuwing echter, want hij wilde net als altijd zijn aalmoezen inzamelen.

Alle vrienden en vijanden van de Boeddha kwamen buiten hun huizen staan, de één om zijn overwinning te zien, de ander om zijn ondergang te bekijken.

Toen de Boeddha in de buurt van de olifant was gekomen, liet Devadatta het dier los en onmiddellijk begon het enorme beest met zijn slurf om zich heen te slaan en alles te vertrappen wat binnen zijn bereik was. De monniken van de Boeddha probeerden hun meester uit alle macht over te halen zich uit de voeten te maken en toen dat niet lukte, wilden ze voor hem gaan staan om hem te beschermen. Maar de Boeddha duwde hen gedecideerd aan de kant en zelfs Ananda zag zich gedwongen achter de Boeddha te gaan lopen in plaats van voor hem.

Plotseling rende er een klein kindje uit één van de huizen de straat op en moordlustig kwam de olifant erop af. Juist op tijd klonk echter de stem van de Boeddha: 'Nalagiri, waarom zou u uw krachten verspillen aan zo'n onschuldig slachtoffer als u van plan bent mij te vermoorden?'

De olifant draaide zijn kop in de richting van de stem en zijn ogen ontmoetten de ogen van de Boeddha. Op datzelfde moment stroomde alle woede uit zijn lichaam weg. Kalm en eerbiedig kwam hij op hem af en zakte voor hem door zijn voorpoten.

De Boeddha vroeg de olifant met klem vanaf dat moment alleen nog maar goedheid te betrachten tegenover andere schepselen en de olifant herhaalde zijn woorden zo luid dat iedereen het kon horen. Als hij een mens in plaats van een dier was geweest, was hij ook een volgeling van de Boeddha geworden.

Korte tijd later werd ook koning Ajatasattu volgeling van de ware leer van de Boeddha. 'Als hij zijn vader niet had vermoord, zou hij in dit leven al tot de verlossing hebben kunnen komen,' zei de Boeddha over hem. 'Nu zorgt zijn bekering ervoor dat hem het eeuwenlange verblijf in de diepste hel bespaard blijft. Hij zal voor een periode van zestigduizend jaar in andere hellen verblijven en hij zal met de goden in contact komen. Als hij daarna weer op aarde geboren wordt, zal hij de volkomen verlichting verkrijgen.'

Nu Devadatta zijn grootste steunpilaar Ajatasattu was kwijtgeraakt, groeide zijn haat jegens de Boeddha nog meer. Hij verzamelde vijfhonderd nieuwe volgelingen, maar de Boeddha was hem een slag voor. Hij stuurde zijn twee slimste leerlingen naar de volgelingen van Devadatta en toen Devadatta in diepe slaap was, onderwezen de twee monniken de vijfhonderd mannen in de leer van de Boeddha. Alle vijfhonderd kwamen tot bekering en verlieten Devadatta.

Devadatta kon deze nieuwe klap niet meer verwerken en werd ziek. Hij werd maar niet beter en na negen maanden ging hij naar de Boeddha om hem om vergiffenis te vragen. Hoewel de

Boeddha niet boos was op zijn neef, kon hij hem zijn daden niet vergeven. 'Devadatta's misdaden zijn te groot,' zei hij tegen zijn volgelingen. 'Zelfs duizend Boeddha's bij elkaar zouden hem niet kunnen redden en dus zal hij de Boeddha niet aanschouwen.'

Devadatta was in een draagstoel naar het klooster van de Boeddha gedragen. Toen hij moeizaam zijn voeten op de grond zette, ontsprongen er vlammen uit de diepste hel die zijn lichaam van onder tot boven omhulden. Devadatta riep nog luid om hulp, maar zijn tocht naar de hel kon door niets of niemand worden voorkomen.

De volkomen verlossing van de Boeddha

Toen de Boeddha al vijfenveertig jaar zijn leer predikte, kreeg hij een ernstige ziekte en hij wist dat hij niet lang meer te leven had. Hij had namelijk eens varkensvlees te eten gekregen van Cunda, een goede smid uit de stad Parva die voor hem zorgde. Die maaltijd had zijn ziekte veroorzaakt. Hoe verzwakt hij ook was, de Boeddha wilde voor zijn dood nog Kusinara bereiken. Onderweg moest hij telkens rusten, maar hij verdroeg alle ongemakken om de mensen te laten zien dat niemand, zelfs hij niet, gespaard zou blijven voor ziekte, ouderdom en dood.

Eindelijk kwam hij aan in Kusinara en hij vroeg zijn trouwe volgeling Ananda de smid Cunda te bedanken voor zijn offer, omdat hij als gevolg daarvan opgenomen zou worden in het nirvana. 'De rijstepap van Sujata en het varkensvlees van Cunda zijn de belangrijkste gaven die ik in dit leven heb gekregen,' zei hij. De Boeddha wilde niet dat Cunda zich ten onrechte schuldig zou voelen of dat anderen hem verwijten zouden maken, maar hij zorgde er wel voor dat de resten van het varkensvlees begraven werden.

In de buurt van Kusinara ging de Boeddha op een rustbed liggen. Hij liet een boodschap sturen naar de Malvaprinsen, omdat hij wist dat die hem voor zijn dood nog heel graag wilden terugzien.

Om zijn sterfbed verzamelde zich een grote menigte van koningen, edelen, edelvrouwen, priesters, monniken en allerlei godheden. Iedereen was bedroefd en liet zijn tranen de vrije loop. Ananda was nog het meest bedroefd van allemaal. De Boeddha gaf hem nauwgezette instructies voor zijn verbranding en vervolgens strikte regels waaraan de orde van monniken en nonnen zich in de toekomst moest houden. 'Nu ik u deze instructies heb gegeven, kan ik heengaan naar het nirvana. Mijn lichaam zal vergaan, maar mijn leer zal blijven,' zei de Boeddha.

Ananda kon zijn droefheid niet langer de baas en begon smartelijk te huilen.

'Het is niet nodig zo bedroefd te zijn, Ananda,' ging de Boeddha verder. 'Ik heb u toch geleerd dat u afstand moet doen van alles wat u lief en dierbaar is? Geen enkel schepsel zal ooit zijn dood of zijn ontbinding kunnen tegengaan. Een toestand van duurzaamheid is onbereikbaar. Lange tijd bent u dicht bij me geweest, Ananda, omdat u zo vriendelijk was in woord en in daad. Houd deze goedheid vol, dan zult u ook de volkomen verlossing vinden uit de cyclus van wedergeboorten.'

Toen richtte hij zich tot de andere aanwezigen die bedroefd om hem heen stonden, en zei dat ze in het vervolg bij Ananda hulp zouden kunnen vinden. Hij troostte de aanwezigen door te zeggen dat iedereen die volgens de ware leer leefde, uiteindelijk de verlossing zou bereiken en in het nirvana zou opgaan.

Even zweeg hij, maar toen ging hij verder: 'Monniken van mijn orde, voor de laatste maal zeg ik u nu dat u moet streven naar de ontbinding van de mens en van zijn krachten, want daarin zult u de bevrijding vinden!'

Toen raakte de Boeddha buiten bewustzijn en even later stierf hij.

De Malvaprinsen namen zijn lichaam op en wikkelden het in linnen doeken, waarna ze het zes dagen opgebaard lieten liggen. Na die zes dagen legden ze het lichaam op een grote brandstapel in het paleis, maar niemand wilde het vuur aansteken. Uiteindelijk ontvlamde het echter vanzelf en op enkele resten na werd het lichaam helemaal verteerd. Vier tanden, twee kaakbeenderen en de schedel waren de belangrijkste dingen die overbleven, en ze werden bewaard om later bijgezet te worden in prachtige monumenten.

Lijst van goden

Agni	vuurgod
Ananta	slangenvorst
Asvins	godenartsen
Atman	het goddelijke beginsel
Brahma	de schepper
Brahman	het goddelijke beginsel
Dhanvantari	heelmeester van de goden
Dharma	god van de gerechtigheid
Ganesa	god van de wijsheid
Ghandarva	hemelse muzikant
Indra	dondergod
Kamadeva	minnegod
Kumara	oorlogsgod
Laksmi	godin van de schoonheid en het geluk
Maruts	windgoden
Menaka	nimf
Nara	verschijningsvorm van Vishnu
Narayana	heilig geworden verschijningsvorm van Vishnu
raksasa's	vertegenwoordigers van de kwade machten
Rudra	Shiva
Sakka	Indra
Shiva	de vernietiger
Subrahmanyan	god van de bergen in het zuiden
Surya	zonnegod
Uma	vrouw van Shiva
Varuna	god van het water en van het uitspansel
Vasuki	slangenvorst
Vayu	windgod
Vishnu	de onderhouder
Yama	doodsgod